민주화 20년의 열망과 절망

ⓒ 경향신문 특별취재팀, 2007

**민주화 20년의 열망과 절망** 진보·개혁의 위기를 말하다

1판1쇄 펴냄 2007년 3월  1일
1판3쇄 펴냄 2008년 7월 24일

지은이 | 경향신문 특별취재팀

펴낸이 | 박상훈
부대표 | 정민용
편집장 | 안중철
책임편집 | 성지희
편집 | 박미경, 박후란, 최미정
디자인 | 서진
경영지원 | 김용운
제작·영업 | 김재선, 박경춘

펴낸 곳 | 후마니타스
등록 | 2002년 2월 19일 제300-2003-108호
주소 | 서울 마포구 서교동 464-46 서강빌딩 301호(121-841)
편집 | 02-739-9929, 9930  제작·영업 | 02-722-9960 팩스 | 02-733-9910
홈페이지 | www.humanitasbook.co.kr

값 16,000원

ISBN 978-89-90106-33-9  03300


이 도서의 국립중앙도서관 출판시도서목록(CIP)은 e-CIP홈페이지(http://www.nl.go.kr/cip.php)에서
이용하실 수 있습니다(CIP 제어번호: CIP2007000446).

이 책에 사용된 사진 자료는 '경향신문 포토뱅크'의 자료임을 밝혀 둡니다.

# 민주화 20년의 열망과 절망

진보·개혁의 위기를 말하다

경향신문 특별취재팀

후마니타스

# 차례

발간에 부쳐 6

1부 **진보·개혁 위기의 현상과 진단**

민주 세력 집권 9년, 희망을 말하기 두렵다 11
무능한 진보·개혁 세력 13
현 개혁 세력의 무능이 진보의 위기를 부르다 21
민주 세력 집권의 그림자 23
민주화 20년, 민주인사들 어디로 28
신자유주의가 '위기의 외인(外因)' 31
기득권이 된 민주 세력 35
진보가 터놓고 말하는 진보 44
386 세대가 보는 '진보·개혁의 현주소' 49
민주 정부 무능, 이유가 있다 56
참여정부에 참여한 4인의 고백 63
좌담_진보·개혁의 미래는 있는가 72

2부 **진보·개혁 세력의 실상**

개혁 정치인의 현주소 87
익명을 요구한 어느 386 정치인의 '자기비판' 90
민주노동당, 제도권 진입 3년 100
민주노동당 각 정파의 목소리 108
벼랑에 선 민주노총 116
꿈을 잃어버린 교단 '전교조' 127
시민 단체, 뿌리 잃은 풀뿌리 운동 142
환경 단체, 탈색된 초록 운동 149
대학, 신자유주의에 볼모 잡힌 '지성의 요람' 152
좌담_진보는 왜 전진하지 못하나 162

## 3부 │ 보수의 부상과 혁신

한국 사회에 부는 보수 바람 175

2030 '젊은 보수'가 말하는 자화상 184

결집하는 보수 190

보수 담론, 어떻게 형성되고 소비되나 199

좌담_보수가 보는 보수의 강점과 약점 210


## 4부 │ 진보의 10대 의제

조세 개혁 _진보의 10대 의제① 223

부동산 _진보의 10대 의제② 233

교육 정상화 _진보의 10대 의제③ 241

재벌 개혁 _진보의 10대 의제④ 250

고령화·저출산 _진보의 10대 의제⑤ 259

소외된 소수 _진보의 10대 의제⑥ 268

건강 불평등 _진보의 10대 의제⑦ 278

생태주의 _진보의 10대 의제⑧ 282

빈곤 문제 해소 _진보의 10대 의제⑨ 291

비정규직 _진보의 10대 의제⑩ 300


## 5부 │ 진보의 전략은 무엇인가

운동의 새로운 주체로 _진보의 확장과 심화① 309

'생활 속 진보'가 절실하다 _진보의 확장과 심화② 317

사회적 '대타협' 하자 _진보의 확장과 심화③ 319

연대의 새로운 공간, 동아시아 _진보의 확장과 심화④ 324

진보적 발전 전략 _진보의 확장과 심화⑤ 331

전문가 12인의 '6대 과제 해법' _진보적 가치는 여전히 유효하다 342

최장집 교수의 '위기 진단' 3문 3답_민주주의 실천이 진보 출발점 349


후기 358

부록 362

## 발간에 부처

　시작은 황혼 무렵 산책길에서였다. 도대체 무슨 일이 있길래 이런 결과가 나왔나? 필시 원인과 배경이 있을 터. 이거다 싶은 키워드는 떠오르질 않는다. 그걸 찾아내 보자, 그것이야말로 신문이 할 일 아닌가. 2006년 5월 31일 선거 보도라는 직업적인 전쟁을 치른 다음날 이대근 정치 에디터와 신문사 인근 경희궁을 거닐며 이런 따위의 얘기를 했던 것 같다. 이대근 에디터는 늘 그렇듯이 주저 없이 동의했다.

　5·31 지방선거는 국민이 집권 세력에 내린 헌정사상 가장 가혹한 심판이었다. 선거 당일 나는 이동현 편집부장과 상의 끝에 1면 헤드라인을 '민심은 노 정권을 떠났다'로 뽑았다. 도하 신문 가운데 제일 자극적이고 단정적인 제목이었지만 그게 사실이라고 판단했던 것이다. 실제 열린우리당은 스스로 실패를 인정한 최초의 집권당이 됐으며 결국 해체 단계에 이르렀다.

　문제는 노무현 정권에 대한 국민적 평가라는 단선적인 분석을 넘어서는, 심각하고도 복잡한 민심의 저류를 거슬러 올라가야 하는 과제를 회피할 수 없다는 것이었다. 그리하여 준비 기간을 거쳐 가을부터 단기간(3개월)의 집중성에 있어 언론사상 유례없는 심층 기획 보도가 시작되었다.

　중간평가 성격의 지방선거 결과는 외형상 열린우리당의 완패와 민주노동당의 동반 하락이었지만, 그 본질은 집권 세력에 대한 환멸, 나아가 우리 사회 진보·개혁 세력 전반에 대한 불신의 표출이었다는 것이 우리의 진단이다. 노무현 정권은 보수 세력이 보낸 트로이의 목마인가? 노 정권 자체가 주요 정책에서 신자유주의를 추구하며 보수화하고 있는 것과는 달리 보수 세력으로부터는 좌파 정권이라는 공격을 받아 왔다. 보수 쪽의 선전은 먹

6

혀들었다. 노 정권은 본의 아니게 좌파 정권 대접을 받는 모순적인 상황이 전개돼 온 것이다. 한국 정치의 희극이자 비극이다.

진보·개혁 세력 위기의 출발점은 노무현 정부이다. 하지만 그 위기가 단순히 노무현이라는 외생 변수의 결과는 아니다. 진보·개혁 세력의 상당수가 민주화 20년간 사회의 주류, 권력의 핵심, 기득권 집단으로 성장해 왔지만 거꾸로 진보 개혁의 본래 기치와 가치는 점차 희석돼 가고 있다. 결국 돌아온 것은 이 세력에 대한 시민들의 실망과 광범위한 불신이다. 그것이 위기의 본질이다.

물론 진보 위기론은 이 기획 보도가 나오기 전에도 존재하던 담론이었다. 그러나 이전의 그것이 막연한 위기감이었던 데 비해 이번 연재물은 위기가 이론이나 가설이 아닌 현실임을 처음으로 분명하게 드러냈다. 특히 진보 위기를 지식인 담론이나 외부 비판 형식이 아니라 진보 진영 내부의 목소리를 통해 그 실상과 원인을 파헤치고 대안을 논의했다는 점은 전혀 새로운 접근 방식이었다. 진보 진영은 스스로를 위기로 규정하고 그 실상을 드러냈으며 대안도 자신들이 찾아가야 한다는 점을 잘 알고 있었다. 즉 그들도 진보가 지속 가능한 진보가 되기 위한 고민과 노력을 하고 있었다. 그런 상황에서 나온 보도였던 만큼 진보 진영에 일대 충격파가 던져졌다.

또한 이번 기획 보도의 특징은 진보 위기가 단순히 하나의 이념의 퇴조가 아니라 한국인의 구체적 삶의 위기라는 시각에서 접근했다는 점이다. 한국 사회의 발전 방향은 진보와 개혁이다. 이를 위해서는 진보·개혁 세력이 강력한 헤게모니를 갖고 진보·개혁을 실천해야 한다. 그러나 그들은 신뢰와 지지를 잃어 가고 있다. 현실적으로 사회경제적 개혁의 동력과 정당성이 상실되고 있다. 이런 상황 인식 아래 이번 기획 보도는 진보·개혁 위기가 서민들의 삶의 위기로 나타나고 있다는 사실을 밝혀내는 데 주력했다.

노무현 정부에 대한 환멸과 진보·개혁의 신뢰 하락은 우리 사회의 개혁과 발전 전망을 어둡게 만드는 요인이다. 진보와 개혁을 통해 삶의 질을 개선하고 위기에 처한 서민들을 구출하는 것은 시대적 과제이다. 이 연재물의 가치는 이런 시대적 요구를 담아낸 데 있다고 본다. 진보 개혁의 위기는 곧 민주주의의 위기다. 오늘날 민주주의냐, 먹고사는 문제냐를 고르라는 설문에 압도적 다수가 먹고사는 문제라고 답한다. 민주주의를 거추장스러운 것으로 인식하고 있다는 얘기다. 시민들이 절망에 빠져 있다는 방증이다. 민주주의를 후퇴시킬 수 있는 위험한 사회 분위기이다.

다시 대통령 선거의 해이다. 이른바 87년 체제 20년을 맞아 한국민은 어떤 리더십을 선택할 것인가. 한국민의 삶을 고양시키기 위해서는 어떤 새로운 비전이 제시되어야 하는가. 이 기획 보도는 진보와 개혁, 민주주의, 시대에 부합하는 국가 리더십에 대해 종래와는 판이한 질문과 고민을 던진다.

이 책의 내용은 『경향신문』에 연재된 '진보개혁의 위기-길 잃은 한국'을 기초로 한다. 이 연재물은 지식사회와 정치권을 비롯한 각계의 비상한 반향을 불러왔으며 한국 기자상을 수상하기도 했다. 이 글들은 2006년 한 해 동안 한국 사회에 관한 대표적 기록이라고 감히 자부해 본다.

2007년 3월 1일
송영승 『경향신문』 편집국장

# 1부

# 진보·개혁 위기의 현상과 진단

민주 세력 집권 9년, 희망을 말하기 두렵다

무능한 진보·개혁 세력

현 개혁 세력의 무능이 진보의 위기를 부르다

민주 세력 집권의 그림자

민주화 20년, 민주인사들 어디로

신자유주의가 '위기의 외인(外因)'

기득권이 된 민주 세력

진보가 터놓고 말하는 진보

386 세대가 보는 '진보·개혁의 현주소'

민주 정부 무능, 이유가 있다

참여정부에 참여한 4인의 고백

좌담_ 진보·개혁의 미래는 있는가

# 민주 세력 집권 9년, 희망을 말하기 두렵다

"새벽부터 밤늦게까지 가게 문을 여는데 날마다 빚만 늡니다. 요령 없고 능력 없는 내 탓을 해야 할지, 정치 탓인지 조상 탓인지, 아님 세상 탓을 해야 할지……."

2006년 9월 9일 서울 신림동에 사는 강 모 씨(60)는 우두둑 툭 창문을 때리는 가을 소낙비를 보며 소주를 입에 털어 넣었다. 동네 시장 어귀에 있는 그의 치킨집은 낮부터 썰렁했다. 강 씨는 레스토랑을 운영하다 1998년 외환위기 때 문을 닫고, 일자리도 못 구해 부인이 보험 일을 하며 다섯 식구가 살아왔다고 했다. 그러다 2003년 빚을 내 치킨집을 차렸다. 대학생인 막내가 취업하기 어려운 병에 걸려 치료비를 감당해 볼 심산이었다. 잠시 빛을 보는가 했던 가게는 이내 파리만 날렸다. 다들 먹고살려고 냈겠지만, 하루가 멀다고 치킨집·음식점·술집이 시장에 들어섰다고 한다. 카드빚이 늘어 지난해 방 네 칸짜리 다세대주택 전세방을 두 칸짜리로 줄였다.

강 씨는 "큰아들(33)은 회사에서 잘렸는지 나왔는지 대학원 가겠다며 놀고 있고, 둘째(29)는 일을 하다 말다 한다"며 "지금은 친지들에게 손도 더 못 벌리고 서로 서먹해질 때만 많다"고 했다. "둘째 놈이 친구들에게 술 한턱내며 십몇 만 원을 카드로 긁어, 너 죽고 나 죽자며 혼낸 게 가슴에 멍이 됐다. 딱 한 번, 처음이었는데……"라며 눈시울을 붉혔다.

"나도 이구백(20대 90퍼센트가 백수라는 은어)"이라고 말하는 부산 연산동의 장 모 씨(28). 대학에서 컴퓨터를 전공한 그는 지금 주유소에서 일한다. 편의점에서도 일했다는 그는 9급 공무원 시험을 준비 중이다. 여자 친구의 동생이 (주유기를 보며) "누나 친구는 총잡이"라고 놀릴 때 정말 슬펐다는 그는 "대학 졸업반인 그 놈도 9급 공무원 준비생"이라며 웃었다. "취업 구멍도 없고 못사는 놈은

> "새벽부터 밤늦게까지 가게 문을 여는데 날마다 빚만 늡니다. 요령 없고 능력 없는 내 탓을 해야 할지, 정치 탓인지 조상 탓인지, 아님 세상 탓을 해야 할지……." _ 신림동에서 치킨집을 운영하는 강 모 씨

아예 더 죽이는 세상, 욕만 나온다"는 것이 그의 넋두리다.

2006년 9월 6일 서울 노숙자쉼터에서 만난 윤 모 씨(37)는 "뭘 들으러 왔소"라며 매섭게 맞았다. 그는 "베트남 무역 회사를 하다 2년 전 동업자가 회사 돈을 갖고 잠적해 1억 원을 빚지고 도산했다. 빚에 쫓기다 이혼당하고 보다시피 노가다 생활을 한다"고 했다. 윤 씨는 "정부의 숲 가꾸기 사업에서 일해 봤는데 한 번 하면 다시 하기 힘들고, 그나마 4~6개월 하다 마는 수준"이라며 "창업 교육이나 직업소개소에 다녀도 귀찮은 하층민 취급을 받을 때 제일 싫다"고 한다.

하루하루의 궁핍에 몸부림치고 좌절하며 분노하는 사회의 '저층(低層)'이 늘고 있다. 가족은 해체되고 있다. 저마다 살길이 막막해지고 있다. 그들뿐일까.

대학 시절 자칭 '운동권'이었던 보험 설계사 이 모 씨(41)는 "이젠 희망을 말하기 겁난다"고 말한다. "3년 전 재무 설계를 해 준 고객에게 '이게 뭐냐'는 항의를 받았다"는 그는 "금리·부동산·환율 모두 예상이 빗나갔는데 지금도 보험을 팔며 5~10년 뒤의 재테크 상담을 하는 게 고통"이라고 한다. 펀드 매니저 김 모 씨(36)는 "밑에 사람을 뽑지 않아 고용 불안은 없는 편"이라며 "1998년 이후 눈앞에서 80조 원이 외국 투자자의 주머니로 빠져나갔다. 그 사이 직장에서 막내인 나는 허드렛일만 많은 '투자 기계'였다"고 했다. 그는 "언젠가 정치를 하고 싶다"고 한다. 자신의 답답함과 생각을 대변해 줄 사람과 정당을 못 찾겠다는 게 이유다.

대통령 직선제를 쟁취한 1987년부터 20년, 짧게는 진보·개혁의 깃발을 든 사람들이 국정을 책임진 지 9년. 민주화의 흑백사진은 빛이 바래 가고 민생의 그림자는 깊게 드리워지고 있다.

고려대 고세훈 교수(공공행정학부)는 "빈곤·양극화·불안의 문제는 정치적 정통성 시비에서 자유로운 1990년대 이후 더 커지고 있다"며 "왕(독재)의 목을 벴다고 민주주의가 자동적으로 완성되는 것은 아니다"라고 말한다. 민주 세력이 집권했지만 먹고살기는 어려워졌고, 한번 추락하면 다시 오를 길이 없는, '패자부활전'이 없는 사회가 됐다는 진단이다.

내 집 마련의 꿈은 뛰는 집값에 저당 잡히고, 미약한 사회 안전망은 늙거나 일자리를 잃는 공포를 배가시키고 있다. 민주화의 대가로 무한 경쟁의 냉혹 사회가 찾아온 것이다.

국회 운영위는 2005년 말 '민주주의와 경제발전 중 어떤 것이 더 중요하다고 생각하느냐'고 묻는 국민 의식 조사를 했다. 84.6퍼센트가 '경제발전'을 꼽았다. 30년 전의 박정희 정권 시절 설문과 같은 결과다. 진보·개혁의 위기가 삶의 위기를 불러오고, 삶의 위기는 민주주의의 위기를 불러오고 있는 것이다. 파시즘의 공포가 느껴진다. 세상은 진보하는가, 후퇴하는가.

진보·개혁 세력이 '민주주의가 밥 먹여 주나'라는 문제에 답하지 못하는 한, 한국의 미래, 진보의 살길은 없다.


## 무능한 진보·개혁 세력


"매형은 처음에 어엿한 회사원이었습니다. 그러다 1997년 잡화점을 열었습니다. 누나가 쌍둥이 딸을 낳고, 애들을 키우기 위해 영어학원 강사 일을 그만둔 뒤였죠. 그러나 외환위기 이후 잡화점 장사가 잘 되지 않았어요. 그래서 매형은 살고 있던 잠실 주공 아파트를 팔아 누나에게 피부 마사지실을 차려 주고 운전 연수 일을 시작했습니다. 매형은 여성 전용 마사지실에 함께 사는 게 마뜩찮아 1년 전부터 고시원에서 살았어요. 쌍둥이 딸들은 전남 구례에 있는 외가에 보냈죠. 워낙 낙천적이라 한 달에 1백 50만 원을 버는 운전 연수 일을 하면서도 언젠가 가족과 한집에서 살겠다는 희망뿐이었는데……."

2006년 7월 17일 서울 잠실의 고시원 화재 때 숨진 손 모 씨(42)의 사연이다. 처남이 빈소에서 풀어낸 매형의 곡절은 '생계형 기러기 아빠'의 삶의 전형이었다. "그때 학원만 그만두지 않았어도……"라고 오열했던 아내 이모 씨(42)는 화재 현장에서 찾은 그의 휴대전화를 씻어 귀중품 함에 보관하고, 지금도 두통약을 먹고 잠든다고 한다. 이 씨 가족뿐일까. 잠깐 사람들의 눈시울을 적시고 떠난 비정규직 손 씨와 맞벌이 주부 이 씨의 아픔은 많은 사람들 사이에서 공명한다. 내 이야기라고 생각하기 때문이다.

민주화(1987년)·남북 화해(1997년)·정치 개혁(2002년)의 깃발을 들고 '역사의 동력'을 자부했던 진보·개혁 세력은 지금 혼돈 속에 있다. 5·31 지방선거 때는 총체적으로 '무능'이라는 주홍글씨를 받았다. '무능한 진보가 부패한 보수보다 더 싫다'는 극단적 여론조사도 나왔다. 민주화 시대가 종언을 고하고 있음을 알리는 신호다.

서울대 최갑수 교수(서양사)는 진보·개혁 세력을 보는 따가운 시선을 서울 대학로에서 장기 공연 중인 김민기 씨의 연극 '지하철 1호선'에 빗댄다. "지하철 1호선의 1994년 초연 때 내용은 '걸레'라는 이름의 창녀가 '운동권' 청년을 숨겨 주면서 두 사람 사이에 싹튼 사랑과 휴머니즘(인간애)입니다. 지금은 연극 설정이 바뀌었어요. 남자 주인공은 건달이고, 이 건달이 창녀를 만나며 운동권으로 변해 가는 과정을 담고 있죠." 그는 '창녀 방에 숨어들던 운동권'이 '창녀가 만든 운동권'으로 바뀐 점을 주목하며 "민주화 이후 사회와 담론 변화도 똑같다"고 말했다. 이 같은 담론 변화는 그저 인식이 바뀐 결과는 아니다. 숫자에 의해서도 뒷받침된다.

'역사의 동력'을 자부했던 진보·개혁 세력은 지금 혼돈 속에 있다. 5·31 지방선거 때는 총체적으로 '무능'이라는 주홍글씨를 받았다. '무능한 진보가 부패한 보수보다 더 싫다'는 극단적 여론조사도 나왔다.

한국은 경제협력개발기구(OECD)에서 미국·멕시코와 함께 '3대 양극화 국가'로 기록되고 있다. 도시 근로자 상위 20퍼센트와 하위 20퍼센트의 소득 격차(1/4분기 기준)는 1997년 4.81배에서 2005년 5.87배로 뛰었다. 1990~96년 평균 7.9퍼센트였던 경제성장률은 2005년 4퍼센트로 둔화했지

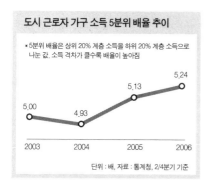

**도시 근로자 가구 소득 5분위 배율 추이**

\* 5분위 배율은 상위 20% 계층 소득을 하위 20% 계층 소득으로 나눈 값. 소득 격차가 클수록 배율이 높아짐

5.00  4.93  5.13  5.24

2003   2004   2005   2006

단위 : 배, 자료: 통계청, 2/4분기 기준

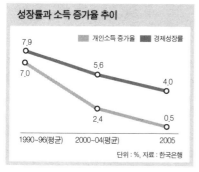

**성장률과 소득 증가율 추이**

개인소득 증가율   경제성장률

7.9   5.6   4.0

7.0   2.4   0.5

1990~96(평균)   2000~04(평균)   2005

단위 : %, 자료 : 한국은행

만, 개인소득 증가율은 이 기간에 7퍼센트에서 0.5퍼센트로 더 떨어졌다. 노동 소득(임금＋자영업자 소득)이 차지하는 비율은 1990~96년 평균 81.6퍼센트에서 2004년 68.4퍼센트로 낮아졌지만, 자본 소득은 그 사이 18.1퍼센트에서 31.6퍼센트로 높아졌다. 소득 양극화가 갈수록 커지고 있음을 보여 주는 지표다.

"노동·자영업 계층의 주머니에 들어간 돈은 더 줄었고, 고용 없는 성장이 길어지면서 계층 간 소득 불평등이 벌어지는 추세"(진보정치연구소)라는 분석이다. 잠실 고시원 화재 때 숨진 손 씨의 '불행'은 막다른 벼랑에 내몰려 있는 '자영업 붐' 시대의 단면인 셈이다. 법정 최저임금(시간당 2,840원)을 못 버는 사람이 2005년 8월 기준으로 1백 21만 명(8.1퍼센트)에 달하는 등 빈곤도 고착화되고 있다.

양극화의 핫코너는, 2005년 8백 40만 명에 이르렀고 매년 증가세인 비정규직이다. 정규직을 100으로 했을 때 비정규직의 월 임금 총액은 2004년 51.9에서 2005년 50.9로 악화됐다. 현재 직장 내 사회보험(국민연금·건강보험·고용보험) 가입률은 정규직 83퍼센트, 비정규직 31.3퍼센트다. 이들의 열악한 처우와 고용 불안은 극단적 투쟁으로 나타난다. 최근 격렬했던 노동쟁의는 대부분 출구 없는 비정규직 노동자들에 의한 것이다. 참여정부 들어 크레인 점거와 한강 투신, 방화를 낳은 화물트럭·하이닉스·포스코 사태가 그 예이다.

비정규직이 고통받는 사이 그 해법의 주체인 노·사·정은 상황을 악화시켰을 뿐이다. 참여정부 노사개혁 태스크포스(TF) 팀장을 맡았던 박태주 한국노동연구원 교수는 "양극화의 핵심은 비정규직"이라며 "그런데 정면으로 부딪쳐서 정책적으로 성과를 낸 게 없다"라고 지적했다. 그는 "문제의 시급함에 대한 심리적인 초조감은 컸지만, 장관마다 성과주의에만 집착한 면이 크다"고 말했다. 2005년 비정규직 비율이 40.8퍼센트까지 올라간 공공 서비스업은 정부의 언행 불일치를 보여 주는 단적인 예다.

민주노동당 단병호 의원은 "문제의 본질은 알지만 노동 진영도 대안을 제시하거나 행동에 나서지는 못했다"고 진보 세력으로서의 책임을 인정했다. 그는 "문제를 키우지 않도록 그때그때 성과 위주로 접근하다 보니 (근본적인) 문제를 피하게 됐다"면서 "그 때문에 비정규직의 50퍼센트가 한나라당과 열린우리당을 찍게 됐다"고 자성했다. 박래군 인권운동사랑방 상임활동가는 "민주노총이 대기업 노조, 대기업 비정규직 문제에 집착하면서 더 소외된 비정규직을 부차적 사안으로 여기는 것 아니냐"고 물었다. 실제로 민주노총은 취재팀이 최근 '비정규직 실태 자료'를 문의했을 때 "정리된 자료가 없다"며 한 대학교수를 소개했다. 종합적인 실태 파악조차 못 하고 있었던 것이다.

양극화의 핫코너는, 2006년 8백 40만 명에 이르렀고 매년 증가세인 비정규직이다. 정규직을 100으로 했을 때 비정규직의 월 임금 총액은 2004년 51.9에서 2005년 50.9로 악화됐다.

서민의 궁핍과 상대적 박탈감을 키우는 것은 부동산·사교육비·의료비다. 1997년 12월 외환위기 이후 7~8개월 동안 지역에 따라 40~50퍼센트까지 폭락한 부동산 값은 국민의 정부 후반에 일어난 건설 경기, 주택 규제 완화의 붐을 타고 '부익부 빈익빈'을 심화시킨 주범이다.

1995년 집을 팔고 캐나다로 이민했다 1998년 봄에 돌아온 김 모 씨(42·갈비집 운영)는 옛날에 살던 서울 신천동의 이웃 아파트를 사며 네 배 가까이 부(富)가 증가했다. 환율은 그 사이 두 배로 뛰고, 예전의 신천동 집값은 반 토막 가까이 떨어졌기 때문이다. 스스로 "외환위기와 인생의 운때가 맞은 행운아"라고 말한다. 반대로 이동통신사 서비스점에서 일하는 박 모 씨(28·상담직)는 "매달 1백 30만 원 월급에 비정규직(배달업)인 남편(31) 월급을 합쳐도 가족 수입이 2백 80만 원 수준"이라며 "친정어머니에게 맡긴 세 살배기 아들의 양육비와 생활비, 승용차 월부금, 비과세 적금을 넣으면 빠듯하다"고 말했다. 그는 "4천 5백만 원짜리 다세대 전셋집에 살

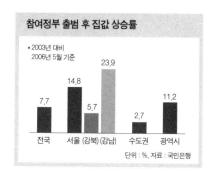

참여정부 출범 후 집값 상승률

■ 2003년 대비
2006년 5월 기준

7.7 14.8 5.7 23.9 2.7 11.2

전국　서울 (강북) (강남)　수도권　광역시

단위 : %, 자료 : 국민은행

며 청약 저축도 들고 있지만, 지금 우리로서는 당장 판교 아파트에 당첨되어도 그림의 떡"이라고 말한다. 되팔기 전에는 분양 대금을 감당할 수 없다는 뜻이다.

부동산 규제 정책을 쏟아 낸 참여정부 들어서도 2006년 5월 기준 전국 부동산값은 2003년 대비 7.7퍼센트 급등했다. 서울 강남은 23.9퍼센트, 광역시는 11.2퍼센트가 올랐다. DJ 정부의 정책 참모였던 김태동 전 청와대 경제수석은 "1999년 2천조 원 정도이던 부동산 시가총액이 지금은 4천조 원을 넘었다. 2천조 원이 땅 없는 사람에게서 땅 있는 사람에게로 넘어간 것"이라며 "역재분배가 일어났다"고 분석했다. 집권한 민주 세력의 배신이 아닐 수 없다. 전 모 씨(35·언론인)도 "지난 3·30 부동산 대책이 서민부터 울렸다"고 했다. 그는 "2006년 7월에 평촌에서 전셋집을 구할 때 일주일마다 5백만~1천만 원씩 올라 전쟁을 치렀다"며 "서울 강남 집주인들이 세 부담을 전세가에 얹으면서, 세입자들이 비강남·신도시로 도미노처럼 밀리고 있다"는 중개업소의 설명을 들었다고 했다.

대구가톨릭대 전강수 교수(경제학, 토지정의시민연대 정책위원장)는 "보유세 강화가 징벌적 세금이 아니라 부동산 보유자라면 마땅히 납부하는 '좋은 세금'임을 알리는 것이 선진국의 추세고, 학계에서도 오래전부터 입을 모은 궁극적 방향"이라며 "보유세를 증세 정책의 하나로 간주하는 착시 현상이 일어났고, 그나마 일관성과 구체적 목표를 상실한 정부의 정책 집행 방식이 혼란을 키웠다"고 지적했다. 그는 "(2006년 8월 임시국회 때) 주택 재산세의 연간 상승률을 3억 원 이하 5퍼센트, 3~6억 원은 10퍼센트로 제한했지만, 실제 전국 공동주택에서 6억 원 이상은 1.6퍼센트, 3~6억 원은 5.2퍼센트에 불과하다"며 "서울·수도권을 제외하면 3억 원 이하 주택이 100퍼센트에 육박하는 상황에서 세 경감의 초점은 1~2억 원대 서민 주택에 집중되어야 한다"고 지적했다.

사교육비 부담도 중산층과 서민들에게는 힘겨운 '눈물 바구니'다. 이

모 씨(42·방송국 일반직·연봉 4천 5백만 원)는 2006년 5월 2억 원이던 강남구 신사동의 전셋집을 빼 성북구 동소문동으로 옮겼다. 중학교 1학년, 초등학교 4학년인 남매의 사교육비 때문이다. 강남에서 영어·수학·논술 학원 과외를 받는 큰아들과 글짓기 학원과 가정 학습지를 하던 둘째 딸에게 들어가던 사교육비는 월 1백 30만 원 정도. 둘째 딸이 "나도 영어 학원에 다니고 싶다"고 해 "시켜 주마"라고 약속하고 조금 싼 전셋집을 찾은 것이다. 이 씨는 "학교 내신이 중요해진다는데, 상대적인 궁핍을 느끼며 강남에서 버틸 이유가 없다고 생각했다"며 "다만 '돈'과 '애들을 사교육 시장에서 키워야 하는 현실'을 돌이킬 때마다 씁쓸함을 감출 수 없었다"고 말했다.

전국 가구의 사교육비와 개인 교습비 추이

단위 : 조 원, 자료 : 통계청

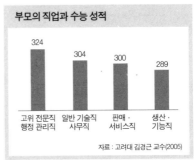

부모의 직업과 수능 성적

자료 : 고려대 김경근 교수(2005)

2005년 국내 가계의 사교육비 지출은 19조 2천 4백억 원으로 전체 교육비의 반을 차지했다. 특히 대학들이 논술형 고사 도입 방침을 밝힌 2004년 이후 개인 교습비(현직 교수·교사 외 양성화된 사교육)는 5조 원을 웃도는 급증세다. 2003년 31만 원이던 가구당 개인 교습비는 2005년 41만 6천 원으로 늘었다. 전국 가구당 평균치이지만, 저소득 가정이 늘어나고 지방의 부족한 여건을 감안하면 사교육의 양극화는 통계 수치의 숫자를 무색하게 한다. "부유층·중상위층에서 확대되는 고액 과외는 제대로 소득 파악이 안 된다"(교육 당국자)는 실토다.

고려대 김경근 교수(교육학)가 2005년 분석한 부모 직업별 수능 성적은 '전문직·관리직 324점, 일반 기술직·사무직 304점, 판매·서비스직 300점, 생산·기능직 289점'으로 나타났다. 부모의 소득수준별 수능 성적도 5백만 원 초과 때 317.6점이고, 2백만 원 이하는 287.7점이다. 민주 세력의 집권이 거듭되면서 교육 양극화가 '대물림' 되고 있는 것이다.

사회 안전망과 최저복지제도의 한 척도인 의료비도 2003년 현재 본인

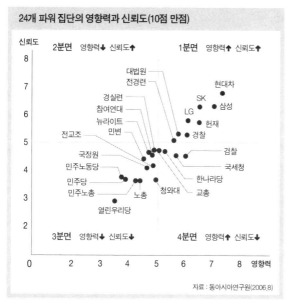

24개 파워 집단의 영향력과 신뢰도(10점 만점)

신뢰도

2분면 영향력↓ 신뢰도↑    1분면 영향력↑ 신뢰도↑

대법원
전경련
경실련       SK
참여연대      LG
뉴라이트          현대차
전교조  민변      삼성
국정원          경찰
민주노동당          검찰
민주당          국세청
민주노총   노총      한나라당
열린우리당  청와대  교총

3분면 영향력↓ 신뢰도↓    4분면 영향력↑ 신뢰도↓

영향력

자료 : 동아시아연구원(2006.8)

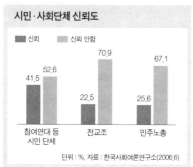

시민·사회단체 신뢰도

■ 신뢰    ■ 신뢰 안함

41.5  52.6    22.5  70.9    25.6  67.1

참여연대 등    전교조    민주노총
시민 단체

단위 : %, 자료 : 한국사회여론연구소(2006.6)

부담 비율 41퍼센트(OECD 평균 18.3퍼센트), 공공 지출 44퍼센트(OECD 72.2퍼센트)로 대비된다. 건강보험 지역 가입자 체납 가구 수가 1백 70만 가구를 넘는 열악한 추세다. 돈이 없으면 병원을 찾지 않는 서민들의 실생활을 보여 주는 수치다. 성공회대 조희연 교수(사회학)는 "'사회경제적 삶'의 민주주의가 확장되지 못하고, 빈곤과 실업을 개인의 실패로 모는 신자유주의에 함몰되어, 민주화된 정치 구조에서 계급 사회가 오히려 심화되고 있다"고 설명했다. 사회 전체적으로도 "취업이 빈곤 탈출의 청신호였던 시절은 지나갔고, 시장 탈락자에 대한 복지 부담은 계속 커지는 상황"(고려대 고세훈 교수)이라는 진단도 비슷한 맥락이다.

2006년 1월 한국사회여론연구소(KSOI)의 조사는 단적으로 소통의 문제를 짚는다. 여론조사에서 '세금을 덜 내고 개인 소득을 늘려야 한다'는 입장이 55퍼센트였지만, '더 많은 복지를 위해 세금을 더 낼 용의가 있느냐'는 질문에는 52.6퍼센트가 찬성했다. 일부 희생이 있더라도 사회 전체의 복지 확대에 대해서는 여전히 여론이 우호적인 것이다. 당초 참여정부가 '1퍼센트를 더 내면 10퍼센트를 더 돌려 준다'는 설득 논리로 지켜 내려 했던 세금 정책이 '세금 폭탄'론에 직면하며 소모적 논쟁만 반복했던 것을 생각하면 결국 참여정부의 복지 재정 확대 모델의 소통이 제대로 되지 않았음이 확연해진다.

이런 성적표는 진보·개혁 세력에 대한 신뢰의 위기로 나타났다. 동아시아연구원(EAI)이 2006년 '국내 24개 파워 집단'의 영향력과 신뢰도를 조사했을 때(10점 만점), 청와대·참여연대·민변·민주노총은 모두 5점 이하로 나타났다. 2005년보다 상승한 것은 민변뿐이고, 열린우리당은 영향력과 신뢰도에서 모두 최하위를 기록했다. 진보·개혁 세력의 신뢰도 하락은 KSOI가 2006년 6월 실시한 사회단체 정기 여론조사에서도 확인된다. '신뢰한다'는 답은 참여연대 등 시민 단체(41.5퍼센트), 민주노총(25.6퍼센트), 전경련(24.6퍼센트), 전교조(22.5퍼센트) 순이지만 '신뢰하지 않는다'는 답은 단체별로 52.6~70.9퍼센트로, 신뢰도를 압도했다. 1990년대 개혁의 동력이었던 시민·사회단체에 대한 불신의 골이 그만큼 커졌다는 징표다.

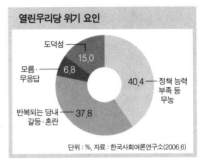

**열린우리당 위기 요인**

도덕성 15.0
모름·무응답 6.8
반복되는 당내 갈등·혼란 37.8
정책 능력 부족 등 무능 40.4

단위 : %, 자료 : 한국사회여론연구소(2006.6)

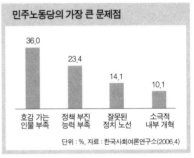

**민주노동당의 가장 큰 문제점**

호감 가는 인물 부족 36.0
정책 부진 능력 부족 23.4
잘못된 정치 노선 14.1
소극적 내부 개혁 10.1

단위 : %, 자료 : 한국사회여론연구소(2006.4)

참여정부 주요 부처의 신뢰도 역시 경제팀 12.6퍼센트, 교육팀 13.1퍼센트, 통일외교팀 23.8퍼센트로 참여정부 출범 직후인 2003년 6월에 비해 급락했음을 보여 준다. 김정수 투명사회협약실천협의회 사무처장은 "시민 단체들의 상대는 과거처럼 전문성이 떨어지는 파트너가 아니다"라며 "기관장 앞에서는 큰소리치고 6급 주사 앞에서는 꼼짝 못하는 것이 시민 단체의 현실"이라고 지적했다.

민주 집권 세력만 무능했던 것이 아니다. 진보 정당이나 진보 세력들은 대안 없는 반대로 할 일을 다한 양 손을 놓았고, 진보적 비전으로 시민들의 힘을 모으지도 못했으며, 이 사회의 담론을 지배하며 의제를 이끌어 가지도 못했다. 시민들의 삶이 추락하는 동안 세상을 구원할 것처럼 너도나도 나섰던 그 많은 진보·개혁 세력들은 다 어디로 갔나.

2006년 5·31 지방선거에서 패한 후 열린우리당 김근태 의장은 "민주화운동의 훈장을 떼겠다. 밥이 하늘이다"라고 했다. 권영길 민주노동당 의원단 대표는 "대중의 피부에 와 닿는 생활 정치를 펴겠다"고 했다. 하지만 너무 늦었다.

참여연대 김기식 사무처장은 다음과 같이 고백했다. "화려한 전투에서는 이겼으나 전쟁에서 승리하지 못했다. 1980년대 민주화, 1990년대 개혁으로 진보·개혁 진영이 담론을 주도했지만, 2000년대는 그것을 상실했다."

## 현 개혁 세력의 무능이 진보의 위기를 부르다

'진보·개혁 세력이 위기인가.' 이 화두에 대해 많은 사람이 의문을 표시했다. "'진보'와 '개혁'을 한데 묶는 것이 온당한가." "진보가 언제 '위기' 아닌 적이 있었던가." 진보 인사들은 진보와 개혁을 묶는 것에 거부감을 보였다. 이들의 주장은 '진보'와 '개혁'을 한데 묶는 주류 언론과 정치권의 무지 또는 관행 때문에 개혁 세력의 위기가 곧 진보 세력의 위기로 이어지는, 이른바 '도매금' 또는 '착시' 효과가 일어났다는 것이다.

김세균 서울대 교수(정치학)는 "현재 위기의 본질은 (신자유주의) 개혁 세력의 위기"라며 "민중운동 진영(진보 진영)은 아직 세력이 크지 못하기 때문에 덩달아 위기를 맞을 수밖에 없었다"고 말했다. "노무현 정부의 주축을 이룬 '신자유주의' 개혁 세력이 실정을 거듭하며 무능함을 드러낸 것이 진보 진영의 위기까지 가져왔다"는 것이다.

『B급 좌파』의 저자인 문화비평가 김규항 씨는 "'진보·개혁 세력의 위기'라는 말은 곧 '좌파·우파의 위기'라는 말과 같이 모순적"이라고 지적했다. 1987년 당시 자유주의 세력(우파)과 민중운동 세력(좌파)은 독재 타도를 위해 연합했었지만, 20년이 지난 지금 더 이상 한 지붕 아래에 있지 않다는 것이다.

민주화 이후 집권 세력이 된 자유주의 세력은 YS, DJ 정권을 거쳐 현 정권에서 한·미 자유무역협정(FTA)으로 대변되는 신자유주의 개혁 정책을 추진하고 있지만, 민주노동당과 제도권 밖 진보 진영은 이에 결사반대하고 있는 것이 그 차이를 잘 보여 준다.

하지만, 노무현 정권은 출범 당시 언론 등에서 넓은 의미의 '진보 정권'으로 규정됐고 자신도 '진보'라는 표현을 쓰곤 했다. 노무현 대통령은 2004년 5월 연세대 리더십 특강에서 "보수는 힘센 사람이 마음대로 하는 것이고, 진보는 더불어 살자는 것"이라고 한 적도 있다. 진보 인사들을 일부 기용하기도 했다. 그러나 그것 때문에 진보 정권이 될 수는 없다. 다만, 일부 개혁 정책을 추구했다는 점에서 한때 개혁 세력이었다고 말할 수는 있을 것이다.

'개혁'이라는 말 역시 간단한 개념이 아니다. 박호성 교수(정치학)에 따르면 원래 혁명과 대비되어 쓰이는 '개혁'이라는 말에는 이중적 의미가 있다. 진보적 개혁과 보수적 개혁이다. 자본주의의 문제를 해결하는 태도를 놓고 봤을 때의 기준이다. "서유럽의 사회민주주의적 개혁 노선은 진보적 개혁에, DJ 정권이 추구한 자유민주주의 및 시장 기능의 정상적 작동을 위한 개혁은 보수적 개혁에 해당한다"는 것이다. 그런 관점에서 현 정권은 '보수적 개혁 정권'에 속한다고 볼 수 있다.

그러면 '개혁 세력'의 위기를 '도매금'으로 진보 세력의 위기라고 할 수 있는가. 급진파와 자유주의의 연합 세력인 민주화 세력이 보수 세력을 끌어안음으로써 집권할 수 있었고, 정치적 민주화로 역사를 일정 정도 '진보'시켰다는 점에서 '진보·개혁'이라는 용어는 의미가 있다.

군사 정권 때는 제도권 정당 체제에서 보수 야당이 정치적 대표자가 없는 진보를 대변하는 역할을 했다. 민주화 이후에도 강고한 보수 헤게모니로 인해 진보와 개혁은 한 묶음으로 행동하는 경우가 많았다. 시민들도 민주화 세력과 진보 세력을 세밀히 구분하지 않고 있다. 보수 헤게모니의 한국 사회에서 자유주의만으로도 개혁적이고 진보적일 수 있는 역사적 조건으로 인해, 진보·개혁 세력은 하나의 이름으로 불릴 수 있는 것이다.

따라서 노무현 정부의 위기는 개혁 세력의 위기를 초래하고 이는 다시 진보 세력의 위기로 전파된다. 그것이 바로 진보·개혁의 위기를 논하는 이유다.


## 민주 세력 집권의 그림자


"80년대 캠퍼스나 거리의 최루가스만 생각하면 지금도 가슴이 뛰고 숨이 막힙니다." 회사원 유 모 씨(43)는 1987년 6월의 기억을 묻자 "참 많은 게 달라졌다"고 말했다. 그리고 압축해서 '열망과 절망'이라는 두 단어로 표현했다. 82학번인 그는 미국 유학 중이던 1987년 6월 한 학기를 포기하고 귀국했다. 학교를 다니고 있거나 막 취직해 넥타이를 맨 친구들과 종로와 명동 일대에서 어깨동무를 하고 뛰어다녔다. "'호헌철폐' '독재타도' '한열이를 살려 내라'는 구호였죠. 빌딩에서 휴지와 음료수가 떨어지고, 가판 아주머니가 김밥 꾸러미를 싸 줄 때 '정말 되겠구나' '귀국하길 잘했다'며 가슴 저 밑에서 솟구치는 게 있었어요. 노태우가 항복을 선언하던 6월 29일, 그날 밤 대학 앞에서 밤새 친구들과 막걸리를 퍼마시던 희열을 어떻게 잊을 수 있겠습니까."

10년이 흐른 1998년의 크리스마스 전날, 미국 유학을 마치고 귀국해 취직한 유 씨는 명동에서 한 프랑스 라디오 기자를 만났다고 한다. 'DJ 정부 1년을 보는 소감이 어떠냐'는 질문을 받았다. "많은 젊은이가 대학 생활을 포기하고 민주 인사들을 따라 반독재 투쟁에 나섰고 정권 교체도 이뤘지만 변한 건 없습니다. 허탈해요." 유 씨의 학과 동기 50명 중 정상적으로 대학을 졸업한 친구는 9명에 불과했고, 동기 중 1명은 공안 기관의 조사를 받고 정신병원 신세도 졌다.

그러나 1998년 겨울, 민주화된 세상이 시민들에게 던져 준 것은 외환위기였다. 가난한 자들이 쏟아져 나오기 시작했고, 거리는 학생과 넥타이 부대 대신 노동자들의 시위로 넘쳤다. 민주화 이전과 이후의 차이는 거리 투쟁을 하는 세력의 교체뿐이었다. 대학 동기 1명이 보수 정당인 한나라당에서 정치를 시작한다는 소문을 들은 것도 그 즈음이다. 그가 말했다. "결국, 6월의 꿈은 짧았죠."

선거는 주기적으로 치러지고, 정권 교체가 이루어지고, 권력을 비판한다고 남영동 지하실이나 경찰에 끌려가 고문을 받는 일은 없어졌다. 그러나 꿈과 열정을 안고 집권한 그들은 위선과 부패로 얼룩져 갔다.

소통령으로 불린 YS의 차남 김현철 씨, '홍3 게이트'로 명명된 DJ의 세 아들, 기득권화된 386이 파노라마처럼 지나가는 우울한 그림자다. 특히 민주화의 상징 인물인 YS와 DJ의 두 집권 세력은 서로 질세라 부패 경쟁을 했다. YS 정권 초기 청와대 교육문화사회수석비서관을 지낸 김정남 씨는 "민주 정권이 부정부패하면서 민주화운동 세력도 '위선과 거짓으로 나라를 망쳤다' '인간적으로 못된 놈들'이라는 손가락질을 받고 있다"고 말했다.

김영삼·김대중·노무현 등 민주 정부는 전두환·노태우 정부가 부분적으로 도입하기 시작한 개방과 시장주의를 확대 도입하면서 사회를 무한 경쟁의 정글로 변화시켰다.

1994년 11월. 김영삼 대통령은 호주 시드니에서 열린 아시아·태평양 정상회의(APEC)에 참석, "국정 목표를 세계화에 두겠다"고 선언했다. '세계화'는 우루과이라운드 타결, OECD 가입, 금융시장 추가 개방으로 현실화됐고 자본시장 개방은 외환위기라는 직격탄을 맞았다. 김대중 정부는 국제통화기금(IMF) 프로그램에 따라 은행 통폐합과 기업 구조조정을 했다. 그 결과, 거리에 나가 민주주의를 목 타게 부르던 넥타이 부대들은 그들이 그토록 원했던 민주 정부 아래에서 다시 거리로 쫓겨났다. 물론, 우리 사회에서 처음으로 사회 안전망 개념이 제시되기도 했고, 이에 기반을 둔 '생산

| | 김영삼 정부 | 김대중 정부 | 노무현 정부 |
|---|---|---|---|
| 특징 | 3당 합당을 통한 기득권 편입 | 지역 연합을 통한 첫 정권 교체 | 민주 세력 독자 정권 |
| 성과 | 문민 개혁 | 남북 관계 개선 | 정치 개혁 |
| 한계 | 민주화 성과의 퇴보<br>세계화를 명분으로 무분별 개방 | 신자유주의 본격 도입 | 신자유주의 확대 |

적 복지' 정책이 없었던 것은 아니다. 하지만 소외와 빈곤은 그보다 더 크고 빠르게 진전되었다. 1997년 0.283이던 지니계수는 DJ 정부 말기인 2001년 0.319로 악화됐다.

노무현 대통령은 2005년 5월 기업 총수들과 만나 "이제 권력은 시장으로 넘어갔다"고 말했지만, 정확하게 말하자면, 넘어간 것이 아니라 민주 정부들이 넘긴 것이다.

1998년 ㅂ은행과 ㅎ은행이 통폐합할 때 1억 5천여만 원의 명퇴금을 받고 퇴직한 김 모 씨(50·지점장 출신)는 다른 명퇴자와 동업해 명동에 일식집을 차렸다가 2년 만에 퇴직금을 다 까먹었다. 긴 불경기에 월세조차 메울 수 없었기 때문이다.

> 노무현 대통령은 2005년 5월 기업 총수들과 만나 "이제 권력은 시장으로 넘어갔다"고 말했지만, 정확하게 말하자면, 넘어간 것이 아니라 민주 정부들이 넘긴 것이다.

그는 "나야말로 '잃어버린 10년'이다. 명퇴자들이 그렇듯이 한 번 처진 약자는 어디에도 비빌 언덕이 없다"라고 술회했다. 카드채와 부동산 부양의 후유증을 안고 출범한 참여정부에서도 시장의 무한 경쟁을 강조하는 '신자유주의' 흐름은 더 빨라지고 있다. 개방과 친자본 정책에 맞서 분신하거나 사망한 노동자·농민은 2006년 9월 현재 15명에 달한다. 평택 대추리 때도 그렇고, 2006년 7월 한·미 FTA 시위를 막기 위해 전국 경찰의 70퍼센트를 서울에 집중적으로 배치한 '공권력 과잉'은 80년대로 되돌아간 느낌이다.

민주화의 최대 수혜자는 서민이 아니라 민주화운동 경력으로 집권하고 고관대작 자리를 차지한 이들과 대자본이다. 최갑수 서울대 교수는 "1997년 민주화 이후 민주주의는 이제 누구나 누릴 수 있는 공공재가 됐다. 그러나 그 공공재의 혜택을 가장 많이 누리는 쪽은 다름 아닌 자본이다"라고 지적했다. 민주 세력이 집권한 후, 심각해지고 있는 '가진 자'와 '못 가진 자'의 양극화가 그 현실을 잘 말해 준다.

1987년 4월 13일 늦은 아침을 먹다 텔레비전에서 '호헌 조치'를 발표하는 전두환 전 대통령에게 숟가락을 던졌다는 홍성태 상지대 교수(사회학). 그는 87년 대항쟁이 끝나고 서울대 총학생회에서 벌어졌던 한 토론회의 삽화를 전했다. 뭔가 찜찜하고 허탈해하던 사람들에게 "작지만 귀한 승리다. 이 중요한 첫 발자국을 어떻게 이어나갈 것인가가 더 중요하다"고 직접 토론회를 정리했던 장면이다. 홍성태 교수는 그러나 "이제는 보수에 포위된 민주화라는 표현을 쓴다"며 "진보·개혁 세력이 개혁은 둘째치고, 재벌에 투항하는 것이 위기의 실체"라고 말한다.

중학생과 초등학생 자녀를 둔 직장인 최 모 씨(41·서울 은평구 녹번동)는 IMF 이전에 4천만 원대이던 연봉을 10년이 지난 지금도 회복하지 못하고 있다고 했다. 최 씨는 "아이들이 30만 원짜리 학원을 하나 더 다닌다고 해도 부담이 되는데 강남에 사는 친구들이 한 아이에 1백 50만 원씩 학원비를 쓴다는 말을 들으면 답답하기만 하다"며 "일할수록 빚이 늘어나는 게 현실"이라며 답답해했다.

대다수 중산층·서민들이 민주 세력에 대해 느끼는 절망의 핵심은 어떻게 그들이 민주화의 열망을 이런 참혹한 절망으로 바꾸어 놓을 수 있는가다. 2004년 OECD 통계에 따르면 한국의 소득 10분위 분배율은 9.4로 평균(4.3)의 두 배를 넘었다. 누가 이런 민주주의를 타는 목마름으로 불렀겠는가.

김동춘 성공회대 교수(사회학)는 "87년 6월 항쟁과 7·8월 노동자 대투쟁이 따로 분리되어 열린 것이 위기의 씨앗이며, 87년 체제의 그늘이자 한계였다"고 분석했다.

노무현 대통령의 후보 시절 찬조 연사로 나섰던 '자갈치 아지매' 이일순 씨(61)가 참여정부 출범 3주년을 맞아 『경향신문』과 가진 인터뷰는 이 땅의 서민들이 가슴에 품고 있는 응어리 그대로였다. "불경기와 싸움질밖에 기억이 안 납니다. 아귀 장사 30년째인데 매출이 뚝 떨어져 일당도 못 주는 날이 생길 정도였습니다. 가게 문 닫는 줄 알고 얼마나 가슴 졸였는지."

> "불경기와 싸움질밖에 기억이 안 납니다. 아귀 장사 30년째인데 매출이 뚝 떨어져 일당도 못 주는 날이 생길 정도였습니다. 가게 문 닫는 줄 알고 얼마나 가슴 졸였는지." _'자갈치 아지매' 이일순 씨

고려대 최장집 교수(정치학)는 『민주화 이후의 민주주의』 서문에 이렇게 썼다. "뮤지컬 '레미제라블'의 초반부에 민중들은 '변한 것이 아무것도 없네'라고 노래한다. 프랑스 대혁명 이후에 민중의 실망, 민중혁명 이후에도 변한 것이 없음을 말하는 것이다. 우리 사회도 민주화 이후 달라진 게 뭐냐는 회의적인 질문이 광범위하게 제기되고 있다."

그런데도 집권자는 지금의 절망을 보지 못하고, 6월의 거리에서 다시 지지를 모으려 애쓰고 있다. 1987년 인권 변호사 시절 부산의 '거리 투사'였던 노무현 대통령은 취임 첫해 "6월 항쟁은 내 존재의 근거"라고 말했다.

# 민주화 20년, 민주인사들 어디로

'독재타도' '민중 생존권 쟁취'를 위한 투쟁의 결실로 1987년 민주화가 시작된 이래 20년이 흘렀다. 그 사이 거리에서 돌팔매질을 하고 최루가스에 눈물을 쏟아 내던 재야 민주 세력들은 지금 한국 정치와 사회를 지배하는 세력으로 성장했다. 그들 가운데는 여전히 과거의 열정을 품고 '시민사회의 폭발'로 잉태한 시민운동에 투신, 재야 운동의 맥을 잇고 있는 이들도 있다.

그러나 많은 이들이 현실 정치에 참여, 대통령이 되고 여당과 야당의 대표가 되었으며, 총리·장관이 되고 국회의장이 되었다. '그들의 세상'이 왔다. 가장 과격한 운동권이 가장 보수적인 정치 세력·시민운동가로 변신하기도 했다. 민주 세력은 이제 하나의 세력, 하나의 정치적 견해, 하나의 이념적 지향을 갖고 있지 않다. 그들은 지금 여당과 야당으로, 진보와 보수로 대립하며 서로 다른 길과 가치를 추구하고 있다.

1987년 민주화 이후 투사로 이름을 날리던 재야 인사들은 1988년 각자의 인연을 따라 두 거물 정치인 YS와 DJ의 야당에 참여했다. 1988년 13대 총선에서 이해찬·임채정·이상수는 DJ의 평민당으로, 노무현은 YS의 민주당으로 들어갔다. 양 김의 통합과 노동 세력과의 연대를 모색하며 재야로 남아 있던 이부영도 1992년 YS가 떠난 '꼬마 민주당'을 발판으로 제도 정치를 시작했다. 이부영과 쌍벽을 이루던 김근태는 뒤늦은 1996년 DJ의 새정치국민회의에 합류하며 재야 생활을 마감했다.

> 많은 이들이 현실 정치에 참여, 대통령이 되고 여당과 야당의 대표가 되었으며, 총리·장관이 되고 국회의장이 되었다. '그들의 세상'이 왔다.

군사 정권 때 거리에서 성명을 발표하고 저항하던 이들 가운데 세 명이 대통령이 되고 두 명이 총리가 되었으며, 수많은 이들이 장관직을 차지했다. 김영삼, 김대중, 노무현 등 과거 민주 세력이 연속 세 차례 집권을 하면서 재야 민주 인사도 고관대작이 될 수 있었던 것이다. 김영삼 정부에서는

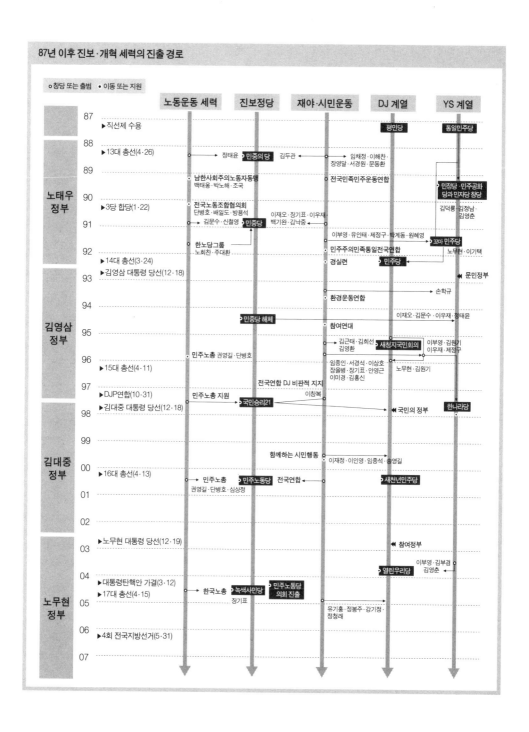

부산 재야의 거물 김정남이 청와대 수석이 되었으며, 해직 교수 한완상은 통일부총리, 이인제는 노동부 장관을 했다. 김대중 정부에서는 이해찬이 교육부 장관, 노무현이 해양수산부 장관을 지냈으며, 노무현 정부에서는 이해찬·한명숙 총리를 배출했다. 경찰의 고문을 받았던 김근태는 집권 여당의 대표가 되었고, 공권력의 감시 대상이던 고영구는 안기부의 후신인 국가정보원의 수장을 지냈다.

운동권의 핵심 세력들이 선택한 현실 정치의 공간에는 의외로 보수 정당이 많았다. 서울노동운동연합 사건으로 유명한 노동운동가 김문수는 "혁명의 시대는 갔다"며 1994년 김영삼의 민자당에 입당한 뒤 한나라당에서는 초강경파로서 대여 투쟁의 선봉장으로 이름을 날렸다. 남민전 사건으로 옥고를 치른 이재오는 1996년 16대 총선을 앞두고 민자당이 신한국당으로 이름을 바꾼 뒤 합류, 이제 한나라당을 좌우하는 거물 정치인이 되었다. 조영래·김근태와 함께 서울대 운동권 삼총사로 불리던 손학규는 민자당에 들어간 뒤 한나라당에서 대통령 경선을 노리고 있다. 이부영은 민주당에서 보수당인 한나라당으로 적을 옮겨 한동안 보수 정치인으로 활동했다.

진보 정당 불모지 한국 사회에 진보 정치를 실현하겠다는 오랜 꿈을 간직해 온 이들은 제도권 정당을 거부하고 진보당 건설에 나섰다. 이우재·김낙중·장기표·이재오·안영근·김문수 등은 1990년 민중당을 결성했다. 그러나 정당 득표율 1.5퍼센트라는 초라한 성적을 받은 뒤 지리멸렬해졌다. 그로부터 10년의 세월이 흐른 후 민주화 이후 활발해진 노동운동을 배경으로 한 세력과 민족해방파(NL)의 결합으로 2000년 민주노동당이 결성됐다. 언론노동조합 운동을 주도했던 권영길, 전노협이라는 노동운동의 주력부대를 이끌던 단병호, 인천지역민주노동자연맹의 핵심 노회찬, 서울노동운동연합의 보스였던 심상정이 의회에 진입하는 새로운 역사가 쓰였다.

민주화로 재야의 공간이 사실상 사라지면서 진보 인사들이 대거 시민운동으로 진입했다. 1990년대 '시민 단체의 대폭발' 시대가 온 것이다. 1989년 서경석 목사가 주도한 경제정의실천시민운동연합(경실련)은 시민 단체의 대표 주자가 되었다. 최열 주도의 환경운동연합이 1993년 4월 출범, 진보적 시민운동의 신호탄을 올렸다. 이어 1994년 9월에는 박원순·김기식·이태호 등이 자유주의적인 경실련을 대신할 '진보적 시민운동'을 표방하며 참여민주사회와 인권을 위한 시민연대(참여연대)를 결성, 대표적 시민운동 조직으로 키웠다.

과거 운동권들은 노무현 정부 들어 활발해진 보수 세력의 조직화에도 주도적으로 나서고 있다. 도시산업선교회에서 노동자 의식화에 앞장섰던 서경석 목사는 이제 보수 시민 단체인 선진화국민회의의 사무총장으로 활동하고 있다. 지하 노동운동을 했던 신지호는 좌파와의 대결을 선언하며 신자유주의연대를 조직, 뉴라이트 운동의 기수가 됐다. 주사파였던 홍진표와 한기홍은 북한민주화네트워크를 결성, 반김정일·북한 인권 운동을 전개하고 있다.

## ▌신자유주의가 '위기의 외인(外因)'

"학생운동을 하던 사람들이 이제는 골프가 중요하다고 말하는 시대, 이것이 일본의 근본적인 문제입니다." 일본의 진보 성향 월간지 『세카이』(世界)의 편집장 오카모토 아쓰시(岡本厚)가 2006년 6월 9~10일 계간지 『창작과비평』 주최로 서울에서 열린 '동아시아 비판적 잡지 편집인 회의'에서 푸념하듯 털어놓은 말이다. 일본의 학생운동 세대들이 만드는 격월간지 『임팩트』의 5·6월호 표제는 "만국의 '프리캐리아트(Precariats)'여, 공모하라"였다. 프리캐리아트는 '불안정한(Precarious)'과 '무산자(Proletariats)'를 합성한 조어로 우리말로는 '불안정층'쯤 된다. 이렇게 일본에서도 고학력자들의 '백수 상태'에 대한 불안감은 한국 못지않다.

김영길 효성가톨릭대 교수(노문학)는 최근 계간 『문화과학』에서 한국보다 먼저 신자유주의 길로 간 일본 사회의 서민들에 대한 복지 서비스 후퇴에서 한국 사회의 앞날을 짚었다. "일본의 신자유주의화가 한편으로는 국가의 복지 영역을 민간 기업에 떠넘기고 또 한편으로는 상징 천황제를 강화하며 애국주의를 부추기는 우경화로 갔다"고 한다.

이렇듯 진보의 위기는 한국만의 현상이 아니다. 전 세계적인 흐름이다. 바로 이 전 세계적 진보의 위기를 불러온 것이 신자유주의 세계화다. 손호철 서강대 교수(정치학)는 "현실 사회주의 붕괴 이후 거시적인 변혁 이론이나 대항 담론이 사라진 상황에서 신자유주의 세계화는 누구도 거역할 수 없는 시대적 흐름이 됐다"고 말했다.

좌파가 집권하든 우파가 집권하든 '개혁'은 지구상 거의 모든 정부의 화두다. 여기서 '개혁'은 대체로 '신자유주의' 개혁이다. 자본에 대한 정부 규제를 줄이고, 노동 유연성을 극대화해 기업하기 좋은 환경을 만들어 줌으로써 수치상 경제성장률을 높이고 실업률을 낮추는 것이 일국 정부가 국민을 위해 해 줄 수 있는 최선의 길처럼 되었다.

진보 진영의 공간이 상당 부분 존재했던 유럽 국가들도 이제는 그 '개혁'을 이야기하기 바쁘다. 어느 정당이든 둔화된 성장률을 끌어올리고 일자리를 창출할 수 있다는 청사진을 제시하지 못하면 여간해서 집권하지 못한다. '성장'보다 '분배' '복지'를 강조하면 '독일 병(病)' '프랑스 병' '유럽 병' 등 각종 병의 원흉으로 지목될 각오를 해야 한다.

2005년 말 프랑스 전역을 달궜던 최초고용계약(CPE) 입법 반대 시위는 신자유주의에 포위된 유럽 진보 진영의 위기를 상징적으로 보여 주었다. 22퍼센트대 청년 실업률에 시달리던 프랑스 우파 정부는 '개혁' 정책의 하나로 26세 미만 고용자들에 한해 2년간의 수습 기간 중 자유롭게 해고할 수 있도록 하는 이 법안을 도입하려 했다. 학생·노동자들의 거센 반발 때문에 법 시행이 유보되긴 했지만 이를 두고 진보 진영의 승리라고 말하는 사람은 별로 없다.

## 신자유주의 세계화 과정

| 국제사회 | | | 한국 | |
|---|---|---|---|---|
| | | 1963~79 | • 국가주도형 발전 모델 추구 | |
| | | **-1970** | | |
| 1972 | • 브레튼우즈 체제 붕괴 | | | |
| 1973~74 | • 1차 오일 쇼크 | | | |
| 1978~80 | • 2차 오일 쇼크 | | | |
| 1979 | • 대처 집권(대처리즘) | | | |
| | | **-1980** | | |
| 1980 | • 레이건 집권(레이거노믹스) | 1980 | • 광주항쟁 | |
| | － 신자유주의 정책 첫 도입 | | • 전두환 정부 | |
| | － 감세, 민영화, 규제완화 요구 | | － 신자유주의 정책 도입 시작 | |
| 1986 | • 우루과이라운드 협상 개시 | | | |
| | － 미국, 농산물·서비스 개방 압력 | 1987 | • 직선제 개헌 민주화 | |
| | | **-1990** | | |
| 1991 | • 소련 붕괴 | 1992~97 | • 김영삼 정부의 세계화 정책 | |
| 1992 | • 북미자유무역협정 | | | |
| | － NAFTA·미국·캐나다·멕시코 | | | |
| 1994 | • 멕시코 외환위기 | | | |
| 1995 | • 세계무역기구(WTO) 설립 | | | |
| 1997 | • 동남아 외환위기 | 1997 | • 외환위기 | |
| | － 태국·인도네시아·홍콩 | | － 신자유주의 본격 도입 | |
| 1999 | • 브라질 외환위기 | | | |
| | | **-2000** | | |
| 2002 | • 아르헨티나 외환위기 | 2006 | • 한·미 FTA 협상 | |
| | | | － 신자유주의 전면화 | |

2005년 11월 독일 총선에서 사회민주당과 녹색당의 연정을 무너뜨리고 정권을 교체한 기독교민주연합 출신 앙겔라 메르켈 총리 역시 '기업하기 좋은 독일' '작은 정부'를 복음처럼 내세웠다. 사민당의 게르하르트 슈뢰더 총리도 열심히 '개혁'을 추진한다고 했지만 보수 진영의 기대에는 못 미쳤고 그를 지지했던 진보 진영에는 배신으로 받아들여졌다.

영국은 토니 블레어의 노동당 정부가 10년째 집권하고 있지만 노동당의 정책은 보수당의 신자유주의 정책을 거의 그대로 계승하고 있다. 김수행 서울대 교수(경제학)는 "'제3의 길'을 표방한 노동당 정부 아래에서 사회보장제도가 매우 축소되어 영국 내에서도 사회 양극화가 심해졌다"면서 "노동당의 우경화에 반대하는 좌파들도 있지만 아직까지는 큰 세력이 아니다"라고 말했다.

월가, 재무부, 워싱턴 정가를 중심으로 형성된 '워싱턴 컨센서스'는 추상적으로 존재하던 신자유주의를 성문화(成文化)했고, 패권 국가 미국 덕에 미국식 신자유주의는 글로벌 스탠더드가 되어 남미 일부 국가를 제외하고 전 세계 국가들을 호령하고 있다. 남미에서 불고 있는 좌파 바람이 신자유주의 세계화에 대한 강력한 대항이긴 하지만 석유·천연가스 자원을 바탕으로 한 것이어서 얼마나 지속 가능할지는 미지수다. 김은중 부산외대 교수(중남미문학)는 "남미에서 출현한 중도 좌파는 결국 새로운 급진적 대안이나 개혁적 대안을 갖지 못해 오히려 '변종 신자유주의'에 가깝다"고 말했다.

'신자유주의 세계화=진보의 위기'라는 등식이 자동으로 성립하는 것은 아니다. 신자유주의 세계화에 제대로 대응하지 못해 진보의 위기가 초래됐다고 보는 것이 옳다.

그러나 '신자유주의 세계화=진보의 위기'라는 등식이 자동으로 성립하는 것은 아니다. 신자유주의 세계화에 제대로 대응하지 못해 진보의 위기가 초래됐다고 보는 것이 옳다. "'신자유주의 세계화에 대안은 없다'는 수사가 광범위하게 퍼지고 있는 것이 진보 세력의 가장 큰 위기"라는 조지 카치아피카스 미국 웬트워스 공대 교수의 지적도 이런 맥락이다. 카치아피카스 교수는 "신자유주의 신봉자들은 신자유주의 후에도 국가 간 소득 격차가 줄어들지 않는 이유에 대해 개방화를 통한 경제발전 전략을 거부하는 국가 때문이라는 논리를 편다"며 "진보 진영은 신자유주의 시스템의 문제점을 드러내기 위해 단호히 대처할 필요가 있다"고 말했다.

# 기득권이 된 민주 세력

열린우리당 소속 한 교육위원 보좌관은 2006년 3월 대학 선배로부터 씁쓸한 전화를 받았다. 수강료 등 학원 정보공개를 골자로 한 학원법 개정에 한참 몰두하던 때였다. 과거 함께 어깨를 걸고 시위 현장에서 스크럼을 짜던 그 선배는 지금 전국에 20여 개의 분원을 거느린 학원 재벌의 경영자다. 보통 다른 학원들처럼 "다 죽으라는 거냐"고 그악스럽게 굴지는 않았지만, 법안의 미세한 부분들을 건드리면서 "문제가 생길 수 있다"고 은근한 압력을 가해 왔다.

2006년 5월 서울 양천구 한 중학교의 전교조 교사들이 격론을 벌였다. 서울시가 추진 중인 '국제중학교' 설립 저지를 위해 단식투쟁에 들어간 전교조 서울지부장 정진화 씨를 격려 방문할 것인가 하는 문제 때문이었다.

교육 양극화 심화 우려라는 단식 명분에도 불구하고 이제 학부모의 입장에 선 그들이 농성장을 찾는 일은 쉽지 않은 선택이었다. 결국, 아무도 단식 현장을 찾지 않았다. '평등 교육'에 대한 전교조의 신화는 더는 없었다. 휴머니즘과 공동체를 향한 '6월의 열정'을 잃어버린 민주화 세력에게 남은 것은 비루한 현실과 과거에 기대 딱딱해진 껍데기뿐이었다.

민주화운동의 경력은 권력으로 바뀌었고, 그 권력은 다시 돈으로까지 미쳤다. 1987년 체제 이후 20년, 짧게는 민주 정부가 들어선 지난 13년 세월의 풍경이다. 저항의 투사에서 능숙한 정치인과 사업가, 기성인으로 변신한 그들은 이제 모순투성이 사회의 기득권 세력으로 전화했다. '오만과 (기득권에의) 안주'는 이제 그들의 '주홍글씨'가 됐다.

'국민의 정부' 초인 15대 국회 말. 신년을 맞아 당시 실세였던 동교동계 중진의 집을 찾았던 한 여권 인사는 놀라움을 금치 못했다. 청와대 밖의 권부(權府)답게 예상대로 문전성시를 이루고 있었지만, 정작 놀란 것은 거기서 만난 한 정치인 때문이었다. 당시 가장 촉망받던 386 세대 정치인이던

| 문민정부 이후 각종 부패 스캔들 | |
|---|---|
| 문민 정부 | • '한보사태' 와 '김현철 게이트' (1997년 5월)<br>한보 그룹 정태수 회장의 로비 사건<br>YS 아들 김현철 구속. 홍인길, 황병태, 정재철, 김우석 등 정관계 인사 구속 |
| 국민의 정부 | • '정현준 게이트' (2000년 10월)<br>장래찬 전 금감원 국장 자살<br>한국디지털라인(KDL) 정현준 사장의 로비 사건 |
| | • '진승현 게이트' (2000년 11월)<br>김은성 국정원 2차장 등 구속<br>MCI코리아 진승현 부회장의 로비 사건 |
| | • '이용호 게이트' (2001년 7월)<br>DJ 아들 김홍일 의원 연루 의혹 제기<br>G&G구조조정(주) 이용호 회장의 로비 사건 |
| | • '최규선 게이트' (2002년 5월)<br>타이거풀스 송재빈 사장의 로비 사건<br>DJ 아들 김홍걸 구속. 권노갑 전 민주당 고문 구속 |
| 참여 정부 | • 대통령 측근 비리(2003년 10월)<br>최도술 전 총무비서관 SK 비자금 수수로 구속 |
| | • 불법 대선 자금 파문(2003년 12월)<br>정대철 전 고문, 이상수 전 의원, 안희정 씨 등 구속 |

그는 멋쩍은 모습으로 방문객들의 신발을 정리하고 있었다.

386들은 너무 쉽게 기성 문화에 물들었다. 2000년 5월 광주에서 벌어진 소위 386 정치인들의 단란주점 파문은 기득권이 된 민주 세력의 실상을 보여 주는 상징적 사건이었다. 자신을 '80년 광주의 자식'이라고 규정해 온 그들이 바로 5월 그곳에서 권력자의 술판을 벌인 것이다. 구(舊)정치인들에게 머리를 조아리고, '충성 서약'까지 하며 얻어낸 작은 권력에 취해 무뎌진 이성의 증거였다.

정태인 전 청와대 비서관은 "로비와 압력은 다 386을 통해서 올라온다"고 했다. "관념화된 급진화, 생활에 뿌리박지 못한 급진화"(조희연 교수)의 결과이다.

최근 전문가 100명을 대상으로 한 민주노동당 부설 진보정치연구소의 여론조사 결과 '386의원(78.9퍼센트)'이 '17대 국회에서 가장 큰 실망을 준

집단'으로 낙인찍힌 것도 이런 사정과 무관치 않다. 실제로 과거 '재야·운동권'에서 속속 사회의 주류로 진입한 그들이 보여 준 실상은 이전 세대들이 쳐 놓은 '관습'의 덫을 답습했다. 정권 창출에 성공한 후 급격히 권력화되었고 일상에 매몰됐다.

## 기득권의 상징이 된 골프

이호웅 의원. 독재의 발톱이 서슬 퍼렇던 시절 저항 단체 민통련을 이끌며 수배와 잠적, 미행과 영어의 나날을 보냈던 재야 투사다. 한때 민중의 세상을 위해 목숨 걸고 저항하던 그도 2002년 불법 정치자금의 덫은 피하지 못했다. 수해가 한창이던 2006년 8월에는 골프를 즐기기 위해 외국행을 한 여당 의원들의 일행 속에 포함되어 있었다. 그 후 얼마 지나지 않아 법원으로부터 정치자금의 덫 때문에 당선 무효형을 받고, 외유 골프를 가능하게 한 그의 기득권, 의원직을 잃었다.

2006년 7월 증권선물거래소 노동조합은 주요 일간지에 이례적인 광고와 함께 총파업을 선언했다. 운동권 출신 열린우리당 인사가 상임감사에 내정된 것으로 알려진 뒤였다. 총파업에 들어갈 경우 주식거래가 전면 중단되는 초유의 사태가 벌어질 상황이었다. 결국, 그 인사의 상임감사 임명을 강행하려던 임시 주주총회는 무기한 연기됐다.

이해찬 전 총리. 역시 재야의 전략가로 엄혹한 시절을 단단한 기개로 견디며 시민들의 희망, 재야 조직을 지켰던 그는 의원이 되어서도 자기의 원칙을 꼿꼿이 지켰다. 수많은 의원이 골프 취미를 즐길 때도 그는 사양했고, 골프를 배운 자신의 보좌관에게 "골프는 무슨 골프냐"며 호통을 쳤다. 그러나 건강을 위해 골프를 하라는 의사의 권유로 시작한 것이 결국 '총리' 낙마에 이르는 원인이 됐다. 2005년 식목일 날 문화재가 산불로 유실되는 상황에 골프를 쳤다는 이유로 곤욕을 치르고도, 2006년 3·1절에 부산 지역 기업인들과 부적절한 골프를 친 것이 결정타였다. 결국, 그는 재야 시절 상상

할 수 없었던 이유인 골프 때문에 총리직에서 물러났다. '권력의 비극'인 셈이다.

이해찬 전 총리 외에 임채정 국회의장 등 재야 출신과 동교동계 인사들에게 골프는 김대중 정부 출범 이후 집권의 전리품이나 마찬가지였다. 대부분 그 이후 골프를 시작한 것이다. 이런 재야인사, 야권 인사의 골프 취미는 변해 버린 민주 세력의 삶을 보여 주는 한 증거로 회자되고는 했다. 국민의 정부 당시 한 관계자는 "김대중 전 대통령이 화를 내면 골프 금지령을 내렸다가 다시 슬그머니 조금씩 치고는 했다"고 회고했다.

## 지갑엔 빳빳한 수표가 빼곡

권력을 잡으면서 주류로 편입된 민주 세력들에게는 사회적 지위와 경제적 보상도 뒤따랐다. 과거 군 출신이나 관료들이 차지하던 자리는 이제 그들의 무대가 됐다. 문민정부부터 참여정부까지 매번 '낙하산은 없다'던 공언(公言)은 말 그대로 '공언(쏟言)'이 됐다. 공기업 등 권력의 입김이 미치는 곳은 그들로 채워졌고, 그것은 과거 민주화운동 시절 '풍찬노숙'의 당연한 보상으로 받아들여졌다.

그 자리에는 최저 6천만 원에서 최고 7억 원까지 연봉이 주어진다. 문제가 된 증권선물거래소 상임감사는 연봉만 2억 1천만 원을 받는 자리다. 양극화가 심각한 사회문제로 대두하던 신자유주의의 물결 속에서 그들은 나름의 피난처를 찾아가고 있었던 것이다.

그 결과 집권한 민주 세력들은 기득권을 공유하고, 재생산하기 위해 알음알음의 '모임'을 만들고 유지했다. '민주산악회'(문민정부), '인동회'(국민의정부), '청맥회'(참여정부) 등이 바로 그것이다. '친목 모임'으로 출발했지만, 국감·개각·공기업 인사 때마다 '제2의 하나회'로 공격을 받아 온 '공신 그룹' 모임일 뿐이었다. 하나회를 해체한 민주 세력이

> "민주 투사 내에서 서열은 있기 마련……
> 재미를 본 것은 지도자 그룹일 뿐이다."
> _ 강준만 전북대 교수

자신들을 위한 '새로운 하나회'를 만든 것이다. 1981년 정치 규제 때 결성된 민주산악회를 빼면 인동회나 청맥회는 모두 집권 첫해에 만들어졌다.

참여정부 들어서도 이우재(마사회장·연봉 1억 6,200만 원), 이철(철도공사사장·8,450만 원), 윤덕홍(한국학중앙연구원장·1억 400만 원), 박금옥(원자력문화재단이사장·9천만 원), 권재철(고용정보원장·6,660만 원) 등 많은 민주화운동 출신들이 공공 기관에 자리를 잡았다. 참여정부 공신 그룹 중 공기업 임원 모임인 청맥회의 경우 2006년 들어 회원이 130여 명까지 늘었다.

민주 세력들은 충분히 보상을 받았다. 일각에서는 '과잉 보상'이라는 지적도 나온다. 권력, 사회적 지위를 넘어 금력에까지 이른 것에 대한 지적이다. 이런 권력은 필연적으로 '부패'를 수반하게 마련이다.

강준만 전북대 교수는 "민주 투사 내에서 서열은 있기 마련"이라며 "재미를 본 것은 지도자 그룹일 뿐"이라고 지적했다. 민주 세력들은 충분히 보상을 받았다. 일각에서는 '과잉 보상'이라는 지적도 나온다. 권력, 사회적 지위를 넘어 금력에까지 이른 것에 대한 지적이다. 이런 권력은 필연적으로 '부패'를 수반하게 마련이다. 민주 세력의 부패는 과거 그들이 쌓아 놓은 정통성의 계좌를 텅 비게 만들었다.

지난 16대 국회 당시 율사 출신의 한 민주당 의원은 어느 날 서울 인근의 골프장을 찾았다. 그때 한 당내 실세 중진과 우연히 만났다. 지인들과 골프를 치던 그 실세 의원은 율사 출신 의원이 몇몇 언론인과 동행한 것을 보고 반가워하며 즉석에서 "잘 대접하라"면서 수표 다발을 건넸다. 그는 "당시 지갑 속에 빳빳한 수표들이 빼곡하게 꽂혀 있더라. 상당히 놀랐다"고 말했다.

## 말로만 서민의 대변자

국민의 정부 당시 권노갑 전 고문 등 동교동계 의원들의 돈 잔치는 좀 더 나중에 밝혀졌다. 그들은 줄줄이 '돈' 문제에 연루되어 옥살이를 했다. 그 과정에서 이들의 간단찮은 씀씀이가 일부 공개된 바 있다. 박지원 전 비서실장은 국민의 정부 시절 기자들과의 한 끼 식사 값으로 1천만 원을 쓴 적이 있었고, 권노갑 전 고문의 경우 시내 특급 호텔의 한 중식당에서 한 끼에 1백 20~1백 30만 원에 이르는 식사를 일주일에 서너 차례 즐겼다는 것이다.

본인들은 부인했지만, 현대 비자금 등 공판 과정에서 나온 증인들의 진술이다. 그래도 그들은 자신들이 중산층과 서민의 대변자라는 간판을 내리지 않았다.

김대중 정부의 부패 시리즈, 즉 '정현준·진승현·최규선·이용호' 등 이른바 4대 게이트는 이 정권이 결코 '국민의 정부'가 아니었음을 증거하고 있다. 이 사건으로 김대중 대통령 자신이 레임덕에 빠졌고 그의 아들들이 구속되었다. 문제는 김대중 대통령 부자의 고통이 아니라 그런 장면을 바라보는 국민이 갖는, 민주 세력에 대한 배신감과 절망의 깊이다. 참여정부 들어서도 추문은 끊이지 않았다.

노무현 대통령의 최측근인 최도술 전 청와대 총무비서관은 SK 비자금을 수수, 대통령의 '대국민 사과'와 '재신임' 소동을 몰고 왔다. 최도술 전 비서관 외에도 정대철 전 선대본부장, 여택수 전 수행비서, 안희정 씨 등이 불법으로 거액을 받아 수감이 됐다. 당시 공판에서 박연차 전 태광실업 회장은 안희정 씨에게 '용돈'으로 2억 원을 줬다고 주장했다. 권력은 언제든지 현금으로 바꿀 수 있는 '환금성 높은 유가증권'이 된 것이다.

노무현 대통령이 2003년 12월 16일 청와대 춘추관에서 불법 대선 자금과 관련해 특별 기자회견을 갖고 대국민 사과를 하고 있다.

## 끊임없는 과거 우려먹기

그럼에도 이들은 여전히 민주화운동 시절의 회고담을 잊지 않고 되풀이했다. 한 동교동계 중진은 "(과거 옥살이가 생각나) 난 지금도 항상 의자 끝에 앉는다" "겨울엔 내복도 입지 않는다"고 말하곤 한다.

하지만 그들이 꺼내든 민주화 운동이라는 마패(馬牌)는 이제 국민에게

'오만'으로만 비친다. 김근태 열린우리당 의장이 지방선거 참패 후 "민주화 세력이라는 것을 더 이상 훈장처럼 달고 다니지 않겠다"고 뼈아픈 반성을 한 것은 그런 이유다.

'민주화운동'의 훈장을 달고 당선된 대통령들은 예외 없이 국정 난맥에 대한 비판을 참지 못하고 개혁에 맞선 수구 세력 및 반민주 세력의 저항으로 치부하며 자신의 실정을 보수 세력의 음모의 결과로 전가하려 했다. 민주 집권 세력을 비판하는 것은 반민주 세력이 될 각오를 해야 했다. 김영삼 정부가 대표적이다.

노무현 대통령도 화물연대 파업 등 노사문제가 한창 꼬이던 2003년 5월 노사 협력 유공자 초청 오찬에서 "지금 가장 강력히 정부를 비판하는 노동운동 지도자들은 내가 변호사 때 열심히 변호하고 면회 다녔던 분들"이라고 말한 적이 있다. 과거 '노동·인권 변호사'로서의 도덕성에 대한 자부심이지만, 노동운동 지도자가 대통령을 비판할 만큼 훈장을 달고 있느냐는 독선으로 비칠 수 있다.

> '민주화운동'의 훈장을 달고 당선된 대통령들은 예외 없이 국정 난맥에 대한 비판을 참지 못하고 개혁에 맞선 수구 세력 및 반민주 세력의 저항으로 치부하며 자신의 실정을 보수 세력의 음모의 결과로 전가하려 했다.

이런 오만은 '나만이 옳다'는 '독선'으로, 자기 실정에 대한 무감각증으로 발전하곤 한다. 국회 본회의장에서 정부를 대표해 출석한 당시 이해찬 총리가 국민을 대신해 정책을 따질 준비를 하고 있는 야당을 향해 "차떼기 당"이라고 공공연히 모욕을 가한 것이 대표적인 예이다. 여당의 한 핵심 당직자는 "갈등을 당연시하는 태도, 우월한 담론과 논리 다툼의 일상화 등 도덕적 우월주의로 전선 정치만 벌였다"고 밝혔다.

## 휴머니즘이 사라진 진보

노무현 대통령은 2006년 신년 기자회견에서 "여러 사람의 의견이 꼭 역사 흐름에 부합하는 것은 아니라고 본다"고 말했다. '나는 무오류'라는 오만과 강변으로 비치는 이런 발언은 국민의 반감만 가속화시켰다.

특히 노무현 대통령의 한나라당과의 대연정 제안은 '나는 뭘 해도 옳다'는 오만의 극점으로 비쳤다. 지금종 문화연대 사무총장은 "민주 진영을 중심으로 탄핵에서 구출했는데 거꾸로 한나라당과 대연정을 하자고 하니 코미디 아니냐"고 했다. "정책 결정이나 집행은 여전히 박정희식 조급증"(이남주 성공회대 교수·중어중국학)에 빠져 있다거나 "청와대는 여전히 독립투쟁을 하는 것 같다"(여당 관계자)는 조소를 받는 것도 그런 이유에서다.

그 연장선에서 진보 진영의 경직된 의식도 대중과의 거리를 벌리는 요소로 작용했다. 2006년 6월 민주노동당 홈페이지를 뜨겁게 달궜던 '월드컵-진보 논쟁'이 대표적이다.

"진보 세력 안에서는 마치 월드컵을 무시해야 진보인 것처럼 주장하는 이들이 있는데, 이것은 잘못된 진보이며 오만한 주장이다. 월드컵에 대해 언급하면 상업주의에 놀아나는 것이라는 식의 경직된 주장이 진보인 양 오해되고 있다. 그것은 민중을 가르치려는 오만하고 고압적인 진보다"(박용진 민주노동당 대변인).

월드컵 당시 무비판적인 애국주의 광풍과 상업주의는 비판을 받아야 하지만, '민중'에 대한 믿음과 휴머니즘이 '진보'의 출발점이어야 한다는 원론을 다시 생각하게 하는 대목이다.

진보 진영의 진지였던 시민 단체도 기득권 구조 재편에서 자유롭지 못했다. 문민정부 이후 많은 시민 운동가가 정부로 옮겨 갔고, 이는 궁극적으로 시민운동의 내적 에너지를 고갈시키는 요소로 작용했다. 일부 운동가들은 현실 권력으로 진출하기 위해 시민 단체를 발판으로 삼기도 했다.

> "월드컵에 대해 언급하면 상업주의에 놀아나는 것이라는 식의 경직된 주장이 진보인 양 오해되고 있다."
> _박용진 민주노동당 대변인

문화연대 지금종 사무총장은 "시민운동 경험을 개인적 사회 진출의 디딤돌로 삼는 사람이 적지 않다. 노무현 정부 이후 이런 경향이 두드러졌다"면서 "정계나 산하 기관, 각종 위원회 진출이 대표적"이라고 말했다. 그는

"이들로 인해 시민운동 역량이 소진된 것도 사실"이라고 비판했다. 실제로 박근용 참여연대 사법감시센터 팀장도 "(정부 참여의) 부작용으로 시민 단체가 국민을 상대하는 것은 약화됐다. 정책보고서는 잘 만드는데 국민을 상대로 한 캠페인은 발전이 지체됐다"고 지적했다.

실상 민주 진영의 오만의 상징은 여전히 '민주화의 훈장'이 유효할 것이라는 착각에서 나온 소위 '민주개혁 세력 대연합론'이다. 더구나 '민주개혁 세력 연합론'이 분출된 시점 자체가 민주화운동 때의 선의와는 너무 거리가 먼 선거를 위한 '정치공학'이나 다름없었다. 정권 재창출 가능성이 암울하던 2002년 대선 정국이나 여권의 지방선거 참패가 기정사실로 되던 최근 등 주로 '위기' 국면에서만 돌출되었다는 점에서 특히 그렇다. 정치공학 차원이 아니더라도 재야인사 박형규 목사 같은 이는 김영삼·김대중 정부에 대한 국민의 신뢰가 땅에 떨어질 때 민주 세력 연합론을 제기, 심판받아야 할 처지의 정권에 새로운 정통성을 부여하는 결과를 초래했다.

> 민주 진영의 오만의 상징은 여전히 '민주화의 훈장'이 유효할 것이라는 착각에서 나온 소위 '민주개혁 세력 대연합론'이다.

## 민주화=도덕성 아니다

재야 출신 여당의 한 핵심 관계자는 "이제 민주 대연합 같은 논의로는 국민에게 다가가기 어렵다. 더 이상 국민이 민주화운동 경력을 도덕성의 근거로 보지 않는다"며 "하나의 정치적인 주장으로 볼 뿐"이라고 말했다. 그 현상에 대해 고려대 고세훈 교수는 이렇게 묘사했다. "(민주 세력은) 순진하고 오만하게도 1987년 체제를 부여잡고 그 이후의 세월을 덤으로 살려고 했던 유토피안이었는지 모른다."

# 진보가 터놓고 말하는 진보 _ 김헌동, 경실련 아파트값거품빼기운동본부

진보·개혁 세력이라는 사람들, 정치는 잘한다. 예전이나 지금이나 독재냐 반독재냐, 직선제냐 간선제냐 같은 선악이 뚜렷한 이분법적 정치 문제에는 상당한 능력이 있다. 독재자를 타도하고 부패한 정치 세력을 교체하는 데는 성공했다. 그렇지만, '경제는 바보'다. '실물'에 참여한 적이 없기 때문이다. 경제 문제는 정치 문제처럼 이분법적이거나 단선적이지 않고 복잡하다. 또 정치 문제와 달리 바로 느끼지 못하고 시간이 지나야 느낀다. 그걸 교묘하게 이용하는 세력이 관료다.

나는 그것을 DJ 때부터 봐 왔다. DJ 정부는 태생적으로 DJP 연합이다. 정치는 진보, 경제는 보수를 택했다. DJ 때 경제 정책은 모두 개발 관료에 의존해 나온 것이다. 부동산 경기 부양, 건설 경기 부양, 신용카드, 외자 유치 등이 그것들이다. 그러다 말미에 아들과 측근이 개발 세력들에게 뇌물을 받거나 부패 사건에 연루되었다.

그리고 노무현 정부가 들어섰다. YS, DJ보다 나은 진보 정부라 여겼기에 서민·중산층을 위한 진보적 경제 정책을 내놓을 줄 알았다. 또 재벌·기업의 특혜를 파헤치는 경제 과거사의 진상 규명을 통해 경제 민주화를 이룰 줄 알았지만 오히려 반대였다.

## 정치만 유능, 경제는 바보

2004년 4월 '탄핵풍'으로 진보·개혁적 정치인들이 여의도에 대거 입성했다. 민주노동당도 거저 들어갔다. 여대야소 정국이라는 의미도 있지만 더 큰 의미가 있다. 총선 승리로 진보·개혁 세력이 청와대뿐만 아니라 여의도까지 점령한 것이다. 하지만 그게 다였다. 참여정부는 집권 1년간 법안을 통과시킬 의석이 적다고 변명하며 의미 있는 입법 하나 하지 못했다.

**김헌동**

1981년부터 19년 동안 대기업 건설회사에서 일하다 1997년 시민운동에 뛰어들었다. 2004년 2월 경실련 아파트값거품빼기운동본부 출범과 함께 본부장을 맡아 분양원가 공개 운동을 벌여 오고 있다.

경제에 대한 인식도 문제다. 단적인 예를 들면, 아파트 선분양은 그것 자체가 특혜다. 진보라는 사람들 역시 아파트는 분양을 받는 게 당연하다고 생각한다. 자기 돈을 주고 사는데 '구입'이고 '매입'이지, 왜 분양이냐. 분양이라는 말에는 나눠 준다는 뜻이 있다. 강아지 분양하듯 이해하는데, 누가 주체인지 잊고 산다. 신도시 개발 방식도 들여다보자. 정부가 농민들의 농지·임야를 30년간 헐값으로 빼앗아 건설업자에게 팔아넘겼다. 택지 조성도 하기 전에 말이다. 농민은 도시민에게 당연히 빼앗겨야 하고, 국가는 농민의 땅을 뺏어도 된다는 인식이었다. 빼앗은 농지를 건설업자에게 30년간 판 것이다. 그것도 아주 값싸게. 그리고 소비자는 분양을 받는다. 분양이란 말이 '값싸게'를 뜻한 적이 있지만, 지금은 그것도 아니다. 시세보다도 높다. 그 자초지종을 알아야 한다.

## 기득권층 얘기만 들어

청와대에 들어간 진보·개혁 세력 이야기도 해 보자. 학자 출신이 많은데, 이들의 공통점은 현장을 잘 모른다는 것이다. 두 번째 공통점이 통계와 자료를 관료에게 의존한다는 것이다. 실제 상황, 현실을 잘 모르는 학자 출신들이 청와대에 들어가서 외국에서 배운 이론만 접목시키려다가 항상 관료와 재벌 민간 연구소 연구원들에게 '역이용'당한다.

집권 이후에 청와대나 열린우리당 내 진보·개혁 세력들이 주로 만나는 사람들이 관료, 재벌, 재벌 이익 단체, 재벌 민간 연구소 연구원, 국책 연구 기관 연구원들이다. 시민 단체 사람도 만나지만 열에 한두 번 정도일 뿐이다. 경제 부문의 무능함을 외부에 의존해야 했기 때문이다. 관료, 이익 단체 사람들을 계속 만나다 보면 '진보'가 어느 날 자기도 모르는 사이에 '보수'가 된다. 권력의 맛도 느낀다. 그런데 정치권 내 진보·개혁 세력들은 어떻게 접대와 로비를 피해야 하는지 모른다. 결국, 즐기게 되는 것이다.

정치적으로 진보적인 사람들? 경제 관료나 재벌에게 팽팽 당한다. 재벌

들이 다 공부시켜 준다. 운동권 출신 국회의원들, 예전에 경제 공부한다고
했지만 요즘은 제대로 공부하나? 관료나 재벌, 이익집단의 연구소 연구원
들이 다 공부시켜 준다. 자료에 논리까지 만들어 주니까 편하다. 가만있어
도 가져다준다. 그러다 보니 그게 맞는 것 같다고 느낀다. 그런 사람들만 만
나고, 또 그런 세상이니까.

각종 국가 정책을 생산하는 용역 구조가 바뀌어야
한다. 관료를 통해 나오면 관료를 위한 용역 보고서만
생산된다. 국회나 정당에서 현장 중심의 연구 보고서
를 만들어야 한다. 국책 연구소도 100퍼센트 독립적
으로 운영해야 한다.

> "보수적 관료들이 진보·개혁 세력에
> 게 지시받는다고 갑자기 진보가 되는
> 게 아니다. 사람이 안 바뀌는데 무엇을
> 바꾸겠는가. 우리도 헌법이나 공무원
> 법을 싹 바꿔야 한다. 한국처럼 '고
> 시'로 평생을 보장받는 나라는 없다."

미국처럼 관료나 행정부는 법안을 발의하지 못하
게 해야 한다. 관료는 국민을 위한 머슴이다. 머슴에게 의존하는 법안은 안
된다. 대의 기구인 국회의원과 정당이 정책과 제도를 파고들고 연구해 내
놓아야 한다.

보수적 관료들이 진보·개혁 세력에게 지시받는다고 갑자기 진보가 되
는 게 아니다. 사람이 안 바뀌는데 무엇을 바꾸겠는가. 미국의 연방 공무원
은 정권이 교체되면 고위 공무원 절반이 바뀐다. 우리도 헌법이나 공무원
법을 싹 바꿔야 한다. 한국처럼 '고시'로 평생을 보장받는 나라는 없다.


## 위기의 본질, 양극화


개발 독재 때도 대다수 국민은 희망과 꿈을 가졌다. 열심히 일하면 잘
살 수 있다, 현재보다 나을 수 있다는 자신감과 희망이 있었다. 지금은 우선
열심히 일할 곳조차 없다. 일해도 언제 잘릴지 모른다. 미래가 안 보인다.
항상 위기의식에 사로잡힌다. 결국은 부동산 문제다. 개인 자산의 80퍼센
트가 부동산이고, 대한민국 국민의 고민 80퍼센트가 부동산이라고 보면 된
다. 예전에는 5년, 10년 일하면 집 사고 평수 늘리고 했는데 지금은 그게 잘

안 된다. 집값이 폭등하기 때문이다. 투기 잘하는 사람이 선망을 받는 시대이고, 열심히 일하는 사람 기를 죽여 놓는다.

서민, 중산층의 삶의 질은 계속 떨어진다. 선진국이 되어 간다지만 재벌만의 선진국이고 '그들만의 천국'이다. 집권 세력이 95퍼센트의 대다수 국민이 아니라 5퍼센트의 기득권 세력에게 유리한 환경과 시스템을 만들어 주고 있다. 95퍼센트는 박탈감으로 점점 힘들어지는데 5퍼센트는 불로소득으로 자산을 늘리면서 잘 산다. 이런 것이 위기의 본질이다.

대통령, 정부, 여당은 '성장률'에 집착한다. 성적표이기 때문이다. 성적표를 잘 받으려면 계속 성장해야 하고, 그러려면 거품을 조장해야 한다. 국민은 자기 주머니, 내 집 마련, 저축, 일자리 이런 것들을 고민한다. 그렇지만, 대통령, 정치인, 관료들은 '자기만의 성장률, 성적표'에 집착하고 결국 거품의 유혹에 빠지게 된다. 거품을 조장하면 결국 투기라는 병이 생긴다.

참여정부가 재벌에게 특혜를 늘려 주었다. 주택 공급을 확대하고 기업 도시 특별법을 제정하면서 각종 개발 계획을 남발하고 거품을 조장해 왔다. 주택과 건설 현장에서 일하는 사람이 2백만~2백 50만 명이다. 그중 15퍼센트 정도만 정규직, 지식 노동자고 나머지는 비정규직, 일용직 노동자다. 참여정부 들어 50만~1백만 명의 고용이 창출됐다. 그중 30퍼센트는 외국인 노동자다. 건설 경기 부양을 통한 일자리 창출을 통해 우리 지식을 배운 청년, 젊은이들이 피하는 일자리만 만드는 것이다. 게다가 외국계 투기 자본이 '부동산 투기장'에 투입됐고 지금도 투입되고 있다. 자꾸 돈이 모이니까 개발과 부동산에 집중되고, 지식 산업과 거리가 멀어지고, 일자리는 점점 감소하고 병폐만 나타나는 것이다.

일자리 없는 청년들은 결혼이 늦어지거나 못한다. 주택값은 폭등한다. 미래에 대한 위기와 불안 때문에 결혼을 못하고 아이를 낳지 않아 저출산 문제로 이어지는 것이다. 그것이 빈부 격차 심화, 양극화로 나타나고 있다.

"서민, 중산층의 삶의 질은 계속 떨어진다. 선진국이 되어 간다지만 재벌만의 선진국이고 '그들만의 천국'이다. 집권 세력이 95퍼센트의 대다수 국민이 아니라 5퍼센트의 기득권 세력에게 유리한 환경과 시스템을 만들어 주고 있다."

이런 상황에서 자산 양극화를 심화시킨 자들이 세금을 더 내라고 하니까, '미친놈' 소리가 나오는 것이다.

## 반대만 말고 대안 내놔야

진보는 그것이 지식이든 돈이든 자기 것을 남과 나눌 줄 아는 것이다. 변화를 두려워하지 않고, 없는 사람을 생각하는 철학을 가지는 것이다. 내가 보는 진보는 그런 것이다. 그런데 민주노동당이나 민주노총을 보자. 대한민국 1천 5백만 노동자의 10퍼센트도 안 되는 귀족형이다. 그 10퍼센트도 다 재벌 기업, 보수 기업, 공기업, 언론, 교사, 병원 등 기득권을 누리는 세력의 종사자들이다. 1천만 자영업자를 대변하는 단체가 없다. 1천만 명에 육박한 비정규직을 위한 조직도 사실상 없다. 민주노동당, 민주노총이 비정규직 차별 철폐를 주장하지만, 자기 것을 내놓으려고는 안 한다. 내 것은 빼앗지 말고 소수에게, 권력자에게, 자본가에게 저들(비정규직)을 위해 더 내놓으라는 식이다. 유럽을 보라. 자기 근무 시간 줄이면서 같이 하지 않는가.

> "지금 진보·개혁 세력은 '머리만 진보'거나 '행동만 진보'가 많다. 머리와 행동이 다 진보인 경우는 극히 드물다."

한·미 FTA 반대 시위에 참여했다고 진보인가. 반독재하고 길거리 행동했다고 진보인가. 지금 진보·개혁 세력은 '머리만 진보'거나 '행동만 진보'가 많다. 머리와 행동이 다 진보인 경우는 극히 드물다. '참 진보'가 없다. 이것이 또 위기의 요인이기도 하다.

시민 단체도 마찬가지다. 요즘 시민 단체에는 '시민'이 없다. 시민이 무엇을 원하는지 모른다. 정치·관료 사회에 진입하기 위한 시민 단체인가 싶을 정도다. 진보에는 인재 양성소가 없다. 그래서 인재도 탄생하기 어렵다. 내가 속한 경실련도 마찬가지다. 무슨 정부나 지자체 위원회에 왜 그리들 많이 가는지, 시민 단체가 무슨 이력 관리하는 곳인가.

우리 사회에 왜 위기가 왔고, 왜 중병이 걸렸는가. 황우석 거품, 부동산 거품 이런 것이 왜 발생했는가. 브로커 천국이 된 근본 원인은 무엇인가. 엉터리 진단에 엉터리 처방만 쏟아지고 있기 때문이다. 위기를 예견해야 하는데 중병이 들어야 치료법을 생각한다. 그나마 병 치료는 늦어지고 치료도 하다가 마는 게 반복된다. 어쩌다 먼저 떠들면 미친놈되기 일쑤다. 지금 권력에 반대하는 사람들은 많은데 견제하고 감시하고 대안을 내놓는 사람들이 없다. 그것이 위기의 실체다.

## 386 세대가 보는 '진보·개혁의 현주소'

6월항쟁의 주역인 386 세대 100명에게 물었다. 그들이 발동한 민주화, 그들이 구축한 87년 체제에 그들은 얼마나 만족하고 있을까. 아니 그들 스스로 얼마나 변했을까. 『경향신문』과 한국사회여론연구소(KSOI)가 학계·시민 단체·국회·언론계·기업 등 5개 분야에 진출한 386 세대(36~45세) 100명을 대상으로 2006년 9월 4~8일 전화 면접 조사를 했다. 그들의 의견을 분야별로 정리했다.

### 여당·노동운동 세력이 위기 초래 책임

진보·개혁의 위기에 대해서 80퍼센트가 공감한다고 밝혔다. 진보·개혁 세력이 사회의 진보와 개혁을 위해 자기 역할을 잘 수행했느냐는 질문에 70퍼센트가 잘 못했다고 답했다. 위기의 첫 번째 책임은 참여정부에 있다는 응답이 53퍼센트로 압도적이었다. 다음은 열린우리당(17퍼센트), 노동운동 단체(17퍼센트), 시민 단체(5퍼센트), 진보·개혁 지식인(4퍼센트), 민주노동당(1퍼센트)의 순이었다. 2순위 중복 응답을 합하면 참여정부(69

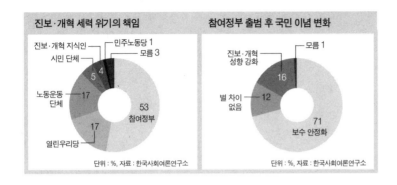

퍼센트), 열린우리당(55퍼센트), 노동운동 단체(31퍼센트) 등의 순으로 집
권 세력 책임론이 더 많았다.

참여정부 책임론은 진보(66퍼센트), 보수(77퍼센트)에 상관없이 모두
높게 나타났다. 학계(70퍼센트)와 기업(60퍼센트)으로 진출한 386의 다수
도 참여정부의 문제를 크게 지적했다. 집권 세력이 아닌 집단으로는 노동
운동 단체가 수위를 차지한 점도 눈에 띈다. 노동운동 단체에 대해서는
2006년 7월 KSOI의 여론조사에서도 '일부 노동자 기득권 보호 등 부정적
측면이 더 크다'고 나타난 바 있다.

### 노무현 정부 출범 이후 국민 보수화

386 세대는 참여정부 출범 후 국민의 이념 성향이 보수적으로 바뀌고
있으며, 노동계와 시민 단체를 제외한 모든 분야에서 보수 안정 세력이 강
세에 있다고 진단했다. 국민의 성향 변화에 대해 71퍼센트가 보수 안정화
경향이 높아졌다고 답했으며, 진보·개혁적 성향이 강해졌다는 응답은 16
퍼센트에 그쳤다. 특히 사회가 보수화되고 있다는 진단은 자신이 보수라고
밝힌 386 세대(45퍼센트)보다 진보적이라고 밝힌 응답자(81퍼센트)에서
높게 나타났다.

분야별로 보수 대 진보 세력의 영향력을 묻는 질문에서는 정치권(78퍼

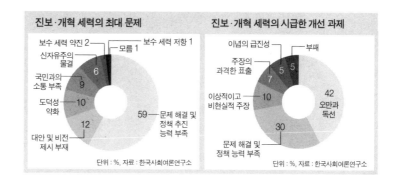

진보·개혁 세력의 최대 문제

보수 세력 약진 2 ─┐  ┌─ 보수 세력 저항 1
신자유주의         └ 모름 1
물결
6
국민과의
소통 부족
9
도덕성
약화
10
59 ─ 문제 해결 및
12            정책 추진
대안 및 비전─        능력 부족
제시 부재
단위 : %, 자료 : 한국사회여론연구소

진보·개혁 세력의 시급한 개선 과제

이념의 급진성 ─┐  ┌─ 부패
주장의           5  5
과격한 표출
7
이상적이고
비현실적 주장      42
10            오만과
독선
30
문제 해결 및
정책 능력 부족
단위 : %, 자료 : 한국사회여론연구소

센트 대 20퍼센트), 재계(96퍼센트 대 3퍼센트), 공무원 사회(91퍼센트 대 7퍼센트), 언론계(78퍼센트 대 14퍼센트), 학계(63퍼센트 대 26퍼센트) 등에서 보수 세력이 압도적으로 강하다고 분석했다. 대학은 49퍼센트 대 45퍼센트로 엇비슷했으며, 시민 단체와 노동계는 진보 세력이 각각 91퍼센트와 85퍼센트로 우세인 것으로 봤다.

386 세대 스스로는 자신을 진보적이라고 답한 사람이 64퍼센트로 보수(22퍼센트)보다 많았다. 본인의 이념 성향 변화에 대해서는 과거에 비해 보수화됐다는 대답이 48퍼센트였으며, 이전과 별 차이가 없다고 답한 사람은 52퍼센트였다. 직업별로는 기자들만이 보수적이라고 응답한 사람(40퍼센트)이 진보적이라고 응답한 사람(35퍼센트)보다 더 많았다.

### 비전과 소통 부재의 문제도 심각

진보·개혁 세력의 가장 큰 문제점으로는 문제 해결 및 정책 추진 능력 부족(59퍼센트)이 꼽혔다. 다음으로는 대안 및 비전 제시 부재(12퍼센트), 도덕성의 약화(10퍼센트), 국민과의 소통 부족(9퍼센트) 등이 제시됐다. 복수 응답을 합하더라도 그 순위는 변하지 않았다. 가장 시급히 변해야 할 점으로는 나만 옳다는 오만과 독선이 42퍼센트로 가장 많았다.

다음으로는 문제 해결 및 정책 추진 능력 부재(30퍼센트), 이상적이고

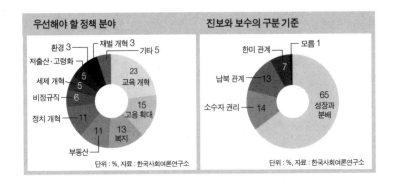

우선해야 할 정책 분야

환경 3
재벌 개혁 3
기타 5
저출산·고령화
세제 개혁 5
비정규직 6
정치 개혁 11
부동산 11
복지 13
고용 확대 15
교육 개혁 23

단위 : %, 자료 : 한국사회여론연구소

진보와 보수의 구분 기준

한미 관계
모름 1
7
남북 관계 13
소수자 권리 14
성장과 분배 65

단위 : %, 자료 : 한국사회여론연구소

비현실적 주장(10퍼센트), 주장의 과격한 표출(7퍼센트) 등의 순이었다. 복수 응답을 합하면 문제 해결 능력 부재(68퍼센트)가 오만과 독선(57퍼센트)보다 더 많이 지적됐다. 이는 노무현 대통령의 가장 큰 문제로 정책 수행 능력(43퍼센트)이 지적된 2006년 2월 21일 KSOI의 일반인 상대 여론조사 결과와 일치한다. 2006년 4월 조사 결과 역시 열린우리당의 가장 큰 문제점으로 정책 추진 능력 부족(32.6퍼센트)을 지적했다.

### 정치보다 민생……고용 확대·복지 시급

진보·개혁 세력이 가장 크게 기여한 분야를 묻는 설문에는 정치 개혁(30퍼센트)과 인권(30퍼센트)이 많았다. 남북 관계(18퍼센트), 복지 문제(11퍼센트), 지역 균형 발전(5퍼센트) 등은 다음 순위였다. 2순위 응답을 합쳤을 경우 인권(53퍼센트)이 정치 개혁(44퍼센트)보다 높았다. 특히 보수적이라고 답한 응답자들이 인권(36퍼센트)을 가장 많이 꼽았으며, 진보적이란 응답자들은 정치 개혁(34퍼센트)을 지목했다.

사회 발전에 이바지한 가치로는 권위주의 문화 타파(53퍼센트), 사회의 투명성 강화(23퍼센트), 왜곡된 역사의 복원(10퍼센트), 사회적 차별 완화(10퍼센트) 등의 순이었으며 빈부 격차 완화라는 응답은 3퍼센트에 그쳤다.

그러나 진보·개혁 세력이 가장 관심을 두고 추진해야 할 정책 분야로

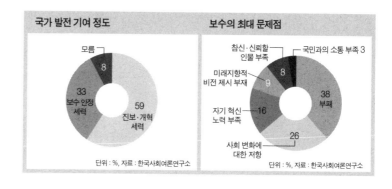

| 국가 발전 기여 정도 | 보수의 최대 문제점 |
|---|---|

국가 발전 기여 정도

모름 8
보수 안정 세력 33
진보·개혁 세력 59

단위 : %, 자료 : 한국사회여론연구소

보수의 최대 문제점

참신·신뢰할 인물 부족 / 국민과의 소통 부족 3
미래지향적 비전 제시 부재 9
8
부패 38
자기 혁신 노력 부족 16
26
사회 변화에 대한 저항

단위 : %, 자료 : 한국사회여론연구소

는 사회 경제적 개혁이 제시됐다. 교육 개혁(23퍼센트), 고용 확대(15퍼센트), 복지 문제(13퍼센트) 등의 순서다. 다음으로는 정치 개혁과 부동산 문제가 각각 11퍼센트로 나왔으며, 비정규직 문제(6퍼센트), 저출산 고령화 문제(5퍼센트), 조세 개혁(5퍼센트) 등이 꼽혔다. 세 가지 중복 응답을 합해도 교육 개혁(42퍼센트), 복지 문제(35퍼센트), 고용 확대(34퍼센트), 부동산 문제(32퍼센트)가 정치 개혁(28퍼센트)보다 앞섰다.

### '성장과 분배'가 진보·보수의 기준

한국 사회의 진보와 보수를 나누는 기준으로는 다수의 386 세대가 남북 관계보다 '성장과 분배에 대한 인식'(65퍼센트)을 꼽았다. 다음으로는 소수자 권리에 대한 인식(14퍼센트)이라고 답했으며, 남북 관계와 한·미 관계에 대한 인식이라는 답변은 각각 13퍼센트와 7퍼센트에 그쳤다. KSOI의 2006년 9월 12일 일반인 상대 여론조사에서도 진보와 보수의 구분은 남북 관계가 아닌 성장과 분배에 대한 인식이라는 답변이 다수였다. 남북 간 화해와 협력이 국민적 합의를 형성하고 있어 진보·보수 사이의 의미 있는 차이를 두기 어렵

한국 사회의 진보와 보수를 나누는 기준으로는 다수의 386 세대가 남북 관계보다 '성장과 분배에 대한 인식'(65퍼센트)을 꼽았다

게 된 현실이 반영된 것으로 분석된다. KSOI 장형철 분석팀장은 "과거 진

보와 보수 사이에는 대북 관계에 대한 인식차가 컸으나 최근에는 성장과 분배라는 서구적 진보와 보수의 분류 기준이 자리 잡고 있다"고 설명했다.

## 사회 기여도는 '보수보다 진보'

진보와 보수 세력 가운데 어느 쪽이 한국 사회에 대한 기여도가 높은가라는 설문에 진보·개혁 세력이라고 응답한 이는 59퍼센트로 보수 안정 세력이라고 한 33퍼센트보다 많았다. 이는 산업화 세력의 사회 발전 기여도가 64.5퍼센트로 민주화 세력 26.8퍼센트보다 크다는 KSOI의 2006년 3월 14일 일반인 상대 여론조사와 대비된다. 386 세대가 다른 세대에 비해 상대적으로 진보적 성향이라고 할 수 있는 근거다. 진보·개혁 세력의 장점으로는 사회 변화를 위한 실천(63퍼센트), 높은 도덕성(19퍼센트), 미래지향적 이념 노선(13퍼센트) 등이 꼽혔다. 중복 응답을 합하면 미래지향적 이념 노선(60퍼센트)이 가장 많았다. 도덕성에 대한 평가는 자신이 진보적이라는 응답자 중에서는 25퍼센트로 높게 나타났으나 보수적이라는 응답자 중에서는 5퍼센트에 그쳤다.

## 보수 최대 문제는 '부패'

386 세대는 국내 보수 안정 세력의 최대 문제점으로 부패(38퍼센트), 사회 변화에 대한 저항(26퍼센트), 자기 혁신 노력의 부족(16퍼센트), 미래지향적 비전 제시 부재(9퍼센트) 등을 꼽았으며 '참신하고 신뢰할 만한 인물의 부족'도 8퍼센트나 응답했다. 1, 2순위의 응답을 합했을 경우는 자기 혁신 노력의 부족이 49퍼센트로 가장 높게 나타났다. 다음으로 사회 변화에 대한 저항(48퍼센트), 부패(45퍼센트), 미래지향적 비전 제시 부재(25퍼센트) 등의 순이었다. 이념 성향별로 자신을 진보라고 답한 386들은 사회 변화에 대한 저항(55퍼센트)을, 자신을 보수라고 응답한 사람들은 자기 혁신 노력

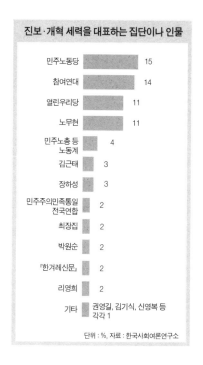

**진보·개혁 세력을 대표하는 집단이나 인물**

| 집단/인물 | 퍼센트 |
|---|---|
| 민주노동당 | 15 |
| 참여연대 | 14 |
| 열린우리당 | 11 |
| 노무현 | 11 |
| 민주노총 등 노동계 | 4 |
| 김근태 | 3 |
| 장하성 | 3 |
| 민주주의민족통일 전국연합 | 2 |
| 최장집 | 2 |
| 박원순 | 2 |
| 『한겨레신문』 | 2 |
| 리영희 | 2 |
| 기타 | 권영길, 김기식, 신영복 등 각각 1 |

단위 : %, 자료 : 한국사회여론연구소

부족(50퍼센트)을 보수 안정 세력의 가장 큰 문제로 들었다. 직업별로 학자(65퍼센트)와 국회에 있는 사람들(50퍼센트)은 사회 변화에 대한 저항을 보수 안정 세력의 가장 큰 문제로 보았고, 기업체 근무자들은 자기 혁신 노력 부족(65퍼센트)을 꼽았다.

보수 안정 세력의 장점으로는 1순위 응답에서 정책 추진 능력(42퍼센트)과 현실성 있는 이념 노선(29퍼센트)을 들었다. 무응답이나 모름도 25퍼센트였는데 2순위까지 합칠 경우는 68퍼센트나 됐다. 특히 진보 성향의 응답자(42퍼센트)를 비롯해, 거의 모든 응답 군에서 정책 추진 능력을 보수 안정 세력의 최고 장점으로 꼽은 점이 돋보였다.

## 진보 대표는 민주노동당

진보·개혁 세력의 대표 집단이나 인물로는 민주노동당(15퍼센트)을 가장 많이 지목했다. 다음은 참여연대(14퍼센트)이며, 노무현 대통령과 열린우리당이 각각 11퍼센트였으며, 김근태 열린우리당 의장은 3퍼센트에 불과했다. 민주노총 등 노동운동 단체는 4퍼센트로 나타났고, 장하성 교수(3퍼센트), 최장집 교수(2퍼센트), 박원순 변호사(2퍼센트), 리영희 교수(2퍼센트) 등도 대표 인물로 꼽혔다.

노무현 대통령과 열린우리당에 대해서는 자신이 진보적이라고 밝힌 사람 중에서는 각각 8퍼센트와 5퍼센트만이 진보·개혁의 대표 주자라고 꼽았다. 반면 보수라고 응답한 사람들은 각각 노무현 대통령에 대해 23퍼센트가, 열린우리당에 대해 27퍼센트가 진보·개혁 세력으로 간주했다. 이는 상대적으로 보수층이 노무현 대통령을 진보·개혁 세력으로 간주하는 경향이 높다는 것을 말해 준다. 첫 번째 '위기 초래 책임' 문항의 결과와 종합해 보면, 386의 시각에서는 노무현 대통령과 열린우리당이 진보·개혁 세력의 대표 주자도 아니면서 진보·개혁 위기의 원인을 제공한다는 이미지가 고착되어 있음을 알 수 있다.

보수 안정 세력을 대표하는 집단·인물로는 한나라당(33퍼센트)에 이어 박근혜 전 한나라당 대표(17퍼센트), 『조선일보』(14퍼센트)의 순서로 응답했다.

『조선일보』의 경우 진보 성향 응답자의 19퍼센트가 보수 안정 세력의 대표 집단으로 지적한 반면, 보수 성향의 응답자는 5퍼센트만 『조선일보』라고 답해 큰 차이를 보였다. 반면 대권 주자인 이명박 전 서울시장(1퍼센트)과 손학규 전 경기도지사(1퍼센트)는 전경련(2퍼센트), 박세일 서울대 교수(2퍼센트)보다 보수 대표성이 낮았다. 뉴라이트(5퍼센트), 한국기독교총연합회(4퍼센트)도 각각 4·5위에 올랐다.


# 민주 정부 무능, 이유가 있다


2003년 2월 당시 김헌동 경실련 국책사업감시단장은 이정우·허성관·이동걸 등 경제 분야 대통령직 인수위 책임자들을 만났다. 그는 두 가지를 주문했다. 후분양제와 공공 공사의 가격경쟁입찰제 도입이었다. 그는 "DJ 정부 때도 관료들이 그렇게 하겠다고 했다가도 약속을 어겼다. 관료들에게 속지 마라"고 거듭 충고했다. 당시 이정우 청와대 정책실장 등은 "국정 과제에다 명기해 두면 고칠래야 고칠 수도 없다"고 자신했다. 실제 두 달여 뒤 노무현 대통령은 취임 후 첫 번째로 건교부 장관에게 후분양제 도입을 지시했다.

관료들이 움직인 것은 이때부터다. 소위 '전통적 방식'이다. 연구 용역을 준다, 여론 수렴 공청회를 연다면서 시간을 끌었다. 언론에 내용도 흘렸고 '후분양제를 하면 몇 십조 원이 필요하다'는 보도들이 잇따랐다. 재벌 기업의 경제 연구소도 나섰다. 그렇게 꼬박 1년여 뒤인 2004년 2월 "후분양제 활성화 방안"이라는 보고서가 노무현 대통령에게 보고됐다. 연간 주택 건설 물량 40~50만 채 중 2007년에 한해 1,000가구만 후분양으로 하겠다는 것이었다.

참여정부 3년 반. 출범 당시 '참여'를 간판 삼아, 역대 정권 가운데 상대적으로 가장 진보적인 정부로 기대를 모았던 참여정부는 지금 없다. 노무현 대통령 스스로도 2006년 4월 정통부 '혁신 현장 이어달리기'에서 "국민이 이 정부를 참여정부로 많이 믿지 않는다"고 말했다. 왜 참여정부에서 '참여'가 사라졌을까.

## 밀린 숙제 하듯 일 처리

"정부 초기 부안 사태와 미군 기지 재배치 문제는 결과적으로 잘 모르고 당한 측면이 없지 않다. 사실 모두 1990년대 정부의 해묵은 숙제였다. 당시 산업자원부 공무원들은 임시 처리장이 2008년이면 포화가 되기 때문에 2004년에는 착수해야 한다고 다급하게 보고했다. 그러다 부안 사태 터지고 결국 깨졌다. 그러고 나서야 새로운 응축 기술이 개발되어서 몇 년 더 여유가 있다고 그러더라. 한마디로 속은 거다. 관료들은 정부 출범 초 새 정부가 아직 업무를 파악하기 전에 밀린 현안들을 숙제 해치우듯 밀어붙이는 습성이 있더라." 청와대 한 참모의 증언이다.

이처럼 청와대를 포위한 '관료의 벽'은 견고했다. 관료들이 숙제를 해치우듯 방사성 폐기물 처리장(방폐장) 문제를 처리한 탓에 주민들이 반으로 갈라져 싸운 부안의 상처는 아직도 아물지 않고 있다. 노무현 대통령이 2005년 7월 국무회의에서 '삼성 면죄부' 의혹을 산 금융산업구조개선법 개정안 예외 조항 문제에 격노한 사건이 말해 주듯 관료들의 교묘한 저항은

| 참여정부 정책 실패 사례 | |
|---|---|
| 부안 사태 | • 주민 반대로 7개월간 295회 시위. 정부 공권력 투입. 주민 투표로 백지화.<br>• 2005년 11월 3천억 원 특별 지원금 조건 주민 투표로 경주 선정. |
| 노사정 대화 붕괴 | • 두산중공업·철도 파업·조종사 파업 등에 대한 잇단 공권력 투입으로<br>　정부와 노동계 충돌. 파업 배상 '손배가압류'로 노조 간부 분신.<br>• 민주노총 노사정위 탈퇴와 대화틀 붕괴.<br>• 비정규직법안 등 노사관계법 합의 처리 실패. |
| 수도 이전 좌절 | • 설득력 있는 수도 이전 정책 추진 실패로 위헌 논란 증폭.<br>• 헌재의 위헌 판결로 행정복합도시 건설로 축소.<br>• 공공기관 지방 이전 및 기업 도시 대거 선정으로 전국 투기장화. |
| 환경 갈등 | • 천성산 터널 반대 지율 스님 100일 단식.<br>• 한탄강댐 건설 문제 시민적 합의 추진했으나 실패 후 강행.<br>• 새만금 환경 단체 소송으로 사업 지연. 정부·시민 단체 간 갈등 지속. |
| 부동산 가격<br>안정 실패 | • 아파트 후분양제 사실상 무산. 원가공개제 도입 거부.<br>• 참여정부 3년간 전국 아파트 가격 17.5% 상승 및 양극화.<br>• 3차에 걸친 부동산 대책에도 아파트 가격 안정 미지수. |
| 4대 개혁입법 좌절 | • 국가보안법 합의 실패로 국회 파행 및 폐지 실패.<br>• 신문법 개정안 대폭 완화 처리.<br>• 사학법 개정했으나 사후 여야 대치.<br>• 과거사법도 당초 원안 수정 '누더기법' 논란. |
| 재벌 개혁 후퇴 | • 재벌 금융계열사 의결권 제한한 금융산업법 개정안 처리했으나<br>　일부 예외 조항 인정.<br>• 정부 출자총액제한제 일부 완화 방침. |

정책 혼선의 한 원인이었다.

　"장사의 원리에 어긋난다"는 노무현 대통령의 발언으로 논란을 빚은 '분양 원가 공개' 무산 전후의 정황도 크게 다르지 않다. '이헌재 사단' 등 당시 재경부와 청와대, 여당의 경제 라인은 '모피아'(재경부를 마피아에 빗댄 말)들로 도배된 상황이었다. 김헌동 단장은 "당시 청와대 모 비서관을 만났더니 '노무현 대통령이 이헌재 부총리 손을 들어줬다. 부동산 정책, 서민 중산층 정책으로 갈 수가 없다'고 하더라"고 말했다.

　10·29, 8·31 부동산 대책을 논의하던 부동산 당정 협의에 참석했던 한 관계자는 "이정우·김병준 실장 같은 이들이 부동산 대책을 만들어 가면 관

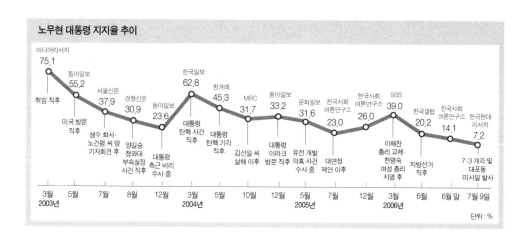

**노무현 대통령 지지율 추이**

미디어리서치
75.1
취임 직후
3월 2003년

동아일보
55.2
미국 방문 직후
5월

서울신문
37.9
생수 회사·
노건평 씨 땅
기자회견 후
7월

경향신문
30.9
양길승
청와대
부속실장
사건 직후
8월

동아일보
23.6
대통령
측근 비리
수사 중
12월

한국일보
62.8
대통령
탄핵 사건
직후
3월 2004년

한겨레
45.3
대통령
탄핵 기각
직후
5월

MBC
31.7
김선일 씨
살해 이후
10월

동아일보
33.2
대통령
이라크
방문 직후
12월

문화일보
31.6
유전 개발
의혹 사건
수사 중
5월 2005년

한국사회
여론연구소
23.0
대연정
제안 이후
7월

한국사회
여론연구소
26.0
12월

SBS
39.0
이해찬
총리 교체·
한명숙
여성 총리
지명 후
3월 2006년

한국갤럽
20.2
지방선거
직후
6월

한국사회
여론연구소
14.1
6월 말

한국현대
리서치
7.2
7·3 개각 및
대포동
미사일 발사
7월 9일

단위 : %

료 출신 의원들이 서류를 집어던지곤 했다"고 전했다. 그는 "여당 정책위 라인들이 모두 재경부 출신 아니었나. 이헌재 부총리가 군단장이면 청와대 나 당의 재경부 출신들은 사단장"이라고 꼬집었다. 청와대 정책실장을 지 낸 이정우 경북대 교수도 관료의 저항과 관련, "등 뒤의 화살이 보수의 화 살보다 더 무섭다"고 의미심장한 한마디를 던졌다.

관료의 저항은 비단 참여정부만의 문제는 아니다. 국민의 정부 당시 '재벌 개혁'의 좌절은 대표적이다.

"외환위기 이후 누구 때문에 경제가 안 됐냐고 한다면 나는 독재 시절 성장해 온 관료에게 너무 기댄 결과라고 본다. 2003년에 신용카드 위기를 또 겪었다. 그건 2001, 2002년에 원인이 있다. 김대중 대통령이 감독 기구 에 검토를 해 보라고 했더니 어디든 '다 괜찮습니다'라고 대답했다. 김대중 이든 노무현이든 개혁을 말하기만 했지 제대로 못했다는 것이 문제였다. 관료들은 개혁을 하지도 않고 한 것처럼 한다. 군대에서 사열을 받을 때만 단정히 하고 사열 끝나면 그대로인 것과 마찬가지다. 역사적 과제나 책무 에 대해서는 생각을 안 하는 사람들이다. 개혁의 중요한 내용이 머리에 들 어 있는 사람들이 가서 개혁을 해야 한다. 기존의 관료로는 안 된다." 국민 의 정부 시절 경제수석을 지낸 김태동 성균관대 교수(경제학)의 말이다.

박주현 전 참여혁신수석은 "정책 라인에 공무원이 100명 있다면, 그 사람들이 다 (집값) 떨어지길 바라겠느냐. 교묘한 정책 개입이 있을 수 있다. '오버 작전'을 한다. 오버할 때 국민들이 저항할 만한 것을 오버하는 것이다. 증세, 비과세감면제도 개정안을 유출한 것이 누구인가. 서민 정책 편든다는 것은 어려운 일이다"라고 말했다. "오랫동안 보수 언론과 전문가들의 지지"(박주현 전 수석)를 받고, "정책의 근거나 정보 등을 장악"(오성규 환경정의 사무처장)한 관료와의 싸움은 애초 힘겨운 것이었다.

## 민주적 리더십의 부재

그러나 노무현 정부가 관료의 저항으로 개혁을 못했다는 것은 정확한 진단이 아니다. 개혁 실패는 노무현 정부가 관료를 장악할 실력과 준비가 전혀 되어 있지 않았기 때문이다. 최장집 고려대 교수는 "관료들에 포위됐다는 것은 표면적인 해석에 불과하다"면서 "민주적 리더십이 있거나 민주정부가 유능할 때는 관료들을 민주적으로 지휘할 수 있다"고 지적했다.

"정부 초기에 최저임금제를 고쳐야겠다고 생각했다. 그래서 노동부 관련 국장에게 브리핑을 하라고 했다. 듣고 있으니 내가 별로 지적할 수 있는 부분이 없더라. 나중에 자문 위원들을 만나 그 브리핑 이야기를 했다가 박살이 났다. 내가 무식했던 것이다. 관료들은 다음날 아침까지 무슨 보고서 해 오라고 하면 칼같이

> 노무현 정부가 관료의 저항으로 개혁을 못했다는 것은 정확한 진단이 아니다. 개혁 실패는 노무현 정부가 관료를 장악할 실력과 준비가 전혀 되어 있지 않았기 때문이다.

출근 전에 메일이 와 있다. 그런데 내용이 없다. 꼭 어떤 방향으로 하라고 지시를 해야 그렇게 온다. 내가 알지 못하는 부분은 그만큼 관료들에게 장악당하게 되어 있는 것이다. 글은 몇 줄 그럴듯하게 진보적으로 쓰지만 집행 과정에서 무식했고 정책적으로도 무능했다." 박태주 전 청와대 노사개혁 태스크포스 팀장의 고백이다. "청와대에 있어 보니 내가 그렇게 무능할 수 없더라"(박태주 팀장)거나, "경제 문제에 관해서는 붙으려고 해도 실력이

없어서 못 붙겠더라"(박주현 전 수석)는 토로는 관료를 움직일 능력의 부재를 증명해 준다.

"대통령이 소비가 줄어들고 있는데 어떻게 할 것인가 물었다. 경제학자인 담당 청와대 수석 보좌관이 그때 20분간 문제점에 대해 강의했다. 그래서 대통령이 해결책이 뭔가 물었다. 해결책은 알 수가 없다고 답하더라. 경제학자들은 그래프 그리고 통계만 낸다. 솔루션이 없다"고 증언했다. 전 청와대 고위 관계자의 설명이다. 박래군 인권운동사랑방 상임 활동가도 "(노무현 대통령이) 대선 공약으로 5대 차별 시정 등을 발표했지만, 인수위에 들어간 사람들 말이 그런 정책이나 계획에 대해 철학도 비전도 프로그램도 준비된 게 없었다고 하더라. 재벌, 분배, 부동산 등등 제대로 분석도 안 되어 있더라는 거다"라고 전했다.

> "청와대에 있어 보니 내가 그렇게 무능할 수 없더라. 경제 문제에 관해서는 붙으려고 해도 실력이 없어서 못 붙겠더라." _박태주 전 청와대 노사개혁 태스크포스 팀장

실제 비정규직 대책의 방향이 '동일노동·동일임금'의 차별 철폐에서 '차별 남용 방지' 쪽으로 굴절된 배경에서도 이런 혐의가 감지된다. '차별 해소도 좋지만 수십조 원이 든다'는 2003년 금융경제연구원의 한 논문이 정부와 정치권에서 강하게 회자됐고, 그 이후 방향이 틀어졌기 때문이다. 고려대 아세아문제연구소 김유선 연구교수는 "(노동계에서) 당시 정치권에 들어간 사람들은 너도나도 그 논문을 읽어 보라고 그랬다. 내용상 상당히 영향을 미친 것 같다.

특히 "운동엔 짱짱했지만 경제를 몰랐던 386 참모"(오성규 사무처장)들의 경우 쉽게 '자본의 논리'에 경도됐다. 초기 노무현 대통령 주변의 386 참모들의 '경제 교사'가 삼성이라는 소문까지 돌았다. 김기식 참여연대 사무처장은 "인수위 시절 노무현 당선자 책상에는 인수위 보고서와 삼성경제연구소(SERI) 보고서가 같이 놓여 있었다. 386 측근 참모가 SERI와 같이 만든 보고서였다. 핵심 내용이 '대미·대북 관계는 진보적으로, 사회·경제 정책은 보수적으로' 였다"고 말했다. 실제 참여정부 정책의 궤적을 보면 이

런 흐름이 확인된다. 노무현 대통령이 한·미 관계, 북핵 문제, 전시작전통제권에 관해서는 미국에 자극적 발언을 자주했던 것에 비해, 경제 쪽은 '법과 원칙'에 따른 노사분규 대응, 비정규직 입법, 아파트 원가 연동제, 한·미 FTA 등을 추진했던 것에서 그 상반된 흐름을 읽을 수 있다.

## 경제는 전원 관료 출신

재야 출신 전 청와대 관계자는 "실제로 경제의 많은 부분을 관료에 의존하게 되는 과정이 있다. 의사 결정이나 정보의 접촉 같은 부분들 때문"이라고 설명했다. 실제 참여정부 출범 당시 청와대 비서관급 이상 참모와 내각의 구성을 지금과 비교해 보면 이런 경향이 뚜렷하다. 출범 초기 75명 중 24명(32퍼센트)이던 관료 출신은 2006년 9월 현재 34명(40퍼센트)으로 늘었다. 같은 기간 진보·개혁 진영 출신은 오히려 39명(52퍼센트)에서 37명(43퍼센트)으로 줄었다. 특히 경제 라인의 경우 이정우 정책실장 등이 물러나면서 현재는 100퍼센트 관료 출신으로 채워졌다.

이정우 전 실장은 "참여정부에서 학자 출신들이 좀 더 갔으면(오래 했으면) 좋았을 것"이라며 "학자들은 큰 방향을 잡고 관료들은 실무를 담당하는 분업이 이상적인데 그런 분업 체제가 사라졌다"고 진단했다. 실천 가능한 개혁 프로그램도 없이, 개혁할 능력도, 개혁에 필요한 지식도 없이 스스로 관료에 장악된 셈이다. 참여정부가 지금 방향을 잃어버린 이유는 바로 여기에 있다.

# 참여정부에 참여한 4인의 고백

참여정부 인사 4인이 노무현 대통령과 참여정부가 왜 개혁에 실패하고, 오늘날과 같이 좌표를 잃고 수렁에 빠졌는지 자기 진단을 했다. 이들은 아무런 준비 없는 '수사(修辭)로서의 개혁'으로만 일관한 노무현 대통령에 대한 신랄한 비판, 그래도 남아 있는 노무현 대통령에 대한 여전한 기대와 애정, 개혁을 위해 좀 더 헌신하지 못한 것에 대한 자기반성 등이 뒤섞인 복잡한 심경을 털어놓았다.

## 등 뒤에서 화살······ 적은 내부에 있었다 _이정우 전 청와대 정책실장

**이정우**
8·31 부동산 대책 등 참여정부 경제 정책의 밑그림을 그린 대표적 인물이다. 대통령직 인수위원회 위원, 청와대 정책실장을 거쳐 2005년 8월 정책기획위원장에서 물러나 강단으로 돌아왔다.

참여정부에 몸담았던 사람으로서 조심스럽지만, 학자적 양심에 따라 얘기할 수밖에 없다. 조선시대 선비들은 끊임없이 조정을 비판했다. "제 목을 치십시오"라며 목숨 걸고 임금한테 상소하지 않았는가. 비판하는 참모가 진정한 참모다. 비판이야말로 참여정부를 살리고 대통령을 돕는 길이다.

개혁이 혁명보다 어렵다. 개혁은 끊임없이 참고 참아야 한다. 중국의 마오쩌둥이 '혁명은 100인(忍)'이라고 했다는데, 내가 보기에 '개혁은 1,000인(忍)' 같다. 하루아침에 모두 개혁하기는 어렵다. (8·31 부동산 대책처럼) 가운데쯤에서 할 수밖에 없다. 문제는 그런 몇 가지 점진적 개혁조차도 추진 과정에서 갈팡질팡, 왔다 갔다 했다는 점이다. 안에서 의견이 안 맞는 내분이 문제다. 의원 숫자가 중요한 게 아니다. 대의명분이 중요한데 대의가 손상되면 지지가 떨어진다.

2005년 1월부터 1가구 3주택 이상에 대해 양도소득세를 중과하기로 하고 준비를 마쳤다. 그러나 불과 1개월여 앞둔 2004년 11월 당시 이헌재 경제부총리가 느닷없이 "투기가 가라앉았다"며 양도세 중과 방침 연기를 검토한다고 했다. 아무런 사전 논의도 없이 기자 간담회에서 개인 견해를 흘린 것이다. 당시 다주택 보유자들이 정말 집을 팔아야 할지 끝까지 정부 눈치를 보고 있던 상황에서 충격이 컸다. 앞서 가을 국회에서 열린우리당이 종합부동산세 대상을 6억 원 이상에서 9억 원 이상으로 대폭 완화하자고 한 것도 부동산 정책이 오락가락하는 데 결정적 영향을 미쳤다. 이는 10·29 대책 후 1년간 부동산 가격이 안정되고 내려가기 시작하다가 다시 올라간 계기가 됐다. 이헌재 부총리도 이걸 너무 쉽게 받아 줬다. 이런 식으로 정부가 걸핏하면 냉·온탕을 오갔다.

진보 진영에서 관료를 장악하지 못했다는 비판이 있는데 나는 다르게 본다. 관료는 설득하면 따라온다. 오히려 당에서 딴소리하면서 자중지란에 빠졌다. 국민의 정부, 참여정부가 공통으로 초기에 학자들을 참여시켰다가 뒤에 가서 관료에게 넘겨줬다. 국민의 정부에는 김태동, 윤원배 등 소수의 학자 출신이 들어갔으나, 1년도 못 가서 관료에게 주도권을 넘겼다. 들어간 학자들 수가 너무 적었고 힘을 실어 주지 않았다.

물론 시행착오도 있었고, 자성할 점도 많다. 그러나 아마추어리즘, 위원회 공화국 운운하는 비판은 번지수가 틀렸다. 각계 전문가들이 참가해서 수없는 토론, 검증을 거쳐 정책을 입안하고 있다. 참여정부의 위원회 방식은 과거의 관료 주도 정책에서 민간 참여 정책으로 전환한 획기적 진보라고 생각한다. 아마추어가 희망이다. 위원회 방식은 좋았다. 안타까운 것은 아마추어, 위원회가 중상모략을 받아 힘을 많이 잃어버렸다는 사실이다. 보수 언론과 보수 세력의 생트집과 반대로 막혔다. 일부 여당 의원과 관료도 여기에 동조했다. 등 뒤에서 오는 화살이 눈앞에 보이는 보수의 화살보다 더 무섭다. 조·중·동의 생트집은 다 반박이 가능하지만 등 뒤의 화살은 더 깊이 박힌다. 적은 내부에 있다. 말하자면 '브루투스 너마저……'라는 것이다.

학자들은 세계 흐름 같은 큰 방향을 잘 보는 반면 실무에 약하고, 관료

> 진보 진영에서 관료를 장악하지 못했다는 비판이 있는데 나는 다르게 본다. 관료는 설득하면 따라온다. 오히려 당에서 딴소리하면서 자중지란에 빠졌다.

들은 실무에 능한 대신 큰 방향에는 어둡다. 이 분업이 제대로 이뤄지는 게 이상적이다. 그러나 이런 분업 체계가 사라졌다. 관료에 전적으로 의존하게 되면서 방향이 어렵게 됐다. 학자들의 담론은 때로 공허하지만 사실 길을 잃지 않기 위해 매우 중요하다.

내가 청와대에 있을 때는 관료들의 실무 뒷받침이 잘 됐다. 처음에는 관료들이 우리에게 '과격하다'는 의구심을 가졌던 것 같다. 예를 들어 그들이 거부감을 가졌던 근로소득보전제(EITC), 부동산 정책 등에 대해 다른 나라에서는 부작용이 없다는 걸 알려 주자 수긍했다. 둘이 보완적으로 결합하는 게 필수적이다. 관료라고 해서 개혁 반대파가 다수는 아니다. 3~5급만 해도 대부분 개혁에 공감한다. 1·2급은 아무래도 좀 더 보수적이긴 한데 그렇게 개혁에 저항한 것은 아니다. 재경부 등 경제 관료들은 유능한 사람들이지만 시야가 좁다. 옛날 틀에서 벗어났으면 한다. 요즘은 경기 부양이 능사가 아니라는 원칙을 지키고 초연해지고 있다. 달라지고 있다. 물론 위로 갈수록 보수적이다. 개혁적인 사람이 위로 올라가지 못하는 구조는 바뀌어야 한다. 지금 같은 고시제 아래에서는 어렵다. 고시 제도의 근본을 바꿔 기수 서열 구조를 파괴해야 한다. 우리의 모델인 일본도 개혁했다. 정부 혁신위원회에서 해 줬으면 했는데 안 됐다. 인수위 때도 이 부분은 준비하지 못했다.

시민 단체들이 반대한 한탄강댐 건설 문제는 좀 더 잘했으면 성공할 수 있었는데 안타깝다. 갈등 해결의 '사회적 대화 모델'을 만들 수 있었다. 사회적 대화 모델이 맞다. 다만, 몇 가지 성공 사례가 나오지 않았을 뿐이다. 지금 같은 전환기에 독재 시대의 강압적인 방법은 안 된다. 많은 사람이 참여하기 때문에 뜸을 들여야 밥이 된다. 숙성 과정이 필요하다. 적당히 임시방편으로 땜질하는 것은 불신만 일으킬 뿐이다. 개혁 세력들이 서로 참고, 인정하고 협력하는 것이 필요하다. 그러면서 단체의 타성을 고쳐야 한다.

등 뒤에서 오는 화살이 눈앞에 보이는 보수의 화살보다 더 무섭다. 조·중·동의 생트집은 다 반박이 가능하지만 등 뒤의 화살은 더 깊이 박힌다. 적은 내부에 있다. 말하자면 '브루투스 너마저……'라는 것이다.

잘못을 했으면 준엄한 상호 비판을 하면서도 서로 연대해야 한다. 사소한 분열로 동력이 떨어져서는 안 된다. 사소한 이념 차이를 극복하고 대동단결해야 한다.

최근 한·미 FTA 반대 서명에 동참한 뒤, 내가 참여정부에 등을 돌렸다는 조·중·동의 음해 때문에 정말 곤혹스러웠다. 기회가 되면 수구 언론에 직접 반박할 생각이다. 나는 기본적으로 개방은 해야 한다고 본다. 그러나 준비 없는 성급한 추진에 반대하고, 특히 상대가 미국이라는 데 문제를 제기하는 것이다. 한·미 FTA는 단순한 개방이 아니라 우리 사회의 체질을 미국화하는 길이다. 협정 이후는 돌이킬 수 없게 된다. 양극화가 심해질 것이다. 리카도의 자유 무역론 같은 것을 논리적 근거로 내세우는 것은 너무 순진한 발상이다.

## 국민과 의사소통 안 됐다 _익명 요구한 전 청와대 비서관

참여정부에 대한 '좌·우회전' 비판은 참 가슴 아픈 비판이다. 왜 국민은 전혀 엉뚱한 방향으로 해석하게 될까 고민한다. 언론 탓만 하기는 어렵고, 풀어야 할 고민의 지점이다. 기본적으로 하려고 한 것들이 아직 성과를 내지 못했다고 초기와 중기에는 그렇게 이해했다. 그런데 나중엔 어어 이게 아닌데……. 국민은 더 멀어졌다. 국민과의 의사소통에 중대한 착오가 있었던 것이다.

지난해 4퍼센트 경제성장하고 국정 관련 여러가지 개혁을 실시했다. 대통령께서 역사에 충분히 기여하는 역할을 했다고 생각하는데, 그 부분에 대해서는 국민에게 아무것도 전달이 안 된다. 시민사회와 관련해서 보면 몇 가지 우왕좌왕한 측면도 있었던 것 같다.

대연정은 심대한 타격이었다. 그 이야기가 나올 때 대통령께서 무엇을 걱정해서 심사숙고 끝에 운을 뗀 것인지 바로 알아차렸다. 이전부터 죽 해온 말씀이 있었기 때문이다. 그런데 고향에 가서 친구들이나 농민운동을 하던 사람들을 만나 보니까 전혀 다르게 해석하더라. 이거 참으로 큰일 났구나 했다. 대연정은 취지에 맞는 제기 방식이 필요했다.

'참모들의 직언이 없다'고 하는데, 아무래도 점점 시간이 가면 최고 권력이 다 그렇다. 최고 권력자에게 모든 정보나 이런 것이 집중되고 실제로 고민도 제일 많이 한다. 그래서 국민의 정부 때도 그런 이야기 많이 들었다. '4년차 증후군'이란 것이 그렇게 나온다는 것 아닌가.

## 로드맵·법 개정에 조급증 _박태주 전 청와대 노사개혁 태스크포스 팀장

**박태주**
대통령직 인수위 시절 노사 관계 관련 전문위원을 맡았고, 참여정부 초기 노사개혁 태스크포스 팀장을 지냈다. 2003년 7월, 팀장을 맡은 지 2개월 만에 참여정부와 결별한 그는 현 정부의 노동정책을 강력하게 비판하고 있다.

대통령 후보 시절이나 인수위 시절은 내 돈 쓰고 일해도 억울함이 없었다. 보람이 있었다. 당시 노무현 대통령은 진보·개혁 진영의 요구를 거의 다 수용했다. 나는 그것을 정략적 활용이라고 보지 않는다. 노사 관계도 진보적으로 바꿔 놓겠다는 의지를 수시로 확인했다. 대통령이 노사정위를 직접 주재하는 등 핵심적 수단을 '사회적 대화'에 뒀다고 생각한다. 한 예로 대선 공약에 없던, 외국인 노동자의 의지에 따라 사업장을 변경할 수 있도록 하는 노동허가제를 내가 "민주노총의 프락치"라는 비난 속에 제안했는데 노 후보가 주위 반대를 무릅쓰고 받아 주더라. 적어도 2002년까지는 개혁적이었다.

그러나 2003년 6월 청와대에서 잘린 뒤 노사개혁 태스크포스가 사실상 해체되면서 노동이 개혁 과제에서 빠져 버렸다. 노동비서관이 일상적 노사 관계를 다루면서 장기 전망은 만들지 않게 됐다. 30여 명 되던 자문위원도 사실상 해촉됐다. 그나마 있던 진보·개혁 세력과의 연결고리마저 끊긴 것이다. 보수 언론은 "좌파"니 뭐니 떠들었지만 개혁은 사람이 하는 일인데 개혁 세력이 없었다. 한 줌도 안 되는 세력을 가지고 무슨 세상을 바꾸나. 몇 놈만 눈엣가시였겠지.

2003년 6월 청와대에서 잘린 뒤 노사개혁 태스크포스가 사실상 해체되면서 노동이 개혁 과제에서 빠져 버렸다. 노동비서관이 일상적 노사 관계를 다루면서 장기 전망은 만들지 않게 됐다. 30여 명 되던 자문위원도 사실상 해촉됐다.

2004년부터 노사 관계는 조종사 파업 등을 빼면 비교적 안정적이었다. 반면 비정규직법안 등을 놓고 노정 관계가 역대 어느 정권에서보다 악화됐다. 정부가 노사 관계에서 조정자 역할은커녕 갈등의 주체가 되어 싸움질만 한 꼴이다.

2004년 1월 사회적 대화를 공약으로 내세운 이수호 위원장의 민주노총 집행부가 들어섰다. 참모들은 그때 "노 대통령은 참 복도 많다"고 그랬다. 집권하고 노조까지 먼저 대화하자고 하니까. 하지만 참여정부는 (대화에) 실패했다. 외형적으로는 대의원대회가 세 차례 폭력 사태로 무산된 민주노총 책임이다. 하지만 정부가 설계자로서 역할을 방기했다.

당시 정부는 사실 사회적 대화를 포기하고 있었다고 본다. 그해 10월 비정규보호법안을 정부 입법으로 국회에 상정했다. 누구도 개혁이라고 안 보는데 정부 혼자 '개혁'이라고 자기만족적이었다. 정부 의도든 아니든 비정규직법안을 상정하면서 사실상 사회적 대화를 포기했다. 민주노총은 '이미 떠난 막차'를 기다리며 세 번이나 대의원대회를 열어 뒷북을 친 것이다.

> 2004년 10월 비정규보호법안을 정부 입법으로 국회에 상정했다. 누구도 개혁이라고 안 보는데 정부 혼자 '개혁'이라고 자기만족적이었다.

타협의 문화가 부족한 나라에서 대화는 어려운 일이다. 그런데 정부는 초기부터 조급증에 빠져 인내할 줄 모른 채 로드맵으로 한 번에 바꿔 놓겠다고 했다. 2004년 2월 일자리 창출을 위한 사회적 협약을 체결했다. 일자리 만들자는데 민주노총이 반대할 이유가 없지 않나. 그런데 민주노총 참여가 생략됐다. 이수호 체제를 포함시켜서 가자고 보고했는데도 바쁘게 추진됐다. 그해 4월 총선용으로 활용하려니 민주노총을 기다릴 시간이 없었던 것 같다.

2004년 7월 현대차 파업이 끝나면 노사 관계가 잠잠해질 것이라고 대통령에게 보고했다. 그 과정에 정부가 개입 안 하면 노사 자율주의가 정착될 것이고, 그러면 8월부터 개혁 프로그램을 가동할 수 있을 것이라 예상했었다. 그런데 6월에 잘리고 월악산에 갔다 와서 신문을 오랜만에 보니까 철도 노조 파업에 공권력이 투입됐다더라. 참여정부 불과 3개월 만에 공권력 투입이었다. 그 뉴스를 보고 노동 정책은 큰일 났다는 생각이 들었다.

그 뒤 '법과 원칙'을 전면에 세우면서 '경찰이 지켜 주는 노사 관계'가 전면에 부각됐다. 바로 '노사관계법·제도 선진화방안(로드맵)'이 대표적이다. 로드맵이 나오기 전 당시 권기홍 노동부 장관을 만났다. 권기홍 장관에게 로드맵은 내용도 내용이거니와 형식이 안 된다고 했다. 권기홍 장관이 "나도 동의한다. 하지만 9월 1일 대통령께 보고하기로 되어 있지 않느냐"고 했다. 그러면서도 "내 손을 이제 떠났다"고 하더라.

이런 조급증은 참모들의 무능에서 나왔다. 비록 짧게 (청와대에) 있었지만 나까지 포함한 참모들이 문제다. 진보·개혁 진영의 실력이 없었다. 그 결과 사회통합적 노동 개혁 등 청사진을 그린 대통령직 인수위 보고서는 잊힌 문건으로 청와대 서랍 속에 잠자고 있다.

노사 관계는 정치·경제·사회·문화가 전체적으로 바뀌어야 변한다. 그런데 정부 혼자서 망상에 빠져 법·제도를 고친다고 했다. 노사 관계 갈등을 정부가 나서서 부추겼다. 사회적 대화가 정상화되지 못한 핵심적인 요인은 노동계가 아니라 정부 측에 있다. 정부가 인내심을 가지고 대화를 추진하지 못했다. 적어도 현 정권 임기 내에서는 노사정위 복원은 불가능하다.

## 노조·시민사회도 공동의 책임 있다 _박주현 전 청와대 참여혁신 수석비서관

**박주현**
참여정부 참여혁신 수석비서관을 지냈고, 2005년 청와대를 나와 시민사회경제연구소라는 싱크탱크를 운영 중이다. 윤종훈 회계사 등과 손잡고 "한국형 신성장동력 복지모형" 보고서를 펴냈다.

진보, 개혁하기가 무지 어려웠다. 항상 죽을힘을 다해도 쉽지 않았다. 참여정부에 들어가니까 사방에서 공격이 들어왔다. 기존 경제사회의 패러다임을 바꾸는 문제에 대해 보수 진영에서 공격하고, 시민사회도 왜 그것밖에 못하냐고 비판하고. 관료들은 변하기 싫어했다.

IMF 이후 양극화가 진행되고 투자의 보수화가 이뤄져 개발 시대의 경제 정책만으로는 성장 잠재력을 높일 수도, 일자리를 늘릴 수도 없다는 것이 판명되었다. 그런데도 관료들은 예전 개발 시대의 예산과 정책을 계속 유지하려는 경향이 있다. 사회 부처가 힘을 가져야 하고, 책임도 져야 한다. 사회부총리 신설도 필요하다고 생각한다. 정부 내 경쟁 구조를 만들어야 하고 그런 가운데 경제·사회 정책을 개혁해야 할 것이다.

기존의 금융, 건설 중심의 거시 경제로는 어렵고 사람의 요소 생산성을 높여 경쟁 약자를 경쟁 강자로 만드는 경제사회 정책이 절실하다. 하지만 이 분야의 정책이 잘 마련되지 않았는데, 이는 진보·개혁 진영 전문가들의 역량 부족 때문이라고 본다.

개혁의 실패는 공동의 책임이다. 시민사회도 준비가 안 됐고 정부도, 정당도, 노조도 대비하지 못했다. 최근 보수 진영에서 '잃어버린 10년'을 제기하고 있는데, 이전 국민의 정부, 참여정부에서 진보·개혁 세력이 과연 헤게모니를 쥐었는가라고 반문하고 싶다. 과연 그동안 끊임없이 진보라는 표상을 갖고 달려왔는가, 또 긴장했는가. 그것도 아니다. 몇 사람 출세한 것 가지고 세상이 바뀐 것처럼 생각하지만 그게 아니었다.

참여정부는 몇 번의 기회가 있었는데, 몇 번은 살리고 몇 번은 놓쳤다. 참여정부 2년차에 사회 개혁을 마무리했어야 했는데 1년 늦어졌고, 경제사회 개혁에 대해서는 참여정부 초기 때부터 긴장감을 갖고 적극적으로 준비했어야 했는데 그러지 못했다.

보수 세력은 아주 집요하게 저항하고 공격했다. 진보·개혁 세력도 더 집요해져야 한다. 새로운 경제사회 환경에 맞는 패러다임 구축을 목표로 삼는다면 마지막까지 견디고 버텨야 했는데 그러지 못했다. 나도 이를 악물고 죽을 각오로 대들었어야 했는데 '내가 뭐 이 자리 탐나서 그런 건가' 하고 자리를 박차고 나왔다. 집요하지 못한 것

기존의 금융, 건설 중심의 거시 경제로는 어렵고 사람의 요소 생산성을 높여 경쟁 약자를 경쟁 강자로 만드는 경제사회 정책이 절실하다.

개혁의 실패는 공동의 책임이다. 시민사회도 준비가 안 됐고 정부도, 정당도, 노조도 대비하지 못했다. 최근 보수 진영에서 '잃어버린 10년'을 제기하고 있는데, 이전 국민의 정부, 참여정부에서 진보·개혁 세력이 과연 헤게모니를 쥐었는가라고 반문하고 싶다.

에 대해 반성하고 있다.

정체성을 헷갈리는 것이 발전의 가장 큰 적이다. 선진 사회는 분명한 정체성을 가지고 돌파하는 것이다. 집 바둑만으로는 안 되며 세 바둑을 두는 사람이 있어야 한다.

# 진보·개혁의 미래는 있는가

일 시 : 2006년 9월 22일    장 소 : 경향신문사 회의실
사 회 : 이대근 『경향신문』 정치·국제 에디터
참 석 : 김기식 참여연대 사무처장, 노회찬 민주노동당 국회의원, 이정우 경북대 교수

5·31 지방선거 때 열린우리당이 대패하면서 민주노동당이 동반 하락한 것이 진보·개혁 위기론을 확산시키는 계기가 되었다. 진보·개혁이 정말 위기인지, 위기라면 어디서 온 것인지 점검했으면 좋겠다.

**노회찬** | 진보·개혁 위기를 논하기 전에 진보·개혁이란 것이 하나의 실체와 흐름으로 존재하는지 의문이다. 국민은 진보와 개혁을 한 몸통이나 이웃사촌으로 보지만, 둘 사이에는 굉장히 큰 강이 흐르고 있지 않나 생각한다.

1987년으로 돌아가 보자. 오히려 87년 체제 이후 정부들에서 한계를 느끼게 된다. 공과(功過)가 있을 텐데, 공은 정치 민주화의 급속한 신장이고 과는 바로 민주주의의 경제적 측면, 실질적 민주주의 실현에 근본적인 한계를 드러냈다는 것이다. 87년 체제는 6월항쟁의 산물이지 7·8월 노동자 투쟁의 산물이 아니다. 승리는 노동자의 것이 아니었다. 6월항쟁의 정치적 주역인 YS, DJ가 성과를 가져갔다. 그분들이 노동자 투쟁을 어떻게 바라보았는가. 적극적인 지지는 아니었다. 6월과 7월의 충돌이 위기의 근원이라고 볼 수 있다.

이정우 경북대 교수, 노회찬 민주노동당 국회의원, 김기식 참여연대 사무처장(왼쪽부터).

김기식 ㅣ '이념적 진보'와 '정치적 수준의 진보'가 구분되지 않는다. 정치적으로는 진보이지만 실질로는 진보가 아닌 개혁도 있다. 자유주의 개혁도 있고, 보수주의나 사민주의 개혁도 있다. 사회를 보수·진보 내지 수구와 개혁의 단순 구도로 설명하기에는 다양한 스펙트럼이 형성되어 있다. 단순화하고 범주화해 단정적으로 평가하는 것은 무리다.

지금 위기론이 가장 팽배해 있는 것은, YS 문민정부와 DJ 국민의 정부, 노무현 대통령의 참여정부로 이어지는, 독재 후 문민화된 역대 정권들이 부패와 무능으로 국민을 실망시켰기 때문이다. 제도 정치권 내 중도 보수 내지 중도 자유주의 세력의 헤게모니 위기가 사회적으로 확대된 결과라는 측면도 있다.

그러나 제도 정치의 위기와 시민사회 운동의 위기는 좀 다른 것 같다. 민중운동 위기와 시민운동 위기의 요소는 성격상 제도 정치의 위기와 다르다. 막연한 위기론과 자학적 자기 성찰은 경계할 필요가 있다. 다만, 보통의 국민 인식에서 보면 하나로 뭉뚱그려 위기로 인식되는 한계는 있다.

이정우 ㅣ 워낙 위기라는 말이 많이 쓰여 정말 지금이 '위기'인지도 혼란스럽다. 지금 진보·개혁 세력은 큰 어려움에 처해 있으며 국민도 외면하고 있다. 왜 이렇게 됐나. 1997년 IMF 사태로 낡은 모델이 무너진 이후 새로운 경제발전 모델을 못 찾고 방황하고 있기 때문이다. 당장 어려운 민생과 불경기, 내수 불황에 대한 불만과 위기의식이 굉장히 강하다. 바로 경제 발전이 필요한 때다. 최근 2~3년 전부터 '개혁이냐 성장이냐'의 양자택일 구도가 논의되는데 사실은 그렇지 않다. 성장을 위해서는 개혁과 민주화가 더욱 필요하다. 이것을 제대로 못해서 IMF 이후 10년 가까이 지나도록 암중모색 중에 있는 것이다. 저성장이 계속되는 것과 동시에 진보·개혁에 대한 실망이 나타나고 있다. 모델을 빨리 제시해 국민을 설득할 수 있어야 한다.

**김기식** ㅣ 일반 용어로 진보·개혁 위기의 핵심은 담론의 위기다. 1980년대에는 '민주화', 1990년대에는 '개혁'이라는 담론이 지배했다. 2000년대에 와서는 담론을 상실하면서 박정희 시대의 개발 성장 담론이 지배적이 되고 있다. 개발 성장의 상징인 이명박 전 서울시장, 박근혜 전 한나라당 대표에 대한 지지가 높다. 이들 인물 개인에 대한 지지는 아니라고 본다. 보수 진영의 담론은 사실 한국의 새로운 미래가 아니라 30년 전 레코드판을 다시 틀고 있는 것일 뿐이다. '부패하나 유능한 보수, 깨끗하나 무능한 진보'라는 말은 잘못됐다. 진보 진영이 민주화와 성장, 성장과 분배·개혁의 상관관계를 피부로 느끼게 해서 구체적 삶의 질을 개선할 비전과 정책으로 실현하지 못하는 사이, 그 공백을 개발 성장주의가 대체하고 있는 것이다. 그런데 노무현 정부는 비전을 제시하지 못한 수준이 아니라, 개발 성장 모델을 답습하고 있다.

> "보수 진영의 담론은 사실 한국의 새로운 미래가 아니라 30년 전 레코드판을 다시 틀고 있는 것일 뿐이다."
> _ 김기식 참여연대 사무처장

**노회찬** ㅣ 얼마 전 김근태 열린우리당 의장이 "잃어버린 10년" "먹고사는 문제에 무능했다"는 말을 했는데 이것은 참 잘못된 인식이다. '능력'의 문제가 아니다. 비정규직 8백 40만 명이 참여정부의 무능 때문에 늘었나? 비정규직을 감수해야 한다는 노선과 방향으로 간 결과가 오늘 나타난 것이다. 능력이 있었으면 해결될 사안이 아니었다. 지금은 그런 노선이 옳았느

74

냐를 따져야 한다. 한·미 FTA도 마찬가지다. 소위 진보·개혁 쪽에서도 다수인 열린우리당이 한나라당과 무슨 차이가 있는가. 본질은 유·무능 문제가 아닌 노선의 문제다.

실상은 진보의 위기가 아닌데 일반인이 한 묶음으로 인식한 결과, 동반 하락하는 것으로 나타났다는 지적이 나왔다. 참여정부와 진보 세력이 다른 몸인데 국민이 잘못 인식하고 있는 것인가. 아니면, 구체적 정책과 현안에서 한 묶음으로 볼 수 있는 여지가 있었는가.

노회찬 | 본질적인 차이는 있지만, 진보 세력의 성장과 발전 수준이 미약해 잘 안 보이거나 차이가 부각되지 않는 미분화된 상태가 아닌가 생각한다. 내용은 크게 다르지만 국민은 비슷하게 바라볼 수밖에 없는 상황이다.

김기식 | 본질적으로 '일반 민주적 과제'가 일정 수준에서 완결되지 못해 중첩되는 결과를 가져 왔다. 예를 들어, 국가보안법 폐지는 사실 1987년 6월항쟁 과정에서 이루었어야 하는데 그러지 못했다. 국가보안법이 한국 사회의 이념을 가르는 중요한 기준이고, 자유주의가 개인의 양심의 자유를 본질로 한다는 점에서 자유주의와 진보는 함께 갈 수밖에 없었다. 우리 사회에 두 세력이 분화되지 않았다는 데 동의한다.

이정우 | 경제가 어려우니 1960·70년대에 대한 향수가 많다. 이 전 시장, 박 전 대표에 대한 기대로 나타났다는 지적에 동의한다. 그러나 지금 그 시대로 돌아가는 건 불가능하고, 돌아가 봤자 고성장은 오지 않는다. 낡은 모델이다. 국민 동원으로 양적 성장이 가능한 시대는 지났고, 그 한계가 1997년 위기로 나타났다. 떠난 버스를 기다리는 국민이 안타까울 뿐이다.

새로운 질적 성장 모델로 전환하지 못한 것이 현재 위기의 바탕이다. 전환의 핵심은 개혁과 민주화다. 구시대적인 이미지의 인물들이 이 일을 해 낼 수 있느냐. 아니다. 민주화는 뒷전이고 관심 없으니 먹고살게만 해 달라는 국민의 요구가 항상 옳은 것은 아니다. 그런 요구에 응답하는 것도 정말 민주화에 대한 열정이 있고 개혁을 이뤄 낼 진보 세력만이 할 수 있다. 김근태 의장의 "진보 세력이 무능했다"는 반성은 겸손하기는 하되 옳은 말은 아니라고 본다. 위기를 타개해서 국민을 먹여 살릴 이는 진짜 진보·개혁 세력밖에 없다. 보수가 우리를 먹여 살릴 것 같지만 천만의 말씀이다. 일시적으로는 몰라도 보수는 새로운 경제 모델을 찾을 능력이 없다고 본다.

> "국민 동원으로 양적 성장이 가능한 시대는 지났고, 그 한계가 1997년 위기로 나타났다."_이정우 경북대 교수

**노회찬** | 스웨덴 총선 결과를 보수 세력이 호도하고 있다. 스웨덴 우파 연합의 정책과 공약을 한국에 들여오면 극좌파가 되는 게 한국 사회다. 스웨덴 우파의 정책은 민주노동당도 감히 꺼내지 못하는 내용들이다. 스웨덴이 "복지를 포기하고 성장을 택했다"는 식의 얘기는 틀렸다. 보수는 왜 스웨덴의 사례를 사실과 다르게 선전하며 국내 복지 확대 정책을 공격하고 나섰을까. 결국 기득권을 지키기 위해서다. "먹고사는 문제를 해결하겠다"는 주장은 기득권 유지의 다른 표현이지 전 국민의 먹고사는 문제가 아니다. 이 점을 분명히 해야 한다. 사실과 다를 뿐 아니라 굉장히 위험하다.

**이정우** | 전적으로 동감한다. 과거 두 차례 스웨덴 사민당이 정권을 잃었다. 1976년부터 6년간, 그리고 1991년부터 3년간이다. 보수당이 집권한 짧은 시기의 특징은 노사분규가 심했다는 점이다. 강력한 스웨덴 노조가 사민당이 집권했을 때는 자제하고 협조했다. 임금 인상률도 낮고 경쟁력이 높아져 고경쟁력·고수출·고성장을 했다. 그러나 보수당 집권기에는 이런 약속이 깨지고 경쟁력이 떨어지고 임금 인상률이 높아지는 악순환을 반복했다. 이번에도 또 하나의 과정이 아닌가 한다. 스웨덴 선거 결과를 "성장주의의 승리다. 복지를 깎아야 한다"는 것은 참여정부를 흠집 내려는 연목구어(緣木求魚) 억지 춘향에 불과하다.

**김기식** | "보수는 부패하지만 유능하다"는 주장에 전혀 동의하지 않는다. 10여 년 동안 새로운 비전과 정책은 진보·개혁 진영에서 나왔지 보수가 제시한 적은 한 번도 없다. 보수에는 미래가 없다. 진보는 '한계'는 있지

만 끊임없이 미래를 고민하고 비전을 제시하려고 노력한다. 일부 진보 진영의 자기 성찰이 '무능'까지 가는 건 옳지 않다. 최근 자성이 자학적 형태로 가고 있고, 내년 대선을 앞두고 정치적 위기와 연관되어 증폭된 측면이 있다.

진보·개혁 진영이 정말 무능한가라는 문제 제기가 있었다. 1987년 민주화 이후 기대 수준과 김영삼·김대중·노무현 정부가 실제 만들어 낸 격차 때문에 무능이라는 말이 나온 것 같다. 그런 기대와 성과의 차이에 관해서는 어떻게 생각하나.

**노회찬** ǀ 노무현 정부의 극적 탄생은, 특히 IMF 이후 피폐해진 민생의 어려움 때문에 가장 서민적인 후보에 대한, 서민 편에 서리라 보이는 후보에 대한 기대감이 폭발적으로 터져 나온 것이다. 그러나 3년째 들어서면서 기대가 실망으로 바뀌고 반감이 급속도로 증대한 것이 아닌가 한다.

다시 말하지만 '무능'의 문제가 아니다. 개발 독재 세력은 유능하지 않았다. 당시 유례없는 7~8퍼센트대 고도성장을 수십 년 동안 한 배경은 정권의 유능함 덕이 아니라, 세계 최고 수준의 산업재해, 노동시간, 기본권 탄압이 있어 가능했다. 현재의 위기의 근본은 비정규직을 양산하는 관계법 추진 등 제도의 탓이다. 이런 근본 노선 문제를 놔두고 단기적 처방에서의 유·무능을 따질 문제는 아니지 않나.

> "'무능'의 문제가 아니다. 개발 독재 세력은 유능하지 않았다. 당시 유례 없는 7~8퍼센트대 고도성장을 수십 년 동안 한 배경은 정권의 유능함 덕이 아니라, 세계 최고 수준의 산업재해, 노동시간, 기본권 탄압이 있어 가능했다." _ 노회찬 민주노동당 국회의원

**이정우** ǀ 살기 어려운 건 사실이다. 특히 자영업자, 비정규직이 어렵다. 자영업자 및 가족 종사자를 합치면, 그 비율이 37퍼센트로 세계에서 가장 높다. 누가 보더라도 공급 과잉이고 경쟁 과잉이다. 어제오늘이 아니고 수십 년 누적된 문제다. 역대 정부가 공통으로 소홀히 했고, 전체 경제 구조와 고용 구조를 고민하지 않고 정부 책임을 방기한 것이다. 개인적으로 알아

서 살라고 하니, 길이 없어 자영업으로 몰린 것이다. 스웨덴은 보육, 보건, 복지, 노동, 교육 등 공공서비스가 전체 노동력의 약 30퍼센트다. 한국은 약 5퍼센트에 그친다. 보수에서 교과서로 삼는 미국도 15퍼센트 선이다. 우리는 미국보다 훨씬 부족하고 전부 시장에 맡기고 있다.

그래도 참여정부에서 큰 물결을 되돌리는 출발을 했다. 발목 잡는 보수야말로 세계사적 흐름을 너무 모르고 있으며, 이것이 바로 보수 세력이 경제를 살릴 수 없다는 단적인 예다. 경제를 보수와 시장에 맡기는 것은 망하는 길이다. 그래서 진보 세력이 필요하다.

지금 경제가 어려운 것을 몽땅 참여정부 탓이라고 하는데 옳지 않다. 유례없는 부동산, 카드, 벤처 3대 거품이 동시에 꺼지는데 5~10년은 걸릴 것이다. 이 과정에서 나타난 고통이라는 점을 인식하고 좀 어렵지만 참을성 있게 가야지, 또다시 거품을 만드는 식으로 가서는 안 된다. 지금은 거대한 유턴의 시점이라고 생각한다.


**노무현 정부는 초기에 "비정규직의 눈물을 씻어 주겠다"는 등 5대 차별 해소를 내세웠다. 그러나 지금은 양극화가 심화되었고 FTA를 추진하는 단계까지 왔다. 초기의 개혁적 논의와 지금 중·후반기의 실상 사이에 왜 차이가 발생했는지, 무엇이 문제인지, 개혁의 한계는 무엇인지 논의해 보자.**

노회찬 ┃ 각종 지표로는 2003년 2월보다 오히려 지금 양극화가 더 심한 것으로 나타난다. 양극화를 둔화시키는 적극적인 정책이 상당히 부진했다. 초기 2년 동안 뭐했느냐는 점에서 비판하지 않을 수 없다. 2004년의 경우 보안법 등 정치 개혁을 추진하다 포기했고 재벌 개혁도 국민의 정부보다 참여정부에서 후퇴했다. 또한 노동운동으로 창끝을 돌려, 실질적인 민생 회복과 양극화 둔화 정책이 나오지 못했다. 부동산 정책 등으로 양극화가 심화되는 가운데 사회 기층에서부터 사회적 반감이 터져 나왔다. 이 모든 것을 한나라당 탓으로 돌릴 수는 없다.

김기식 | 노 후보가 더 잘할 것 같아서 뽑아 준 것이지 적극적으로 노 후보의 비전을 보고 뽑은 것은 아니라고 본다. 시대적으로 요구된 개혁에 대해 철학과 비전이 집권 세력에게는 부재했고 불철저했다. 더구나 정책으로 구체화하고 집행할 만한 능력이 없었다. 그런 점에서 집권 세력의 철학과 능력 문제, 노선 문제까지 포함해 지난 3년간 한계가 확실히 드러난 것 아닌가.

이정우 | 참여정부를 옹호하지 않을 수 없다. 많은 사람이 철학, 능력, 노선 문제를 이야기한다. 참여정부에 대한 비판이 옳은 것도 꽤 있지만 상당히 과장되어 있다. 진실은 중간쯤에 있지 않을까 생각한다. 노선, 철학 면에서 참여정부는 과거 정부에 비해 조금이라도 방향을 돌린 최초의 정부가 아닌가 한다. 방향을 조금 유턴하는 시작 단계다. 방향을 틀기 시작하니 사람들에게 이해가 안 되고 무능해 보이기조차 할 것이다. 굉장히 어렵다. 그러나 첫술에 배 부르랴는 말처럼 조금은 기다려야 한다.

비판을 받으면서도 힘들게 방향을 틀기 시작했는데 진보 진영의 참을성이 부족했다. 전부 아니면 전무라는 비판이 많다. 요구 수준이 너무 높다. 80퍼센트 정도 했으면 인정할 만도 한데 20퍼센트 모자란다고, 하나마나 한 정책, 무용지물이라고 비판한다. 기대 수준이 너무나 높다는 걸 자주 느꼈다. 참여정부는 결코 무능하지 않다. 정책 추진 능력에서는 역대 정부보다 오히려 유능했다.

그러나 이런 내용은 안 보이고, 정책 실행이 아직 열매를 맺지 않은 상황에서 기대에 못 미친다고 욕을 덤터기로 먹고 있다. 보육 예산이 참여정부 들어 가장 많이 늘었다. 2천 5백억 원에서 출발해 1조 원 넘게 증가했다.

> "진보 진영의 참을성이 부족했다. 전부 아니면 전무라는 비판이 많다. 요구 수준이 너무 높다." _이정우 경북대 교수

부동산 정책도 실패라 단정할 수 없다. 그러나 무능하다, 철학이 부재하다는 비난은, 억울하지만 지금은 어쩔 수 없이 감수해야 한다. 5~10년 뒤에는 알아주기 시작할 것이다.

**노회찬** | 잘한 일이 하나도 없기야 하겠나. 참여정부가 성과에 집착하면 위험할 수 있다. 뭔가 남겨야 한다면 양극화를 '해소'하지는 못하더라도 '완화'는 해야 한다. 전략을 갖고 있는지 의문이다. 2004년 '뉴딜'이라고, 공공 지출 확대를 통해 일자리를 만든다는 이야기가 나왔다가 연기금 논란으로 사라졌다. 최근 김근태 의장의 '뉴딜'은 전혀 다른 개념이다. 재계와 거래하겠다는 것이다. 국민이 설득되도록, 어떤 건 참으라든가 하는 전략이 있는가. 노동자에게도 "이 정도는 해 줄 테니 참으라"고 할 수 있는 진정성을 갖고 있는가.

**이정우** | 참여정부는 이미 정치 개혁, 부패 척결, 권위주의 청산, 언론 관계 정상화 등 이미 치적이라고 할 만한 것이 있다. 왜 무능하다고 손가락질만 하나. 보수 언론의 줄기찬 무능 노래가 이제 유행가가 되어 심지어 진보 학자까지 따라 부르는 형국이다. 보수 언론의 끊임없는 비방과 저주를 무심코 따라 불러서는 안 된다. 물론 다 잘했다는 것은 아니다. 노 의원 말처럼 '비전 2030'에서 분야마다 청사진을 제시하고 설득하고 대화하는 노력이 많이 부족했다는 점은 충분히 동의한다.

**김기식** | 지나고 나면 노 정부의 정치 개혁 부분은 평가받을 것이다. 그 외 사회·경제적 과제, 남북 관계, 한미 관계는 분명 문제이다. 정부의 정책

능력을 말할 때 관료를 넘어서는 정치적 집행 능력을 가졌는가를 본다. 그러나 기존 정책 패러다임을 전환시키는 정권 차원의 힘은, 참여정부의 경우에 역부족이다. 사회·경제적 부분에서 보육은 획기적인 진전이었다고 평가할 수 있다. 그러나 참여연대에서의 경험으로 보면, 정부와 여러 가지 협의를 해 나가다 패러다임 전환 수준의 내용을 제기하면 정책 담당자들이 어렵다고 말한다. 그걸 소화할 능력을 가진 사람이 굉장히 부족하다. 이 교수님을 포함한 몇 분이 청와대에서 나온 뒤 집권 세력 안에 사회·경제 정책을 이해하고 패러다임을 구체화할 인력 자체가 없다. 얘기해 봐야 소화할 능력이 없다고 공공연하게 이야기하는 수준이더라.

> "집권 세력 안에 사회 경제 정책을 이해하고 패러다임을 구체화할 인력 자체가 없다. 얘기해 봐야 소화할 능력이 없다고 공공연하게 이야기하는 수준이더라." _김기식 참여연대 사무처장

**노회찬** | 현 정부는 투기적 발상을 하고 있다. 대연정 추진이나 FTA 추진, 전시작전통제권 환수도 성과주의의 과도한 집착이다. 주요 정책 한두 건으로, 정세를 역전시키거나 세력 관계를 바꾸거나 지지율을 바꾸겠다고 집착한 것이 아닌가.

**이정우** | 대연정과 FTA 문제는 동감이다. 다른 건 옹호하지만 그 두 가지에 대해서는 좀 이해하기 어렵다. 그러나 이런 것이 전체로 비화되어 전체적인 능력의 부재, 무능, 아마추어리즘 운운까지 가는 것은 경계해야 한다. 일반적으로 정책 능력은 크게 향상됐다.

**열린우리당, 민주노동당, 시민 단체 등의 역할에 대해 평가해 달라.**

**김기식** | 열린우리당의 경우 '잡탕 정당'의 한계가 총선 후 그대로 드러난 것 같다. 2004년 말 하반기 소위 '4대 입법'을 추진하는 과정에서 스스로 자멸해 아무것도 관철시키지 못하고 마감함으로써 그 순간 정치적 사망에 가까운 상황이 됐다. 당 주도 세력이 시대 과제나 자기 비전을 제시할 철학과 내용이 없다. 민주노동당은 원내에 진출한 뒤 긍정적 대안으로서의

비전을 국민에게 제시하고 공감대를 만드는 데 한계가 있다. 운동 집단이 아니라 책임 있는 원내 정치 세력으로서의 모습을 정책과 입법 과정에서 보여 주었는지 의문이다.

**이정우** | 열린우리당은 많은 의석에도 불구하고 제대로 된 개혁을 추진하는 데 있어 대단히 미흡했다. 심지어 어렵게 통과시킨 사학법마저 재개정한다는 것은 정말 말이 안 된다. 87년 민주화 이후 필요한 것이 있다면 바로 사학법 같은 것이다. 참여정부의 큰 치적이라 할 만한 것조차 의의를 부정하고 잘못한 것인 양 돌이킨다면 더 이상 회복할 수 없다. 다음으로 민주노동당 같은 소중한 싹을 거목으로 키워 이념 정책으로 좌·우 정당이 대결하는 선진국 형으로 가야 한다. 그러나 국민은 아직 너무 과격하지 않느냐고 우려하는 것 같다. 사실 억지 부리는 일이 왕왕 발생했다. 민주노동당이 지지 세력과 동지들에게 때로는 틀렸다는 목소리를 내기 시작할 때 국민이 지지할 것이다.

**노회찬** | 민주노동당의 가장 큰 문제는, 대표하고자 하는 세력 사이에서의 지지를 확대하지 못하고 거의 정체 상태라는 것이다. 월 1백 50만 원 이하 봉급자가 한나라당을 더 많이 지지하는 현실을 타파하지 못하는 것은 순전히 민주노동당의 책임이다. 얼어붙은 이들의 마음을 열고 신뢰를 받을 만큼 제대로 된 정책 활동이 없었다. 그 점에서 여전히 서툴고 무능하기까지 했다. 가까운 세력에게 말할 수 있어야 한다는 이정우 교수의 지적에는 백번 동의한다.


**진보 세력의 활동은 위축되고 담론을 이끌어 가는 영향력도 약화된 것 같다. 반면 보수는 선진화 전략을 제시하며 부상하는 상황이다. 이런 상황에서 진보·개혁 세력의 과제는 무엇인가.**

**이정우** | 뉴레프트, 뉴라이트, 수구 진보란 말도 나오는데, 굉장히 혼란스럽다. 해방 후 60년 동안 우리는 일방적 우익 독재 사회에서 살았고, 온건

하고 합리적인 서양의 보통 우파 정권과는 달리 이견과 반대를 용납하지 않는 지독한 극우파가 오랫동안 지배했다. 정말 앞으로 할 일이 남아 있는 곳이라고 한다면 진보·개혁 진영 쪽이다. 보수 우익, 뉴라이트는 할 일이 별로 없다. 60년간 계속 지배해 왔고 곳곳에서 문제를 일으킨 사람들이다. 이들이 일으킨 많은 숙제를 풀 사람이 진보다. 미약한 진보를 키워야 한다. 시민 단체, 진보 정당이 가끔 욕을 먹을 정도로 지나치게 하는 면이 있다. 그러나 큰 눈으로 봐서 진보·개혁의 방향이 옳고 그쪽으로 가야 한다. 수구나 뉴라이트는 그만하면 됐고 더 이상 할 일이 없다.

**노회찬** | 진보 세력의 과가 없지 않지만 공이 절대적으로 크다. 시민운동은 참 많은 역할을 해 왔다. 다만 민주주의가 뿌리내리는 사회를 위해서는 지금 같은 운동으로는 충분치 않다. 40만 명이 넘는 독일납세자동맹처럼 뿌리를 완전히 내린 시민 참여형 운동이 절실하다. 시민 대표 운동을 넘어 참여 운동이 사회 곳곳에 뿌리내리고 진을 치고 있어야 하는 것 아닌가. 그간의 성과와 능력을 바탕으로 한 걸음 나아가는 역할에 집중해야 할 때다.

"정세 변화로 87년 체제의 숙명이 다했다. 역사의 전환기에서는 새 과제의 제기와 새로운 판짜기가 필요하다. 역사가 거꾸로 간다는 데 동의하지 않는다. 많은 우려에도 불구하고 역사는 전진하고 있다고 전제해야 한다."
_ 노회찬 민주노동당 국회의원

정세 변화로 87년 체제의 숙명이 다했다. 역사의 전환기에서는 새 과제의 제기와 새로운 판짜기가 필요하다. 역사가 거꾸로 간다는 데 동의하지 않는다. 많은 우려에도 불구하고 역사는 전진하고 있다고 전제해야 한다.

**김기식** | 시민운동 위기론이 나오는 것은 1990년대 시민운동의 과잉 대표성, 과잉 영향력이 정상화되는 것으로 볼 수 있다. 어떤 면에서는 모두로부터 지지 받는 시민운동 자체가 허상이다. 다만 시민운동의 위기 요소는 분명히 있다. 1990년대와는 다른 2000년대의 아젠다가 시민운동에 없다. 비전을 구체화할 정체성 자체가 없는 것이다. 시민운동이 나갈 방향에 대한 깊은 성찰을 내부에서 해야 한다. 뉴라이트는 '뉴라이트'가 아니라 '올드라이트'가 포장만 한 것이다. 10년간 뺏긴 정권을 탈환하겠다는 의지 속

에서 민주화 개혁 세력에 대한 국민의 정서적 반감을 타고 대선을 앞두고 활개 치는 것이다. 표방하고 있는 자유주의 이념에 충실하기만 해도 좋은데 그조차도 아니다.

희망이 될 진보적 좌표를 제시하고 이를 추진할 세력과 지도자가 나타나야 한다. 미국식 시장 만능 사회로 갈지 유럽형 사회 통합적 사회로 갈지 과감하게 주제를 제시하고, 사회민주주의도 공론화해야 한다. 사민주의가 대안은 아닐지라도 그것이 담고 있는 의미를 드러내 놓고 논의해서 우리가 어디로 갈지 충분히 논의해야 한다.

## 2부

# 진보·개혁 세력의 실상

개혁 정치인의 현주소

익명을 요구한 어느 386 정치인의 '자기비판'

민주노동당, 제도권 진입 3년

민주노동당 각 정파의 목소리

벼랑에 선 민주노총

꿈을 잃어버린 교단 '전교조'

시민 단체, 뿌리 잃은 풀뿌리 운동

환경 단체, 탈색된 초록 운동

대학, 신자유주의에 볼모 잡힌 '지성의 요람'

좌담_진보는 왜 전진하지 못하나

# 개혁 정치인의 현주소

"너네들(386 세대) 정말 X 같다." "선배(1970년대 긴급조치 세대)들도 X 같다." 2004년 12월 여의도 한 술집에서 열린우리당 초·재선 의원 5명이 소주잔을 부딪쳤다. '국가보안법 폐지 200시간 농성'을 하던 때다. 당내 소모임 '아침이슬' 세대인 한 의원은 후배들의 나약함을 지목했고, 386 의원들은 "어떻게 끝을 볼 거냐"며 선도 투쟁의 문제점을 따졌다. 그들에게 대안은 불투명했고, 당내 스펙트럼은 좌우가 훨씬 더 넓던 시절이다. 국가보안법 안건은 그렇게 좌충우돌하며 몇 차례의 본회의 유회 끝에 흐지부지됐다.

2년여가 흐른 지금 이인영 의원은 "그때 얼어 죽을 각오로 무릎을 꿇고 버텼다면……"이라고 돌이킨다. 당시 김원기 국회의장의 사회권 행사를 촉구하며 의장 공관에 몰려갔다가 2시간 만에 무력감 속에 철수한 것을 가리키는 것이다. 그는 "할 만큼 했다고 주저앉은 '상업적 진보'의 전형이 아니었을까"라고 자문했다. 그러나 그것은 좌절이라기보다 그들에겐 짧지만 가장 빛나는 개혁의 시기였다. 이전에도 이후에도, 소수당이었든 다수당이었든 그들은 개혁적인 것을 제대로 보여 주지 못했다.

2000년 16대 총선 때부터 의회에 본격적으로 진출한 80년대 학생운동권은 세대교체의 축이 되며 정치 개혁의 희망봉으로 각광받았다. 그러나 지금 평가는 어둡다. 민주노동당 부설 진보정치연구소가 2006년 8월 한길리서치에 의뢰해 국회 공무원·출입 기자 100명에게 물은 여론조사에서 386 의원들이 '17대 국회에서 가장 실망스러운 집단 1위'(78.8퍼센트)로 꼽혔다. 2003년 참여·정책(개혁)·전국·전자 정당의 네 깃발을 올리며 창당한 열린우리당의 추락한 위상은 '실망스러운 386'과 동일한 궤적일 수 있다.

왜 386이 '술자리의 안주'가 될까. 현실에 빨리 순응하고, 권력을 다투는

왜 386이 '술자리의 안주'가 될까. 현실에 빨리 순응하고, 권력을 다투는 구태를 쉽게 따라 배우고, 실력이 없다는 말이 빠지지 않는다.

| 이라크 파병 관련 표결 | | |
|---|---|---|
| 16~17대 지속 반대 | 반대 ▶ 찬성 | 17대 초선 지속 반대 |
| 권오을·김원웅·문석호 송영길·임종석·전재희 | 김근태·김희선·원희룡·유시민 이병석·이해찬·천정배 | 강기정·강혜숙·김재윤·김태년 박찬석·백원우·손봉숙·안민석 우원식·유승희·이경숙·이광철 이상민·이원영·이인영·임종인 장향숙·정봉주·정청래·최재천 |

이름, 가나다 순

구태를 쉽게 따라 배우고, 실력이 없다는 말이 빠지지 않는다. 2003년 이라크 파병 때 반대파는 68명에 달했고, 1970~80년대 운동권 의원들이 주축이었다. 그러나 그 후 반대 표결은 50명(2004년 2월 추가 파병안)→63명(2004년 12월 파병 연장안)→31명(2005년 12월 파병 연장안)으로 줄었다. 16~17대에서 표결마다 한결같이 반대표를 던진 사람은 26명뿐이다. 박석운 민중연대 집행위원장은 "그들은 이라크 파병, 한·미 FTA와 평택 미군 기지 무비판 등 '준배반적' 처신을 했다"면서 "수구 꼴통보다는 훨씬 낫고 정치 발전의 일익을 담당하긴 했지만, 개발 독재 이후의 새로운 패러다임을 만들지 못하고 신자유주의에 순응해 오늘의 문제를 낳고 있다"고 지적했다.

그들은 '현실 정치의 동화(同化)'에 대해 비판받을 때 늘 '여당 의원으로서'라는 말을 앞세운다. 우상호 의원은 "가장 괴로운 문제가 이라크 파병"이라며 "소신이냐, 노 대통령의 고뇌를 받아 주어야 하느냐가 문제"라고 말한다. 현실 순응은 2005년 노무현 대통령의 대연정 파문 때도 반복됐다. 의원총회 한 번 없이 혼선과 무기력에 빠져든 당에서 386은 파편화되었을 뿐이다. 고려대 최장집 교수는 최근 한 인터뷰에서 "'저런 이들이 운동을 했었나' 하는 의문이 들 정도로 기존 것을 그대로 따라가고 있다. 더 빨리 기성 질서에 적응하고 엘리트가 되어 버렸다"며 '권력화된 386'을 지적했다.

386 의원들이 꼽는 강점은 "수평적 네트워크가 강하고 대중 속에서 문제를 풀어 가는 자세"(이기우 의원)다. 그러나 정치권 386의 '맏형' 격인 신계륜 전 의원은 "5~6년 전만 해도 '새 피'로 불리고 그 이미지를 가지려 한

| 한·미 FTA로 인한 개혁 정치인의 분화 | |
| --- | --- |
| 찬성 입장 | 반대·비판 입장 |
| "한국 경제 경쟁력 높이는 필수 선택"<br>"국익 높이는 협상해야" | "체결 뒤 대미 적자국 전략"<br>"정부 치밀한 준비 없는 협상 진행" |
| 강기정·김태년·백원우·송영길<br>윤호중·이광철·이화영·임종석 | 김태홍·신기남·유기홍·유승희<br>이기우·이원영·이인영·정봉주<br>최규성 |

386이 지금은 서로 거리를 두려는 말이 됐다"고 말한다. 그는 "386 세대 전체가 도매금이 될 수 없다"고 선을 그었지만, "윗세대의 동의를 구하고 아랫세대를 이끄는 허리로서 정치권 386은 실패한 게 많다"는 '중간 평가'를 내놓는다.

2004년 4월 총선 직후 전대협 출신 초선 의원 12명이 회동을 했다. 결론은 '당내 정치하지 말자' '실력을 키우자'였다. 탈(脫)계보를 맹세했던 초심은 그러나 공염불이 됐다. 적잖은 386이 당내 양대 계보인 정동영·김근태 계에 포진해 있다. 전당대회 때도 늘 정치 현장의 선봉에서 맞부딪쳤다. 정동영·김근태·김혁규·김두관 최고위원이 당선되고, 김영춘·김부겸·임종석 의원이 고배를 든 2006년 2·18 전당대회가 대표적이다. 유시민 의원과 386 대표로 출마한 송영길 의원, 염동연 의원이 충돌한 2005년 4·2 전당대회도 그랬다. '친노적자' 싸움과 인신공격이 난무했던 이 대회 때의 모습은 80년대 '가치'를 말하던 386이 권력화된 것을 엿보게 한다. 청와대 386도 예외가 아니다. 집권 첫해 당시 이광재 국정상황실장이 당으로부터 '이너서클'과 '전횡' 문제로 공격을 받고 물러난 것이 대표적이다.

소장 개혁파는 분화되고 있다. 386 내에서 '고·스톱' 논쟁이 더 치열한 한·미 FTA가 대표적이다. 내부 소모임도 '개점휴업'이 많다. "'포스트 노무현'의 비전을 제시하지 못하고, 애써 충돌을 피하기 때문"(386 당직자)이다.

외부의 시선은 더 원색적이다. 열린우리당 창당 때 신당연대 실행위원장을 맡은 강영추 씨는 "YS·DJ·노무현을 만난 학생회장 중에 실무를 건너뛴 점프층이 많다"고 일갈했다. '권력의 전위대'로 나서고, 무능 논쟁의 출발선을 386의 '수혈론'으로 짚은 것이다. 박주현 전 청와대 시민사회수석은 "386의 자기희생과 성실성은 인정하지만, 경제·사회 개혁에서는 힘을 발휘하지 못했다"며 "실력도 없이 폼만 잡는다는 부정적인 면이 부각되

| 1987년 이후 민주 세력의 정치 진출 흐름도 | | |
|---|---|---|
| | 재야·민변·노동 | 학생운동(386) |
| 13대(1988) | 강신옥·노무현·문동환·이상수·이철 이해찬 | |
| 14대(1992) | 박계동·유인태·이부영·임채정·장영달 제정구 | 신계륜 |
| 15대(1996) | 김근태·김문수·김영환·방용석·설훈 손학규·유선호·신기남·이미경·이우재 이재오·천정배 | 김민석 |
| 16대(2000) | 김부겸·김태홍·김희선·안영근·이창복 이호웅·조성준·한명숙 | 김성호·김영춘·오경훈·오영식·원희룡 유시민·이성헌·임종석·장성민 |
| 17대(2004) | 배일도·선병렬·유기홍·이광철·이목희 이원영·임종인·최규성 | 강기정·고진화·김태년·김현미·민병두 백원우·송영길·우상호·윤호중·유승희 이광재·이기우·이인영·이화영·조정식 최재성·한병도 |

이름, 가나다 순

는 것은 바로 그 때문"이라고 지적했다.

386 의원들은 "386만의 책임은 아니다"라고 해명한다. 그러나 한나라당 고진화 의원은 "희망적 주체로 서 있는지가 핵심"이라고 자기비판을 했다. 386이 40대를 꽉 채우는 2008년 총선에서 정치권 386은 시험대에 설 상황이다. 평가는 남은 1년 2개월이 길 수도 짧을 수도 있는 그들 각자의 몫이다.

## 익명을 요구한 어느 386 정치인의 '자기비판'

386은 고등학교까지 반공 교육과 국민윤리 교육을 받은 교련 세대다. 대학에 들어와 1980년 광주를 기점으로 정치적으로 깨어나고, 민주화를 갈망하며 스크럼을 짠 세대다. 어찌 보면 누구보다 공동 체험이 많았고 승리를 함께 맛본 사람들이기도 하다. 잠시 경찰에 쫓길 때 통장을 서슴없이 주었던 친구, 수배 중에 찾아가도 술 한잔 사 주고 숨겨 주던 사시 준비생도 있었다. "대학 시절 음악을 하느라 학생운동에 참여하지 못한 미안함과 부채 의식 때문에 지난 대선 때 노무현 후보 선거운동에 뛰어들었다"는 가수 신해철 씨의 고백처럼, 이런 부채 의식을 가질 수밖에 없었던 세대다.

## 이제는 정치인일 뿐이다

386이 지금 도매금으로 욕을 먹고 있다. 나는 그 말에 반대한다. 사회 각계에서 중추적으로 뛰는 사람들은 여전히 건강하기 때문이다. 그러나 정치권에 있는 386 동료들을 볼 때는 다르다. 나에겐 이 문제가 고민이고 핵심이다. 과거 DJ 노선, 노무현 노선을 따르다 지금은 신자유주의에 대안 없이 투항한 사람들이 너무나 많다.

의원 개개인이 계보·세력의 대세 흐름에 순응적이다. 정치 개혁이든 경제 개혁이든 386 세대의 자기 목소리를 낸 적이 없다. 스스로의 가치 트렌드가 없기 때문이다. 대연정 때도 386 정치인 중 의미 있는 목소리를 낸 사람은 거의 없다. 왜 정치를 시작했는지를 말하고, 대연정의 시기와 방법이 틀렸다고 말하는 사람이 없었다. 일어서서 목마름을 말하지 않는 것이다. 5·31 선거 때 양아치라고 놀렸지만 오세훈도 그랬고, 정범구·설훈도 던질 때는 배지를 던졌다. 그러나 386들은 그렇게 과단성 있게 행동하지 못한다. 스스로 오버하지 않고, 집단 속에서 행동하려 한다. 과거 전대협 그룹 내에서 '한 사람의 열 걸음보다 열 사람의 한 걸음'을 외쳤던 것처럼.

386에게 6·10항쟁의 이야기는 이제 없고, 과거의 족쇄로부터 스스로를 해방시켰다. 이념과 개혁의 시대적·선도적 역할에서 스스로 자유로워졌다는 것이다. 한·미 FTA 문제도 대안 때문에 끙끙 앓고, 피 터지게 언쟁하기보다는 순응하려는 사람들이 점점 늘고 있다. 여당의 울타리 안에 쉽

"한·미 FTA 문제도 대안 때문에 끙끙 앓고, 피 터지게 언쟁하기보다는 순응하려는 사람들이 점점 늘고 있다. 여당의 울타리 안에 쉽게 숨는 것이다."

게 숨는 것이다.

그러면서 민주 세력 대연합을 이야기한다. 정치 선배들도 아니고 왜 80년대 '가치'를 좇던 386의 입에서 그런 이야기가 나오는가. 386 정치인들에게 본질적으로 물어봐야 한다. 왜 정치를 했느냐, 지금 정치가 당신에게 어떤 의미가 있느냐고 물어야 한다. 386 정치인의 원죄는 따로 있다. 제도화된 민주적 경선 절차보다 과거의 훈장을 갖고 동교동·상도동에 수혈된 것이 1세대 그룹이다. 정권의 전위대로 나선 것도 수혈 주체들로부터 자유롭지 못했기 때문이 아닌가.

나는 이제 386 동료들에게 과거의 훈장을 보며 무엇을 요구하지 말라고 이야기하고 싶다. 요구해서도 안 되고 특별히 요구할 필요성도 못 느낀다. 그들은 이미 '원 오브 뎀(One of Them)'이다. 한 명의 젊은 정치인일 뿐이다. 민주화 이후에 민주주의에 대한 시대적 고민은 386으로부터 멀어졌다. 세상 속으로, 기득권 속으로 무장해제되어 들어간 것이다.

> "386 정치인의 원죄는 따로 있다. 제도화된 민주적 경선 절차보다 과거의 훈장을 갖고 동교동·상도동에 수혈된 것이 1세대 그룹이다. 정권의 전위대로 나선 것도 수혈 주체들로부터 자유롭지 못했기 때문이 아닌가."

## 386은 정체되어 있다

386 정치인들은 이슈와 이벤트에 강하고 일상성에 약하다. 지금은 상임위나 전공에 깊이 파고들어 공부하는 의원들이 늘고 있지만 그렇다고 선배 의원들보다는 열심히 한다며 자족할 때가 아니다. 학생운동을 떠나 정치에 발을 들여놓은 부채 의식은 여전히 크다. 그것이 386의 뿌리이고 강점일 수 있다.

그러나 평균적으로는 먹고사는 세상 공부에 게을렀다. 대학 때 정치경제학을 달달 외웠지만 사회가 어떤 메커니즘으로 흘러가는지, 주식이나 시장은 어떻게 작동하는지 같은 인간사의 보편적 리듬을 잘 읽지 못한다. 그런 기회의 과정도 대체로 부족했다. 준사회적인 학생운동 집단에서 선도적 역할만 고민하다 보니 그런 것이다. 군사독재 타도에서 정치 개혁까지는 흐름을 주도했는데 그다음 먹고사는 경제 문제는 밥통이고, 의원들 간에도 정도 차가 크다.

지금 기업은 나노 단위에서 경쟁하고 혁신하고 있다. 거기 비하면 정치는 지금 초저속이다. 정치권 밖의 386들을 만나면 '한심한 놈'이라는 소리를 곧잘 듣는다. 386들이 양심적이고, 부패나 이런 데서 도덕적 우월성은 그래도 강하지만, 총체적으로 무능하다는 딱지가 붙는 이유다. 386이 굵직한 정책을 내놓은 기억이나 그런 이미지가 있나. 다 섣부르게 알고 섣부르게 풀어 왔기 때문이다.

청와대 386은 훨씬 더 도그마에 빠져 있다. 내가 옳고 따라오라는 식이 더 강하다. 참여정부라 했다. 참여가 뭔가. 민주화 이후의 사회에서 제일 먼저 강하게 분출하는 것이 요구다. 그것이 참여를 수반하지만, 참여는 요구가 있기에 갈등도 몰고 온다. 철저하게 충돌하며 선택을 하려 했던 참여정부의 방향은 맞다. 그러나 방법이 틀렸다. 참여정부가 초창기에 참여의 갈등을 겪고 나서 그 결과, 후반부에 대타협과 대연정을 하려 했다고 본다. 그런데 대타협의 전제는 지지와 신뢰다. 권력도 놓고 지역도 놓고 처음에 지지했던 사람들도 등 돌리고 지지 기반이 너무 협소해졌다. 프로페셔널한 촘촘한 계획을 갖고 가지 못한 것이다.

당도 이 혼란과 무능에 일조했다. 386 의원들이 누구보다 책임을 통감해야 한다. 지지층 누구도 성장을 이뤄 내지 못했다고 욕하지는 않는다. '할 수 있는 개혁도 못한 무능 집단'이라고 등 돌릴 때 가장 가슴이 아팠다.

나는 아직 시간이 있고, 희망도 다시 키워 갈 수 있다고 본다. 386부터 열 배는 더 뛰어야 한다. 노무현 정부가 이렇게 끝나는 것은 개혁의 후퇴다. 개혁 과제 100 중 50은 해냈어야 했다. 지지율을 보면 10~20개도 못했다는 것 아닌가. 국민이 볼 때 대선·총선에서 그만큼 밀어줬는데 반에서 25등 정도는 해야 하는데 40등 하고 있으니 무능하다고 하는 것이다. 당정을 분리하자고 해 놓고 대통령은 계속 청와대에서 정치하고, 당은 자생력이 하나도 없는 것이 문제의 핵심이다.

386 정치인 다수가 하루빨리 중도 우파로 가야 할지도 모른다. 그래야 진보의 가치와 의제는 더 선명해진다. 개혁과 진보를 말하면서 앞에서 눈만 어지럽게 쓸고 가면 더 안 되는 것이다.

## 성공한 방법 답습 마라

정치권의 386이 이 경종을 안다면 이런 말을 하고 싶다. 우리가 어제 생각하고 살았던 모습으로 오늘 정치를 하지 말자고, 과거처럼 그렇게 모이고 세상과 떨어져서 가지 말자고…….

『힐러리처럼 일하고 콘디처럼 승리하라』라는 책을 보면 '성공했을 때 그 방법에 성공한 이후 똑같이 반복·답습하지 마라'는 표현이 있다. 나를 포함해 오늘의 386들에게 하고 싶은 말이다. 시대를 향해 새롭게 눈을 떠야 한다. 지금처럼 논쟁하다 안 되면 갈라치고 매도하고, 선악의 개념으로만 사안을 보지 말아야 한다. 대안도 내놓지 못하면서 과거식 이분법만 고집하면 답이 없다.

정치권 밖에서도 386이 기로에 서 있는 곳이 많다. 흔히 386이 사회에서 연착륙하고 주도적 위치에 선 대표적인 분야가 정치권, 시민사회, 학원가, 정보통신(IT) 분야라고 한다. 운동권이 학교 졸업 후 대거 정계나 학원계로 빠졌다. 과거에는 돈을 벌어도 명분이 있었다. 사회적 아젠다와 가치를 풀어 가기 위해 누군가는 돈을 벌어 보태겠다고 한 시절도 있었다. IT는 경제 사회적 부가가치를 높인 주역이기도 하다. 그런데 적잖은 시간이 흘렀고, 사교육 시장과 사행성 게임 업계에서도 386이 대변자가 되고 있는 것은 새로운 딜레마다. 나이를 먹으면서 기득권도 생기고 커진 것으로 봐야 한다.

### 잃어버린 목소리 찾아라

지금 40대, 386은 민주화와 정보화의 경계선에 서 있다. 범사회적 386이 정치권의 386을 매섭게 보고 있다. 신뢰의 끈을 다 잃었다고 보지는 않지만, 언젠가 대학 친구로부터 너희가 386 전체를 평가 절하시켰다는 소리를 듣고 섬뜩함을 느꼈다. 모두 386의 책임이냐. 반성할 점은 많지만, 억울하다고 느낄 때도 많다. 우리는 여전히 건강한 점이 많고 시대 고민도 많이 한다.

나는 386 정치인들이 이제서야 80년대의 흥분에서 깨어났다고 본다. 그 진혼굿은 끝났고, 하루하루 부딪히는 현실은 타는 목마름으로 민주주의를 부르던 그때와는 너무 달라져 있다. 현실 정치인이 됐음을 자위하다가도 문득 '나는 성대(聲帶)를 잃어버렸다'고 자책할 때가 있다. 침묵이 괴롭지만 어느 때는 용서하고 즐기는 나도 보게 된다. 언젠가 대학 후배가 1987년 6월 어느 술집에서 내가 했던 이야기라며 돌려준 말인데, 그렇게 비수처럼 꽂힌 적이 없었다. "일어서서 목마름을 말하지 않는 자에게 샘물을 주려는 사람이 있을까."

## 386 국회의원 '내 생각은……'

**"문제 제기했지만 결실은 아직 일러"**_고진화, 한나라당(1984년 성균관대 총학생회장)

한국 정치 전반을 변화시켜 보겠다고 나섰다. 한나라당 내부에서, 냉전적 사고로 반사 이익을 얻는 정치 풍토와 당원들이 변해야 한다고 문제 제기했다. 하다 보니 이런 문제 제기가 결실을 볼 수 있을지는 미지수라는 생각이 든다. 386 정치인을 비판하는 핵심은, 많은 사람이 노력해 이뤄 낸 기회인데 왜 들어가서 주도를 못하느냐다. 여당의 386들은 집권해서 무엇을 할 것인지에 대한 목표가 미진했다. 리더십도 제대로 확보하지 못하고 청와대에 너무 끌려다녔다. 여당에 있으면 프로그램을 내놓아야 한다.

### "이해 뛰어넘는 새 리더십이 과제"_ 이기우, 열린우리당(1989년 성균관대 총학생회장)

운동권 동료들은 현재 삶의 공간에서 예전에 가졌던 관념을 실현할 수 없다는 걸 알면서도 그 기준을 갖고 비판한다. 그래도 잘해야 한다는 책임 의식은 갖게 된다. 지역이나 이해관계를 넘는 새 리더십을 만드는 게 386의 숙제다. 정치의 질을 높일 책임도 우리에게 업보처럼 주어져 있다. 그게 아니면 우리 생명은 끝난다고 본다. 다만 386이기 때문에 뭘 해야 한다는 강박 의식은 없었으면 좋겠다.

### "자기 정체성·전투 의지 잃어"_ 이인영, 열린우리당(1987년 전대협 초대 의장)

정치를 하기로 마음먹은 것은 운동의 많은 부분을 정치가 대체하고 있다고 생각한 때였다. 386이 도매금으로 욕먹는 것은 자기 정체성을 지키면서 능력 있는 모습을 보여 주지 못해서가 아닌가. 현실 정치에 흡수됐다고 평가받는 것도 그 때문이다. 도덕성의 문제는 아니라고 본다. 본회의에서 찬성이나 반대 버튼을 누르면서 과거처럼 맹렬한 전투의지가 있는지 자문할 때가 많다. 진돗개처럼 물어뜯고 있느냐의 문제다.

### "한·미 FTA 찬성도 소신껏 하자"_ 임종석, 열린우리당(1989년 전대협 3기 의장)

균형 감각이 모자라고 절제되지 않은 개혁 구호도 있었다. 지금 최종 통과된 사학법을 갖고 처음 협상했으면 종교 단체는 반발하지 않았을 것이다. 무능하다 하면 억울하지만 사실 먹고사는 일에 대해 희망을 제시하지 못했다. 신자유주의에 반대하는 시민·사회단체의 건강한 문제의식은 의미 있지만 386 정치인이 그런 시각만 갖고 있다면 차라리 야당을 하는 게 좋다고 본다. 세계화 시대에 경제를 어떻게 이끌고 갈지 답을 제시해야 한다. 한·미 FTA를 찬성하는 이유도 여기에 있다.

### "보수 세력이 '아마추어·무능' 덧칠" _우상호, 열린우리당(1987년 연세대 총학생회장)

1987년 학생운동을 나오며 역사의 부채를 졌다고 생각하고 있다. 보수 세력이 '추상적 386'을 만들고 무능하다고 비난한다. 국회의원의 유·무능을 가리는 것은 상임위 활동이다. 386이 베스트 그룹에 많이 들어 있다. 17대에 들어온 386은 과거의 김민석 같은 '개인 스타'가 아니라 '그들'이라 불리는 '집단'이다. 정치권 386은 소프트랜딩을 했다고 본다. 우리도 분화의 가능성이 있다. 포스트 노무현의 과제를 찾는 것이 과제다.


## 진보 진영이 본 '386 이게 문제'

### "아래로부터의 정치 필요" _김기식 참여연대 사무처장

386들이 왜 민주 세력 대연합 레퍼토리를 다시 읊나. 그것은 정치권에 들어갈 때 그들에게 기대했던, 그리고 그들이 할 이야기가 아니다. 중산층과 서민들의 고민이나 생각과 겉도는 가상의 이야기일 뿐이다. 밑바닥 생활과 동떨어진, 자기들끼리의, 위로부터의 정치 공학 이야기를 왜 386들이 하느냐.

### "운동과 고민이 풀뿌리와 괴리" _조희연 성공회대 교수

대부분 학생운동 세력인 386은 관념적인 급진 운동을 했고, 현실에 들어가 많이 변했다. 운동과 고민이 풀뿌리와 닿아 있지 못하기 때문이다. 철학이 좌충우돌이면, 절차적 민주주의라도 강화해야 하는데 그것마저도 제대로 못하고 있다. 정보 공개나 국민적 공감대가 약한 상황에서 정부가 협상을 주도하고 있는 한미 FTA가 바로 대표적인 예다.

### "자기 중심으로 세계를 봐"_홍성태 상지대 교수

2004년 총선 이후 열린우리당은 거대 여당이 됐음에도 여전히 우리는 약하다, 지역 기반도 약하다며 어떻게 보수표를 얻어 올까 고심했을 뿐이다. 386이나 개혁파들이 올바르게 정치 개혁을 했는지에 대해 회의적이다. 한자리씩 차고앉아 자기중심으로 세계를 보고 정말 세상 편하게 산다. '잃어버린 10년'을 말하는 것은 정말 무책임한 이야기다. 보수 세력의 준동을 막고 시민의 힘으로 이룬 위대한 10년이다. 민주적 정치 세력이 위임해 준 권한에도 불구, 국민의 기대에 부응하지 못한 것이 현주소다.

### "제도 정치권에 '포섭'된 386"_오창익 인권실천시민연대 사무국장

386들이 옛날 공장에 자기 발로 가듯 진보·개혁적 의제를 들고 국회에 갔다면 침투고 우회 전술이다. 그러나 지금 돌이켜 보면 침투한 게 아니고 포섭된 것이었다. 국회에 들어간 386들이 기존 정치인들과 다른 게 없다. 제도 정치권, 기득권 관료들이 하는 대로 그들 속에 녹아 버리고 있다. 2004년 의회 진출 후 보여 줬던 생기발랄함은 다 어디 갔나. 청와대 386을 봐라. 운동 안 하는 사람이 무슨 운동권이고 개혁이냐. 자기가 서 있는 상황에서 계속 움직이고, 신념과 의제를 정해서 운동을 해야지.

### "변화한 현실을 바로 보라"_이남주 성공회대 교수

정치권 386이 무능하고 기득권이 됐다고 보기는 어렵다. 다만 기대치에 못 미치는 점은 분명하다. 비판 세대가 아니라 문제를 해결해야 할 국면에서 여러 가지 한계를 보여 주는 것이다. 과거 진보 이념이 만들어진 시기와 지금의 현실은 상당히 변했다. 세계화나 비정규직 등 새로운 사회문제에 얼마나 적극적으로 반응하고 대안을 제시했는가. 자기 세대 경험을 집단적으로 재평가하고 비전을 만들려는 노력을 압축 성장 과정에서 제대로 하지 못했다. 정파적이거나 조직 이기주의가 아니고 비전을 만드는 경쟁으로 가야 한다.

### "FTA는 신자유주의의 완결판"_김세균 서울대 교수

DJ는 미국과 IMF의 요구에 제동을 걸려다 강력한 대응을 겪자 자발적으로 이들의 요구를 수용했다. 이 기조는 계속되고 있고, 한·미 FTA는 신자유주의 개편의 완결판이다. 현 정부에 들어간 진보·개혁 인사들에게 신자유주의 문제를 어떻게 인식하는지 물어보고 싶다. 다들 '불가피한 문제 아니냐. 어차피 수용해야 할 환경이라면 잘 적응하는 게 최선이다' 이렇게 말할 것이다. 하지만 신자유주의를 당연시하는 그 순간, 서민의 삶을 외면하는 것이 된다.

### "염치가 없어 실패"_우석훈 전 초록정치연대 정책실장

참여정부와 열린우리당은 염치가 없어 실패한 것이다. 골프장, 카지노, 성인 오락실, 이라크 파병 등 염치가 없지 않나. 관료들 때문에 못했다고 하는 것은 핑계에 불과하다. 정책 하나를 바꾸는 것은 껍데기가 아니라 혼을 바꾸는 것이다. 노무현 정부 들어서도 절차 논의만 했지 한국 사회가 어디로 갈지 진짜 논쟁을 한 번도 못했다. 386들도 가상 논쟁만 했다.

### "30년의 번영이 낳은 응석받이"_주대환 전 민주노동당 정책위원장

질투의 감정이 있는 것인지 몰라도 긴급조치 시대에 학생운동을 한 사람으로서 볼 때, 80년대 캠퍼스에서 운동은 하나의 유행이었다. 그 과정에서 쉽게 혁명가·대전략가가 되기도 했다. 때를 잘 만나 학생회장 경력을 갖고 보수 정당에 영입되고 수혈되어 벼락출세도 했다. 솔직히 세상이 손바닥 안에 있는 듯했던 그들이 '30년의 번영이 낳은 응석받이'로 보일 때도 있다. 과거사 청산을 하겠다고 할 때 노무현 정권이 할 수 있는 일이 아니라고 봤다. 과거사를 청산하려면 친일파 한민당을 파헤쳐야 하는데 그 뿌리는 열린우리당과도 닿아 있다. 386은 그런 역사를 잘 모른다.

## 민주노동당, 제도권 진입 3년

2004년 4월 16일. 여의도의 민주노동당 당사에는 전날의 4·15 총선에서 원내 10석을 달성하며 제3당이 된 것을 축하하는 선물이 답지했다. 당시 김종철 대변인은 많은 선물을 사양해야 했다. 그는 "더 이상 선물을 둘 곳이 없어 홈페이지와 이메일로 축하 메시지만 받았다"고 회고했다. 새로 가입하는 당원이 하루에 150~180명씩 됐다.

총선 직후인 5월 13일 KSOI의 조사 결과 민주노동당 지지율은 21.9퍼센트까지 올라갔다. 탄핵 역풍을 맞은 한나라당을 0.4퍼센트 포인트 차까지 쫓아갔다. 울산에서는 정당 득표율이 35.4퍼센트로 치솟았다. 당시 권영길 당대표는 "50년간 정치적으로 소외받았던 이들을 위한 진보 정치가 태어나는 위대한 순간"이라고 감격 어린 선언을 했다. 세상의 관심이 온통 민주노동당으로 쏠린 듯했다. 민주노동당은 당사 4층에 20여 명을 수용할 수 있는 기자실을 마련했지만 자리가 없다는 기자들의 아우성을 들어야 했다.

그로부터 2년 6개월이 흐른 2006년 10월. 민주노동당 당사에서 기자실이 사라졌다. 당원들은 더 이상 늘지 않는다. 지지도는 계속 떨어져 5~7퍼센트 수준에 고착되어 있다. 2006년 9월 7일 진보정치연구소가 발표한 정

2001년 1월 30일 민주노동당 창당대회에서 당시 권영길 대표 등 지도부가 손을 들어 환호에 답하고 있다.

기 여론조사 결과에서, 민주노동당을 지지하는 사람들 중 58.5퍼센트가 다음 대선에서 선택할 민주노동당 후보가 없다는 응답을 했다. 2006년 5·31 지방선거에서 처음으로 투표를 했다는 대학생 윤 모 씨(20·서울 노원구)는 "민주노동당 후보를 지지하고 싶어도 일단 당세에서 밀리고 공약도 힘이 없어 보여 지지하려는 마음이 안 생긴다"고 말했다. 최근 당원을 포기했다는 김 모 씨(43)는 "전망이 없다는 생각이 들었다"고 말했다. 그의 탈당 이유는 이렇다. "민족해방(NL) 계열은 아직도 30년대 농경 사회에 머물고 있고, 민중민주(PD) 진영도 산업사회 버전이긴 하지만 정보화 사회를 따라가지는 못하고 있어요. 말은 진보인데 시스템은 낙후됐고 진화가 덜 됐습니다."

사실상 처음으로 의회에 진출한 진보 정당의 위상이 이렇게 추락하고 있지만, 그들의 반성은 느릴 뿐만 아니라 철저하지도 않다. 2006년 5·31 지방선거가 과연 패배인지를 놓고 아직도 평가를 내리지 못하고 있다. 이런 지경인데도 대선 때 후보를 잘 뽑으면 다시 지지도가 오를 것이라는 근거 없는 낙관론에 빠져 있다.

"민족해방(NL) 계열은 아직도 30년대 농경 사회에 머물고 있고, 민중민주(PD) 진영도 산업사회 버전이긴 하지만 정보화 사회를 따라가지는 못하고 있어요." _최근 탈당한 김 모 씨

'부유세 파동'은 정책적 무능을 보여 주는 대표적 사례다. 2005년 1월 14일 민주노동당 부유세의 설계자인 윤종훈 정책연구

원이 사표를 냈다. 간이과세 폐지에 대해 당 간부 한 명이 인터넷에 비판 글을 올리고, 당이 택시 노조의 압력으로 LPG 특소세 폐지를 수용하는 쪽으로 굳어진 것이 직접적인 계기였다. 그는 간부 개인의 이해와 특정 노조의 압력을 받아 당의 원칙이 무너졌다고 생각한다. 그는 "모든 의제를 민주노동당의 가치를 기준으로 평가해야 하는데 그렇지 않았다. 우선 개인이나 조직, 정파에 유리한지 불리

| 민주노동당의 역사 | |
| --- | --- |
| 1997년 12월 | 국민승리21 권영길 후보 대선 출마 |
| 1999년 8월 | 진보정당 창당발기인 대회 |
| 2000년 1월 | 민주노동당 창당(권영길 대표) |
| 4월 | 16대 총선 출마(평균 13.1% 득표) |
| 2002년 6월 | 제3회 전국지방선거 (기초단체장 2명, 광역의원 11명, 기초의원 32명 당선) |
| 12월 | 권영길 후보 대선 출마(3.98% 득표) |
| 2004년 4월 | 17대 총선(10명 당선, 당 지지율 13.1%) |
| 7월 | 이라크 파병 저지 무기한 농성 |
| 2005년 7월 | 무상의료, 무상교육, 부유세 운동본부 발족 |
| 10월 | 울산 재선거 패배(당지도부 사퇴) |
| 2006년 1월 | 2기 지도부 출범 |
| 5월 | 제4회 전국지방선거(광역의원 15명, 기초의원 66명 당선) |

한지부터 따진다"고 당 지도부를 비판했다. 그는 "아마추어리즘으로는 재경부 엘리트들과 싸울 수 없다. 희망이 안 보인다"고 했다.

부유세 문제는 그해 4월에서 10월 사이 경기도 기초의회에서 민주노동당 소속 의원 8명이 재산세 감면 조례에 찬성하면서 다시 한번 논란이 됐다. 중앙당은 "진보 정당 소속 기초의원이 재산세 인하에 찬성해선 안 된다는 것은 상식"이라며 소명을 요구했다. 그러나 기초의원들은 "당에서 부유세에 대해 언제 한번 설명해 준 적이라도 있나. 징계할 테면 하라"며 저항했다.

이러한 정책상의 무능은 정작 민주노동당의 지지 그룹이 되어야 할 서민과 노동자들이 민주노동당을 지지하지 않는 결과를 불러오고 있다. 진보정치연구소와 한길리서치가 2006년 8월 조사한 결과에 따르면 민주노동당의 평균 지지자는 '30대, 서울·수도권 거주, 대졸 이상, 화이트칼라, 연평균 가계소득 2~3천만 원'으로 나타났다. 단병호 의원은 "의회에 들어오는 데 역점을 뒀지 정작 들어와서 할 일은 충분히 준비하지 못했다"면서 "국민의 관심이

"모든 의제를 민주노동당의 가치를 기준으로 평가해야 하는데 그렇지 않았다. 우선 개인이나 조직, 정파에 유리한지 불리한지부터 따진다."
_ 윤종훈 전 민주노동당 정책연구원

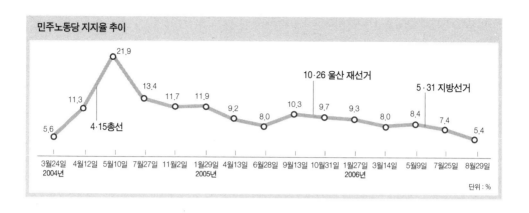

민주노동당 지지율 추이

5.6 — 3월24일 2004년
11.3 — 4월12일
21.9 — 5월10일
4·15총선
13.4 — 7월27일
11.7 — 11월2일
11.9 — 1월29일 2005년
9.2 — 4월13일
8.0 — 6월28일
10.3 — 9월13일
10·26 울산 재선거
9.7 — 10월31일
9.3 — 1월27일 2006년
8.0 — 3월14일
8.4 — 5월9일
5·31 지방선거
7.4 — 7월25일
5.4 — 8월29일

단위 : %

많은 경제, 삶의 현실에 대한 정책 대안을 제시하는 데 근본적 한계가 있었다"고 고백했다.

그동안 민주노동당은 사회·경제 개혁보다 민족문제에 더 관심을 기울이는 당이라는 인상을 주었다. 민주노동당이 2000년 1월 30일 민주노총과 전국연합을 주축으로 출범할 때, 두 정파는 당명을 두고 싸웠다. NL 계열은 '통일민주진보당', PD 계열은 '민주노동당'을 주장했다. 결국, 창당 발기인들은 민주노동당을 선택했다. 그리고 민주노총은 민주노동당의 역사적 임무를 "신자유주의 공세를 돌파하기 위한 강력한 정치적 전위"라고 규정했다. 하지만 2002년 지방선거 이후 NL이 당내 다수파를 점하면서 진보 정당의 정체성을 의심케 하는 사건이 잇달았다. 2005년 3월 16일 일본 시마네현 의회가 '독도의 날' 조례안을 제정하자 민주노동당 지도부는 "독도에 군대를 주둔시켜야 한다"는 기자회견을 했다. "평화주의 원칙에 위배된다"는 비판이 이어졌고 대변인은 결국 "진보 정당의 정체성에 맞지 않는다는 비판을 전적으로 수용한다"고 공개 사과해야 했다.

2006년 10월 9일 북한의 핵실험 강행에 대한 당의 성명은 '유감'이라는 두루뭉술한 표현으로 넘어갔다. 조선중앙통신의 발표 내용 중 "핵실험은 조선 반도와 주변 지역의 평화와 안정을 수호하는 데 이바지하게 될 것"이란 주장에 대해 "민주노동당은 동의하지 않는다"라는 입장을 천명해야 하

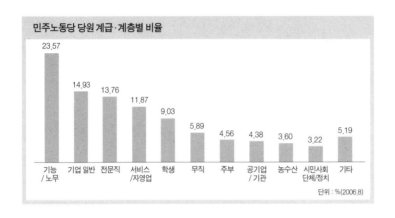

민주노동당 당원 계급·계층별 비율

| 기능/노무 | 기업 일반 | 전문직 | 서비스/자영업 | 학생 | 무직 | 주부 | 공기업/기관 | 농수산 | 시민사회단체/정치 | 기타 |
|---|---|---|---|---|---|---|---|---|---|---|
| 23.57 | 14.93 | 13.76 | 11.87 | 9.03 | 5.89 | 4.56 | 4.38 | 3.60 | 3.22 | 5.19 |

단위 : %(2006.8)

는가를 둘러싸고 대변인과 사무총장이 격론을 벌였고, 결국 발표문에서 빠졌다. 9월 3일 북한 외무성이 "핵실험을 하겠다"고 선언했을 때도 이용대 정책위의장은 "대치 국면에서 핵이 자위적 측면을 갖고 있는 것을 인정한다"고 밝혔다. 한재각 정책연구원은 "제발 민주노동당의 반전평화, 반핵 정당으로서의 정체성을 되찾아 달라"고 호소했다. 당 게시판에는 "제대로 된 정신을 가진 진보 정당이라면 핵무기를 통한 갈등 해결은 단연코 반대해야 한다"며 지도부의 어정쩡한 태도를 비판하는 글이 쏟아졌다. 사회는 이제 민족문제를 진보의 기준으로 삼지 않을 만큼 변했는데도 민주노동당이 이 변화를 선도하기는커녕 따라가지도 못하고 있는 것이다.

2006년 9월 『경향신문』과 KSOI가 '진보·개혁의 위기' 특집을 위해 386 출신 각계 전문가 100명을 대상으로 조사한 결과, 한국 사회의 진보와 보수의 기준은 '성장과 분배에 대한 인식'이 되어야 한다는 주장이 65퍼센트로 압도적이었다. 남북 관계를 꼽은 사람은 13퍼센트로, 소수자 권리에 대한 인식이 기준이라는 사람(14퍼센트)보다 적었다. 주대환 전 정책위의장은 "당이 민족문제에 묶여 사회·경제적 의제를 제대로 제시하지 못하고 있다"고 비판했다.

민주노동당에는 북한 이외에 민주노총이라는 성역이 또 있다. 민주노총이 민주노동당 위에 군림하면서, 조직되지 않은 다수의 비정규직 노동자들

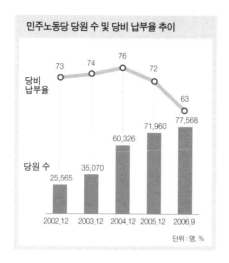

민주노동당 당원 수 및 당비 납부율 추이

당비
납부율

73    74    76    72    63

당원 수

25,565  35,070  60,326  71,960  77,568

2002.12  2003.12  2004.12  2005.12  2006.9

단위: 명, %

과 당의 거리를 멀어지게 만든 것이다. 10·26 울산 재선거 패배 직후인 2005년 11월 28일 민주노동당 비대위는 비정규직에 정치적 대표성을 부여하는 내용을 골자로 하는 부문 할당 비율 조정안을 마련했다. 민주노총의 대의원 배분율을 28퍼센트에서 25퍼센트로 3퍼센트 포인트 축소하고 그 가운데 30퍼센트는 비정규직 노동자에게 의무적으로 할당한다는 내용이었다. 비정규직 문제를 등한시했다는 내부 자성에 따른 것이다. 그러나 다음달 10일 열린 중앙위원회의에서 이 혁신안은 통과되지 못했다. 민주노총의 노골적 반발 때문이었다. 그 결과는 선거로 나타났다. 5·31 지방선거에서 울산 지역 비정규직 노동자는 민주노동당에 등을 돌렸고, 참패했다. 박용진 대변인은 "지금 민주노총은 민주노동당의 총독부 같은 역할을 하려 하고 있다"고 말했다.

최근 당원들이 당대표 선거 과정에서 나타난 부정 의혹을 검찰에 고발하면서 고질적 정파 갈등과 당내 민주주의의 결핍이라는 범폐가 외부로 터져 나왔다. 2006년 9월 1일 '부정선거 관련자 검찰 고발을 요구하는 당원 모임'은 2월 있었던 당대표 선거에서 부정 행위에 이용된 5개 전화번호의 개설자와 사용자를 대검찰청에 고발했다. 정파 갈등이 부정선거 시비로 표출된 것이다.

지역 위원장이나 공직 후보를 뽑는 선거에서 정파 선호 투표와 부정선거는 기성 정당과 크게 다를 바 없다. 김창현 전 사무총장은 이렇게 전했다. "선거가 지명도와 상관없이 이뤄집니다. 위원장과 대의원만 많으면 이깁니다. 골 때리는 선거죠. 전부 부정선거입니다. 대의원이 함을 갖고 다니면서 당원들이 '누구 찍을까' 하고 물으면 '여기, 여기' 하고 고갯짓만 하면 대의원이 누구인지(어느 정파인지)에 따라서 표가 80퍼센트는 바뀝니다." 이런 지적에 주대환 전 정책위의장도 동의했다. "민주노동당에서 (정파 간) 싸움은 내용을 다루는 게 아닙니다. 내용과 토론은 없어요. 형식적 문제나

절차상의 하자를 꼬투리 잡아서 공격하죠. 그리고 기다렸다가 세 대결을
통해 표로 눌러 버립니다. 그러다 보니 표 단속만 해요. 간부들 외의 일반
당원들은 뭐가 문제인지도 모르죠. 신생 벤처 진보 정당과는 전혀 어울리
지 않는 행태들입니다."

지도부는 리더십 부족으로 시달리고, 당 운영은
난맥상을 보인다. 민주노동당은 2006년 2월 4일 제주
에서 의원단 워크숍을 갖고 원내대표단을 뽑겠다고
발표했다. 하지만 가장 강력한 후보로 거론되던 권영
길 의원이 대선 후보가 될 경우 의원단대표를 그만둬
야 한다는 주장이 제기되면서 갑론을박이 시작됐다.

그로부터 5개월간 논란을 더 한 끝에야 원내대표단을 뽑을 수 있었다.

8월 6일 김선동 사무총장은 당사를 영등포구 양평동으로 옮기겠다는
기자 간담회를 했다. 하지만 언론을 통해 이 사실을 알게 된 최고위원들이
반대했다. 양평동은 결국 이전 장소에서 제외됐다. 조사 결과 양평동 건물
은 40억 원의 근저당이 잡혀 있었고, 냉난방 시설의 문제는 물론 장애인 접
근도 어려운 것으로 나타났다. 당사 이전이 주먹구구식이었던 것이다.

9월에는 국민의 세금인 국고 보조금을 인건비로 지출하는 경우는 시·
도당의 유급 직원에 한한다는 정당법을 무시하고 지역 위원회 인건비로 사
용하다가 중앙선관위에 적발되기도 했다.

이런 아마추어 수준의 정당 운영은 민주노동당에 대한 일반인들의 인
식에 고스란히 각인되고 있다. KSOI의 2005년 10월 여론조사에서 62.9퍼
센트의 응답자가 민주노동당은 시민운동의 성격이 강하다고 답했다. 민주
노동당에 당이란 단어가 포함되어 있지만 많은 사람은 민주노동당을 당이
라기보다 당 이전의 운동 단체로 보고 있는 것이다.

진보정치연구소의 장상환 소장은 "당 3역이 과연 제 역할을 수행할 안
목이 충분한지 의문이다. 정파 구도에 의해 선출됐지만 정치적 경험이 부족
하다. 자리에 대한 욕심이 과하지 않았나 하는 아쉬움이 있다"고 평가했다.

2006년 5월 지방선거 때 유권자 매수 행위가 적발되는 등 각종 비리와 부정 의혹이 연이어 터지면서 보수 정당에 대한 도덕적 우위도 사라졌다.

울산은 민주노동당의 현실을 그대로 보여 준다. 민주노동당은 진보 운동 50년 만에 원내 진출이라는 쾌거를 이루기 이전에 이미 울산에서 구청장 두 석을 확보할 정도로 아성을 구축하고 있었다. 민주노동당은 그러나 2005년 10·26 국회의원 재선거에 이어 2006년 5·31 지방선거에서도 울산을 지키는 데 실패했다. 지방선거 때는 단병호 의원이 비정규직 노동자들의 손을 잡고 "한 번만 더 믿어 달라"고 호소했지만 1998년부터 지켜 온 기초자치단체장 두 석까지 날아갔다.

민주노동당 관계자들은 쓰레기 처리장 건설 문제로 주민들과 충돌한 것을 주요 패인으로 꼽는다. 대기업 노조 중심주의에 빠지면서 다수의 비정규직 노동자들을 실망시킨 것도 한 원인으로 지적된다. 울산의 집권당 민주노동당은 이렇게 지방자치의 새로운 모델을 만들지도 못한 채 무너졌다. '민주노동당이 하면 다르다'는 것을 전 국민에게 보여 줄 절호의 기회를 잡았음에도 불구하고 '민주노동당이 해도 마찬가지'라는 실망만을 남겨 두고 철수하는 상황이 된 것이다. 민주노동당은 이제 국회 의석수 3퍼센트에 불과한 초라한 정당으로 전락했다.

이런 진보 실험의 실패는 이 지역의 보수 회귀 현상으로 나타나고 있다. 2002년 울산시 동·북구에서 당선된 지방의원 중 다섯 명은 2006년 선거에서 한나라당이나 무소속의 정몽준 의원 편으로 돌아섰다. 동구청장에 출마한 한나라당 후보와 무소속으로 나온 동구청장 후보는 과거 민주노동당 당원이었다. 울산 북구의 주부 박 모 씨(53)가 말했다. "이제는 민주노동당 사람들이라고 다른 게 있을 것이라고 생각하는 사람은 별로 없어요. 다들 노동자의 이익을 이야기하지만 결국 한자리 해 보려는 사람들 아니에요?"

# 민주노동당 각 정파의 목소리

민주노동당 사람들은 너도나도 위기를 말한다. 자기비판에도 익숙하다. 언제라도 욕먹을 각오를 한 사람들 같다. 그러나 정파에 따라 때로는 미묘한 차이, 때로는 본질적 차이를 드러낸다. PD 계열의 홍승하 최고위원은 NL 계열이 민족문제에 집착하느라 진보 정당으로서의 정체성을 잃은 점, 지도력 부재를 지적했다. 그러나 NL 계열의 김창현 전 사무총장은 대중성 강화를 강조했다. 대선 국면에서 국민적 관심을 불러일으키기 위한 정치적 노력을 해야 한다는 것이다. 두 사람의 고백을 들어 본다.

### '국민의 지지' 먹고사는 게 정치 _김창현 전 민주노동당 사무총장

민주노동당은 2002년 대선에서 1백만 표라는 역사를 만들었다. 총선에서도 그런 역사를 이어갔다. 그런데 문제는 열린우리당이 죽을 쑤면 민주노동당이 대안 세력으로 뜨는 것이 아니라 동반 추락한다는 것이다. 그래서 열린우리당과의 차별화보다 한나라당 공격을 앞세우려고 하면, 1997년에 있었던 비판적 지지라는 망령을 이야기한다. NL 계열도 이제는 범민련 일부를 빼면 비판적 지지를 주장할 사람이 없다. 당내에서 최소한 과거의 모습을 가지고 현재의 진정성을 의심하는 일은 없어야 한다.

지방선거를 마치면서 당이 이대로 가면 망하겠다는 생각을 했다. 2008년 총선에서는 3~5석의 유럽 좌파 정당처럼 되는 게 아닌가 하는 생각이 든다. 지역 기반이 없는 민주노동당은 한번 무너지면 다시 세우기가 정말 힘들다.

진보 정당은 어느 정당보다 밝고 재기 발랄해야 하는데 민주노동당은 너무 칙칙하다. 운동권 특유의 근엄함만으로는 절대 국민적 지지를 받기 어렵다. 한마디로 전부 양복쟁이들이다. 국민이 민주노동당을 편한 티셔츠로 느낄 수 있어야 한다. 대다수의 서민들에게는 희망을 주지 못하면서 죽

**김창현**

민주노동당 내 민족해방(NL) 계열의 대표적 인물로 초대 울산광역시 동구청장을 지냈다. 1998년 구청장 시절 '영남위원회' 사건으로 구속되었고, 부인 이영순 의원이 보궐선거에 당선돼 잔여 임기를 마쳤다.

자 살자 밀겠다는 몇 퍼센트 국민만의 좌파 정당으로 갈 것인가.

민주노동당이라고 이번 대선 국면에서 오픈 프라이머리(완전 국민경선제)를 하지 말라는 법이 어디 있나. 대선 후보의 기준은 하나다. 가장 많은 표를 얻는 사람이다. 권영길이든 노회찬이든 심상정이든 단병호든 누구든 국민적 기대를 당으로 끌고 올 사람이면 된다. 국민적 관심도 멀어졌고 신선함도 떨어진 민주노동당에 표를 몰아줄 사람이면 NL이든 PD든 중요하지 않다.

진보 정당이라고 왜 이벤트를 못하나. 진보 정당이 가장 창의적이고 재미있어야 하는 것 아닌가. 기성의 권위와 질서를 깨는 것이다. 다른 당에서도 깼는데 우리는 그것을 더 못한다. 너무 무겁다.

다만 정파의 이해에 따라 누구를 밀고 그런 행동을 하면 우리 당은 망한다. 국민적 상식에 어긋나는 행동이기 때문이다. 2004년 총선에서 10석을 얻었는데도 우리는 당직·공직 분리 원칙을 내세워 권영길 의원을 대표 자리에서 끌어내리는 잘못을 저질렀다. 국민적 상식과 엇나간 것이다. 정당답게 움직이지 못하면 우리는 운동권 집단으로 몰락하게 된다.

당 내부를 보면 의원들은 내부 이야기를 너무 많이 한다. 밖을 봐야 하는데 자꾸 내부적으로 발목이 잡힌다. 내부 정치에 너무 시간이 오래 걸린다. 중앙위원회 여는 데 밤을 새우고 거기서 결정 못 하면 당이 아무것도 못한다.

2006년 5·31 지방선거에서도 민주노동당은 당헌·당규에 따라 서울 당원만으로 서울시장 후보를 뽑았다. 평당원 민주주의의 한계 때문에 전략 공천 같은 것은 엄두도 낼 수가 없다.

세상을 바꾸려면 환골탈태해야 한다. 이상은 높게 가지더라도 실천은 바로 앞의 것부터 해야 한다. 꿈이 빨간색일수록 겉은 초록색인 수박이 되어야 하는데 민주노동당은 오래되고 잘못된 관행과 관습에 발목이 잡혀서 정말 수박이 못 되고 있다. 민주노동당이 진정 국민적 관심을 모으려면 더 통속적이어야 한다.

민주노동당이 역사의 필연에 맞게 가려면 국민적 상식을 따라야 한다. 열린우리당 보고 정책적 입장이 왔다 갔다 한다고 비판하지만 민주노동당 도 마찬가지다.

열린우리당보다 더 심각한 내부 갈등이 있고, 사회주의를 이야기하면 서 주의 주장은 사회주의와는 전혀 상관없는 것들을 하고 있다. 부유세가 어디 사회주의 정책인가. 한때 민주노동당이 왜 사회주의를 지향해야 하느 냐고 말했다가 좌파들로부터 개량주의라는 욕을 무척 먹었다.

그런데 유럽 등 어디를 봐도 현실에서 사회주의는 없다. 다들 사회민주 주의 수준 아닌가. 운동을 했던 사람들로서 그 지향을 이야기하지 않는 것 에 대해서는 엄청난 거부감이 있는 것이다. 자기만족적인 것이다. 민주노동 당은 노동자, 농민, 빈민, 중소상공인의 정당이다. 사회주의가 아니다. 열린 우리당 좌파 정도라도 제대로 관철하는 게 우리의 현실적 과제라고 본다.

사무총장 시절 한 중소기업 사장을 만났을 때의 일이다. 내가 명함을 주고 민주노동당 사무총장이라고 했더니 그 사람이 벌떡 일어나며 가겠다 고 하더라. "민주노동당이요? 우리 죽이려는 당 아닙니까. 직원들 파업이 나 지원하고……"라고. 중소기업의 어려움은 모르고 기업 망하게 하는 일만 한다는 이미지가 민주노동당에 고정화되어 있었던 것이다. 중소기업 사장 을 착취의 주역으로만 봐서는 안 된다. 대기업 하청 계열화로 언제 망할지 모른다는 공포감에 떠는 사람들이다.

그렇다면 왜 비정규직에게 월급을 그것밖에 안 주느냐고 중소기업 사 장들에게 따질 것이 아니라 둘 다 살리는 길을 찾아야 한다. 중소기업의 지 지 없이 당이 어떻게 성장하겠나.

# 정파 싸움에 지지층 등 돌려 _홍승하 민주노동당 최고위원

**홍승하**

1991년부터 서울 구로공단에서 노동운동과 사회운동을 해 오다 1999년 진보정당 추진위원회 활동을 시작으로 민주노동당과 인연을 맺었다. 서울 영등포에서 17대 총선에 출마했다가 낙선했으며, 민주노동당 대변인을 지냈다. 민주노동당의 민중민주(PD) 계열에 속한다.

당의 활기가 없어지는 문제점을 느끼기 시작한 것은 2004년 총선 때 지지율 거품이 빠지면서부터다. 2005년 10·26 재선거에서 '조승수 지키기'에 실패한 후 위기감이 본격화됐다. 위기감에 대한 공감이 생긴 결과가 1기 지도부의 사퇴다. 혁신 특위도 만들었다. 하지만 바뀐 게 거의 없다. 위기감은 있는데 해법을 못 찾는 상황이 계속되고 있다.

2006년 5·31 지방선거도 평가 내용은 사실 다 나왔지만 그것을 지도부의 정치적 견해로 정리하지 못하고 있다. 초기에는 참패냐 아니냐를 두고 논쟁을 했다. 그러다 보니 평가에서 문제의 본질은 다 빠져나가 버렸다. 지금 지도부는 말이 좋아 집단지도체제이지 하나의 정치적 방침을 정해서 나가지도 못하고 있다.

문성현 대표는 NL 계열의 지지로 대표가 됐다. 그래서 NL이 아닌 진영에서는 비판받고 있고, 정작 NL에게는 견제만 당하고 있다. 권영길 의원단 대표는 언론에 민주노동당의 상징처럼 비치고 있다. 하지만 의정 활동을 하면서 '민주노동당=권영길'이라는 프리미엄만 이용했다. 통일외교통상위에서 개별 의원으로서 내놓은 성과가 뭐가 있나.

당의 정체성도 흔들리고 있다. 대선과 총선 이후 국민의 70퍼센트가 지지하던 부유세 문제도 정책으로 구체화하지 못했다. 정책 정당이라는 평가를 바탕으로 한 대중적 지지를 얻는 데 실패한 것이다. 현안마다 능동적으로 대응해야 하는데 독도 군대 주둔 발언 같은 문제가 튀어나왔다. 용산 미군 기지와 관련해서도 아무런 대안을 못 내놨다. 한·미 FTA 대응도 당의 사활을 걸겠다고 했으면 그에 걸맞은 대응을 해야 한다.

민주노동당의 재정 규모는 1년 예산이 1백 50억 원 정도가 된다. 그런데 이 돈을 너무 주먹구구식으로 사용한다. 희생과 헌신을 바탕으로 성장해 온 구도가 당에 그대로 남아 있다. 최근에 중앙당 조직에 대한 진단을 외부에 맡겨서 인사와 재정 전반에 대한 컨설팅을 받기로 한 것도 그 때문이다.

상황이 이런데도 최고위원이건 의원단이건 관심은 온통 다음번 비례대표를 할 수 있을지에만 가 있다. 위기에 대한 해법이 대선 후보를 어떻게 잘 뽑아서 해 보겠다는 수준밖에 안 된다. 지금 상황에서 대선 후보를 일찍 뽑기만 한다고 누가 민주노동당을 주목하겠나. 당이 정치적으로 진보 진영을 대변하지 못하는 문제부터 해결해야 한다.

비정규직 문제나 노동계 비리 사건, 민주노총의 노사정위원회 배제 등 현안이 많았다. 단병호 의원 등 민주노총 출신 의원들이 적극적인 조정 역할을 해서 민주노동당이 민주노총만의 당이 아니라 전체 노동자를 대변하고 있음을 보여 주어야 하는데 누구도 감히 노동계의 문제에 뼈아픈 이야기를 하지 못했다.

당에서 민주노총 부분을 할당하는 문제도 그렇다. 민주노총 할당분 중에서 비정규직을 30퍼센트 의무적으로 넣자는 혁신안이 작년 중앙위원 회의에서 부결됐다. 민주노총은 몰라도 당은 다르게 접근했어야 한다.

각 정파들의 발전도 지체되고 있다. 일부 NL 계열은 진보적 가치관을 놓고 매번 문제를 일으키고 있다. 스스로도 소수자 문제나 환경문제 같은 사회의 다양한 문제에 약하다는 점을 인정하고 있다. 민족문제 우선이라는 사상적 한계도 분명하다. 북핵 문제를 지금처럼 북한 배려만으로 푸는 게 남북 관계에 도움이 되겠나. PD 계열도 마찬가지다. 자기 프로그램을 개발하지 못하기는 마찬가지다. 민생 우선이라고 하지만 민생 문제를 자기 정파의 세계관에 맞춰서 실천한 게 없다. 발전이 지체되면서 지금은 정파도 아니다. 구(舊)운동권 세계의 집단과 그 주변 사람들에 대한 온정주의밖에 없다. 그래서 잘못한 것도 쉽게 용서하고 표를 찍어 달라면 다 찍어 주고 있다.

투표제도의 문제도 많다. 노트북을 들고 다니면서 인터넷 선거를 할 수도 있는 상황이다. 투표함을 누가 지키느냐에 따라서 결과가 달라진다. 당원들에게는 정보가 없으니 진성 당원제가 제대로 기능할 수도 없다. 누구나 가입할 수 있도록 했으면 그들이 당에 관심을 둘 수 있게 해야 한다. 그런데 지역에 가면 당원들도 텔레비전에 나오는 의원들이나 대변인 이름 정도박에 모른다. 누군지도 모르고 투표하고 부정선거까지 하게 되는 것이다. 투표 시스템과 당원 민주주의에 대한 재검토가 이뤄져야 한다.

민주노동당은 내부 정치가 너무 많다고들 비판하는데 지금은 오히려 내부 정치가 없는 당이라는 평가가 더 맞다. 뭐하나 조정되는 것 없고, 개인의 가치관과 정파의 가치관만 있다. 그 가치관들이 정치적으로 실현되려면 우선 당의 파이가 커져야 하는데 그게 안 되고 있다.

## 당내 정치에 함몰, '약자의 희망' 잊어 _ 이봉화 민주노동당 서울시당 여성위원장

▆▆▆▆▆▆▆▆▆ **이봉화**
2002년 대선 전에 입당했다. 민주노동당 관악구위원회 위원장을 겸임하고 있다. 2003년 현대자동차 직장 생활을 접고 관악구위원회에서 전업 활동을 시작, 지난 5·31 지방선거에서 구의원에 출마했다.

1997년 대선에서 될 사람을 밀자는 생각으로 권영길 후보를 찍지 않았다. 그러다가 희망이 배신으로 바뀌는 한계를 보고 민주노동당이 희망이 될 것 같다는 생각에 입당했다. 그러나 지금 민주노동당은 예전에 벌어 둔 돈을 까먹고 있다.

당원들은 다들 이 당이 망하면 안 된다는 절박감을 느끼고 있다. 그런데 면밀한 검토나 치열한 토론도 없이 몇 년에 집권한다는 등의 계획을 설렁설렁 이야기하고 결정한다. 게다가 특히 NL 계열 중심으로, 일반인들이 보기에 전혀 진보적이지 못한 면들을 자꾸 보여 주고 있다. 그런데도 덩치를 더 키워야 한다는 생각에 논쟁을 회피하고 있다.

정파에 소속된 사람들이 당을 과잉 대표하는 면은 분명히 있다. 정파 소속 당원들이 당 전체를 좌지우지한다. 최고위원 회의를 하면 절차적 문제건 정치적 문제건 표수는 거의 정해져 있다. 최고위원들이 그런 뻔한 것을 논의하면서 몇 주를 보내는 것을 보면 참 가슴이 아프다.

최고위원들은 당내 정치에만 올인할 것이 아니라 소명 의식을 가져야 한다. 일반 국민은 민주노동당 최고위원이 누구인지도 모른다. 하지만 당의 입장이 국민에게 어떻게 전달되고 어떤 평가를 받느냐에 따라 자신들의 성과도 평가받는다는 것을 알아야 한다.

국민이 열린우리당과 민주노동당의 차별성이 없다고 본다면 당은 어느 것이 한국에서 진보적 대안인지를 고민해야 한다. 이대로라면 2008년 총선에서 지금보다 의석이 더 많아질 것이라고 생각하지 않는다. 그런데도 여전히 대선에서 바람만 잘 타면 가능하다는 생각들을 한다.

당에 들어올 때부터 지역 정치와 여성 문제 등 사회적 약자 문제를 이곳에서는 해결할 수 있을 것이라는 근원적 희망이 있었다. 하지만 그 희망만으로는 오래 못 버틴다. 중앙당을 보면 황당하고 창피해서 밖으로는 이야기 못할 일도 많다. 지금 지도부로 대선과 총선을 치른다면 우리의 역량 이상을 바라기는 어려울 것이다. 민주노동당은 기존 보수 정당에 비해 정말 다른 꿈을 꾸는구나 하고 느껴지는 게 없다. 진보적 가치를 추구한다는 당이 자신과 다른 것에 대해 참지를 못한다. 사람들이 아주 보수적이다. 당직자들에게 외적인 보상을 못 해 준다면 긍지라도 느낄 수 있게 해 줘야 한다. 그것조차 없다면 괜찮은 사람은 다 나가 버릴지도 모른다.

## 현실 안주 땐 부패, 변화 두려워 말라 _김재기 전 민주노동당 재정위원장

어떤 조직이든 변화가 필요할 때 변해야 발전하는데 민주노동당은 그것을 못했다. 2004년 총선 후 당직·공직을 분리하면서 발전이 뒤처졌다. 운동권 단체를 운영했던 사고와 당을 운영하는 마인드는 달라야 한다. 그런데 지금 당 지도부 중에는 그런 마인드는 물론 실무 능력을 갖춘 사람도 찾기 어렵다. 어느 정파든 아직 구태의연하다. 그나마 당 운영을 알던 사람들도 당직·공직 분리로 당에서

**김재기**
1997년 대선 국면에서 민주노동당 참여. 1998년 구리·남양주 지역위원회 사무국장으로 당 활동 시작. 2005년 초부터 2006년 3월까지 중앙당 재정위원장을 역임. 현재 용산전자상가에서 컴퓨터 부품 도매업을 하고 있다.

배제됐다. 때문에 당에 구심점이 없다.

지도부들, 특히 최고위원들이 책임감도 없고 정치적 감각도 별로 없다. 열심히 하던 지역위원장들은 몇 번의 선거를 치르면서 출세주의 경향이 강해졌다. 개인들이 당을 보고 희망을 찾기가 어려우니까 조급증이 생기는 것이다.

진보 정당에 대한 마인드와 상상력이 부족하다. 한·미 FTA 문제만 해도 그렇다. 운동권 단체라면 반대라고 외치면 되지만 당은 그게 성사되면 농민이나 영세상인 등에게 어떤 피해를 주는지 정확히 찍어서 담론을 만들어야 한다. 그런데 아직도 집회 중심주의다. 그러니 백전백패할 수밖에 없다. 민생 문제를 어떻게 해결할지에 대한 민주노동당의 프로그램이 없는데 민생특위를 만들면 뭐하나.

당이 정말 갑갑하다. 열심히 하는 것 같은데 뜬구름 잡는 이야기만 한다. 내용도 꽤 많은 것 같은데 한 문제를 일관되게 추진하지도 못한다. 성적을 매긴다면 40점 수준이다. 그냥 존재하는 것으로 실험의 의미만 있을 정도다.

당 밖에서 민주노동당을 지지하자고 할 만한 분위기도 안 된다. 당이 활력을 잃어 가고 있다. 당원들은 밖에 있어도 당이 움직이는 모습을 주의깊게 지켜보는데, 참 답답하다. 민주노동당이 이만큼 성장하기 전에는 술 먹으면서 친구들을 설득할 수도 있었지만 지금은 "너희 당 하는 거 보니까 그저 그렇더라"고 하면 할 말이 없다.

젊은 지역위원장들의 사고가 경직적인 것도 문제다. 대부분 386들로 그나마 끝까지 버티고 보수 정당으로 안 간 사람들이다. 그런데 그들이 현실에 안주하고 있다. 당의 근본적인 문제에 입을 닫거나 정파 구도를 이용해서 중앙당의 자리를 나눠 먹는 데 참여하려고 해서는 안 된다. 지도부든 당 활동가든 변화를 너무 두려워한다. 변화를 두려워하면서 어떻게 진보를 말할 수 있겠나.

# 벼랑에 선 민주노총

조준호 전 민주노총 위원장은 "요즘 민주노총 때리기가 지식인의 스포츠가 되었다"면서 "민주노총을 비판하면 진보인가"라고 항변했다. 민주노총은 보수 세력은 물론 진보 세력으로부터도 문제아 취급을 받고 있다. 아니 외부의 시선을 빌릴 것도 없이 이미 내부로부터 중병이라는 진단을 받은 지 오래다. 2년 전인 2004년 9월 민주노총이 노조 간부 600명을 상대로 설문조사를 했을 때 63.6퍼센트의 절대다수가 민주노총이 위기라고 답변했다. 민주노총은 '오래된 위기'라는 병을 앓고 있는 것이다.

민주노총은 어디서 방향타를 잃었나. 김유선 전 민주노총 정책실장은 '외환위기'였다고 말한다. 1990년대 초반 구소련이 붕괴하고 독일이 통일되면서 좌표가 흔들린 일부 학생운동 출신들이 대거 노동운동을 떠났다. 그러나 그것이 위기는 아니었다.

## 구조조정에 뿌리부터 흔들려

"당시에도 민주노총에 정파가 존재했지만 갈등할 여지가 없었지요. 기업별 노조의 한계 역시 큰 문제는 아니었습니다. 그러나 1995년 민주노총이 출범한 후, 곧이어 1997년 외환위기가 닥치면서 개별 집단의 이해관계가 불거졌습니다. 구조조정 바람이 불자 하급 단체의 아우성이 중앙 집행부로 빗발쳤죠. 하지만 민주노총은 상황 유지에만 급급했지 이해관계를 조율하지 못 했어요."

김유선 전 실장은 "외부의 위기보다 안에서의 붕괴가 더 무서웠다"고 말한다. 정파는 서로를 '상식 이하의 깡패 집단' '상종할 수 없는 비리 주범'으로 매도하고 깊은 골을 파며, 서로 멀어지고 갈라졌다. 현장 노동자는 정파의 동원 부대이자 표밭으로 전락했다.

| 민주노총 내 정파 | |
| --- | --- |
| 정파 | 노선 |
| 국민파 | ·대중적 노동운동 강조<br>·통일운동에 관심<br>·대안 중시, 사회적 대화 수용, 준비된 파업 강조 |
| 중앙파 | ·중앙집행부에서 주로 활동<br>·노동자 투쟁에 기반, 자본주의 모순 타파 강조<br>·사회적 대화 필요하나 현 시기에는 반대 |
| 현장파 | ·대기업 공장의 현장조직 중심<br>·사회적 대화는 자본이 노동계급을 포섭하기 위한 것 |

이런 내부 갈등은 실망으로, 이는 다시 무관심으로 이어지며 위기의 바이러스를 퍼뜨렸다. 2006년 8월 민주노총 최고 의결 기구인 대의원 대회는 '위원장 조합원 직선제'라는 중요 개혁안을 안건에 올렸지만, 대의원 1,045명 중 절반도 안 되는 388명만 참석했고, 대회는 무산됐다. 회의가 열려도 고성과 욕설, 폭력 사태가 일어났다. 2005년 초에는 일부 강경파가 단상에 시너를 뿌리며 노사정 대표자 회의 복귀를 반대했다. 민주노총은 '민주주의도 할 줄 모른다'는 빈정거림을 들어야 했다. 현대차 노조의 한 정책 관계자는 "다름을 인정하지 못하고 담론이 부족한 문화 때문에 사안마다 부딪치고 권력 쟁탈, 독점, 권력 탈환의 악순환이 발생한다"고 고백했다. 그뿐 아니라 부패 집단이라는 새로운 딱지도 얻었다. 기아차 노조를 시작으로 채용 비리, 수뢰 사건이 잇달아 터졌다.

민주노총의 연대를 가능케 했던 노동자 의식이 사라진 노동 현장에는 조합원들의 실리주의가 팽배해졌다. 평생 고용 시대가 끝나고 자본의 '정리 해고' 공세 속에 언제 잘릴지 모르는 불안한 상황이다. 노동자는 누구라도 '정규직-비정규직-실업자'의 계단 아래로 굴러 떨어질 수 있다. 이런 현실 때문에 정규직은 비정규직을 고용 안정의 발판으로 삼는다. 현대자동차의 경우가 좋은 예다. 1998년 구조조정 충격 이후 현대차 노조는 2000년 회사 측과 함께 사내 하청 투입을 16.9퍼센트까지 합법적으로 보장해 주는 내용의 '완전고용보장합의서'를 체결했다. 노조가 불법 파견을 묵인한 것이다. 이후 5년 만에 사내 하청 노동자는 세 배 늘어나 2006년 1월 현재 생산직 2만 7천여 명 가운데 하청 노동자가 1만 3천 명이나 되었다. 노조는 '잘못된 합의'였다며 공개적으로 반성했다. 그러나 때는 늦었다.

2006년 봄 경차를 생산하는 GM대우 창원 공장에서 비정규직 해고자들이 굴뚝에 올라가 한 달간 해고 항의 시위를 벌였다. 그리고 정규직과의 연대 투쟁을 제안했다. 그러나 정규직들은 거부했다. 세 번에 걸쳐 총회를 거듭하며 논의했지만 결론은 역시 '투쟁 단절'. 비정규직을 정규직화하면 정규직 일자리와 임금이 줄어들 수 있다는 우려 때문이었다. 내 일자리, 내 임금이 우선이었다. '연대'는 하기 좋은 말에 불과했다. 민주노총은 비정규직 포용을 제1의 사업 목표로 삼고 있다고 말한다. 실제 2006년 1월 비정규직의 조직화와 노동권 보장을 위한 '비정규 기금 50억 원 조성'을 결의하고 전 조합원이 1인당 1만 원을 납부하자고 촉구했다. 그러나 9월까지 모인 금액은 15억 원 남짓에 불과했다. 대기업 노조의 납부율이 현저히 떨어진다.

> "87년 노동운동의 중심이 되었던 노동자들, 저임금에 시달리고 근로기준법 적용도 받지 못하던 노동자들이, 20년이 흐르면서 한국 사회 1천 5백만 노동자 중 '먹고살 만한' 선택받은 계급이 됐습니다. 귀족이라는 말에 동의할 수 없지만, 먹고살 만한 노동자가 민주노총의 중심이 된 것은 사실이죠."
> _ 양경규 공공연맹 위원장

'노동자의 처지를 근본적으로 변화시킬 수 있는 경제·사회구조의 개혁'을 외쳤던 민주노총 초기의 열정은 '눈앞의 밥줄' 앞에 이렇게 무색해지고 있다. 현장 노동운동가 조직인 '평등사회로 전진하는 활동가연대(준)'(전진)의 한석호 집행위원장은 한 기고에서 "자본가계급이 투쟁하는 노동자들에게만 임금 인상과 기업 복지를 안기면서부터, 열정으로 끓던 20~30대 활동가 대부분이 가족을 꾸리고 나이를 먹으면서부터 노동운동의 위기가 왔다"고 진단했다. 양경규 공공연맹 위원장은 이렇게 분석했다. "87년 노동운동의 중심이 되었던 노동자들, 저임금에 시달리고 근로기준법 적용도 받지 못하던 노동자들이, 20년이 흐르면서 한국 사회 1천 5백만 노동자 중 '먹고살 만한' 선택받은 계급이 됐습니다. 귀족이라는 말에 동의할 수는 없지만, 먹고살 만한 노동자가 민주노총의 중심이 된 것은 사실이죠."

노동자와 사회의 보수화가 저변에 깔려 있는 조건에서 노동자의 힘인 총파업도 힘을 잃어 가고 있다. "무분별한 총파업으로 대중과 멀어지는 악순환이 계속되고 있습니다. 민주노총 사업의 80퍼센트가 밖으로 나가는 투

| 민주노총 주요 부패 사건 | |
| --- | --- |
| 기아자동차 (2004년 4월) | 노조 간부들이 건강검진 병원 선정 과정에서 금품 수수 |
| 기아자동차 (2005년 1, 2월) | 노조 간부들이 취업 특혜 조건으로 수억대 금품 수수 |
| 현대자동차 (2005년 5월) | 채용 비리로 전·현직 노조 간부 구속 |
| 민주노총 집행부 (2005년 10월) | 강승규 수석부위원장 택시 업계로부터 수천만 원 수수 |
| 쌍용자동차 (2006년 6월) | 노조 위원장 등 급식 업체로부터 수억 원 리베이트 수수 |

쟁입니다. 40여 일간 하루 최대 30만 명, 연인원 4백만 명이 참여했던 1996년 '노동법 개악 저지 총파업 투쟁'은 국민 의견을 수렴해 이뤄졌다지만, 이후의 파업도 과연 그랬는지 돌이켜 봐야 합니다." 민주노총 정책실 간부의 말이다. 2006년 9월 4일 발전 노조 파업이 대표적인 사례다. 내부 파업 찬반 투표에서 지지율 60퍼센트에도 불구하고 노조 지도부는 파업을 강행했고, 싸늘한 여론에 밀려 하루도 못 버티고 15시간 만에 철회했다.

그래도 총파업은 계속되고 있다. 2006년에도 민주노총은 다섯 건의 총파업을 결의했다. 2006년 7월 총파업의 경우 민주노총 집행부는 "최대 40만 명이 참여할 것"이라고 호언장담했다. 그러나 기존 파업 사업장을 제외하고 노동부가 집계한 실제 참여 인원은 1만 2천여 명(민주노총은 17만 명 주장)이었다. 내달 총파업은 50만 명이 참여할 것이라고 하지만 장담하기 어렵다. 현장 투쟁을 중시하는 김태연 전 민주노총 정책국장조차 "이제 여론도 으레 하는 파업으로 생각하지 관심이 없다. 어떤 집행부가 들어서도 40~50만 명이 참가하는 총파업은 관철시키기 힘들다. 전면적인 문제 제기가 필요한 시점"이라고 경고했다. 배규식 한국노동연구원 연구위원은 '민주노총의 종이 호랑이화, 총파업의 희화화'라는 말로 현 상황을 요약한다. "2006년 4월 비정규직 총파업 때 현장에서 반발이 심했습니다. 정치 파업에 대한 반감 때문이지요. 윗선에서 노선을 갖고 떠들지만 아래로부터의 의견 수렴은 없어요. 금속연맹이 그나마 동원하기가 쉬우니까 만날 우리만 나가라고 합니다." 현대자동차 노조 관계자의 하소연이다.

노조 내부의 지지도 없고, 여론 호응도 없는 '힘없는 총파업'을 왜 되풀이하는가. 민주노총 교육선전실 관계자의 대답은 간단했다. "우리나라 여론 형성은 매스미디어를 통한 것이 전부 아닙니까. 파업을 하지 않으면 언론에 나오지도 않잖아요." 민주노총 산하 연맹의 간부 ㄱ 씨는 "사실 지도부로서는 파업 선언만큼 편한 게 없다"고 말한다. "투쟁 당위성만 놓고 파업 결의를 반복합니다. 지도부에게 파업은 제 정파의 화살을 피할 수 있는 길이고, 자기 책임을 다했다는 증거가 되는 것이죠. 내부 정파 간 갈등을 잠재우고, 결속을 다지기 위한 수단이기도 합니다. 투쟁하자는데 잔소리가 있을 수 있나요. 때문에 결과가 뻔하게 예측되는 상황에서도 투쟁하러 밖으로 나갑니다. 역량을 스스로 갉아먹고 있어요."

## 조합원 지지도, 국민 지지도 못 받아

민주노총의 2004년 9월 자체 설문조사에서 응답자의 33.7퍼센트가 '민주노총이 국민의 지지를 받지 못하고 있다'라고 답변, '아니다'라고 응답한 28.7퍼센트보다 높게 나타났다. 현장에서는 파업 피로증이 누적되어 가고 있다. 박유기 현대차 노조 위원장은 관성화된 총파업을 남발하는 가벼운 의사 결정 구조를 탓했다. "정부를 상대로 교섭과 타협이 필요할 때도 있고, 교섭도 조직력을 바탕으로 할 때 울산 공

> "노동운동이 시민사회의 동의를 바탕으로 활동해야 하는데, 1987년을 계기로 이것이 분리됐다."
> _ 한국노동연구원 은수미 박사

장처럼 2시간 만에 라인을 세울 수 있습니다. 그런데 조준호 위원장 등 좌파는 성공 가능성이 작은 총파업만 부르짖고 교섭 반대만 내놓고 있어요."

한국노동연구원의 은수미 박사는 "물리력만 힘이 아니다. 대중의 동의를 얻어 내는 것도 힘이다"라고 조언한다. "시민사회는 노조를 파업만 일삼는 집단이라고 보고, 사용자 측은 협상하는 것보다 파업에 대한 비난 여론을 조성하는 게 비용이 덜 든다고 이야기합니다. 이는 곧 노동운동이 담론 싸움에서 사(社)와 정(政)에 밀린다는 뜻입니다." 그는 "노동운동이 시민사

회의 동의를 바탕으로 활동해야 하는데, 1987년을 계기로 이것이 분리됐다"고 지적했다. 복지 개혁, 소득 불균형 개선 등 국민에게 이익이 될 수 있는 큰 의제의 제시나 실천 없이 개별 사업장의 소소한 문제에 매달리다 보니, 파업에 대한 국민의 지지를 끌어낼 수가 없게 되어 있다. '경제를 망친다'는 반격에 쉽게 노출되는 것이다. 포항 건설 노조의 경우 하도급·비정규직 문제를 공론화했다. 그러나 곧 '1일 2천억 원 손실'이라는 회사 측의 여론 몰이가 시작됐고, 곧 기세가 꺾였다.

민주노총 산파 역할을 했던 김금수 전 노사정위원장은 정책 중심의 활동을 제안했다. "주택, 교육, 복지, 연금 등 정책이 바뀌지 않으면 해마다 임금이 오른들 무엇하겠습니까. 총파업을 해도 힘이 없고, 백날 정부와의 직접 교섭을 요구해도 먹히지 않습니다." 그러나 불행하게도 민주노총은 정책을 다룰 능력이 없다. 2005년 민주노총 정책실에 배정된 예산은 전체 예산액의 1퍼센트가 채 안 된다. 상근직은 간부를 포함해 8명. 2006년 민주노총 사업이 노사관계로드맵, 산업별 노조 전환, 한·미 FTA 반대 등 굵직한 것만 10개에 가깝다는 점을 감안하면 숨이 턱에 찬다.

민주노총 정책실의 한 간부는 "비정규직 문제 및 산업 공동화는 산업 및 노동시장 구조 등과 연결해서 장기적으로 대안을 마련해야 할 주제지만, 최저임금 정책이나 장기 투쟁 사업장 문제 등 당장 대응해야 할 현안과 겹치다 보면 현안 대응을 먼저 택할 수밖에 없다"고 말했다. 결국, 5~10년 단위로 장기적 투자가 필요한 정책은 놓치게 된다는 것이다.

다음은 한국노동연구원 은수미 박사의 말이다.

"약한 정책 기능을 보완하려면 최소 석·박사급 정책 입안자를 영입해서 충분하게 지원·보상해 줘야 하는데, 월 1백만 원 최저임금을 주고 좋은 아이디어를 구하는 것 자체가 무리입니다. 열정을 갖고 뛰어들어도 2~3년을 못 버텨요. 10년차가 넘은 한 상근 간부는 '내가 무슨 비전이 있느냐'며 '연설문 쓰는 심부름꾼'이라고 자조하더군요."

## "이젠 큰 기대 안 합니다"

또 다른 관계자는 "정책 기능이 집행 구조 내에 예속되어 있어 집행부가 바뀔 때면 인사 발령이 난다. 정책을 생산하는 능력을 키울 만한 시간이 보장되지 않는다"고 말했다. 박유기 현대차 노조 위원장은 "노동운동의 큰 그림, 노동자계급 지향 방향, 지배계급의 탄압을 어떻게 뚫고 나갈지 등의 전략 제시가 전무하다. 이제 민주노총 지도부에 큰 기대를 안 한다"면서 "1990년 전노협 창립 당시 상급 단체에 가졌던 신뢰와 존경이 사라지고 있다"고 밝혔다. 노사정위원회의 한 전문위원은 "민주노총 정책실은 노동과 긴밀히 연계된 경제 정책 내용을 설명하면 이해를 못 하는 경우가 비일비재하다"면서 "바탕도 안 되어 있는데 어떻게 정책을 내놓겠냐"고 반문했다. 민주노총 산하 연맹 간부 ㄱ씨도 이를 인정했다. "정책 없는 지도부에 대정부 협상력이 있을 수가 없지요. 골프장 캐디, 레미콘 기사, 학습지 교사 등 1백 60만 특수 고용 노동자의 '노동자 지위 인정'과 관련해 민주노총은 6년간 정부와 씨름을 벌여 왔지만, 최근 나온 정부안은 이들의 '노동 3권' 보장을 기약 없이 미뤘습니다. 장기 투쟁 사업장에서 어렵게 싸우는 해고자와 비정규직 문제 해결에 민주노총이 미칠 영향력도 없어요."

> "노동운동의 큰 그림, 노동자계급 지향 방향, 지배계급의 탄압을 어떻게 뚫고 나갈지 등의 전략 제시가 전무하다. 이제 민주노총 지도부에 큰 기대를 안 한다. 1990년 전노협 창립 당시 상급 단체에 가졌던 신뢰와 존경이 사라지고 있다."_박유기 현대차 노조 위원장

'정책 없는 집행부'가 조합원들의 신뢰를 얻을 리가 없다. 현대차 조합원 ㅁ 씨는 "민주노총 집행부에는 장기적인 전망이나 담론이 없다. 투쟁이나 파업 지침은 자꾸 내려오는데 현장 사정은 알고나 하는지 모르겠다"고 말했다. 대학생 시절이던 1990년 전국노동조합협의회(전노협·민주노총의 전신) 출범식부터 민주노총에 관여해 온 진기영 전국건설엔지니어링 노조 부위원장은 요즘 민주노총을 보면 울화가 터진다.

"내가 '우리 정규직만 잘 살 수 없다'면서 조합원들을 다독여 2004년부

## 민주노총 약사

| | | |
|---|---|---|
| 건설기 | 1987년 | 노동자 대투쟁. 노조 조직률 12.3% → 13.8%로 늘어나 유일 전국 조직인 한국노총을 거부하고 자주·민주성 가진 노동조합 연대 조직 건설 시작 |
| | 1990년 1월 | 전국노동조합협의회(전노협) 결성 |
| | 5월 | 전국업종노동조합회의(업종회의) 결성 |
| | 1991년 | 구 소련 붕괴. 민주노총, 사회주의 이념 위기론 제기됨 |
| | 1993년 6월 | 전국노동조합대표자회의(전노대) 결성 전노협, 업종회의 등이 주축으로 발족. 1,048개 노조 42만여 명 조합원 |
| | 1994년 11월 | 민주노총준비위 결성. 공동대표 권영길·양규헌·권용목 |
| 출범초기 | 1995년 11월 | 민주노총 출범. 조합원 46만 명. 양대 노총 시대 개막 |
| | 1996~1997년 | 노동법 개정 총파업 투쟁. 연인원 4백만 명 참가 |
| | 1997년 11월 | 외환위기 발생. IMF 체제 시작. 신자유주의 본격 유입 |
| 갈등기 | 1998년 2월 | 민주노총 지도부, 노사정위원회에서 정리해고·파견법 합의 내부 정파 갈등 심화. 민주노총 2차 위기론 논쟁 |
| | 1999년 11월 | 출범 4년 만에 합법 단체로 인정받음 |
| | 2003년 9월 | 정부, 노사관계로드맵 제시. 노사정위원회에서 논의 시작 |
| | 2004년 4월 | 민주노동당 소속 후보 10명 원내 진출. 민주노총 정치 세력화 관심 |
| | 9월 | 정부, 비정규법안 입법 예고. 민주노총 반발. 잇따른 총파업 |
| | 2005년 2월 | 대의원 대회 폭력 사태 파행 이후 산하 노조 및 중앙 간부 비리 사건 잇따라 터짐 |
| | 10월 | 이수호 집행부, 부패 사건 책임지고 총사퇴 |
| | 2006년 9월 | 노사관계로드맵 6자 합의에서 배제됨. 비정규법안 국회 표류 |

터 비정규직 법안 반대 집회에 다섯 번 참가했습니다. '정치 집회'에 나간다는 주변의 따가운 시선과 임금 삭감도 감수했죠. 그런데 지도부 노선에 일관성이 없었어요. 처음엔 정부 법안을 저지하겠다더니 대체 입법으로 방향을 바꿨고, 국회가 안 열린다면서 집회 날짜를 미루더군요. 그래서 결국 남은 게 뭡니까. 민주노총 집행부에 대해 조합원들은 배신감을 느낀다고 말합니다."

## 노동자 11퍼센트만 노조원

이렇게 방향을 잃고, 정책 기능이 마비되고, 여론의 지지가 약한 상황에서 강력한 조직력은 기대하기 어렵다. 2006년 현재, 전체 1천 5백만 노동자 가운데 노조 가입 인구는 양대 노총을 합쳐 11퍼센트에도 못 미친다. 1989년 18.6퍼센트를 정점으로 지속적인 하락세이다. 노동계 대표성의 위기마저 거론된다. 민주노총 집행부의 간부 ㄱ 씨는 "요즘 '왜 노동운동을 하는가'란 질문에 대답하지 못할 정도로 전망을 상실한 간부들이 많다"고 토로했다.

> "신이 나서 운동을 하는 게 아니라, 관성적으로 한다. 열심히 싸워도 승리를 이끌어 내지 못하고, 노조도 사회적으로 고립되고 있는 현실에 무력감을 느낀다."_금속노조 관계자

최근 인터넷 언론 『레디앙』에서는 금속연맹과 금속 노조 상근자들의 건강 종합 검진 결과를 보도했다. 30퍼센트가 경미, 심각 등 수위는 다르지만 우울증 판정을 받았다는 것이다. 전년보다 심한 것으로 나타났다. 왜 그럴까. 금속 노조의 한 관계자는 "노동운동이 재미가 없다"고 말했다. 그는 "신이 나서 운동을 하는 게 아니라, 관성적으로 한다"면서 "열심히 싸워도 승리를 이끌어 내지 못하고, 노조도 사회적으로 고립되고 있는 현실에 무력감을 느낀다"고 밝혔다.

## 민주노총 지도부의 자기비판

**"자본의 반격과 언론의 보수적 태도가 문제"**_조준호 전 민주노총 위원장

비정규직 조직화의 속도가 느리다는 지적에는 공감한다. 그러나 조직화·쟁점화가 전혀 안 된다는 이야기는 사실이 아니다. 공공 부문 비정규직의 조직화도 우리가 요구해 정부가 들어준 것이다. 민주노총은 위기가 아니다. 국민이 보수화되고 자본의 반격이 거세고 언론의 태도 때문에 그렇게 된 것뿐이다.

### "정파 이해 때문에 장기 비전 어려워"_김태현 민주노총 정책실장

정파의 이해관계에 따라 생각의 편차가 크다 보니 5년에서 10년을 내다보는 장기적인 비전을 만들기 어려운 상황이다. 제도권 밖의 관성 때문인지 변화가 쉽지 않다. 현재 각 조직에서 이슈화되는 문제는 해당 연맹 등에 맡기는 경우가 많은데, 이 과정에서 포항 사태처럼 전술적인 실수가 발생해 안타깝다.

### "정규직 노동자들의 연대 의식 부족"_기형노 민주노총 비정규센터 소장

민주노총 내 정규직 노동자들은 비정규직에 대한 노동자 연대 의식이 부족하다. 조직된 노동자 중심의 사고가 민주노총 내에 자리 잡고 있기 때문이다. 조합원들이 비정규 노동자의 문제를 자신의 문제로 생각하려는 절박함이 부족하다. 사업 체계도 조직된 노동자 위주로 되어 있어서 바꾸려면 시간이 걸린다.

### "기업별 노조의 한계 커"_양경규 공공연맹 위원장

민주노총 조합원은 '먹고살 만한' 선택받은 계급이 됐다. 비정규직과 영세 사업자들이 겪는 모순에 대해 투쟁하지 않으면 안 된다는 분노가 없다. 기업별 노조라는 한계에 갇혀 있다면 노동운동의 미래는 없을 것이다. 초창기 운동처럼 사회적 조건을 바꾸어야 한다는 공감대와 연대 투쟁이 필요하다.

### "정파 갈등으로 현장 분열"_배강욱 화섬연맹 위원장

민주노총의 가장 큰 문제인 정파 갈등 때문에 현장의 힘이 자꾸 분열된다. 조합원들 목소리가 정책에 반영되어야 하는데, 각 정파는 자기주장만 내세우고 서로 인정하지 않는다. 도덕적 비리 문제도 꼽힌다. 부패로부터 자유로워지고자 만든 민주노총 아닌가. 그러나 조직이 확대되는 과정에서 기초를 다지고 품성을 강화하는 학습이 부족했다. 반성이 필요하다.

### "중앙과 현장의 거리감이 문제"_익명을 요구한 중앙 집행부 고위 임원

중앙과 현장 사이의 거리가 상당하다. 조직이 산업별 노조로 전환하고 있지만, 기업별 노조 의식이 여전해서 비정규직 포용 등에 문제가 있다. 정파 갈등은 사업 전반에 영향을 미치고 있다. 어쩔 수 없는 측면이 있기는 하지만, 향후 투쟁에 대해서도 단순한 투쟁 이외의 대안에 대해 충분한 논의가 이뤄지지 않고 있는 상황이다.

### "대표성과 신뢰의 위기"_정용건 사무금융연맹 위원장

현재 민주노총은 단체 행동력도 떨어지고 교섭도 제대로 안 된다. 크게 봐서 '신뢰의 위기'다. 지도부가 리더십을 보이고 산하 조직이 이를 따르는 데 장애가 발생하고 있다. 실천은 별로 없으면서 주장만 많다. 이미 진단과 해법은 나올 만치 나오지 않았나. 또한 민주노총은 비정규직을 포괄하지 못하고 대표성도 부족하다.

### "과거의 관성에 매인 노동운동"_김형근 서비스연맹 위원장

단결하지 못하는 점이 가장 아쉽다. 예를 들어 노사관계로드맵 관련, 대정부 교섭을 하느냐 마느냐는 방식의 차이므로 내부적으로 신속히 합의할 필요가 있었으나 그러지 못했다. 현 노동 상황은 1987년과 다르다. 달라진 현실에 맞게 투쟁과 활동을 조금씩 바꿔 나가야 하지만, 과거의 관성에 매여 있다. 민주노총은 현실을 직시하고 대안을 생산해야 한다.

# 꿈을 잃어버린 교단 '전교조'

교직 9년차로 전국교직원노동조합(전교조) 조합원인 서울 ㄱ중 김 모 교사(32)는 성과급 반납 투쟁에 참여한 것을 후회했다. 2006년 7월 교육부가 일선 교사들에게 성과급 차등 지급 폭을 10퍼센트에서 20퍼센트로 확대하겠다고 발표하자 ㄱ중 조합원들은 비상 회의를 열었다. 분회장은 '성과급을 반납하더라도 정부가 받아 갈 법적 근거가 없기 때문에 100퍼센트 안전한 투쟁 방식이며 나중에 이자까지 쳐서 돌려줄 것'이라고 동료 교사들에게 설명했다. 김 교사는 5분도 고민하지 않았다. 너무나도 간단하고 당연하게 반납 결정을 내렸다. 다른 교사들도 마찬가지였다.

'교원 성과급 제도는 분명 문제가 있다. 당장 90만 원 정도가 없다고 생계에 지장을 받는 것도 아니다. 성과급은 어차피 임금의 일부이므로 교육부가 다시 가져갈 수도 없다. 지도부에 힘을 실어 주어야 한다'는 생각뿐이었다.

"너무 쉽게 결정한 투쟁이었습니다. 좀 더 사려 깊게 결정했어야 했습니다. 학부모나 학생들 눈에 교육부의 성과급 정책이나 우리의 투쟁이 어떻게 비칠지 별로 생각을 하지 않았습니다."

성과급 반납에는 8만여 명의 교사가 참여했다. 불과 1개월여 만에 7백50억여 원이 모였다. 전교조 조합원이 아닌 교사들까지 반납에 동참할 정도로 호응이 컸다. 김 교사는 "이렇게 쉬운 투쟁이라는 것이 결국은 전교조를 나락에 빠뜨린 함정이 됐다"고 말했다.

### '교원 평가'등 교원 정책마다 '밥그릇 챙기기'

하지만 전교조의 투쟁은 냉담한 반응으로 되돌아왔다. "진정으로 반납 의지가 있다면 점심을 거르는 학생들을 위해 기부하라"는 '안티 전교조 단체'의 한마디에도 대응 논리가 궁색했다. 전교조는 고립되어 갔다.

전교조의 '불행'은 이 같은 상황에서도 투쟁을 계속하고, 수위를 높여 갈 수밖에 없다는 데 있다. 전교조는 최고 의사 결정 기구인 대의원 대회를 통해 정부가 성과급 차등 지급 정책을 철회하지 않을 경우 연가 투쟁을 벌이기로 한 결정에 따라 2006년 11월 연가 투쟁을 벌였다.

전교조는 2005년 교원 평가 저지를 위해 연가 투쟁을 결의했지만 당시 이수일 위원장이 막판에 직권으로 연가 투쟁을 철회했다. 국민의 호응은 얻었으나 전교조는 엄청난 내홍을 겪었다. 결국, 지도부는 조합원들의 불신임을 받았고, 강경파로 분류되는 현재의 장혜옥 위원장 체제가 들어섰다. 현 집행부로서는 스스로의 정체성을 확인하기 위해서라도 연가 투쟁을 강행할 수밖에 없던 상황이었다.

이러한 전교조의 연가 투쟁 방침에 학부모들의 반응은 싸늘하기만 하다. 전교조는 원군이라고 할 수 있는 참교육학부모회 같은 진보 성향의 학부모 단체로부터도 지원 성명 한 번 받지 못했다. 1989년 전교조와 같은 해에 설립된 참교육학부모회는 전교조 해직 교사를 위한 복직 운동을 벌이고 비리 사학 척결 운동 등을 함께 한 동지였다. 하지만 2005년 교원 평가 저지 투쟁과 2006년 성과급 반납 투쟁에서는 일정한 거리를 두고 있다. 참교육학부모회가 이 정도면 일반 학부모들의 지지를 끌어내는 데 완전히 실패했다

**전교조 약사**

| 1987년 | 9월 27일 | 전교조 전신인 '민주교육추진 전국교사협의회' 창립 |
|---|---|---|
| 1989년 | 5월 28일 | 전교조 창립 |
| | 7월 1일 | 문화교육부, 조합원 1,527명 파면 및 해임 |
| 1990년 | 5월 4일 | 현직 교사, 해직 교사 원상복직추진위원회 결정 |
| 1991년 | 3월 27일 | 기초의회 선거에서 해직 교사 7명 전원 당선 |
| 1992년 | 6월 21일 | 교육 대개혁과 해직 교사 원상 복직을 위한 전국추진위원회 결성 |
| 1993년 | 4월 8일 | 오병문 교육부 장관, 정해숙 전교조 위원장 만나 해직 교사 복직 검토 약속 |
| 1994년 | 3월 초 | 해직 교사 1,294명 복직 |
| 1995년 | 11월 14일 | 교육법 개정 청원 국회 제출 |
| 1998년 | 2월 6일 | 노사정위원회, 교원 노조 인정키로 합의 |
| 1999년 | 1월 6일 | 교원노조법 국회 통과 |
| 2001~2002년 | | 자립형 사립고 반대 투쟁, 초등 3학년 진단 평가 거부 투쟁 전개 |
| 2003~2004년 | | 교육행정정보시스템(NEIS) 반대 투쟁 |
| 2005년~현재 | | 사립학교법 개정 투쟁, 교원 평가 반대, 교원 성과급 반대 투쟁 전개 |

고 해도 과언이 아니다.

학부모 최경숙 씨(45·서울 성동구 금호동)는 "요즘 전교조의 투쟁을 보면 감동이 없다"며 "교사들만을 위한 이익 단체로 전락한 느낌"이라고 말했다. 7~8년 전만 해도 그는 전교조의 열렬한 후원자였다. 아이 담임선생님이 전교조 운동으로 학교에서 쫓겨나자 '우리 선생님을 보낼 수 없다'며 교장·교감의 바짓가랑이를 잡고 매달리기도 했다.

"큰아이가 초등학교에 다니던 90년대에는 담임으로 전교조 교사를 만나게 해 달라고 기도했습니다. 전교조 선생님들은 촌지도 받지 않고 가난한 아이를 차별하지도 않고 정말 열심히 가르쳤거든요. 그런데 지금 전교조 선생님들은 많이 다릅니다. 전교조 선생님들은 교사들을 위해서 투쟁하지 학생을 위해 투쟁하지는 않는 것 같아요. 소외된 아이들, 저소득층 자녀를 위해 연가 투쟁을 벌인다면 학부모도 백번 찬성하죠. 개구리가 올챙이 시절을 기억 못하듯 전교조는 출범 당시 학부모와 학생들이 보여 준 성원을 모두 잊어버린 것 같습니다."

## "학생 위해 모두 희생", 90년대 '한국 교육의 희망'

전교조는 1980~90년대 한국 교육의 희망이자 대안이었다. 정부의 갖은 탄압을 받으면서도 아이들 교육에 헌신적인 노력을 기울였다. 조합 탈퇴를 거부한 1천 527명의 교사들이 파면·해임되고, 42명은 구속되기까지 했지만 굴복하지 않았다. '전교조 교사＝참교육 전도사'였다. 전교조 교사는 촌지를 받지 않고, 아이들을 편애하지도 않고 열심히 가르쳤다. 전교조 교사를 담임으로 만나는 것은 학생이나 학부모에게 큰 행운이고 바람이었다.

서울 ㅈ중 박 모 교사(29)는 1989년 초등학교 5학년 시절 담임으로 만난 전교조 선생님의 영향으로 교직을 택했다. 당시 박 교사의 담임은 매일 큰 반합을 들고 출근했다. 학급에 도시락을 싸오지 못하는 학생 두세 명을 위해서였다. 담임선생님은 이들과 함께 1학기 동안 거의 하루도 거르지 않고 점심을 같이했다. 그뿐이 아니었다. 5학년이 되도록 한글과 구구단을 깨치지 못한 학생에게는 방과 후 한 시간씩 특별 지도를 했다. 학교 운동장에서 학급 전체가 야영을 하며 토요일 밤을 보내기도 했다.

"제 인생에서 가장 재미있게 학교를 다니던 시절이었어요. 그런데 하루는 종례 시간에 담임선생님이 저희를 앞으로 볼 수 없을지도 모른다고 말씀하시더군요. 그리고는 다른 담임선생님이 오더라도 말씀 잘 듣고 공부 열심히 하라고 하셨어요. 며칠 있다가 선생님은 전교조에 가입했다는 이유로 해직됐습니다. 선생님이 보고 싶어서 친구들과 교실에서 눈이 퉁퉁 붓도록 울었습니다. 지금도 그때 생각을 하면 눈시울이 뜨거워집니다."

정부는 불법으로 낙인찍었지만 학생과 학부모의 지지를 받은 전교조가 합법화되는 것은 시간문제였다. 1999년 1월 6일, 교원노조법안이 국회를

> 전교조는 1980~90년대 한국 교육의 희망이자 대안이었다. 정부의 갖은 탄압을 받으면서도 아이들 교육에 헌신적인 노력을 기울였다. 전교조 교사를 담임으로 만나는 것은 학생이나 학부모에게 큰 행운이고 바람이었다.

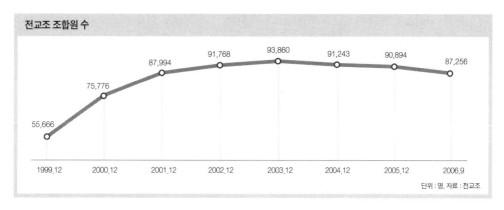

**전교조 조합원 수**

55,666 — 1999.12
75,776 — 2000.12
87,994 — 2001.12
91,768 — 2002.12
93,860 — 2003.12
91,243 — 2004.12
90,894 — 2005.12
87,256 — 2006.9

단위 : 명, 자료 : 전교조

**전교조 현황**

| 전국의 초중고교 | 11,418곳 |
| 전교조 교사가 1명 이상 있는 학교 | 9,467곳(84.9%) |
| 전국의 초중고 교사 | 344,464명 |
| 전교조 조합원 교사 | 87,256명(24.6%) |

통과하자 김귀식 위원장은 긴급 기자회견을 열고 떨리는 목소리로 기자회견문을 읽어 나갔다. 장내는 엄숙했고, 배석한 교사들은 감격의 눈물을 흘렸다.

"우리가 그렇게 참교육의 깃발을 부둥켜안고 오늘까지 오게 된 것은 참교육이야말로 반(反)교육의 현실 속에서 이 나라 교육과 아이들을 지키는 유일한 길이며, 그것을 간절히 염원하는 국민의 여망에 부응하고자 한 이 땅의 교사로서 최소한의 의무라고 생각했기 때문입니다.…… 존경하는 학부모 여러분! 학부모 여러분의 이해와 도움이 없었다면 이런 감격스러운 결과는 없었을 것이라는 것을 우리는 잘 압니다. 결성 당시 보여 주었던 그 높은 지지와 기대를 우리는 잊지 않겠습니다. 어떤 경우라도 우리는 교육적 입장에서 우리의 권익보다는 아이들을 먼저 생각하겠습니다. 아이들의 배울 권리를 침해하는 어떠한 행동도 단호히 거부하겠다는 것을 분명히 밝혀 둡니다."

합법화 이후 전교조는 괄목할 만한 성장을 했다. 1만 명 안팎이던 전교조 조합원은 한때 10만 명에 육박했다. 전교조의 영향력도 과거에 비할 바가 아니다. 참여정부 출범 이후에는 여권 및 청와대와 직·간접적으로 연계되어 정부의 교육 정책 결정 과정에도 참여했다.

## 참여정부 들어선 뒤 정책 결정 참여 기회

교육부의 한 관료는 "참여정부 초기 전교조의 파워는 대단했다"고 술회했다. "위에 보고를 하면 반나절도 못 되어 전교조에 내용이 들어갑니다. 특히 교원 정책, 초중등 교육 정책은 그렇습니다. 그래서 처음부터 터놓고 전교조와 협의를 하는 분위기였습니다. 위원회를 만들면 전교조 대표를 포함시킵니다. 아니 전교조의 의견을 반영하기 위해 위원회를 만든다고 해도 과언이 아닙니다. 지금은 대통령이 전교조와 조금 틀어졌지만 참여정부 초기에는 정말 대단했습니다. 윤덕홍 전 부총리만 해도 교육부 직원들 말은 안 믿고 전교조 말이라면 거의 다 믿었습니다. 대통령과 부총리가 전교조를 신뢰하는데 관료들이 어떻게 합니까. 박박 길 수밖에 없었죠."

교사들의 경제적 여건도 크게 개선됐다. 교사 월급은 이제 '박봉'이 아니다. 교육대나 사범대를 갓 졸업한 1년차 여성 교사의 급여는 연 2천 7백만 원, 11~12년차 교사는 연간 4천만 원 안팎을 받는다. 여기에 담임 등 보직을 맡거나 보충수업을 하면 월 20~40만 원 정도가 추가된다. 통계청에 따르면 2005년 도시 근로자 가구의 월평균 소득은 3백 25만 원(연 3천 9백만 원)이다.

외국과 비교해도 우리나라 교사들의 급여는 적은 편이 아니다. OECD 자료에 따르면 2004년 우리나라 초등 교원(15년 경력)의 연간 급여를 구매력 지수(PPP)로 환산(1달러당 784.15원)하면, 4만 8천 8백 75달러로 OECD 평균보다 1만 3천 달러가량 많다. 선진국인 독일이 4만 6천 9백 35달러, 미국이 3만 9천 7백여 달러다.

교원 1인당 학생 수 등이 외국보다 많고 생활지도 등 수업 이외의 업무 부담이 많다지만 62세까지 정년이 보장되는 교직은 '사오정' '오류도'라는 말을 피부로 느끼며 사는 일반 회사원에 비할 바가 아니다.

## 교원 입장만 대변하다 '교육 바로 세우기' 실패

학교 현장의 수많은 조합원과 참여정부의 출범, 교사의 경제적 지위 상승. 전교조로서는 참교육을 실천할 수 있는 거의 모든 조건이 갖추어졌다. 그러나 어찌된 일인지 전교조의 위상과 역할은 1980~90년대에 미치지 못하고 있다. 역설적이게도 전교조는 합법화가 이뤄지고, 전교조에 상대적으로 우호적인 정파가 집권하면서부터 오히려 국민으로부터 멀어지고 있다.

2006년 7월 치러진 전국 교육위원 선거는 전교조의 현주소를 적나라하게 보여 주었다. 전교조는 추천 후보 42명 가운데 14명이 당선되는 데 그쳤다. 2002년 선거에서 35명을 추천, 24명이 당선된 것과 비교하면 당선자와 당선율이 절반 가까이 떨어진 것이다.

전교조가 '민심'을 잃게 된 것은 무엇 때문일까. 전교조 출신으로 교장 정년을 채운 뒤 평교사로 다시 재직 중인 고춘식 교사(한성여중)는 "합법화 이후 전교조에 대한 국민의 기대는 훨씬 커졌는데 거대 조직이 된 전교조가 국민이 가려워하는 곳을 정확히 긁어 주지 못하자, 국민도 서서히 기대를 접고 있는 것 같다"고 밝혔다.

학부모들이 보기에 전교조는 합법화 이후 '초심'을 잊고서, 학생을 중심 가치로 두지 않고 교사 입장만 대변하는 이기주의적인 교사 이익 단체로 전락했다. 전교조가 2005년부터 집중하고 있는 교원 평가 반대 투쟁이 대표적인 예다. 학생과 학부모들은 이 정책을 지지하고 있다. 2005년 4월 국정홍보처가 조사한 결과 77.4퍼센트가 교원 평가 제도에 찬성의 뜻을 밝혔다. 교원 평가를 해서라도 교사들이 좀 더 아이들을 잘 가르치도록 자극해야 한다는 것이다. 반면 교사들은 교원 평가 제도를 절대 받아들일 수 없다는 입장이다. 교사로서의 자존심과 권위가 무너지는 것도 문제지만 '교원 평가가 결국 교원 구조조정으로 이어질 것'이라고 생각하고 있기 때문이다.

따라서 전교조가 교원 평가 반대 투쟁을 강하게 벌이면 벌일수록 국민으로부터 외면당하는 구조가 형성된 것이다. 교원 성과급 차등 지급 반대 투쟁도 마찬가지다. 국민은 찬성하는 정책을 전교조는 반대하는 것이다.

중소기업에 다니는 김성한 씨(39)는 최근 전교조 교사인 중학교 동창을 만났다가 대판 싸움을 벌인 끝에 절교까지 하게 됐다. 그는 희생정신과 노동자에 대한 연대 의식이 없으며, 모든 것을 제도와 사회 구조 탓으로 돌리는 전교조 동창에게 크게 실망했다고 말했다.

"과외를 받지 않게 아이들을 학교에서 좀 더 잘 가르쳐 달라고 했죠. 그랬더니 친구가 그러더군요. 자신의 아이가 경쟁에서 다른 아이를 이겨야 한다고 생각하는 부모의 이기심이 문제라고요. 사기업에 다니는 회사원뿐 아니라 정부 부처 공무원도 능력에 따라 성과급을 받고 필요하면 평가를 받는데 교사들은 왜 평가를 거부하느냐고 물었습니다. 그랬더니 동창은 '평가를 받아 보니 좋더냐. 우리 보고 평가받으라고 할 게 아니라 너희도 평가 거부 투쟁을 하는 게 옳은 것 아니냐'고 하더군요. 한마디로 기가 막혔습니다. 현실을 몰라도 너무 모르고, 배가 불러도 너무나 부른 소리를 하더군요."

전교조는 최근 교사를 포함한 여성 공무원의 육아 휴직 전 기간을 경력으로 인정하라고 정부에 요구했다. 전체 육아 휴직 기간(최장 3년) 중 1년만을 경력으로 인정하는 것은 저출산 대책의 취지에 어긋난다는 것이다. 실제로 이는 전교조 조합원의 과반을 차지하는 여교사들의 강력한 희망 사항이기도 하다. 그러나 비정규직 여성 노동자는 3개월 출산 휴가조차 보장받지 못하는 경우가 태반이다. 임신 사실이 알려지면 회사에 사표를 내야

"전교조가 법외노조 상황에서 반정부 투쟁을 너무 오래 하다 보니 관성적으로 투쟁을 벌이는 경향이 있다. 현재의 전교조는 약자가 아니다. 정부 정책에 비판만 할 것이 아니라 대안을 내놓아야 한다." _김진경 전 청와대 비서관

하기 때문에 불러오는 배를 졸라매고 밤늦게까지 야근하는 여성들도 많다. 전교조의 이런 요구는 국민의 공감을 얻기는커녕 상대적 박탈감과 분노를 키운다.

전교조가 전가(傳家)의 보도(寶刀)처럼 꺼내 드는 '연가 투쟁'도 무기

가 되지 못하고 있다. 전교조 초대 정책실장을 지낸 김진경 전 청와대 비서관은 "전교조가 법외노조 상황에서 반정부 투쟁을 너무 오래 하다 보니 관성적으로 투쟁을 벌이는 경향이 있다. 현재의 전교조는 약자가 아니다. 정부 정책에 비판만 할 것이 아니라 대안을 내놓아야 한다"고 비판했다. 고춘식 교사도 "합법화는 우리 사회가 전교조에 어떤 새로운 역할을 요구한 것"이라며 "사복을 벗고 때로는 정장을 입으라는 요구이기도 하고, 부정과 거부와 공격의 자리에서 긍정과 수용과 수비의 자리에도 있으라는 요구이기도 하다"고 말했다. 전교조 출신의 한 장학사는 대중 조직, 노동조합 조직으로서의 한계를 지적했다. 그는 "초창기에는 아이들 교육을 잘해 보겠다는 취지에서 가입한 열성 교사들이 많았지만 지금은 아무나 쉽게 가입하고, 그런 조합원들이 많아지다 보니 조합원 대중이 원하는 투쟁만 1년 내내 벌이게 된다"고 말했다.

## '시간제 강사' 놓아두고 '비정규직' 거론하는 이율배반

서울의 한 공립 중학교에서 4년째 기간제 교사로 일하고 있는 이 모 씨(29)는 비정규직에 대한 전교조의 이중성을 꼬집었다. "말로는 비정규직 문제를 거론하면서 정부를 비판합니다. 그런데 정작 전교조가 교무실 옆 책상에 앉아 있는 비정규직 기간제 교사나 시간 강사를 위해 한 것은 거의 없습니다. 말과 행동이 따로 노는 것이지요. 개인적으로 많은 전교조 교사를 알고 있지만 동료로 인정해 주는 사람은 열 명 중 두 명도 안 됐습니다. 임용 고시를 통과해 만일 정교사가 되면 저는 절대 전교조에 가입하지 않을 겁니다."

문제의 심각성은 전교조가 진보 세력 위기의 주범으로 인식되고 있다는 점이다. 진보 진영에서도 다른 진보 단체에 대한 평가는 엇갈려도, 전교조에 대해서는 자기 기득권을 지키려고 진보 세력 전체를 위축시키고 있다는 데 대체로 공감하고 있다. 이민숙 전 대변인은 "전교조 운동을 지지했던 세력과 인사들도 전교조에 대한 비판을 적지 않게 제기하고 있다"면서 현실을 인정했다. 교육과시민사회 윤지희 공동대표는 "전교조가 교원 자신의 이해가 걸린 교원 정책과 관련해 보수적 입장을 취하면서 개혁 세력은 방향을 잃고 헤매는 반면, 반대 세력은 반전교조 반개혁의 명분을 쌓고 힘을 얻어가고 있다"고 말했다.

전교조도 지금의 상황을 위기로 인식하고 있다. 2006년 7~8월을 거치면서 조합에 새로 가입하는 교사들이 눈에 띄게 줄었다. 9월 열린 전국 대의원 대회에서 국민의 지지를 회복하기 위해 민생 차원의 운동을 강화하기로 한 것도 이와 무관하지 않다. 전교조는 '민심 회복'을 위해 부교재(참고서) 가격 인하, 소외 아동을 위한 지역 공부방 활성화, 학생 체벌 금지, 학교 급식에 우리 농산물 이용하기 등을 2학기 주요 사업으로 정하고 학교 단위에서 강력히 실천하기로 했다. 그러나 전교조의 한 간부는 한숨을 쉬었다. "국민에게 다가가기 위한 전교조의 이런 노력마저도 위선으로 비쳐지고 있습니다." '우리들의 권익보다 아이들을 먼저 생각하겠습니다'라는 선언은 이렇게 빛이 바래고 있다.

## 전교조를 위한 변명과 반성 _ 이민숙 전 전교조 대변인

전교조에 대한 보수 우익 세력의 비난이야 하루 이틀 있었던 것이 아니니 그리 고려할 일은 아니다. 그러나 개혁 세력과 진보 세력으로부터도 전교조에 대한 비판의 목소리가 나온다면 진지한 성찰과 반성이 필요하다. 전교조에 대해 비판이든 지지든 하려면, 전체 한국 사회가 어디로 가고 있는지, 우리 교육계가 처한 현실이 어떠한지 먼저 살펴봐야 한다.

요즘 교육계는 아우성이다. 고교 평준화부터 시작해서 논술 문제, 한·미 FTA와 교육 개방, 사교육비 문제, 교원 성과급과 교원 평

**이민숙**
1991년 교직에 진출해 서울 영남중학교 등에서 역사와 사회를 가르쳤고, 강경파로 분류되는 장혜옥 집행부(전교조 12대 위원장)에서 대변인을 지냈다. 2006년 10월 교육부 주최 교원평가 공청회 진행을 방해한 혐의(공무집행 방해)로 구속돼 1심에서 징역 7월에 집행유예 2년을 받고 현재 항소한 상태다.

가 같은 교원 구조조정 문제까지 거의 모든 영역에 걸쳐 날카로운 대립과 갈등이 멈추지 않는다. 이 같은 대립은 정부와 교원 단체 사이의 전면전의 모양새를 띠고 있으며 보수 우익 세력은 언론을 통해 특정 계층의 입장을 끈질기게 관철시키는 데 앞장서고 일부 학부모 단체가 이에 가세하고 있다. 그 가운데 전교조가 존재한다.

이러한 갈등과 대립의 밑바닥을 들여다보면 교육에 대한 '시각 차이'가 공통적으로 존재한다. '교육이란 국민이라면 누구나 누려야 할 권리이므로 가난한 아이들에게도 동등한 기회가 부여되어야 하고 그래야 교육을 통한 사회정의 실현이 가능하다'고 믿느냐, 아니면 '교육도 개인의 경제적 형편에 따라 구매 여부를 결정하는 단순 상품일 뿐이며, 따라서 소비자 주권, 선택과 효율의 논리에 따라 움직이는 것이다. 따라서 구매력이 있는 자들(소수 부유한 계층)에게 특별한 권리를 행사할 수 있도록 인정해야 한다'고 보느냐가 그것이다.

요즘 추진되는 정부의 교육 정책에는 이른바 신자유주의 또는 시장주의라는 일련의 교육 개편 전략이 관통하고 있다. 1980년대 영국에서 먼저 시작된 신자유주의 교육 정책의 핵심은 한 마디로 교육에서의 '공공성 약화'로 요약된다. 국가가 책임졌던 공교육에 대한 재정 보조를 삭감하거나 이를 민간 영역으로 넘기자는 것이다. 그 결과는 교육재정 삭감, 교원 수 감축, 교육 여건 악화로 나타난다. 교육은 이제 '권리'가 아니라 '상품'일 뿐이다. 말도 많고 탈도 많은 신자유주의 교육 정책이다.

국민에게는 잘 알려져 있지 않지만, 우리나라도 김영삼 정부 때 신자유주의 교육 정책이 도입되어 김대중·노태우 정부를 거치며 본격화되고 있다. 요즘 교육계 갈등이 부쩍 고조되는 이유도 사실은 이러한 신자유주의 교육 개편이 일단락되는 시기이기 때문이다.

최근 논란을 빚고 있는 교원 정원 감축, 성과급, 교원 평가, 교육

복지 삭감, 경쟁력을 앞세운 입시 경쟁 강화, 평등 교육의 퇴조도 이런 흐름 속에 있다. 이러한 정책들의 제도화는 사회 양극화를 넘어 '교육 양극화'까지 심화시키고 있다. 벌써부터 강남 아이들이 특목고와 일류대를 거의 독점하는 형편에서, 헌법이 규정한 '평등 교육' 이념은 사실상 무너지고 교육은 돈 놓고 학벌 따먹는 '가진 자들의 잔치판'으로 전락하고 있다.

전교조가 사사건건 반대만 하는 것은 이 때문이다. 공공성을 훼손하는 정책에 맞서 이를 막아내야 하는 것이 전교조의 일상이 되어 버린 것이다. '대안 없이 반대만 한다'지만 때로는 더 나빠지지 않기 위해 막아내는 것 자체가 대안이기도 하다. 그럼에도 전교조는 공공성에 기초한 올바른 학교교육의 모습을 담은 공교육 새판짜기라는 총체적 대안도 제시하고 있다. 다만 보수 언론으로부터 이는 외면당하기 일쑤고 전교조의 고군분투에 대한 비난을 받고 있는 것이다.

그렇다고 전교조가 모든 비판으로부터 자유롭다는 이야기는 아니다. 전교조가 부족한 부분에 대해 진지한 자기반성을 해야 한다. 사회 양극화 속에서 아이들의 80퍼센트, 아니 90퍼센트가 사회·경제적 어려움에 처해 있건만 어느덧 안정된 직종과 보수를 받고 있는 교사들의 가르침은 우리 아이들의 삶과 유리되어 있지는 않은가? 낮은 자들을 섬기는 참교육의 정신이 교육 활동에 얼마나 구현되고 있는가? 실제로 교직 사회에만 10만이 넘는 비정규직 노동자들의 삶에 얼마나 관심을 기울이고 있는가? 동일노동에 종사하면서도 임금 차별을 받고 있는 공립학교의 6퍼센트, 사립학교의 20퍼센트 이상의 비정규직 교사에 대한 배려가 있었는가? 교문 앞에서 여전히 멈춰서 있는 학생 인권을 보장하기 위한 실천적 노력을 경주하고 있는가? 여전히 학부모들을 고통스럽게 만드는 촌지와 리베이트 등 고질적인 문제를 시정하기 위해 예전만큼 노력을 경주하고 있는가?

끝이 없는 이러한 질문에 대한 반성과 성찰이 필요하다.

전교조의 자기반성과 신자유주의 정책 반대는 결코 유리된 것이 아니다. 가난한 아이들도 양질의 교육을 받을 수 있는 학교를 만들기 위해 전교조가 더욱 반성하고 싸워야 하며, 그것이 바로 신자유주의에 대항하는 일이기 때문이다. 17년 전 교육 모순을 참지 못해 해직을 각오하고 전교조를 결성했던 초심을 잊지 않는 길은 바로 신자유주의에 대항하는 것이며, 이것은 전교조가 가야 할 '참교육의 길'이다.

## 전교조는 왜 침몰하지 않는가 _김대유 전교조 소속 교사·학교자치연대 공동대표

**김대유**
1984년부터 교편을 잡아 서문여중에서 한문을 가르치고 있다. 2000년 전교조 합법화 이후 초대 정책국장을 맡았다. 우리의 교육이 살아나기 위해서는 학교 자치가 필요하다고 보고, 그 수단으로 교장을 교사·학생·학부모가 직접 선출한 뒤 교장직을 일종의 보직으로 운영하는 '교장선출보직제'를 주창했다. 교장선출보직제는 2007학년도부터 전국 32개 초중고에서 시범 실시된다.

전교조에 대한 국민의 불신이 깊어지고 수구 언론의 전교조 때리기가 심해질수록 전교조는 더 강성이 된다. 조직세도 여전하고, 교원 평가에 따른 연가 투쟁이 계획되고 있으며, 해직까지 감수할 수 있는 정예 조합원은 1만 명에 이른다. 전교조가 금세 무너질 것처럼 호들갑을 떠는 일부 지식인들의 속단은 부질없는 것이다. 전교조가 정부에 준하는 지위와 권한을 행사하는 법적 단체라는 사실을 잊은 것이다. 법적 기구는 스스로 해체하지 않는 한 쉽게 무너지지 않는 법이다. 이제야말로 전교조에 대한 올바른 이해가 필요한 시점이다.

전교조는 왜 강성인가? 말할 것도 없이 집행부를 형성하는 소수의 핵심 세력이 강성이기 때문이다. 그들은 신자유주의 반대 투쟁과 노자(勞資) 모순을 통해 민중 정권을 수립하는 것을 목표로 삼고 있다. 당연히 노무현 정부와 열린우리당은 압박해야 할 대상이다. 이럴 때는 스스로 땀 흘리며 대중의 요구를 동력으로 삼아 대안을 창출하기보다는 정부와 강경하게 대립하고 투쟁하는 정치적 노선을 택하는 것이 유리한 방식이다.

전교조는 왜 교육 개혁을 반대하는가? 결론부터 말하면 교육부와 열린우리당 때문이다. 전교조는 대통령의 핵심 공약인 지방 교육 자치 통합, 보직형 교장 공모제, 대학 입시, FTA, 국립대 법인화, 학생 생활 주기(Life Cycle)를 보장하기 위한 보건 교과 개설, 교원 평가 등에 대해 강력한 저지선을 확보하거나 소극적인 자세로 일관했다. 표면적인 이유는 그 모든 정책이 '완벽하지 않다'는 것이지만 속내는 다르다. 전교조는 대안과 참여를 고리로 한 이들 정책에 대해 자신감이 부족했다. 마침 까마귀 날자 배 떨어진다고 교장과 교육 관료 개혁을 전제로 한 공약의 입법화에 부담감을 느끼고 있던 열린우리당의 입장과 눈이 맞은 것이다. 참여정부와 열린우리당이 출범 했던 2003, 2004년은 지금의 전교조 집행부가 집권했던 시점이다. 열린우리당 교육위 의원, 전교조의 강성 집행부, 한나라당 의원들은 대통령 공약을 함께 반대하고 유보하여 침몰시키는 일에 합심했다. 누이 좋고 매부 좋은 일이었다.

전교조는 왜 정치적인가? 정치 노조의 길을 선택했기 때문이다. 전교조는 합법화 시점에서 그 칼끝을 정치권으로 돌렸다. 교장선출 보직제나 학교 자치 같은 현장의 절실한 요구보다는 교육감과 교육위원 선거에 모든 것을 걸었다. 전교조가 권력화되니 주변의 일부 교육 운동가들도 그 반사 이익을 따라 움직이는 일이 생겼다. 생각해 보면 전교조는 한국교총이 출범하던 당시 현장 개혁이냐 정치권력이냐는 극심한 노선 갈등 속에서 정치권력을 택하여 교육감, 교육위원직을 독점해 가던 그 전철을 밟고 있었던 것이다. 역사는 무섭다.

전교조는 왜 침몰하지 않는가? 무엇보다 교육부가 예인선 노릇을 하기 때문이다. 학부모는 교장과 교육 관료를 분리하여 사고하지만 그것은 오해다. 교감과 교장이 교육청과 교육부로 가면 교육 관료가 되고, 그들이 다시 학교로 돌아오면 교감, 교장이 되며, 또 그들은 빠짐없이 교총에 가입한다. 학교장과 교육청과 교총은 한 몸통인 것이다. 50년 넘게 묵은 그 몸통을 개혁하기 위해 절실하게 필요한 것이 보직형교장공모제였고, 원터치 교육 행정 시스템인 지방 교육 자치 통합이었으며, 학생 건강을 보장하는 보건 교과 개설이었다. 교사가 승진에 목을 매고 교육청이 승진을 지상 과제로 하는 관료로 가득 차 있는 한 학교는 불행을 면할 길이 없다. 국민은 모른다. 아이를 진정으로 사랑하는 교사일수록 학교에서 왜 따돌림을 당하는지, 왜 아이들이 촛불을 들고 광화문으로 달려가는지. 교육부는 그 모든 모순의 숙주다. 개혁을 답보하는 교육부가 건재하는 한 전교조는 갈수록 강성이 된다. 이치가 그렇다.

전교조는 왜 참교육의 첫사랑을 잃었는가? 조직이 관료화되었기 때문이다. 머리인 본부의 활동가들은 상당수가 10년 가까이 전교조 사무실과 학교를 오가며 상근을 하고 있다. 사실상 학교 현장을 떠난 것이다. 그들은 학교 개혁보다는 연대 활동이나 정치활동에 더 익숙한 사람들일지도 모른다. 전교조 본부의 조직 체계도 정책 연구나 참교육보다는 사무와 조직 라인에 절대적인 무게가 실려 있다. 임원을 구성하기 위한 인사위원회조차 법제화되어 있지 않다. 오히려 주요한 보직일수록 선거 참모들에게 배분되고 있다. 인사가 만사인 합법 조직의 체계화는 애초부터 시도되지도 않았다. 그 결과 전교조의 권력이 내부 서클에 의해 사유화되고 대중 조합원이 우민화되고 있다는 지적에서 자유롭지 못하다. 허리 부분에 해당하는 지역의 지회장들과 단위 학교의 분회장들은 그들이 내리는 공문에 따라 일사불란하게 움직인다. 학교에서 교육 부패와 학생 교육을 위해 고독하게 싸우되 학부모로부터 박수를 받았던 그들은 이제 학교 현장을 떠나 붉은 머리띠를 두르고 광화문 정부 중앙 청사로 향한다. 목소리는 커지고 대오는 정연하되 열정과 자발성은 신기루가 되었다.

# 시민 단체, 뿌리 잃은 풀뿌리 운동

4·13 총선을 앞둔 2000년 1월 중순 서울 종로구 안국 빌딩의 총선시민연대 사무국에는 하루 300여 통의 격려 전화가 쏟아졌다. 업무를 볼 수 없을 정도였다. "썩은 정치판을 갈아 보자"는 시민들의 해묵은 분노의 분출이었다. 힘을 내라며 한밤에도 국수, 음료수 박스를 들고 오는 시민도 있었다. 시민들이 후원금으로 수만~수십만 원씩 냈다. 한 시민은 3천만 원을 내놓았다.

중앙선거관리위원회는 선거법 87조를 들어 "불법행위"라고 경고했지만, 총선연대는 오히려 "선거법 87조는 위헌성이 있다. 위법도 불사하겠다"며 거칠 것 없었다. 여론조사에서 나타난 90퍼센트 안팎의 압도적 국민 지지가 든든한 버팀목이었다. 86명의 낙선 대상자 가운데 59명(68.6퍼센트)을 떨어뜨린 선거 결과도 대성공이었다.

그러나 과연 이 총선연대 활동이 '시민에 의한, 시민의 운동'이었을까. 시민 단체들의 시의성 있는 선도적인 활동에 시민들이 전폭적인 지지를 보낸 것은 맞다. 그러나 지지는 시민 동원이었을 뿐 시민 참여는 아니었다. 투명사회협약실천협의회 김정수 사무처장은 "총선연대가 정치를 정상화 궤도에 올려놓았지만 전문가 중심 시민운동의 비정상적 거품도 드러냈다"고 평가했다.

그 거품은 2006년 5·31 지방선거 때 확인됐다. 288개 시민·사회단체로 구성된 2006지방선거시민연대가 5월 2일 매니페스토(참공약) 운동을 위한 기자회견을 가졌다. 기자들이 구름같이 몰리던 4·13 총선 때와 달리 서너 명의 기자들만 모인 채 질의 응답도 없이 끝났다. 박홍순 매니페스토 추진본부 공동집행위원장(열린사회시민연합 공동대표)은 6월 희망제작소 월례포럼에서 "매니페스토 선언 여부가 당선과는 거의 상관관계가 없어 보

> 과연 이 총선연대 활동이 '시민에 의한, 시민의 운동'이었을까. 시민 단체들의 시의성 있는 선도적인 활동에 시민들이 전폭적인 지지를 보낸 것은 맞다. 그러나 지지는 시민 동원이었을 뿐 시민 참여는 아니었다.

인다"며 실패를 인정했다.

한때 '제5부'로까지 일컫던 시민운동의 영향력이 떨어지고 있다. 시민운동은 국무총리, 장관, 국회의원을 다수 배출했지만 정작 자신은 쇠락해 가고 있다. 정말 "민주화운동이 1990년대 시민운동에 사회적 지위를 내주었듯이 (기존 시민운동이 아닌) 다른 성격의 운동을 조직해야 할 때"(하승창 전 함께하는시민행동 사무처장)일까.

2004년 2월 3일 총선시민연대가 한국프레스센터에서 발족식을 하고 '부패정치 퇴장, 돈선거 추방' 구호가 적힌 띠를 펼쳐 보이고 있다.

물론 "시민운동 위기는 경실련과 참여연대 등 거대 단체의 위기이고, 전체 시민사회 운동의 저변은 넓어졌다"는 주장도 있다. 동네 쉼터인 성미산을 아파트로 개발하려는 서울시 방침에 맞서 주민들이 들고 일어선 서울 마포 성미산 운동과 옥천 지역 운동 등 주민자치센터, 학교, 복지관, 동사무소와 연계한 시민자치운동이 활발해진 것은 사실이다.

그러나 요즘 시민운동이 신뢰를 잃어 가고 있다는 사실을 부정하기는 어렵다. 성균관대 동아시아학술원 서베이리서치센터와 삼성경제연구소가 3년 동안 실시한 한국종합사회조사(KGSS) 결과 2003년, 2004년 연속 1위에 오른 시민 단체 신뢰도가 2005년 5위로 4계단 떨어졌다. 2006년 6월 KSOI의 사회단체 정기 여론조사도 참여연대

"비정파를 표방하면서 시민운동을 하다가 정부 조직에 들어간 사람이 은근히 많다. 사람들이 그렇게(정권의 홍위병이라고) 생각하도록 빌미를 제공한 측면이 있다." _박원순 희망제작소 상임이사

등 시민 단체에 대해 '신뢰하지 않는다'는 답변(52.6퍼센트)이 '신뢰한다'(41.5퍼센트)보다 많았다. 2006년 동아시아연구원이 국내 24개 파워 집단을 조사한 결과 참여연대의 신뢰도는 2005년에 비해 8위에서 15위로, 영향력은 16위로 4계단 떨어졌다. 신뢰 추락은 시민 단체 인사의 정부 참여 과정에서 불거졌다.

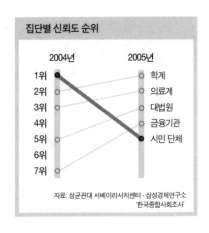

집단별 신뢰도 순위

|  | 2004년 | 2005년 |
|---|---|---|
| 1위 | | 학계 |
| 2위 | | 의료계 |
| 3위 | | 대법원 |
| 4위 | | 금융기관 |
| 5위 | | 시민 단체 |
| 6위 | | |
| 7위 | | |

자료: 성균관대 서베이리서치센터·삼성경제연구소
'한국종합사회조사'

박원순 희망제작소 상임이사는 최근 "비정파를 표방하면서 시민운동을 하다가 정부 조직에 들어간 사람이 은근히 많다. 사람들이 그렇게(정권의 홍위병이라고) 생각하도록 빌미를 제공한 측면이 있다"고 지적했다.

한국인권재단 양영미 사무총장은 "인권위, 고충처리위, 과거사위 등에 시민 단체가 프로그램을 제공하고 정부가 추진하는 사례가 많았다"고 설명했다. 참여연대 활동을 하던 이 가운데 상당수가 각종 정부 위원회에 참여하고 있는 것은 부인할 수 없는 사실이다. 국무총리실이 정책 결정 과정에서 참고하는 보고서 가운데 참여연대 보고서가 65개(22.9퍼센트)로 가장 많은 것으로도 나타났다. 이 때문에 사회구조 개혁을 위한 '중앙 차원의 대변형 운동'의 필요성에도 불구하고 참여연대가 과다 대표되고 있다는 지적이 꾸준히 제기되어 왔다.

이런 정부 참여는 '양날의 칼'이다. 시민 단체 활동을 옥죄는 결과를 초래하는 경우가 있기 때문이다. 문화연대 지금종 사무총장은 "백번 양보해 교육지책으로 뭔가 바꿔 보겠다고 정부에 참여하더라도 사안별로 참여해야지, 고임금 상근직에 몸담는 일은 조심해야 한다"고 비판했다. 대표적인 사례로 최근 논란 중인 민주언론운동시민연합 출신의 신태섭 KBS 이사와 최민희 방송위 부위원장을 들었다. 지금종 총장은 "신 이사는 당연히 민언련 공동대표 자리를 내놓아야 한다"고 강조했다. 그는 "최 부위원장이 2006년 7월 방송위에 들어가기 직전(3월)에 민언련 공동대표가 된 것은 우리가 봐도 의도적으로 보이는데, 보수 세력이 '관변 단체'라고 비판하는 건 당연하지 않겠느냐"고 꼬집었다.

시민 단체가 정부의 사업비 지원을 받는 방식도 논란을 불러 일으켰다. 정부의 지원을 받지 않는다는 인권운동사랑방의 박래군 상임활동가는 이렇게 말했다. "언젠가 청와대에 있는 사람이 하소연합니다. 김대중 정부 때부터 상당수 시민 단체들이 개인 인맥을 통해 정부 프로젝트를 따기 위해 로비를 하는데 힘들다고요. 더구나 사업비로 다 쓰지 않고 인건비로 전용해 사람을 늘리고 조직을 키웁니다. 그러다 보면, 커진 조직을 굴리기 위해 더 큰 프로젝트를 따와야 합니다. 이렇게 덩치를 키우면 정부에 의존하게 되는 것이죠. 이런 게 바로 위기이고 한계입니다."

> "언젠가 청와대에 있는 사람이 하소연합니다. 김대중 정부 때부터 상당수 시민 단체들이 개인 인맥을 통해 정부 프로젝트를 따기 위해 로비를 하는데 힘들다고요. 더구나 사업비로 다 쓰지 않고 인건비로 전용해 사람을 늘리고 조직을 키웁니다."_박래군 인권운동사랑방 상임활동가

부산발전연구원의 주경미 여성정책연구센터장은 2006년 9월 한 여성운동 토론회에서 그 실상의 일부를 솔직히 설명했다. "여성 단체가 정부 보조금을 확보하기 위해 상호 견제하고, 지원받기 용이한 활동을 선택적으로 전개합니다. 그러다 보니 고유한 활동 영역 개척에 소홀하게 되고, 정부 지원에 더욱 의존하게 되는 악순환 고리에 빠집니다."

거대 시민 단체의 정치·사회 개혁 중심 운동이 한계에 봉착한 것 아닌가 하는 논의도 활발하다. 그런 운동이 '시민'을 소외시켜 시민운동 위기를 키웠다는 설명이다. 여성민우회 출신의 정강자 인권위 상임위원은 "고작 총론이나 내놓을 뿐 각론에서 전문적 대응을 못한 채 시민운동이 과다 대표되어 왔다"며 "분배와 일자리 창출 같은 구체적인 국민의 요구에 더 다가가야 한다"고 말했다.

시민의 자발적 참여 부족도 시민운동의 위기를 낳은 큰 요인의 하나이다. 회원으로 등록하고 회비를 내는 것 자체는 시민운동의 발전이라고 할 수 있다. 그러나 회비를 내는 것에 머물 뿐 실제적인 참여는 저조하다. 한 시민 단체 활동가는 "대체로 90퍼센트의 회원이 회비만 낼 것"이라고 추정했다. 풀뿌리 시민운동 참여가 전체 인구의 10퍼센트를 넘고 그 절반은 정기

회비를 내는 선진국과 대조된다. 최
근 수년 사이 지역 운동은 활발해졌
지만 주중이나 저녁 시간에 모임을
하면 절반도 참석하지 않는 것이 국
내 실정이다. 녹색연합 최승국 사무
처장은 "바쁜 직장 생활 탓에 직접
참석이 어렵다면 항의 메일 보내기
등 온라인 활동이라도 해야 하는데
그마저 안 된다"고 전했다.

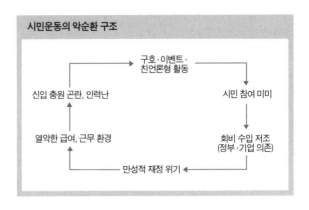

시민 단체 회원인 권 모 씨(47·서울 성동구 성수동)는 "지역 문제는 지
역 단체가 해결해야 할 텐데 모든 걸 중앙 조직이 결정하는 식이다. 주민 의
견부터 반영해야 지역 운동이 발전하지 않겠나"라고 의문을 제기했다. 구
호나 이벤트, 집회 위주의 관성적 운동 방식도 시민의 참여를 막고 운동을
정체시키는 요인이다.

박래군 활동가는 "평택 대추리나 한·미 FTA 집회 등에 그냥 몇 명씩
할당한 이들을 동원하는 식으로 하고 있다. 민주노총뿐 아니라 다른 조직도
비슷하다"고 밝혔다. 과거는 전대협이 동원을 했는데 지금은 그나마 민주노
총 아니면 동원할 데도 없다. 그는 "결국 시민 속으로 들어가지 못한 채 경찰
저지선 안에서 자기만족적으로 외치는 집회로 끝날 뿐"이라고 말했다.

대규모 연대 집회에 맹목적인 '사람 대주기'도 여전하다. 또 "머릿수가
힘이라는 식으로 연대의 목적에 대한 성찰 없이 거대 단체와 나란히 이름
을 올리려고 몰려드는 행태"(양영미 사무총장)도 그렇다. 2005년 한양대
제3섹터연구소의 시민사회지표(CSI) 연구 결과 시민 단체 사이의 연대 활
동에 대해 80.9퍼센트가 매우 활발하다고 긍정적으로 평가한 반면, '실질
적인 의사소통은 부족하다'는 응답이 44.6퍼센트나 됐다. '숟가락'만 올려
놓는 형식적 연대 활동의 한계를 스스로 인정한 대목이다.

일반 시민의 참여 부족은 만성적 재정 위기의 중요 원인이 되고 있다.

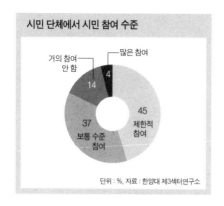

**시민 단체에서 시민 참여 수준**

거의 참여 안 함 14
많은 참여 4
제한적 참여 45
보통 수준 참여 37

단위 : %, 자료 : 한양대 제3섹터연구소

『한국시민사회단체편람』에 나타난 시민 단체의 회비 수입 비중은 대체로 전체 재정의 40퍼센트 이내다. 1만 5천 명 회원의 참여연대는 연회비 비중이 84.9퍼센트로 높은 편이다. 회원 3만 5천 명의 경실련은 33.3퍼센트에 그치고 있다. 회원 수도 늘다가 정체하고 있는 상태다.

회비 부족으로 인한 재정 문제를 극복하기 위해 이러저러한 방편들이 동원되면서 물의를 일으키기도 했다. 2005년 10월 환경재단은 한 호텔에서 후원 행사를 열어 '어린이 환경 기금' 명목으로 기업에 공문까지 보내 1백만~1천만 원의 후원금을 요청, 구설수에 올랐다. 경실련은 2000년 1월 11주년 기념식 및 '후원의 밤' 행사에 앞서 주택공사와 석유공사 등 13개 정부 투자 기관에 1천만 원씩을 요구하는 지원 요청서를 보냈고, 일부 기업은 2백만~5백만 원씩 후원했다. 경실련이 며칠 전에 이들 기관장의 판공비 사용 내역 등의 정보 공개를 요청한 뒤였다.

참여연대도 2006년 4월 새 사무실 이전을 위한 후원의 밤 행사에 850개 기업체에 최고 5백만 원의 후원금 약정서를 돌렸다. 기업체 편법 상속 조사 결과 발표를 앞둔 시점이었다. 한 시민 단체 활동가는 "기업 후원을 받는 어떤 환경 단체는 운동을 시늉만 하고 말더라"며 "기업 돈을 받는 순간 운동의 정당성을 상실한다"고 말했다.

> "기업 후원을 받는 어떤 환경 단체는 운동을 시늉만 하고 말더라. 기업 돈을 받는 순간 운동의 정당성을 상실한다." _ 한 시민 단체 활동가

시민 단체의 열악한 환경과 불투명한 비전은 새로운 활동가의 충원도 어렵게 만들고 있다. 요즘 시민운동가 사이에서 "인적 역량이 바닥을 드러냈다" "참신한 아이디어가 나오기도 어렵다. 지쳤다"는 말이 점차 늘고 있다. 한 인사는 "노동판에서 시민운동으로 갔던 사람들이 시민운동을 떠나면서 시민운동은 완전히 사양길"이라고 진단했다. 참여연대 출신인 양영미 한국인권재단 총장은 "2000년 낙천·낙선 운동 뒤 참여연대가

네 명의 신입을 모집할 때 400명이 지원한 것은 이미 옛날 일"이라고 전했다. 인력 구조상 허리인 30대 활동가의 대거 이탈로 비상이 걸린 상태이다. 처우도 열악해 참여연대의 경우 2005년 5년 동안 처장급이 월 140만 원, 활동가는 85만~1백만 원 남짓에 묶여 있었다. 2005년 5월 『시민의신문』이 시민운동가 201명에게 설문조사를 한 결과 월평균 급여 50만~1백만 원이 49.7퍼센트로 가장 많았다. 김혜정 환경운동연합 사무총장은 "과거 시민운동이 잘 될 때는 몰라도 지금처럼 욕먹고 박

시민 단체 활동가 월평균 급여

200만 원 이상
150~200만 원          50만 원 이하
7.5       4.5    7.0
31.3                      49.7
100~150                  50~100
만 원                      만 원

단위 : %, 자료 : 『시민의신문』(2005.5)

봉인 상황에서 불안한 미래를 감수할 신념을 가진 사람이 많지 않다"고 털어놓았다.

　새로운 담론을 생산하지 못한 것도 일반인과 운동을 갈라놓고 있다. 총선·대선·대통령 탄핵·새만금·방폐장 등 현안에 급급하게 대처하면서 미래를 준비하지 못하고 있기 때문이다. 환경 운동의 경우 국가의 교통 정책이나 에너지 정책에 대한 근본적인 문제 제기와 대안 제시를 통해 국민을 설득하지 못했다. 참여연대 김기식 사무처장은 "결국 담론과 리더십의 위기"라고 인정했다. 대전 참여자치시민연대 김제선 사무처장은 "절차적 민주주의 위주로 운동을 하다가 사회 양극화, 고용 불안 같은 시민의 고통에 대한 대응에서 취약점을 보인 것이 시민운동 위기의 원인"이라고 분석했다.

# 환경 단체, 탈색된 초록 운동

한국 정부의 환경 정책은 세계경제포럼 2005 환경 지속성 지수 평가에서 146개국 가운데 122위였을 만큼 문제투성이로 드러났다. 이는 정부 정책의 책임이지만 환경 운동의 실패이기도 하다. 한국의 환경 운동은 '목소리만 크고 환경 개선은 보잘 것 없는 운동'이 되었기 때문이다.

경부고속전철 천성산 터널의 경우 2005년 10개월여 동안 공사를 멈추게 하는 데는 성공했으나 생산적 대안을 내놓지는 못했다. 부안 방폐장 문제는 2003년 말 정부의 '부지 선정 원점 재검토' 발표로 환경 단체가 승리감에 취한 사이 경주로 선정되는 과정에 적극 대처하지 못했다.

새만금 사업은 중단 끝에 재개됨으로써 환경 단체의 완패로 기록되었다. 제4공구 일부 물길을 터 간척을 허락하고 갯벌을 최대한 지키자는 대안이 나오기도 했으나 이런 목소리는 전투적 분위기에 눌렸다. 중재에 관여한 한 시민 단체 관계자는 "새만금 사업은 계속하되 바닷물을 유통시켜 갯벌을 살리는 쪽에서 타협점을 찾자는 내용이었다"고 소개했다.

부안 핵폐기장 문제도 "2008년 수명이 다하는 고리 원전 1호기를 연장 가동하는 대신 방폐장으로 활용하자"는 중재안이 나왔으나 환경 단체의 완강한 반대에 무릎을 꿇었다. 한 시민 단체 관계자는 "당시 정부 정책 담당자도 그 제안을 충분히 고려할 수 있다는 입장이었고, 상당수 환경 단체도 동의했다"고 전했다. 그러나 반핵이라는 '환경 근본주의' 앞에 타협의 여지는 적었다. 그는 "애초 정부 계획에 방폐장은 경주에 들어서기로 잡혀 있었다"며 "고리 1호기를 이용했으면 경주 방폐장을 짓지 않을 수도 있었으나, 결국 막대한 비용을 들여 원래 경주로 돌아간 꼴이 됐다"고 개탄했다.

> "새만금 갯벌을 한 평이라도 포기할 수 없지만, 결국 완전히 잃게 됐다. 반대를 위한 반대라는 비판에 정말 자신 있게 '아니오'라고 답할 수 있을지 의문이다." _ 박원순 희망제작소 상임이사

박원순 희망제작소 상임이사는 최근 한 강연에서 "새만금 갯벌을 한 평

## 환경 운동 주요 일지

| 1984년 | 경남 울주군 온산면 일대 공단 폐수 오염 조사 및 대책 활동(온산병 규명) |
|---|---|
| 1995년 11월 | 굴업도 핵폐기장 건설 백지화 |
| 1996년 4월 | 시화호 오염에 따른 해양 생태계 영향 조사 및 대응 활동 |
| 1997년 1월 | 대만 핵폐기물 북한 반입 저지 범국민운동(12월 백지화) |
| 1998년 1월 | 인제 내린천댐 건설 계획 백지화 |
| 2월 | 동강 살리기 운동 시작(2000년 6월 동강댐 백지화) |
| 9월 | 새만금 간척 사업 백지화 운동 본격 시작 |
| 1999년 5월 | 새만금 사업 환경 영향 민관공동조사단 발족, 공사 중단 |
| 2000년 7월 | 용산 미군기지 독극물 한강 방류 사건 공동 조사 요구 |
| 11월 | 용인 대지산 지키기 '내셔널 트러스트' 운동 |
| 2001년 8월 | 환경운동연합, 새만금 소송 제기 |
| 2003년 2월 | 핵폐기장 백지화 핵발전 추방 반핵국민행동 출범 |
| 3월 | 문규현 신부 등 새만금 생명 평화 삼보일배 시작 |
| 7월 | 서울행정법원, 새만금 공사 전면 중단 결정 |
| 10월 | 지율 스님 단식 및 천성산 터널 공사 착공 금지 가처분 신청(도롱뇽 소송) |
| 2004년 4월 | 울산지법, 도롱뇽 소송 각하·기각 |
| 11월 | 청주 원흥이 두꺼비 서식지 보전 운동 승리 |
| | 부산고법, 도롱뇽 소송 각하·기각, 공사 재개 |
| 12월 | 부안 핵폐기장 백지화 |
| 2005년 2월 | 지율 스님 단식 100일 만에 해제 |
| 3월 | 천성산 환경 영향 공동조사 합의 |
| 8월 | 매향리 미공군 국제 사격장 54년 만에 완전 폐쇄 |
| 11월 | 주민 투표로 경주 방폐장 부지 선정 |
| 12월 | 새만금 항소심 원고(시민 단체 등) 패소 |
| 2006년 3월 | 대법원, 새만금 원고 측 상고 기각 |
| 6월 | 대법원, 도롱뇽 소송 각하·기각 결정 |

이라도 포기할 수 없지만, 결국 완전히 잃게 됐다"며 "반대를 위한 반대라는 비판에 정말 자신 있게 '아니오'라고 답할 수 있을지 의문이다"라고 말했다.

대안 마련에 인색했고 주민 의견을 제대로 반영치 못한 데 대한 내부 자성이 나온다. 녹색연합 최승국 사무처장은 "새만금에 대해 다른 주장을 하면 사이비 취급을 받았다"며 "환경 운동도 똑같은 목소리를 내서는 안 되고 다양한 의견끼리 경쟁해야 했다"고 말했다.

박진섭 생태지평 부소장은 "새만금을 개발하면 전북도민이 잘 살 수 있다는 개발 논리를 무시한 채 운동 진영은 '환경 보존론'만 고집했다"고 자성했다. 박진섭 부소장은 "새만금 사업의 절차상 문제를 따지는 것과 별개로 지역 경제에 어떤 악영향을 주는지 구체적이고 효율적으로 설득했어야 한다"고 평가했다. 한 시민 단체 관계자는 "처음에는 환경 단체도 갯벌의 중요성에 대해 충분히 몰랐다"고 털어놓았다. 이후 정부 보상금을 받고 주민 대부분이 찬성으로 돌아선 뒤에야 주민 설득에 나섰으나 늦었다. 결국, "환경 운동 때문에 국책 사업이 표류해 막대한 손실금을 국민 혈세로 메워야 한다"는 이른바 '개발 동맹'의 주장 앞에 반대 논리는 궁색해 보였다.

대법원 판결을 앞두고 있던 2006년 3월 12일 환경운동연합 회원들의 결의문은 만시지탄에 가까웠다. "지금 공사를 멈추고 바닷물을 유통시키고 기존 방조제를 활용하면서, 새만금 어민들과 전북 발전을 도모하는 상생의 대안은 얼마든지 있습니다……."

현실을 반영하지 않고 경직된 배경에는 종교계 인사들의 '근본주의'가 자리 잡고 있다고 활동가들은 진단했다. 죽음이냐 환경이냐의 양자택일 요구가 많은 시민들에게 부담을 안겨 줌으로써 대중적 호소력을 상실하게 되었다는 것이다. 2000년 동강댐 백지화 이후 특히 새만금, 방폐장, 천성산 사태 등에 성직자의 결합이 늘었다. 성향상 근본주의 입장이 강한 종교인들이 사회 갈등의 전면에 나서면서 운동이 경직됐다.

정부가 주도한 지속가능발전위의 정책에 대한 대응도 부족했다. 상지대 홍성태 교수(참여연대 정책위원장)는 "지속가능발전위는 생태 위협을 막자고 만든 기구인데 정권의 개발 논리에 이용되어 버렸다"고 비판했다. 최승국 처장은 "전체적인 국토 계획이나 도시계획, 생태축 같은 큰 그림을 갖고 대응하지 못했다. 그때그때 이슈를 좇아가는 식이었다"고 반성했다.

# 대학, 신자유주의에 볼모 잡힌 '지성의 요람'

"여러분 중에 '십장생' 모르는 사람 없죠? 이제는 '10'대도 '장' 래를 '생'각해야 한다는 말입니다." 청중들 사이에서 박수와 함께 웃음이 터졌다. 400명이 들어올 수 있는 대형 강의실이 꽉 차고도 모자라 계단에, 바닥에 앉은 채 학생들은 강의에 귀 기울이고 있었다. 다들 진지한 표정으로 한 마디 한마디 놓치지 않고 받아 적는다. '삼성이 원하는 인재상'이라는 제목의 특강이다. 강사는 삼성전자의 모 부장. 필기시험에서부터 면접 요령에 이르기까지 입사 시험을 준비하는 방법을 상세하게 알려 주는 1시간짜리 강의다.

"실력이 없으면 누구나 해고될 수 있는 세상입니다. 저 역시 내일이라도 당장 거리에 나 앉을 수 있습니다. 한 가지 알아 두어야 할 것은 '비정규직'이라는 게 꼭 나쁜 것은 아니라는 겁니다. 삼성전자의 상무도 비정규직일 수 있어요. 그것이 기업의 효율에 이롭다면 어떤 것이든 받아들여야 합니다. 여러분도 어서 학생 티를 벗고 하루 빨리 이 규칙에 적응해야 험한 세상에서 잘 살 수 있습니다."

강사의 말에 강의실에는 잠시 숙연함 비슷한 기운이 감돈다.

"너, 벌써부터 이런 데 관심을 갖다니 아주 바람직한 태도야. 앞에서 강의하는 저 △△△라는 부장은 해마다 취업 특강하러 우리 학교에 오는 분인데 저 분 이야기 잘 들어 두면 나중에 피가 되고 살이 돼."

기자의 바로 옆자리에 앉은 한 남학생이 후배인 듯한 여학생에게 낮은 목소리로 상세하게 설명해 준다.

큰 박수로 강의는 끝났다. 그러나 학생들은 강사에게 질문을 하느라 강의실을 떠날 줄 모른다. 졸업을 앞둔 이 모 씨(25)는 3년째 이 특강에 참석해 왔다.

"대기업 취업은 낙타가 바늘구멍에 들어가기랑 똑같잖아요. 저는 3학년 때부터 여기 왔어요. 여기 있는 학생들의 절반은 2, 3학년들일 거예요. 사법고시나 행정고시 공부도 다들 1학년 때부터 하는데, '삼성 고시'라고 미리미리 준비하지 않을 이유가 없잖아요."

새 학기가 시작된 2006년 9월 1일 고려대서울 캠퍼스 '민주 광장' 앞 한 강의실의 풍경이다.

비슷한 시간 이 강의실에서 불과 200~300미터 떨어진 고려대 본관 앞에는 또 다른 장면이 펼쳐지고 있었다. 현관 바로 앞에 낡은 천막이 한 채 서 있다. 구멍 나고 헤진 천막 안에서 기타 연주 소리와 함께 고(故) 김광석의 '나의 노래'가 흘러나온다. 어두컴컴한 천막 안으로 고려대 사상 초유의 '출교 조치'(영원히 학교로 돌아올 길이 없다는 점에서 퇴학보다 강한 징계 조치)를 당한 7명의 학생들이 각자 일에 몰두해 있다. 이들은 이날로 135일째 이곳에서 먹고 자며 농성 중이다.

이들 중에는 2005년 5월, 4백억 원을 이 학교에 기부한 삼성 이건희 회장의 명예 철학박사 학위 수여식을 저지하기 위해 몸싸움을 벌인 학생도 있고, 2006년 4월 고려보건대 학생 차별 문제에 항의하는 시위를 벌였던 학생도 있다.

"이건희 회장의 명예 철학박사 학위 수여식 저지에 가담하지 않았다면 이렇게 가혹한 징계를 받았을까 궁금해요. 저희 역시 취업 걱정이 안 될 리 없죠. 집에서도 걱정이 많아요. 저희도 안락한 삶을 살고 싶고요. 사실 취업문이라는 게 아무리 좁아도 혼자서 많은 노력을 한다면 그 문을 뚫고 들어갈 길은 있어요. 그러나 문 자체가 넓어지는 것은 아니죠. 대다수는 그 문턱에 가 보지도 못하고 절망합니다. 학교나 기업, 아니 사회 전체의 경쟁이 강화되고 불평등이 심화되는 상황에서 온실 속에서 비교적 많은 혜택을 받고 자라 온 저희는 무언가 다른 이야기를 해야 한다고 생각했어요."

이건희 회장 관련 사태와 고려보건대 사태 모두에 참여했던 안형우 씨

| 기업의 주요 대학 건물 기부 사례 | |
| --- | --- |
| 서울대 | 포스코생활체육관, SK경영관, LG경영관, CJ어학연구소, LG연구동, SK텔레콤연구동, 호암관(삼성) |
| 고려대 | 백주년기념 삼성관, LG포스코관 |
| 연세대 | 삼성관(생활과학대), 상남경영관(LG) |
| 이화여대 | 이화SK텔레콤관, 이화삼성교육문화관, LG컨벤션홀, 이화포스코관, 이화신세계관, 이화삼성캠퍼스(건설 중) |
| 특징 | • 삼성이 2005년 학술·교육 분야에 지원한 1천 5백 54억 원 중 고려대 백주년기념 삼성관(4백억여 원) 등 대학 시설에 5백 56억 원 기부<br>• 대기업의 대학 건물 건립은 서울 지역 주요 대학에 편중. 지방 대학에 지어 준 건물은 거의 없음 |

(23·국어교육)의 말이다. 그는 "대학 측에서 졸업을 위해 학생들에게 요구하는 '영어 강의 이수' '토익 점수 졸업 제한' '이중 전공 의무화' 등이 얼핏 대학생들의 인생에 보탬이 되는 것 같지만 실은 소모적인 경쟁을 조장하고, 진정한 '지성인'이 되기 힘들게 만든다"고 말한다.

"사회적 제약에서 비교적 자유로운 대학생들로서 항상 사회의 주류에 대한 거리와 긴장을 유지해야 한다"는 이 학생들을 지지하는 동료들이 없지 않지만 이들을 보는 고대인들의 시선은 대체로 싸늘하다.

천막 앞을 지나던 인문대 4학년 엄 모 씨(22)는 "출교 조치를 당한 사정이 안타깝기는 하지만 그런 문제 때문에 굳이 과격한 행동으로 학교 측과 저렇게 대립해야 했는지 이해하지 못 하겠다"고 말했다. 이 대학의 한 교직원은 "이제는 소수로 전락한 운동권 학생들의 시대착오적인 행태에 질렸다"며 "저런 학생들이 학교에 더는 발을 붙일 수 없도록 해야 한다"고 강조했다.

이 대학의 한 교직원은 "이제는 소수로 전락한 운동권 학생들의 시대착오적인 행태에 질렸다. 저런 학생들이 학교에 더는 발을 붙일 수 없도록 해야 한다"고 강조했다.

동국대 강정구 교수(사회학)는 2001년 '만경대 방명록' 파문으로 논란을 일으켰지만 당시 동국대 측은 강정구 교수에게 아무런 조치를 취하지 않았다. 이 사건을 계기로 동국대라는 이름이 사람들에게 알려지기도 했

2005년 고려대 개교 100주년을 기념해 삼성이 서울캠퍼스에 지어 준 백주년 기념 삼성관.

고, 그런 '문제 교수' 한 명쯤 있는 게 이미지 관리상 그리 나쁠 것도 없다는 판단에서였다. 그런 강정구 교수가 2005년 "6·25는 통일 전쟁"이라는 내용의 칼럼을 써서 다시 구설수에 올랐다. 이번에는 사정이 달랐다. 김상렬 대한상공회의소 부회장이 "강 교수 강의를 들은 사람이 시장경제를 올바로 이해하고 있을지 의문"이라며 "올바른 시장경제 이념이 뿌리내리게 하기 위해 기업 채용 때 대학 수업 내용 등을 참고하도록 대책을 마련하겠다"고 말한 것이다. 대기업들이 동국대 졸업생을 뽑지 않을 것을 시사한 것이다. 대학의 돈줄을 쥐고 있는 존재 정도로 여겨졌던 기업이 이른바 대학 강의의 내용에 개입할 수 있다는 뜻이었다. 동국대는 즉각 강정구 교수에 대한 해임 절차에 들어갔다. 동국대의 한 교수는 "강 교수 직위해제는 모교 학생들을 기업들에 '볼모'로 잡힌 대학이 취할 수 있는 지극히 자연스러운 행동이었다"고 해명했다.

1심 법원에서 유죄 판결을 받은 강정구 교수는 2006년 8월 말 진보적 학풍으로 유명한 성공회대에서 '한국사회연구'라는 교양 강의를 맡을 예정이었다. 수십 명의 학생이 수강 신청까지 했지만 강정구 교수는 갑자기 강의를 포기해야 했다. 강의 소식이 학내에 퍼지자 김성수 총장을 비롯한 대학 당국이 난색을 표한 것이다.

한국외국어대에서는 불과 10년 전만 해도 좀처럼 상상하기 어려웠던 일이 벌어졌다. 대학 측의 비정규직 부당해고 등에 항의하는 교직원 노조의 장기 파업에 총학생회가 '학습권 침해'를 이유로 노조를 물리적으로 공격한 것이다. 2006년 10월 31일로 209일째 파업 중이었던 노조는 9월 총학생회 소속 학생들이 사무실에 들어와 강제로 집기를 들어내는 바람에 건물 밖으로 밀려나 천막생활을 하고 있었다.

학내 여론은 좋지 않았다. 졸업을 앞둔 이 모 씨(23)는 "도서 관리가 엉망이어서 학생들이 리포트 작성과 시험공부에 애를 먹고 있다"고 말했다. 외대 도서관은 직원 26명이 일해 왔으나 파업 후 상근 직원이 두 명으로 줄었다. 성이 김 씨라고만 밝힌 한 학생은 "'귀족 노조'의 장기 파업 때문에 학생들의 정당한 학습권이 침해받고 있다"고 말했다.

애초 싸움은 대학 당국과 직원 노조 사이의 '줄다리기'였지만 2학기 개강 후에도 사태가 해결되지 않자 총학생회를 비롯한 많은 학생들이 노조 측에 화살을 돌렸다. 이 과정에서 대학 당국의 일방적인 사태 수습을 비판하는 인쇄물을 돌린 영어과 4학년 조명훈 씨(26)가 무기정학을 당했다. "인쇄물을 배포함으로써 노조 파업에 공조하고 학교의 명예를 실추시켰다"는 것이 이유다. 졸업을 위해 5학점을 남겨 놓고 징계를 당한 조명훈 씨는 단지 인쇄물을 배포했다는 이유로 무기정학을 주는 것은 너무 하지 않느냐고 항변했다.

매일 아침 외대 정문 앞에서 1인 시위를 벌이는 조명훈 씨는 "외면하고 지나가는 학생들의 모습에 힘이 빠지는 것은 어쩔 수 없지만 그래도 요즘 학생들이 처한 조건을 이해해야 한다"고 말한다.

"학생들이 사회문제에 관심을 갖지 못하는 것은 사회 전체적인 분위기 때문이에요. 1990년대 경제위기 이후 사회는 더욱 경쟁적으로 변하고 개인들은 원자화됐어요. 대학은 수익을 창출해야 한다며 경쟁과 효율을 강조하고 있고요. 이제 대학은 지성의 전당이라기보다 직업훈련소에 가까워요. 저의 바람은 대학생들이 그런 변화를 조금만 더 비판적이고 거시적으로 바라봤으면 하는 거예요."

그런 그도 현 총학생회에 대해서는 비판을 감추지 않았다. 그는 "등록금이 12퍼센트 포인트 올라 돈 때문에 교육받을 권리를 박탈당한 학생들의 '학습권'을 거론조차 하지 않던 총학생회가 '등록금을 낸 다수의 학생들이 학교에서 방해 받지 않고 공부할 수 있는 권리'를 주장하는 것은 학습권의 참뜻을 오해한 것"이라고 말했다.

파업에 참여 중이던 외대 직원 노조의 김은주 씨(38)는 "정당한 서비스를 못 받는 점에 대해 솔직히 학생들에게 미안하다"면서도 "그렇지만, 학생들은 파업 역시 나름의 논리가 있음을 이해해 줬으면 좋겠다"고 말했다.

과거 학생운동권은 물론, 많은 대학생들의 잔치라고 할 수 있었던 총학생회 선거는 이제 모든 대학 구성원들의 '애물단지'가 된 지 오래다. 1990년대 후반부터 '비권(=비운동권)' 총학생회가 등장하기 시작하더니 한동안 총학 선거에는 '운동권' 대 '비권'의 대결 구도가 형성된 적이 있었다. 2006년에는 급기야 황라열 전 서울대 총학생회장으로 대표되는 '반(反)권(=반운동권)'이 나타났는가 하면, 운동권과 비운동권의 대결 구도 자체가 무의미해진 상황이 되어 버렸다.

> "한총련 탈퇴가 좋은 방향일지는 몰라도 대학생들이 너무 사회의식이 없는 것은 바람직하지 않다. 대학생들이 취직, 공부, 연애하는 것 말고 나라 걱정도 해야 하지 않겠느냐."
> _정운찬 전 서울대 총장

무관심의 와중에 대학생 사회에도 '새 바람'이 불고 있다. 이른바 '뉴라이트 바람'의 대학 상륙이다. 서울대만 해도 2006년 가을 학생회 선거에 19개 단과대 중 7개 단과대에서 '뉴라이트' 성향의 후보가 출마했다. 고려대에서도 2006년 3월 총학 선거에 뉴라이트 기치를 내건 출마자가 있었다.

그런 점에서 정운찬 전 서울대 총장이 서울대 총학생회가 한총련을 탈퇴한 것을 두고 요즘 대학생들을 비판한 일은 두고두고 회자된다. 그는 2006년 5월 "한총련 탈퇴가 좋은 방향일지는 몰라도 대

| 대학의 기업 맞춤형 교육 사례 | |
|---|---|
| 고려대 | • LG 전자 : 공과 대학원 진학 앞둔 4학년 때부터 2년간 대학원에서 LG가 주는 과제를 연구하고 장학금 받음. 이른바 주문형 석사<br>• 삼성, KT : 직원들 경영학과 위탁 교육 |
| 성균관대 | • 삼성전자 : 반도체시스템학과 신설해 100명 전원 장학금 지급. 졸업 후 삼성전자 취직<br>• 삼성SDS, KT, GS건설 : 재학 중 인턴 활동하면 학점 인정 |
| 경희대, 광운대, 인하대, 아주대, 홍익대, 부산대, 경북대, 고려대, 성균관대 | |
| | • 삼성전자 : 정보통신 트랙, 실습 기자재 등 지원금 제공하고 삼성에게 필요한 인재 맞춤형 교육 |
| 한양대 | • 하이닉스반도체 : 전자, 재료, 물리, 화학 분야 학부생 중 20여 명 선발해 반도체 관련 교과목 집중 수강케 하고 입사 기회 부여 |
| 서강대 | • 삼성전자 : 반도체 트랙 운영 기금 5억 원 및 학부생 30여 명에 장학금 제공하고 맞춤형 교육 |

학생들이 너무 사회의식이 없는 것은 바람직하지 않다"며 "대학생들이 취직, 공부, 연애하는 것 말고 나라 걱정도 해야 하지 않겠느냐"고 말한 바 있다. 정운찬 총장 자신이 학생운동을 한 적도 없고 그리 진보적인 성향을 보이지도 않는 주류 경제학자라는 점에서 그의 말은 사회의식을 잃어 가는 요즘 대학생에 대한 스승의 따끔한 충고로 남을 듯하다.

진보의 위기 징후 가운데 공통적인 것은 '일할 사람'이 줄어들고 있다는 것이다. 기업에서 일할 준비가 되어 있는 사람은 넘쳐 나지만 진보 운동을 위해 일할 사람은 갈수록 줄어드는 곳이 한국 대학의 현주소다. 1차적 원인은 대학에 불어 닥친 신자유주의에 있다. 한국 대학의 신자유주의화는 1990년대 말 김대중 정부가 '신지식인' 개념을 유행시킨 데서 시작해 "대학은 산업이다"라는 노무현 대통령의 2005년 1월 발언에서 그 모습을 완전

> 신자유주의적 대학 정책은 대학을 경제적 가치 창출의 전진기지로 간주하고 교수들과 학생들에게는 이윤 창출을 위한 아이디어 생산자로 기능해 줄 것을 요구한다.

하게 드러냈다. 신자유주의적 대학 정책은 대학을 경제적 가치 창출의 전진기지로 간주하고 교수들과 학생들에게는 이윤 창출을 위한 아이디어 생산자로 기능해 줄 것을 요구한다.

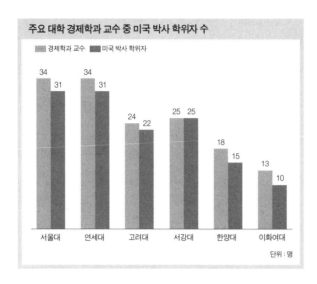

주요 대학 경제학과 교수 중 미국 박사 학위자 수

- 경제학과 교수
- 미국 박사 학위자

| 서울대 | 연세대 | 고려대 | 서강대 | 한양대 | 이화여대 |

34 31 / 34 31 / 24 22 / 25 25 / 18 15 / 13 10

단위 : 명

'산학협동'이라는 이름으로 기업은 이제 대학의 곳곳에 들어와 있다. 전경련 출신 손병두 총장 영입 후 재계와 협력을 강화하고 있는 서강대는 최근 삼성전자와 반도체 전문 기술 인력 양성을 위한 '반도체 트랙' 협약을 체결했다. 삼성전자는 서강대에 5억 원의 운영 기금과 30여 명의 학생들에게 장학금을 제공하고 대학은 삼성이 원하는 '맞춤형 인재'를 제공하는 식이다. 서강대 외에도 고려대, 성균관대, 경희대 등도 삼성과 비슷한 협약을 체결해 시행 중이다.

기업의 인력 교육을 대신해 주는 것에 그치지 않고 대학들은 기업의 경영 방식까지 도입한다. 최근 서울대는 삼성경제연구소에 의뢰한 용역 결과에 따라 교수 승급 심사에서 일정 비율의 탈락을 의무화하는 승급 심사제를 도입하기로 했다. 발전 기금 모금도 중요한 일이다. 각 대학마다 기금 모금 CEO를 별도로 영입해 엄청난 기금을 끌어 모으고 있는 미국 하버드대를 벤치마킹해 발전 기금 담당자를 별도로 두는 것은 이제 상식이다.

홍덕률 대구대 교수(사회학)는 "위기의 본질은 '지식의 생산·보급을 둘러싼 신자유주의적 환경'"이라며 "지금 우리 사회의 지식인들은 인문학적 통찰력과 사회학적 상상력을 거세당한 채 전환기의 혼돈과 불확실성에 무기력하게 대처하고 있다"고 지적했다. 물론 레지 드브레의 '지식인의 종말', 장 프랑수아 리오타르의 '지식인의 종언' 선언 등에서 보듯 전통적인 지식인의 퇴조는 우리만의 이야기는 아니다. 홍덕률 교수는 그러나 "우리의 경우 문제의 심각성은 지식계가 온통 신자유주의에 포위되어 있지만 대학과 교수 사회가 자신의 역할을 찾지 못하는 데 있다"고 말했다. 조희연 성공회대 교수는 "이제 대학도 조직으로서 합리성, 효율성, 수월성을 추구하면서 일반 직장과 큰 차이가 없어져 가고 있다"고 말했다. 대학이 기업처럼 변하며 대학 교수 역시 연봉 4천만~5천만 원씩 받는 일반 직장에 취직한 회사원 비슷하게 되어 버린 것이다.

진보적 지식인이 대학에 충원되는 통로가 좁아진 것도 한 원인이다. 단적으로 경제학의 경우 미국 출신 박사가 아니면 명함을 내밀 수 없다. 그것은 경제학에만 국한되지 않는다.

최갑수 서울대 교수는 "각 학문 분야에서 미국에서 박사 학위를 받은 교수들이 맹위를 떨치고 있다"면서 "이들은 전문성 측면에서 깊어졌을지 모르겠지만 이들은 대부분 스스로 어느 한 분야의 기능적인 '전문가'임을 넘어 사회적 목소리를 내는 '지식인', 더 나아가 시대적 요구를 가진 '시민'이라는 의식은 별로 갖고 있지 않은 것 같다"고 말했다.

최갑수 교수는 "박사 학위자 등 고학력자가 엄청나게 늘어난 것도 원인"이라고 말했다. 1970~80년대만 해도 석사 학위만으로도 교수에 임용될 수 있었던 시절이 있었지만 지금은 웬만한 박사는 교수 꿈도 못 꾼다. 자연스럽게 미국 학위라는 명함과 양적 성과물이 중시되는 풍토가 생겨날 수밖에 없다. 학문 연구자들이 돈이 되는 학문에만 몰리고 그런 학문만 각광을 받다 보니 진보 성향 연구자들이 대학에 충원되기 어려운 구조라는 것이다.

이런 상황에서 학생들에게 비판적 교양을 길러 줄 수 있는 교육이 이뤄지기는 어렵다. 손호철 서강대 교수는 "교수의 강의와 연구가 수요 쪽에만 맞춰지다 보니 실용성이 강조되는 기능주의적 교육만 이뤄진다"고 말했다.

> "학생 등록금에 의존하는 재정 구조, 국가의 미미한 대학 지원, 취약한 기부 문화가 모두 대학을 신자유주의적인 경쟁으로 내몰고 있다."
> _홍덕률 대구대 교수

지난 수십 년간 한국의 대학은 양적으로 엄청나게 팽창했다. 신자유주의적인 환경이 더욱 가혹한 것도 그 때문이다. 고교생의 대학 진학률이 80퍼센트를 넘어선 상황에서 등록금에 재정의 상당 부분을 의존하고 있는 대학들은 기업형 경영에 뛰어들지 않을 수 없게 된 것이다. 사립대는 물론, 국립대도 대기업 기부의 의존하지 않으면 살아남을 수 없다. 기업이 원하는 인재를 길러 내는 것은 취업에 목말라 하는 학생들이 원해서 이기도 하지만 재정 지원을 하는 기업들이 '맞춤형 인재'를 원하기 때문이 기도 하다.

홍덕률 교수는 "학생 정원을 채우지 못해 재정 위기가 초래되고 급기야 학교 문을 닫게 될지도 모른다는 위기감이 지방 사립대들 사이에 팽배하다" 면서 "학생 등록금에 의존하는 재정 구조, 국가의 미미한 대학 지원, 취약한 기부 문화가 모두 대학을 신자유주의적인 경쟁으로 내몰고 있다"고 말했다.

한국 사회에서 대학은 이제 더는 '비판적 지성의 산실'이 아니다.

# 진보는 왜 전진하지 못하나

일 시 : 2006년 11월 2일    장 소 : 경향신문사 회의실

사 회 : 이대근 『경향신문』 정치·국제 에디터

참 석 : 김혜정 환경운동연합 사무총장, 단병호 민주노동당 국회의원, 조희연 성공회대 교수

진보·개혁 세력이 위기에서 벗어나려면 무엇을 해야 하는지 이야기해 보고자 한다. 우선 진보가 위기라는 데 동의하는가.

**조희연** ┃ '전환적 위기'라 본다. 어느 시기든 진보는 특정 문제에 대응하고 또 저항하는 형태로 운동해 왔다. 독재 타도라는 시대적 과제 속에서 1987년 6월 민주화라는 거대한 흐름을 주도했던 민주 진보 진영은 이제 전환 국면에 있다. '포스트 민주화' '지구화' 시대의 진보로 전환하는 진통을 겪고 있다. 진보가 통째로 몰락하고 있다고는 보지 않는다. 새로운 진보로 나아가야 하는 과제가 남았을 뿐이다.

**김혜정** ┃ 삶 자체가 성장만 할 수 없듯 운동도 언제나 성장할 수는 없다. 시민운동이 새로운 의제를 설정하고 다양함을 요구받는 시기에 그것을 수용하는 능력이 부족했던 것은 사실이다. 양적인 성장을 이룬 시민운동이 질적으로 성숙함을 요구받는 것이다. 환경 운동의 실패라는 평가에는 완전히 동의하지 않는다. 환경 운동이 없었다면 여기까지라도 왔을까 싶다. 새만금 논쟁을 통해 국민이 갯벌의 중요성을 깨달은 것은 큰 진전이다.

**단병호** ┃ 현재 상황을 단정하기는 어렵지만 진보 운동이 위기에 처해 있

단병호 민주노동당 국회의
원, 김혜정 환경운동연합 사
무총장, 조희연 성공회대 교
수(왼쪽부터).

다는 건 분명하다. 진보 운동을 추동해 온 주체들의 계급 안에서 구심점이
사라지고 있다. 진보진영은 그동안 노동자·농민을 한 덩어리로 보고 우리
사회의 민주·진보를 추동해 왔지만, 노동 내에서조차 분화가 일어나면서
그 세력들이 서로 고립되고 있다. 새로운 민주·진보를 추동할 수 있는 주
체가 형성되지 못하고 있는 것이다.

**조희연** | 민주화 이후 진보의 위기는 우리만의 현상이 아니다. 대만 천수
이볜 정부, 태국 탁신 정부 등 1980~90년대에 제3의 민주화 물결을 이룬 아
시아 국가들에서 공통으로 나타난다. 우리의 경우 박정희가 개발을 성취했
으나 그 개발이 가져온 새로운 모순의 위기에 적절히 대응하지 못했다. 재
벌 개혁이 진행됐음에도 결과적으로는 더욱 거칠고 험악한 모습의 계급사
회가 출현했다. 또한 민주개혁은 정치경제적 의제 중심이었다. 정치경제적
개혁조차 제대로 이루지 못했고, 생태적 진보, 생활 세계적 진보로의 확장
은 거의 손도 못 댔다. 지금까지 성취한 민주개혁이 어떤 전환을 요구받고
있는지, 어떤 것은 여전히 성취하지 못했는지 나눠서 봐야 한다.

생활의 진보, 진보의 확장에 대해 더 말해 달라.

김혜정 | 현재 개혁과 진보의 가장 큰 문제는 '녹색'이 빠져 있다는 점이다. 진보의 선봉에는 정치·경제를 포괄하는 단체가 주류이며, 참여정부의 개혁에서도 환경, 평화, 문화 분야는 완전히 실종됐다. 개발 독재 때보다 더하다. 20여 년 환경 운동을 해 오며 느낀 것은 참여정부가 역대 정부 중 가장 반환경적이고 재벌 편향적이라는 것이다.

단병호 | 일반 국민은 개혁과 진보, 민주와 진보라는 것을 개념적으로 구분해서 받아들이지 않는다. 시민운동을 참여정부와 한 덩어리로 보고 그 정부를 출범시켜 줬다. 그러나 결과적으로 그 안에서 '진보 세력'은 아무것도 한 것이 없다. 국가보안법이 그대로 살아 있고 집시법은 오히려 더 강화됐다. 양극화는 심화됐고 고용 불안정도 더 심해졌다.

조희연 | 참여정부에 돌을 던져 버리고 끝나서는 안 된다. 그 실패에서 우리는 무엇을 배울 것인가. 참여정부 내의 준비 안 된 주체와 그들의 개혁성에는 어떤 문제가 있었나 살펴보아야 한다. 이른바 개혁적인 386들 역시 삼성 보고서를 다 베껴 쓰는 실정이다. 정책 수행 능력이 떨어졌던 것이다. 민주노동당도 이를 반면교사로 삼아야 한다. 국가보안법 실패는 참여정부가 안 하려고 해서 안 한 것이 아니다. 국가보안법 해체를 강제할 수 있는 진보적 역량이 사회

> "이른바 개혁적인 386들 역시 삼성 보고서를 다 베껴 쓰는 실정이다. 정책 수행 능력이 떨어졌던 것이다. 민주노동당도 이를 반면교사로 삼아야 한다." _조희연 성공회대 교수

전체적으로도 부족하지 않았나 싶다. 민주화 이후 역설적으로 계급적 기득권 세력은 더욱 강고해졌다. 진보를 확장할 수 없는 거대한 사회적 한계가 있는 것이다. "강남 사람들은 계급의식이 투철한 데 비해 강북 사람들의 계급의식이 부족한 게 문제"라는 말이 있다. 『조선일보』를 친일 신문, 반개혁 신문으로 평가하지만 오히려 『조선일보』는 투철한 계급 신문이라는 인식이 필요하다.

김혜정 | 참여정부에서 더욱 심해진 양극화의 주범은 건설 마피아다. 건

설 마피아는 개발 독재 때부터 지금까지 우리 사회를 지배해 왔다. 필요하지도 않은 댐, 다리, 도로 등 대규모 공사로 모든 걸 해결하려 한다. 참여정부가 말로는 '친환경'을 외쳤지만, 정권을 장악한 것은 건설 마피아, 토건 세력들이다. 이들에 대한 실질적 개혁 없이는 민주개혁은 물론 우리 시민들 삶의 질 성숙도, 희망도 없다. 양극화가 더 심해지고 국토는 파괴될 것이다. 양극화가 심해지면 국민은 환경 문제 같은 삶의 질 문제에는 관심이 옅어지고 개발을 통해서라도 잘 먹고 잘 살아야지 하는 생각을 하게 마련이다.

조희연 │ 포스트 민주화 시대에 운동이 조급해야 할 필요는 없다. 그리고 전두환·노태우 시대보다 노무현 정부가 더 반환경적이지도 않다. 개발 독재 국가에서 민주화운동, 민중운동이 쟁점화했던 것은 독재의 성장 국가 담론이다. 토건 국가적 측면은 충분히 쟁점화될 기회가 없었다. 그때 쟁점화되지 못했던 것이 이제야 터져 나오는 것이다.

단병호 │ 참여정부, 개발 기득권층 이야기만 했는데 우리 스스로도 돌아볼 부분이 많다. 2년 전 국민이 민주노동당에 13퍼센트의 지지를 보내며 10명이나 국회로 보내 줬는데, 그 기대에 부응하는 역할을 했느냐 생각해 보면 사실 죄송한 마음밖에 없다. 국회에 들어가 뼈저리게 느낀 것은 들어오기만 했을 뿐 우리가 준비한 것이 아무것도 없었다는 점이다. 법이나 제도를 만드는 역량이 부족했다. 광범위한 네트워크를 형성하든지…… 구조적인 뭔가가 있어야 하는데 그것도 없었다. 계획도, 실행도 부족했다. 진보에 대해 국민이 회의하고 실망한 점, 민주노동당의 책임도 크다. 민주노총 역시 한 단계 더 나아갈 수 있었는데 그러질 못했다. 노동운동이라는 게 조직원들이 일을 하는 것이기 때문에 그들의 이해와 요구가 중요할 수밖에 없다. 그러나 지난 15년간 민주 노조를 해 오며 그 안에서 버릴 것과 가져가야 할 것을 제대로 정리하지 못하고 기존에 갖고 있던 형태의 운동만 고집했다. 민주노총은 단협, 임금 등의 문제에 있어 자기 구성원 중심에서 한 걸음도 더 나아가지 못했다. 조직된 조합원의 임금 문제만 신경을 쓰고 비조직된 8백 50만 비정규직에는 소홀했다.

조희연 | 민주화가 진행되며 나타나는 제도화의 도전이라 본다. 민주노동당의 의회 진출은 진보가 제도 정치적 공간으로 확장됐다는 말이다. 그 확장은 사실 탄핵이라는 보수 쪽 실책에 힘입은 측면도 크다. 진보 진영의 정책 역량은 많이 부족했던 게 사실이다. 제도화의 도전은 시민운동에도 적용된다. 시민운동의 의제가 주류에 포섭되어 버렸다. 특히 인권, 여성 같은 종합적 시민운동이 그렇다. 제도화가 진전된다는 것은 진보 세력에게도 제도를 활용할 수 있는 공간이 늘어난다는 이야기다. 그걸 활용하면서 보수의 일부까지도 진보가 획득하는 헤게모니의 정치를 해야 했다. 진보는 지금까지 '정체성의 정치'만 고민했지 '헤게모니 정치'에는 미흡했다. 보수를 비개혁적이라고 비판만 했을 뿐 그들을 진보 헤게모니로 끌어 오는 것에 미숙했다.

『경향신문』 진보 시리즈가 나온 뒤 김창호 국정홍보처장은 "진보의 실패는 진보 안에서 찾아야지 왜 엉뚱하게 노무현 정부에서 찾느냐. 진보 스스로 반성하라"는 글을 올렸다. 진보의 위기에서 노무현 정부의 책임이 더 많은가, 진보 내부의 책임이 더 많은가, 아니면 신자유주의라는 외부 요인이 더 큰가.

단병호 | 문제가 있으면 자기 내부에서 찾아야 한다는 그 말은 맞다. 옛날만큼 진보 운동이 치열했느냐, 나 자신부터 자신 있게 대답하기 부끄러운 부분이 있기 때문이다. 그러나 참여정부가 애초 "우리는 신자유주의자이고 보수주의자다"라고 표방했다면 이렇게 문제가 커졌을까. 참여정부는 끊임없이 자신이 민주 세력이고 약간의 진보 세력인 것처럼 포장하면서도 내용적으로는 신자유주의 정책을 펴 왔다.

> "참여정부가 애초 '우리는 신자유주의자이고 보수주의자다'라고 표방했다면 이렇게 문제가 커졌을까. 참여정부는 끊임없이 자신이 민주 세력이고 약간의 진보 세력인 것처럼 포장하면서도 내용적으로는 신자유주의 정책을 펴 왔다." _단병호 민주노동당 국회의원

김혜정 | '좌회전 깜빡이 켜고 우회전하는' 참여정부 정책이 온 국민을 혼돈에 빠트렸다. 일반 시민들은 인식을 하지 못했겠

지만 노무현 정부가 진보의 위기를 초래한 문제가 어마어마하다. 하지만 시민운동도 변화된 사회에 걸맞은 의제를 설정하는 능력이 부족했던 점 역시 사실이다. 이슈 중심의 운동에서 정책 역량이 배가 된 형태의 운동으로 나갔어야 했는데 부족했다. 과거 환경 운동은 친환경적인 언론 보도에 힘입은 측면이 크다. 이제는 언론 보도 없이도 우리 자체적인 회원이 라든가 시민 참여, 축적된 정책 역량 등 자생적 힘으로 뚫고 나갈 수 있어야 한다.

여러 진보 세력의 문제점을 보면 전망 및 대안 부재, 투쟁을 위한 투쟁, 기득권화, 정파 갈등 등 몇 가지 공통점이 발견된다.

조희연 | 가장 중요한 것은 전망과 대안의 부재다. 민주 정부와 진보 세력은 박정희와 다른 방식으로 서민들과 국민을 먹고살게 하는 방법을 제시하지 못했다. 참여정부는 한·미 FTA를 통해 박정희 모델을 전유하는 식으로 출구를 찾으려 했다. 사람들은 민주 정부 아래에서 훨씬 계급적으로 양극화되어 있고 살기 힘들어졌다고 말한다. 신자유주의 현실에도 불구하고 박정희와는 다른 방식의 작동 가능한 경제 모델을 제시하고 추진력 있게 그걸 실행해야 하는데, 대안적 모델도 문제고 그걸 실행하는 정책 능력도 없었다.

김혜정 | 북한 핵실험에 대해 민주노동당이 입장을 제때 못 낸 것은 아주 심각한 문제다. 한반도 평화에 중대한 영향을 미치는 사건이 발생했는데 공당이 내부 입장을 정리하지 못하고 질질 끌다가 나중에야 슬며시 낸 것이다. 핵무장을 인정하는 진보란 있을 수 없다.

조희연 | 정파 구도의 고정화는 진보의 혁신이라는 차원에서 성찰해야 한다. 모든 경계가 고정되고 관성화될 때 문제가 생긴다. 정파는 민주화 초기에 형성된 것으로, 정파가 도전하고자 했던 미국의 패권, 계급적 억압이

여전하긴 하지만 포스트 민주화 및 지구화 시대를 맞아 그 작동 방식은 변하고 있다. 정파가 배제의 범주로만 작동할 것이 아니라 많은 사람을 포섭하는 방향으로 가야 한다.

**단병호** | 분단이라는 한국적 특수성 때문에 진보 정당 내에는 진보적 가치와 민족적 가치가 공존해 온 측면이 있다. 진보 정당의 기본으로 돌아갔을 때 북한 핵문제 대응 부분은 반성해야 하는 것이 맞다. 정파 문제는 좀 다르다. 정치운동에서 정파는 없어질 수 없다. 획일화가 어쩌면 더 무서운 것이다. 정파 구도가 어떻게 긍정적으로 작동할 수 있게 하느냐가 문제다. 이제는 정파라는 틀이 모든 것을 규정하는 것이 아니라 각자 다른 정책을 내놓고 활발하게 토론하고 동의와 지지를 묻고 실행을 통해 평가를 받는 식으로 가야 한다.

**김혜정** | 민족주의는 시민운동의 큰 걸림돌이다. 민족주의가 극한으로 가면 전쟁, 파쇼적 지배로 나아가게 마련이다. 노동운동의 결과 시민운동의 공간이 마련됐다는 점을 부정할 수 없지만 이제 노동운동이 선봉에 서는 전선식 운동은 지양해야 한다.

> "민족주의는 시민운동의 큰 걸림돌이다. 민족주의가 극한으로 가면 전쟁, 파쇼적 지배로 나아가게 마련이다."
> _김혜정 환경운동연합 사무총장

**조희연** | 우리 사회에 아직 계급적, 친미적 권력이 강고하게 존재하는 상황에서 노동운동의 바리케이드가 시민운동을 확장시켜 주는 측면이 있다. 노동운동은 현재의 계급적 역관계를 돌파하는 역할을 하고 시민운동은 공공성을 중심으로 새로운 공동 행동의 폭을 넓히는 방식으로 가야 한다. 민중운동의 계급적 실현과 시민운동의 공공성이 만나는 접점을 찾는 것이 중요하다.

**단병호** | 노동운동과 시민운동의 갈등은 조금만 토론했으면 커지지 않았을 문제다.

**조희연** | 운동의 일상적 분화는 불가피하고 노동운동과 시민운동의 긴장과 갈등은 오히려 있는 것이 더 좋을 수도 있다. 시민사회 일각의 보수화 현상에 어떻게 대처할 것인가도 문제다. 진보의 위기 이후 보수의 능동화 현

상이 나타나고 있다.

사회 · 경제적 조건이 많이 변했는데 여전히 '투쟁을 위한 투쟁'을 고집한다는 비판
도 있다. 가령 정부를 활용하는 방법도 있을 텐데.

**김혜정** | 과정은 다 무시하고 결과적으로 운동이 투쟁을 위한 투쟁만 했
기 때문에 실패했다고 평가하는 것은 문제다. 가령 방폐장과 새만금 문제
에서 환경 운동 진영이 일반 대중의 지지를 얻고 운동적 성과를 거두기 위
해서는 이슈를 제기하고 사회 의제로 만들어야 하는 부분이 있었다. 하지
만 언론은 기본적으로 대립 구도를 선호한다. '보존이냐 개발이냐'는 제목
이 일단 나와야 기사화한다. 투쟁으로 반대 입장을 이슈화하지 않을 수 없
는 구조다. 우리 역시 법률 구제 활동이나 연구 조사 등 다양한 방식으로 환
경 운동을 해 오고 있으며 갯벌을 살릴 수 있는 조정안을 냈지만 아무도 주
목하지 않았다.

**단병호** | 언론도 그렇고, 고향이나 지역에서 사람들 만나 봐도 투쟁, 집

회에 대해 부정적인 이미지를 갖고 있더라. "시대와 상황이 바뀌었는데 투쟁 방식만 고집한다" "자기 이해관계에만 집착한다"고들 하는데 이거야말로 정부의 통치 이데올로기다. 물론 통치 이데올로기가 국민에게 먹혀 들어가는 것은 투쟁 주체가 과제 설정을 잘못했기 때문인 측면도 있다. 그렇지만, 다른 방법으로 집권 여당, 참여정부를 활용할 수 있는 방법이 있느냐. 국회에 들어가 보니 그건 불가능하더라. 사회적 조건이 구비되어 있지 못해 국가보안법 문제를 해결하지 못했을까. 아니다. 힘을 가진 사람들의 의지 문제였다. 정부 여당은 민주노동당을 비정규직법 제정을 막는 당으로 몰고 있다. 현재 정부 방안으로는 비정규직 문제를 결코 해결할 수 없다. 은행 창구에서 함께 근무하는 정규직과 비정규직 차별을 없애겠다며 정규직을 모두 비정규직으로 대체해 버리는 식이기 때문이다. 이런 사람들을 어떻게 활용하겠나.

**조희연** | 민주화 이후, 민중·시민운동 단체는 이제 순수한 약자 집단이 아니다. 이제는 정치적 고려를 해야 한다. 지하철 노조나 전교조의 파업이 그렇다. 전교조는 현장에서 약자 집단이라고 인식되지 않는다. 독재 아래에서는 일직선적인 전투성이 계몽의 효과를 가져왔지만 지금은 그렇지 않다. 그렇다고 전투성을 포기할 수는 없다. 정치력과 전투성을 병행해야 한다. 계급적 우위자들, 즉 자본이 계급적 약자를 낭떠러지로 내모는 비타협성이 있기 때문에 벼랑 끝 전술이 나올 수밖에 없다. 우리 사회에는 이렇게 자본과 기득권 세력의 비타협성 때문에 불필요한 비용이 너무 많이 든다.

> "민주화 이후, 민중·시민운동 단체는 이제 순수한 약자 집단이 아니다. 이제는 정치적 고려를 해야 한다."
> _조희연 성공회대 교수

**김혜정** | 방사성 폐기물 처리장 건에서 보듯 우리 사회는 핵 마피아 집단이 갖고 있는 기득권이 강고하다. 부안 주민들이 처음부터 투쟁했겠나. 평화 시위로는 안 먹혔기 때문이다. 방폐장이 경주로 선정된 것을 두고 참여정부는 지역 주민들의 지지로 성취된 민주주의의 성공 사례라고 말한다. 하지만 이것은 민주주의를 악용해 가장 나쁜 방식으로 문제를 해결한 경우

다. 매표와 금권 선거, 관권 개입에 지역주의까지 붙었다. 우리 사회가 피 흘리며 이뤄 온 민주주의가 다 실종됐다. 국가는 자신의 국토 관리 권한을 자본에 넘겨 버렸다.

단병호 | 투쟁이라고 하면 노동, 그중에도 민주노총으로 상징화되어 있다. 정책이든 정치적 의제든 반대만 한다는 이미지로 굳어져 있다. 하지만 시민·사회단체도 민주노총의 투쟁을 엄호해 주어야 한다. 순망치한이라고 하지 않나. 민주노총 투쟁이 무력화되면 본격적인 화살은 바로 시민사회로 향한다. 물론 투쟁에 대한 비판도 수용해야 할 측면이 있다. 민주노총 조합원들이 전체 노동자들 중 기득권층으로 비치는 점을 부정할 수 없다. 이 사람들의 투쟁이 국민에게는 물론 노동자 계급 내에서도 부정적으로 비치는 것이다. "우리는 죽도록 일해서 월 1백만 원 받는데 저 사람들은……"이라고 말하는 비정규직의 현실을 냉철하게 돌이켜 봐야 한다.

> "'우리는 죽도록 일해서 월 1백만 원 받는데 저 사람들은……'이라고 말하는 비정규직의 현실을 냉철하게 돌이켜 봐야 한다." _단병호 민주노동당 국회의원

조희연 | 전투적이냐, 아니냐 하는 것은 중요치 않다. 대중이 전투적인 분노를 느끼는 의제를 발굴하고 그것에 대해 투쟁해 대중이 환호하면 문제가 없다.

**진보가 위기에서 탈출하기 위해 무엇을 해야 하는가.**

조희연 | 신자유주의 지구화 시대의 대안적인 사회적 국가 모델을 만들어야 한다. 서구의 국가 사회주의 모델은 자체 문제로 실패했고 사회민주주의 모델은 신자유주의 공세 속에 무력화됐다. 새로운 사회적 국가 모델을 구체화하기 위해 일국적·지구적·계급적 사회 모델의 형성을 고민해야 한다. 포스트 민주화 시대 진보의 재구성이라는 과제도 고민해야 한다. 정치·경제적 진보보다 더 급진적인 새로운 차원으로 심화하는 지점을 찾아야 한다. 강고한 계급적 장벽을 뚫고 다양한 진보의 차원을 생태적 진보와

풀뿌리 진보로 확장하고 내부화해야 한다. 새로운 조건 속에서 고통을 받는 약자 집단과 저항적 주체들, 가령 비정규직과 외국인 노동자가 한국 진보 운동의 중심으로 더 나와야 한다.

**단병호** | 더 큰 소유를 위해서는 가진 것을 버릴 수 있는 용기도 필요하다. 어쩌면 문제가 있는 부분은 1백만 조직 노동자들 가운데서도 일부일 뿐인데, 전체 노동자의 문제로 비치고 있다. 지금 상태라면 조직 노동자들이 고립되어 살아남기 힘들다. 기존 조직원의 임금, 단협에 매몰되지 않아야 운동의 새로운 주체 형성도 가능하리라 본다.

**김혜정** | 시민운동, 진보 세력이 성장하는 것이 우리의 희망이기에 이런 논의를 하는 것 아닌가. 한국 사회에서 진보는 전인미답의 길이다. 그동안 부족했던 정책 역량을 강화하고 전문성을 강화하며, 시민들의 많은 참여를 위해 풀뿌리 운동을 확대해야 한다. 무엇보다 미래를 열어 가는 의제 설정의 역량을 강화하는 것이 중요하다.

**단병호** | 이렇게 볼 수도 있다. 내재적 불만은 커져 가고, 자괴감과 상실감이 도처에서 심해진다는 것은 오히려 역동성이 존재한다는 말이다. 그런 점에서 진보가 재결집할 수 있는 내재적 동력은 커지고 있는 것이 아닌가.

# 3부

# 보수의 부상과 혁신

한국 사회에 부는 보수 바람

2030 '젊은 보수'가 말하는 자화상

결집하는 보수

보수 담론, 어떻게 형성되고 소비되나

좌담_보수가 보는 보수의 강점과 약점

# 한국 사회에 부는 보수 바람

"김대중 대통령을 뽑을 때는 군대에 있었고, 노무현 대통령을 뽑을 때는 회사에 막 입사한 시점이었죠. 정권이 바뀌면 그동안 보수 세력이 독점해 온 기득권이 해체되고 세상이 뭔가 달라질 거라고 생각했어요. 하지만 김대중 정권에서는 호남 세력이 기득권층이 되어 버렸고 노무현 정권 역시 기대한 것과 전혀 다른 방향으로 가고 있다는 생각이 들더군요."

회사원 구정환 씨(32)는 지난 대선 때 노무현 대통령을 지지했다. 사회 초년병이던 구 씨는 노무현 후보가 정권을 잡으면 뿌리 깊이 박힌 나쁜 관행들이 진정으로 개혁될 것으로 믿었다. 정치에 별 관심이 없던 그가 '노사모'에 가입하고 후원금까지 냈다. 하지만 구 씨는 "요즘 생각이 완전히 바뀌었다"고 말한다.

"처음엔 열린우리당과 참여정부가 여러 개혁 정책을 시도하면서 세금을 내는 게 아깝지 않다고 생각했어요. 하지만 지금 보니 현 집권층도 개혁을 명목으로 자기 몫 챙기기에 바빴더군요. 공공 부문을 개혁한다면서 한편으로는 수많은 자리를 만들어 측근들을 챙겨 준 거 아닙니까. 변화와 개혁은 장기적으로 눈에 보이지 않는 부분까지 해야 하는 것이지만 현 정권은 눈에 보이는 개혁조차도 한 게 없는 것 같아요. 진보 세력이 완전히 무너졌으니 이제는 한나라당을 다시 한번 믿어 보는 수밖에 없죠."

> "진보 세력이 완전히 무너졌으니 이제는 한나라당을 다시 한번 믿어 보는 수밖에 없죠." _회사원 구정환 씨

노무현 정부 출범 초기인 3~4년 전만 해도 인터넷 공간은 진보의 세상이었다. 『오마이뉴스』, 『프레시안』 등 진보·개혁적 매체가 네티즌들 사이에서 의사소통과 여론 형성을 주도했다. 특히 현 정부 출범 후 『오마이뉴스』의 영향력은 대단했다. 노무현 대통령이 취임 직전 인터뷰를 자청했고, 여권의 내로라하는 인사들이 『오마이뉴스』 기자를 앞다퉈 만났다. 그러나 2004년 초를 기점으로 보수 성향의 인터넷 매체들이 우후죽순 만들어지기

시작했다. 신보수를 표방한 뉴라이트 운동이 태동한 시점과 거의 일치한

다. 『독립신문』, 『미래한국신문』 등 몇 개에 불과했던 보수 진영의 인터넷
사이트는 2004년 4월 창간한 『데일리안』을 비롯해 뉴라이트 운동 계열의
『뉴데일리』, 이원창 전 한나라당 의원이 만든 『프런티어 타임스』, 『브레이
크뉴스』, 『데일리 NK』, 『프리존』, 『코나스』 등이 잇따라 등장하면서 급속
히 불어났다.

보수 사이트는 진보 매체의 성공 사례를 따라 배우며 성장했다. 이들은
보수 논객들의 글을 서로 공유하고 '댓글' 등을 통해 활발히 의견을 교환했
다. 인터넷이 진보·개혁 세력의 도구라는 인식은 이제 과거의 것이 되었
다. 최근에도 인터넷 공간에서 보수 네티즌들은 북한 핵실험 이후 대북 정
책, 전시작전통제권 환수 문제 등을 놓고 진보 성향의 네티즌들과 한치 양
보 없는 논쟁을 벌였다.

시장 점유율에서는 아직 비중이 크지 않다. '랭키닷컴'에 따르면 인터
넷 신문 중 『데일리안』 점유율은 4퍼센트 미만으로, 『오마이뉴스』(29.3퍼
센트)나 『프레시안』(9.9퍼센트)에 비해 미미한 수준이다. 그러나 10위권

내에『데일리안』,『브레이크뉴스』,『독립신문』,『데일리 NK』등 우파 성향 매체가 4개나 진입해 있고, 일부 매체는 하루 방문자 수가 10만 명에 이르는 등 상승세다. 진보 진영 매체들의 목소리가 줄어든 것과는 대조적인 흐름이다.

『데일리안』김영 기획실장은 "보수적인 사람들은 공개적으로 얘기하거나 글을 써서 참여하기를 꺼려하는 편인데, 참여정부가 들어선 후 내재되어 있던 욕구 불만들이 분출되기 시작했다"고 말했다. 그는 "뉴라이트 운동이 시작된 2004년 초 이후 보수 쪽 시민·사회단체가 등장하면서 보수 성향 매체들이 취재원을 다양하게 확보하게 된 것도 한 요인"이라고 설명한다.

"보수적인 사람들은 공개적으로 얘기하거나 글을 써서 참여하기를 꺼려하는 편인데, 참여정부가 들어선 후 내재되어 있던 욕구 불만들이 분출되기 시작했다." _『데일리안』, 김영 기획실장

2002년 대선 국면에서 온라인 세상을 '노사모'가 지배했다면, 2006년의 온라인 세상은 '박사모(박근혜를 사랑하는 모임)'가 장악하고 있다. 회원 수 4만 3천 명에 이르는 '박사모'는 온라인 활동은 20~30대가, 오프라인은 40대가 주축이다. 이들은 박근혜 전 한나라당 대표가 가는 곳이면 어디든 나타난다. 2006년 5월 박근혜 전 대표 피습 사건이 발생한 뒤로는 여성 회원 20~30여 명이 박근혜 전 대표 주변에 밀착해 자발적인 경호 활동까지 하고 있다. 2005년에는 일부 회원들이 '사이버 전사대'라는 이름의 조직을 만들어 각종 인터넷 사이트에서 박근혜 전 대표에 대한 우호적인 이미지 만들기에 나서기도 했다. 박사모 대표인 정광용 씨(48)는 "좌 편향적인 네티즌, '노사모' 등이 온라인을 점령하다시피 하자 그에 대한 반발로 보수 성향의 네티즌들이 대응, 균형 맞추기에 나선 것"이라고 말했다.

2004년 초반은 보수가 부상하는 분기점이었다. 대통령 탄핵소추안이 국회에서 통과되고, 한 달 뒤 치러진 17대 총선에서 열린우리당은 탄핵 역풍에 힘입어 의석의 과반수를 확보하고 민주노동당이 의회에 진출하는 등 정치권 내 진보·개혁과 보수의 지형이 획기적으로 바뀌던 시기였다. 보수 진영에서 위기감이 고조되기 시작했다. 한나라당 지도부는 천막 당사를 짓

고 자신들의 오만과 독선에 대해 사죄하고 다녔다. 이렇게 보수가 절체절명의 위기에 처했을 때 보수의 작은 희망이 떠올랐다. 정치권 밖에서 구우파와 차별화한 신보수, 즉 뉴라이트 운동이 태동했다.

뉴라이트는 노동운동가 출신인 신지호 대표가 '자유주의연대'를 만들면서 시작됐다. "산업화와 민주화 세력을 거쳐 이제는 선진화 세력이 미래를 준비해야 한다"는 신지호 대표의 주장은 초기만 해도 거의 주목을 받지 못했다. 그러나 기존 보수 진영의 냉전 수구적 시각과 차별화하고 있음이 알려지고, 마침 노무현 정부의 실패가 분명해지면서 조명을 받기 시작했다. 2004년 11월 자유주의연대가 정식 출범하자 보수 진영은 '이런 보수를 기다렸다'며 뜨겁게 환영했고, 이후 보수 진영의 새로운 흐름을 이끌어 갔다. 그로부터 1년 후인 2005년 11월, 김진홍 목사는 뉴라이트전국연합의 결성을 주도, 보수 진영의 결집에 불을 댕겼다. 차기 대선을 2년 정도 앞둔 시점이자 보수 진영 대권 후보들의 지지율이 급등하기 시작한 시점이었다.

이 단체는 아예 '정권 교체를 위한 보수 대연합'을 기치로 내걸었다. 이들은 보수 진영의 저변 조직을 구축하는 데 전력을 기울이고 있다. 2006년 9월 말 뉴라이트학부모연합과 신노동연합이 출범한 데 이어 11월 들어 뉴라이트의사연합, 불교뉴라이트가 결성됐다. 여성뉴라이트, 대학생뉴라이트, 뉴라이트경제인연합 등도 곧 출범한다. 서울, 대구, 광주·전남 연합 등 지역별 세 불리기도 진행 중이다. 뉴라이트전국연합 회원 수를 모두 합치면 6만 명에 육박한다.

김진홍 목사는 2006년 11월 7일 창립 1주년 기자회견을 갖고 1년 만에 이룬 보수의 성장에 감격해 했다. 자유주의연대의 경우 가입비 10만 원에 매달 3만 원씩의 적지 않은 회비 부담에도 불구하고 회원 수가 200명이 넘는다. 뉴라이트학부모연합에 참여한 하진숙 씨(46)는 "수시로 바뀌는 입시 제도, 평준화 제도와 같은 통제 위주의 교육 정책 아래에서 자녀를 교육시킨다는 것이 내키지 않는다"면서 "해외 유학까지 생각해야 하는 지경에 이르자 더는 구경만 할 수 없다는 생각에 동참하게 됐다"고 말했다. 하진숙

2006년 5월 21일 '박근혜를 사랑하는 사람들의 모임' 회원들이 유세 도중 피습당한 박근혜 한나라당 대표가 입원 중인 서울 신촌세브란스 병원 앞에서 쾌유를 기원하는 촛불 집회를 하고 있다.

씨는 학교에서 편향적 시각의 교과서가 사용되지 않도록 하고, 연가 투쟁을 일삼는 교사의 퇴출 및 교원 평가제 도입 운동에도 적극 가담할 계획이다. 학부모연합에는 전국 16개 지부 1만 5천여 명의 학부모들이 회원으로 참여하고 있다.

뉴라이트 운동은 개인의 자유와 인권, 창의성을 최대한 존중하는 것을 첫 번째 가치로 삼는다. 정부의 개입과 간섭을 줄이고 민간의 자율적 선택 폭을 늘려 주자는 것이다. 기존 보수의 반공주의적 성향은 배척한다. 신보수는 1987년 민주화의 아들이라는 점에서 구보수와 다르다. 그들 가운데 민주화운동에 가담했거나 386 운동권 출신 인사가 많다는 사실이 그런 특징을 잘 말해 준다.

김진홍 목사는 1970년대 빈민운동, 유신 반대 운동에 앞장섰던 인물이다. 한때 사회주의에 경도됐지만 지금은 보수주의자를 자처한다는 그는 자신의 변화를 "변질이 아니라 성숙"이라고 말한다.

"선진국이 되려면 사회주의나 평준화로는 안 되고 도덕성과 공동체주의가 뒷받침된 자유민주주의를 통해서만 가능하다"고 그는 믿고 있다.

신지호 대표 역시 1990년대 초반까지 울산 지역의 노동운동가로 활동했다. 보수 시민 단체인 선진화국민회의 사무총장을 맡고 있는 서경석 목사는 민청학련 사건·YH 사건 등에 연루되어 투옥된 적이 있다. 뉴라이트 재단 이사장인 안병직 서울대 명예교수는 한때 좌파 운동권의 이론적 기반을 제공했다. 자유주의연대 조직위원장인 최홍재 씨는 1990년대 고려대 총학생회장과 한총련 간부를 지냈다.

2006년 2월 출간된『해방 전후사의 재인식』은 보수의 확장이 지식사회에도 급속히 진행되고 있음을 보여 주는 사례다. 1980년대 진보와 개혁의 의식화를 위한 교과서였고 386 세대들의 현대사 인식에 큰 영향을 미쳤던 『해방 전후사의 인식』에 맞서 현대사를 재조명하겠다며 김일영 성균관대 교수(정치학), 이영훈 서울대 교수(경제학) 등 뉴라이트 계열 학자들이 주도해 만든 책이다. 이 책은 출간되자마자 보수 언론들이 "좌파 수정주의 사관에 대한 반박"이라며 극찬을 했고, 뉴라이트 단체들이 저자와의 만남 자리를 잇따라 개최하면서 큰 홍보 효과를 거뒀다. 3월 인터넷서점 'YES24'가『해방 전후사의 재인식』구매자를 대상으로 한 설문조사에서 '이 책이 시대에 맞는 새로운 역사적 평가와 비판이라고 생각하느냐'는 질문에 응답자의 69퍼센트가 '그렇다'고 답했다. 이 책을 출간한 '책세상' 관계자는 "10월 말 현재까지 총 1만 8천여 권이 판매됐다"며 "언론이 많이 다루고 학계의 이슈가 되면서 보통 인문서들에 비해 서너 배 많이 팔렸다"고 말했다.

> 온·오프라인을 막론해 보수주의자들이 속속 집결하고, 그동안 조심스러워 하던 보수 성향의 학자들도 이젠 경쟁적으로 "나는 보수"라고 외친다.

그동안 민주 정부 등장 이래 '침묵하는 다수'를 자처했고, 독재 체제의 유산을 물려받은 구보수의 한계 때문에 자신을 드러내기를 머뭇거리던 보수들이 이제 발언하기 시작했다. 아니 '행동하는 보수'로 나서고 있다. 보수의 '커밍아웃'과 부상이다. 온·오프라인을 막론해 보수주의자들이 속속 집결하고, 그동안 조심스러워 하던 보수 성향의 학자들도 이젠 경쟁적으로 "나는 보수"라고 외친다. 무엇이 이들의 커밍아웃을 이끌어 냈나. 운동권 출신의 열린우리당 민병두 의원은 "보수 언론과 진보 언론, 한나라당과 열

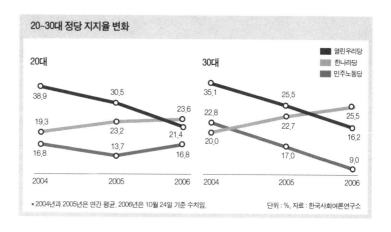

20~30대 정당 지지율 변화

20대

38.9
30.5
23.6
19.3
23.2
21.4
16.8
13.7
16.8

2004  2005  2006

30대

35.1
25.5
22.8
22.7
25.5
20.0
17.0
16.2
9.0

2004  2005  2006

■ 열린우리당
■ 한나라당
■ 민주노동당

* 2004년과 2005년은 연간 평균. 2006년은 10월 24일 기준 수치임.

단위 : %, 자료 : 한국사회여론연구소

린우리당 등 기존 대립하던 세력끼리의 양분화가 심해지고 있지만 일반인들 의식 속에서는 오히려 그러한 경계가 엷어지면서 보수도 자신의 성향을 쉽게 드러낼 수 있는 것"이라고 해석했다. 노무현 정부의 국정 운영 미숙과 개혁 실패에 대한 실망감이 커지면서 시민들이 중간 지대로 이동하면서 나타나는 현상이다.

보수의 부상은 보수 내부의 혁신으로 더욱 주목을 받는다. 대안 없는 반대, 반공주의, 수구적 집단으로 각인된 기존 보수의 이미지를 벗어 버리고 개혁성과 도덕성, 합리성을 갖춘 새로운 보수상(象)을 정립하자는 목소리가 분출하고 있다. '상실의 10년'을 지내 온 보수주의자들이 깨어나기 시작한 것이다. 박세일 서울대 교수(법경제학)는 "그동안 우리나라의 보수 진영은 정책적 능력은 있지만 철학적 자기 성찰이 부족했고, 현실에 안주해 잠자고 있었다"며 "그러나 진보 진영의 도전을 받고, 정권이 두 차례 넘어가면서 보수의 '자각'이 시작됐다"고 진단했다. 그는 "앞으로 보수 진영의 결집과 응집은 계속 진행될 것"이라고 내다봤다.

신지호 대표는 "신보수 운동은 노무현 정권의 실정에 대한 반대로도 나왔지만 보수 정당을 자임하면서도 대안은 내놓지 못한 채 '방어'와 '수비'에 전념하는 기존 보수 세력, 한나라당이 없었다면 성립이 안 됐을 것"이라고 말했다. 한마디로 신보수는 구보수의 위기, 노무현 정부의 무능이란 토양에서 새 싹을 틔운 것이다.

'박사모'에서 보듯 보수화 흐름은 20~30대 젊은 층에서 두드러진다. KSOI에 따르면 20대의 열린우리당 지지율은 2004년 평균 38.9퍼센트에서 2005년 평균 30.5퍼센트로 떨어졌다. 2006년 10월 24일 조사에서는 21.4퍼센트까지 내려갔다. 30대의 열린우리당 지지율 역시 같은 시점 35.1퍼센트에서 25.5퍼센트→16.2퍼센트로 급감했다. 반면 20대에서 한나라당을 지지하는 비율은 2004년 19.3퍼센트에서 2005년 23.2퍼센트, 현재 23.6퍼센트, 30대에서는 20.0퍼센트→22.7퍼센트→25.5퍼센트로 상승 중이다. 40대 이상 중장년층에 이어 20~30대에서도 한나라당 지지율이 열린우리당보다 높게 나타나면서 '젊은층=진보, 기성세대=보수'라는 통념이 깨지고 있는 것이다.

대학생 박찬근 씨(24·고려대 체육교육학과 3학년)는 한나라당 대학생 디지털정당위원회인 '블루엔진'의 운영위원장으로 활동 중이다. 2005년 한나라당 소장파 의원들이 마련한 대학생 아카데미에 우연히 참여한 것이 계기였다.

박 씨는 "원희룡, 박형준 의원 등 젊은 의원들과 얘기를 나눠 보니 부패, 기득권 등 안 좋은 이미지만 갖고 있던 한나라당에 대해 다시 보게 되더라"고 말했다. '블루엔진'에는 14명의 대학생이 운영위원으로 참여 중이고, 온라인을 하는 회원들을 합치면 1천 5백 명이 넘는다고 한다. 이들은 대학생의 정치 참여를 높이는 캠페인 활동을 넘어서 내년 대선을 앞두고 20대 중심의 공약 개발에도 나설 계획이다.

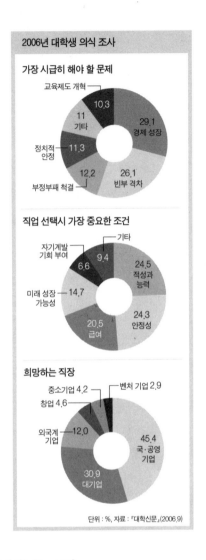

2006년 대학생 의식 조사

가장 시급히 해야 할 문제
교육제도 개혁 10.3
기타 11
정치적 안정 11.3
부정부패 척결 12.2
빈부 격차 26.1
경제 성장 29.1

직업 선택시 가장 중요한 조건
기타 9.4
자기계발 기회 부여 6.6
미래 성장 가능성 14.7
급여 20.5
적성과 능력 24.5
안정성 24.3

희망하는 직장
중소기업 4.2
벤처 기업 2.9
창업 4.6
외국계 기업 12.0
대기업 30.9
국·공영 기업 45.4

단위 : %, 자료: 『대학신문』(2006.9)

대학생 박세완 씨(28)는 2002년 보수주의학생연대를 만들었다. 당시 제대 후 학교로 돌아온 박 씨에게 눈에 띈 것은 학내 이슈인 양심적 병역 거부 문제였다. "당시 양심적 병역 거부 문제에 대해 대다수 학생들이 학생회와 다른 생각을 갖고 있었지만 학생회는 자신들의 이념만을 내세우며 대다수의 목소리를 반영하지 못했죠. 내용도 모른 채 운동권 선배의 요구로 서명해 준 02학번 새내기들의 이름이 양심적 병역 거부 지지자 명단에 있는 것을 보면서 '이래서는 안 되겠다'는 생각이 들었어요." '보수와 진보의 대화의 장을 만들겠다'며 시작된 보수주의학생연대에는 현재 4천 명 이상의 대학생이 카페 회원으로 가입되어 있다. 박세완 씨는 "대학생은 마땅히 진보적이어야 한다는 교조적인 틀은 깨져야 한다"며 "더 이상 보수를 기득권을 지키려는 생각 없는 풋내기들로 봐서는 안 된다"고 말했다.

『대학신문』의 2006년 9월 설문조사에 따르면 우리나라 대학생들은 가장 시급히 해결해야 할 문제로 29.1퍼센트가 '경제성장'을 꼽았다. 빈부 격차 해소(16.1퍼센트)나 부정부패 척결(12.2퍼센트) 등 진보적 성격의 이슈들은 상대적으로 뒤로 밀렸다. 또 희망 직장으로는 안정성과 급여가 보장된 국·공영기업이 압도적인 지지율(45.4퍼센트)로 1위를 차지했다. 2006년 10월 치러진 서울시 7급 이하 공무원 임용 필기시험 경쟁률이 162 대 1에 달하고 수험생들의 대규모 이동으로 한국철도공사가 임시 열차를 증편했던 장면도 이런 흐름을 반영한다.

"보수 바람이 진보·개혁 세력에 대한 불신으로 나타난 반작용적 성격이 강하기 때문에 사회 전반이 보수화되고 있다고 단정하긴 어렵다." _한기영 KSOI 연구실장

임용 고시를 준비 중인 대학생 강영미 씨(24·이화여대 4학년)는 "교사가 되겠다는 게 교육에 뜻이 있어서라기보다는 '선생님=철밥통'이라는 생각 때문인 친구들이 대부분"이라며 "20대가 먹고사는 문제에 급급하다 보니 자기중심적이 되고 사회 문제에 대한 관심도 점점 멀어지고 있다"고 말했다.

이처럼 보수화 현상은 부문과 세대를 막론하고 광범위하게 나타나고 있다. 그러나 보수가 압도하는 상황에 이르지는 않았다. KSOI의 2006년 10

월 1일 여론조사 결과를 보면 자신의 정치적 이념 성향에 대해 '진보'(50.5 퍼센트)라는 답이 '보수'(43.6퍼센트)라는 답변보다 많다. 차기 대통령의 바람직한 이념 성향을 묻는 질문에도 '진보'(63.8퍼센트)가 '보수'(29.1퍼센트)보다 높다. KSOI의 한귀영 연구실장은 "보수 바람이 진보·개혁 세력에 대한 불신으로 나타난 반작용적 성격이 강하기 때문에 사회 전반이 보수화되고 있다고 단정하긴 어렵다"고 강조했다. 보수들의 자각과 커밍아웃, 20~30대의 보수화가 보수의 성장을 실제 키보다 커 보이게 만들고 있다.

## 2030 '젊은 보수'가 말하는 자화상

특별취재팀은 전통적으로 진보·개혁 세력의 지지 기반으로 인식되어 온 20·30대의 보수화 현상을 이해하기 위해 이들과 노변정담을 가졌다. "나는 보수다"라고 말하는 20·30대의 대학생과 직장인 6명을 2006년 11월 3일 경향신문사 근처 한 레스토랑에 초청, '보수의 부상'에 대한 생각을 들었다. 저녁 8시부터 밤 11시 30분까지 맥주를 마시며 진행된 이날 모임에서 그들은 왜 보수가 됐는지, 젊은 보수들은 무슨 고민을 하며, 사회와 경제, 정치 현안을 어떤 시선으로 바라보는지 털어 놓았다. 이들은 "보수냐 진보냐가 아니라, 누가 더 잘하느냐"가 중요하다고 말했다.

**먼저 '왜 나는 보수가 되었나'라는 이야기로 시작합시다.**

**탁진희** | 저는 예전부터 일관되게 보수적이었던 것 같아요. 우리나라가 항상 강대국들 사이에 치여 있는 게 억울하고, 이를 극복하려면 좀 더 강대국이 되어야 한다고 생각해요. 국민소득 3만 달러가 될 때까지는 경제발전 기

**20·30대 젊은 보수의 인식**

| | 김태영<br>(20·경희대) | 김남희<br>(23·단국대) | 박경화<br>(29·한국투자증권) | 정성원<br>(32·LG전자) | 탁진희<br>(32·LG전자) | 김일용<br>(38·국회 보좌관) |
|---|---|---|---|---|---|---|
| 요즘 관심사 | 군입대 | 영어 공부 | 주식, 부동산 | 자기개발 | 부동산 투자 | 자녀 양육 |
| 신문 구독<br>TV 시청 | 모바일, 지면<br>드라마광, 뉴스 | 신문별로 골고루<br>아침 뉴스만 | 정치만 빼고<br>뉴스, 드라마 | 경제지, 일간지<br>코미디, 드라마 | 인터넷 뉴스<br>뉴스 | 탐독<br>거의 못 봄 |
| 선거 참여도 | 투표권 없었음 | 5·31 첫 투표 | 의무적 참여 | 반드시 참여 | 거의 참여 | 참여 |
| 개정 사학법 | 반대 | 재개정 | 개혁 필요성<br>인정 | 개혁 필요성<br>인정 | 개혁 필요성<br>인정 | 개혁 필요성<br>인정 |
| 한나라당<br>이미지 | 무능한 보수,<br>대안정당 아님 | 대안 아님,<br>개혁 필요 | 전보다 굉장히<br>변하고 있다 | 대안 제시,<br>변화 필요 | 야당으로서<br>한계 | 중도적 정책<br>포용해야 |
| 전시작전권<br>환수 | 반대 | 적극 활용해야 | 소모적 반대보다<br>효과적 활용 | 지지 | 현정권에선<br>보류해야 | 미국이 주도권<br>쥔 문제 |
| 햇볕 정책<br>(대북 포용) | 조건부 찬성 | 조건부 찬성,<br>개성공단 지속 | 인도적 지원은<br>계속 | 조건부 찬성 | 현물 중심<br>인도적 지원 | 기조는 유지하되<br>투명하게 |
| 좋아하는<br>정치인 | 박근혜, 김근태,<br>심상정 | 손학규, 이성권<br>윤여준 | 박근혜, 추미애<br>원희룡 | 손학규, 송영길 | 박근혜, 심상정 | (무응답) |

조를 유지해야 하고, 진보 진영이 말하는 분배의 문제는 두 번째라고 봅니다.

김남희 | 대학에 온 뒤 신문 공부와 학회 토론을 하다 보니까 사안별로 제 입장을 갖게 됐고 최근에야 내가 보수구나 생각했어요. 주변에서 젊은 애가 왜 보수냐는 말도 들었죠. 처음엔 진보적 친구들에게 눌려 입 닫고 지냈지만 요즘엔 소신을 갖고 이야기합니다.

김태영 | 전통적으로 보수적 성향의 집에서 자랐어요. 대북 정책 논란에 대해서도 부모님은 "우리가 내는 세금이 아무도 모르게 북한으로 가고 있다"고 말씀하시죠. 무의식적으로는 네 살 때부터 부모님이 읽어 주신 보수 신문의 영향 같아요. 어렸을 때부터 진보적 신문을 봤다면 달라졌죠(웃음).

정성원 | 난 기본적으로 보수지만 사안별로 달라요. 노무현 정권도 과거사 청산 같은 건 잘했다고 생각합니다. 드러난 현상으로 볼 때는 실패한 정권이지만 몇 년이 흘러갔을 때 분명히 평가받을 부분이 있을 겁니다. 요즘 진보 매체를 의식적으로 보려는 것도 다양한 의견을 알고 싶어서죠.

**박경화** | 부모님이 경상도 분들이라 보수적 성향이 짙은 편입니다. 학생 때에는 운동권과 접하면서 내가 진보주의자인 줄 알았어요. 하지만 직장 생활을 하다 보니 너무 한쪽에 편향되지 않았나 하는 생각이 들었죠. 물론 현실에 안주하는 건 싫어요. 좋은 것은 지키되 고인 물이 썩지 않도록 계속 변화를 시도하는 개혁적 보수 성향이 아닌가 싶어요.


**20·30대의 보수화에 대해 어떻게 보십니까.**

**김태영** | 대학에 민주노동당 학생위원회가 있는데 좀 거부감이 있어요. 하지만 의외로 보수적 성향을 가진 학생들도 주위에 많아요. 취직하고 돈 잘 벌 수 있게 해 주는 게 보수라면 난 보수라 말할 수 있죠. 그동안 외환위기를 겪은 정부와, 지금 정부는 그런 걸 못해 주지 않았나요.

**김남희** | 정치적으로 보수화됐다기보다, 아예 정치에 무감각해졌어요. 저 역시 학교에서 정치 관련 집회를 한다고 해도 관심이 없어요. 다만 등록금 투쟁은 등록금이 환급되면 바로 내 통장에 돈이 들어오기 때문에 참여할 겁니다. 한나라당의 어떤 의원이 '대학생들이 보수화되어서 좋아했다'는 기사를 본 적 있는데, 대학생들이 한나라당을 많이 지지하는 건 절대 아니에요. 보수 정권이냐 진보 정권이냐를 보는 것이 아니라, 양쪽 모두 민주주의를 추구하고 있으니까 이제는 어디가 더 잘할까를 보는 겁니다.

> "주변에서 젊은 애가 왜 보수냐는 말도 들었죠. 처음엔 진보적 친구들에게 눌려 입 닫고 지냈지만 요즘엔 소신을 갖고 얘기를 합니다."

**정성원** | 좌파, 우파라는 것이 진보, 보수로 잘못 개념화된 것 같습니다. 정권 차원의 편의성이나 언론 홍보를 위해 보수라는 개념을 지금까지 왜곡해 온 것 아닌가요. '수구' 이미지를 일반 보수에도 덮어씌운 겁니다. 스펙트럼이 매우 넓은데 우리 사회가 너무 흑백논리로 잘라 버렸어요.

**탁진희** | 인터넷 시대가 되면서 사람들의 관심사가 다양해졌고, 그래서 정치에 어느 정도 관심은 있지만 보수화된 것 같아요. 탈정치화 정도는 아

닌 것 같구요. 노무현 정부가 말하는 세상은 '동화 속 파랑새'에 불과하지 현실에 존재하진 않는다고 봅니다.

**박경화** | 우린 소위 베이비붐 세대로 경쟁이 심화된 세대입니다. 자연히 개인주의적 성향이 많죠. 우리 세대를 흑백논리로 나누기엔 참 어중간하다고 생각해요. 난 개인적으로 보수적 성향이 짙지만 완벽한 보수라 말하기는 힘들어요. 보수적 성향이 짙어진 건 보수가 좋다기보다는 진보 정권에서 갈등만 깊어지고 모든 것이 실타래처럼 얽힌 느낌이 들었기 때문이라고 봅니다.

**요즘 여러분들의 일상적 관심사는 무엇입니까.**

**탁진희** | 사람들과 모이면 부동산 이야기를 제일 많이 해요. 가격이 급등하기 전에 집을 산 사람이 있으면 부러워하고 못 산 사람들은 얼른 사야겠다거나 그런 이야기죠. 직장 동료 중 이자로만 매달 1백만 원씩 나가지만 최대 두 배까지 아파트 값이 뛴 사람도 있습니다.

**박경화** | 주식과 부동산 이야기를 주로 해요. 회사에서 부동산이나 세무 특강을 한다고 하면 접수 한 시간 내에 정원이 다 찹니다. 지금 사면 상투 잡는 것 아니냐는 말도 있지만, 정권이 바뀌면 반드시 부양 정책을 할 거라는 기대감에 지금이 적기라는 이야기가 많습니다.

**정성원** | 저는 부동산보다 자기 계발에 관심이 많습니다. 독서하는 걸 좋아해 집에 서재를 꾸며 보고 싶습니다.

**김태영** | 요즘은 군대 일찍 가는 게 대세라서, 대학 1학년 마치고 간다는 친구들도 있어요. 일찍 갔다 와야 취업에 올인할 수 있으니까요.

**김일용** | 지금 두 살배기인 딸 보리를 낳고서 교육에 관심이 많아졌습니다. 너무 어릴 때부터 공부에 길들여져 있고, 혼자 안 하면 소외되는 것 같은 분위기가 있어요. 대안 학교를 선택해 인간성 넘치는 아이로 키우고 싶은데 내가 부모로서 그런 결단을 내릴 수 있을까 고민입니다.

김남희 ㅣ 여대생들의 최대 관심사는 영어 성적 올리기예요. 교수님들도 과목을 이수하기 위해 올해 안에 토익 시험을 몇 번 보고 오라는 기준을 말해 줄 정도고, 학교에서 모의 토익 시험도 마련해 줘요. 개설하면 신청이 바로 마감되죠. 모두 연수 프로그램, 유학 등을 알아보는 데 혈안이 되어 있어요.

**정치 이야기를 해 볼까요.**

김태영 ㅣ 한나라당은 대안 정당은 아닌 듯해요. 지지율 40퍼센트는 비판만 해서 거저 얻은 거죠. 수많은 이슈 가운데 한나라당이 내놓은 게 뭐가 있나요. 늘 반대하기 위한 헌법 소원만 제기했죠.

김남희 ㅣ 한나라당은 햇볕 정책이 잘못됐다고 비판하는데, 북핵 문제에 대한 대안을 내놓은 게 있나요. 가장 유력한 대권 주자가 세 명이나 있는 한나라당이라면 어느 정도의 대안은 제시해야 하는 거 아닌가요. 그런 노력은 없이 계속 "너희는 잘못됐다, 너희 빨갱이지" 라며 헐뜯기만 하는 건 마음에 안 들어요.

탁진희 ㅣ 대안이 없었다기보다는 묻혔다고 봅니다. 언론에는 비판하고 싸우는 게 나오기 쉽잖아요. 야당이 잘하는 건 안 나와요.

김일용 ㅣ 맞아요. 아무리 좋은 대안을 갖고 있어도 힘의 역학 관계에서 야당의 한계가 있습니다.

정성원 ㅣ 지금이 한나라당에는 절호의 기회인데 잘 못 살리고 있는 건 맞아요. 지방선거에서 한나라당이 석권했지만 반사 이익 아니었습니까.

김태영 ㅣ 박근혜·김근태·심상정 의원을 좋아해요. 박근혜 전 대표는 말을 바꾸지 않는 진정성 있는 정치인 같아요. 애국심도 보통이 아니죠. 김근태 의장은 겸손한 민주화운동 정치인 같고, 심상정 의원은 당에 맞는 정책을 많이 내놔서 맘에 들어요.

김남희 ㅣ 손학규 전 지사는 말이 앞서지 않고 조용히 할 일을 하는 것 같아

> "한나라당은 대안 정당은 아닌 듯해요. 지지율 40퍼센트는 비판만 해서 거저 얻은 거죠. 수많은 이슈 가운에 한나라당이 내놓은 게 뭐가 있나요. 늘 반대하기 위한 헌법 소원만 제기했죠."

좋고, 이성권 의원은 겸손하고 한·일 관계에 대해 아는 게 많은 것 같아요.

**박경화** ┃ 박근혜 전 대표는 여태까지 보여 준 언행에서 한결 같은 모습이 국민을 배신하지 않을 것 같은 믿음이 있어요. 원희룡 의원은 굉장히 폐쇄적인 당에서 자기 목소리를 내고 개혁을 외쳐 당이 변화하는 모습을 보여 주어 좋아요.

**정성원** ┃ 손학규 전 지사의 민생 투어가 쇼라고 할 수도 있지만 몇십 년 전부터 나환자촌을 방문하는 것을 보고 진정성 있는 정치인이라 생각했습니다.

**탁진희** ┃ 박근혜 전 대표는 원칙 중심의 리더이고, 심상정 의원도 진지하게 일하는 모습이 마음에 듭니다. 열린우리당은 생각이 안 나네요(웃음).

젊은 보수가 말하는 신보수의 특징
이념보다 실리 우선, 흑백논리는 No!
한나라 '無대안' 비판, 민주노동당에도 호감

### 진보에 대한 인상은?

**정성원** ┃ 대학 때 운동권 학생들을 보면 민주주의를 외치면서도 정작 스스로는 다양성을 담아내지 못하고 제일 편견이 심하더군요.

**김태영** ┃ 주변에 김종필 씨를 좋아하는 친구, 민주노동당 당원인 친구도 있지만 다 같이 노래방에 가면 잘 놀아요. 한번은 박정희 논쟁을 하면서 친구들끼리 정면으로 부딪힌 적이 있지만 요즘은 서로 인정하고 감정 상하지 않도록 넘어가죠.

**김남희** ┃ 보통 친구들 만나면 대화 주제가 주로 남자, 연예인, 드라마, 취업이에요. 그렇지만, 민주노동당 쪽이든 한나라당 쪽이든 정치에 관심 있는 친구들을 만나면 다른 얘기도 할 수 있으니 좋아요. 3년간 만나 온 남자 친구가 진보적 성향이지만 별 문제 없죠.

**박경화** ┃ 저는 성향이 다른 분들과도 잘 지낼 수 있어요. 그렇지만, 배우자 등 특수 관계로는 좀 부담스럽네요.

**탁진희** ┃ 정치적 성향에 대해 별로 신경 안 씁니다. 상대를 존중해 주면 되는 거죠.

김일용 | 저는 지난 대선 때 '노사모'였고 학생운동하느라 대학을 11년 만에 졸업했어요. 하지만 보수, 진보에 대한 개념이 잘 안 섭니다. 1980년 대, 1990년대, 2000년대 별로 느끼는 게 참 달라요.


## 결집하는 보수


2001년 8월 21일 한산하던 김포공항 청사가 북적댔다. 8·15 평양 대축 전 방북단이 도착하면서 보수 단체 회원 800여 명이 이른바 '빨갱이들'을 규탄하기 시작한 것이다. "좌경불순 세력" "북한의 꼭두각시" "민족 반역 자, 김정일의 하수인들은 북으로 돌아가라"는 따위의 격한 구호가 터져 나 왔다. 이에 맞선 한총련, 민화협, 통일연대 등 진보 단체 회원과 멱살잡이 등 몸싸움이 벌어졌다.

1997년 김대중 정부 출범으로 여야 간 정권 교체가 이루어진 이후 숨죽 어 있던 보수 세력이 마침내 폭발하는 순간이자, 보수 세력의 '총궐기 신호' 였다.

50년 만의 정권 교체라는 국민의 정부 출범, 대북 포용 정책 및 6·15 공 동선언은 반북·반공주의에 기초한 보수파의 존립 기반을 뿌리째 뒤흔들어 놓았다. 그런데 다음 대통령 선거에서도 노무현 정부가 집권하자 해방 후 줄곧 중심 세력으로 자리 잡아 온 보수 세력은 심각한 위기의식에 휩싸였 다. 2005년 7월 27일 강정구 동국대 교수가 한 인터넷 매체에 기고한 "6· 25 전쟁은 북한의 지도부가 시도한 통일 전쟁"이라는 칼럼은 이런 보수 세 력들의 피를 끓게 했다. 이런 상태에서 두 달 뒤 9월 중순 진보 단체의 맥아 더 동상 철거 주장이 나오자 '궐기'하기에 이르렀다.

삼성경제연구소가 2005년 말 임원급 대상 유료 정보 사이트인 '세리 CEO'

**1987년 이후 보수 세력 형성 과정**

■ 구보수　□ 신보수

진보
- 노동운동 신지호 **1**
- 학생운동 김영환 **2**
　　　　　이동호 **3**
- 재야활동 서경석 **4**
　　　　　안병직 **5**
　　　　　홍진표 **6**
- 빈민운동 김진홍 **7**

**노태우 정부**

1987
　자유민주총연맹
　이철승·이용택

1989
　한국기독교총연합회
　정진경·조용기·박종순
　자유지성300인회
　윤하정·유지호

**김영삼 정부**

1994
　자유민족민주회의
　이철승

1995
　육해공해병대 예비역대령연합회
　서정갑

**김대중 정부**

1998
　헌법을 생각하는 변호사모임
　정기승·임광규

1999
　북한민주화네트워크
　**2** **6**

2000
　자유시민연대
　한승조·임광규

2002
　바른사회시민회의
　김진현
　친북좌익세력명단공개추진본부
　서정갑

　보수주의학생연대

**노무현 정부**

2003
　반핵반김 국민협의회
　박찬성·김현욱

2004
　자유주의연대
　**1**
　북한민주화포럼
　이동복·**3**

　기독교사회책임
　**4**
　헌법포럼
　이석연·나성린·송호근

2005
　뉴라이트전국연합
　**7**
　교과서포럼
　박효종·이영훈·김광동·차상철

　뉴라이트싱크넷
　김영호
　자유민주비상국민회의
　이철승

　시민과 함께하는 변호사
　이석연·강훈
　자유민주주의교육운동연합
　조전혁

2006
　뉴라이트재단
　기관지「시대정신」, 복거일·
　홍진표·김영환·**5**
　국민통합포럼
　안상수·박효종

　선진화국민회의
　박세일·이명현
　한반도선진화재단
　박세일·나성린

회원 537명에게 '올해 가장 걱정스러웠던 사회적 이슈'를 물은 결과 강정구 동국대 교수 발언(27.2퍼센트)을 가장 많이 꼽았다. 맥아더 동상 철거 논란 (11.6퍼센트)도 네 번째였다. 이런 진보 세력의 도전 외에 노무현 정부의 공격적인 태도는, 그렇지 않아도 생존의 기로에 처해 있다고 여기던 보수를 폭발 직전의 상황으로 몰아갔고, 결국 그들을 결집시키는 요인으로 작용했다. 자유주의연대 신지호 대표는 "노무현 정부가 실제 이상의 위기의식을 부채질해 보수 진영을 활성화시켰다"고 설명했다.

보수 세력의 결집은 다층적으로 진행되고 있다. 보수 세력은 크게 전역 군인 모임이나 보수 기독교계 등 전통적인 구보수 세력과 최근 등장한 '뉴라이트 계열'로 대별할 수 있다. 강경 보수로 분류되는 구보수 쪽에는 재향 군인회, 성우회, 국민행동본부 등과 보수 기독교계의 대표 주자인 한국기독교총연합회(한기총)가 있다. 최근 2년 사이 등장한 자유주의연대, 뉴라이트전국연합과 선진화국민회의 같은 뉴라이트 계열은 상대적으로 온건 성향의 보수로 평가된다. 주축은 1970·80년대 재야·학생운동이나 1990년대 시민운동 경험자 또는 교수 출신 지식인 그룹이다. 기존 보수 단체들이 각종 반공 집회 등을 통한 세력 과시에 치중하는 반면 뉴라이트 계열은 '두뇌 플레이를 통한 보수의 혁신'에 힘을 쏟는 편이다. 보수의 변신 과정에서 나온 자연스러운 역할 분담이다.

## 자신감을 얻고 있는 구보수 세력

보수 세력의 행동대 격인 재향군인회는 서울시청 및 서울역 광장의 대규모 집회에 막강한 회원 동원력을 자랑한다. 종신회원만 1백만 명 이상으로 알려져 있고, 최대 6백 50만 명 이상이라고 주장한다. 육·해·공군 장성 모임인 성우회, 예비역대령연합회, 학사장교(ROTC)연합회 등 전역 장교들은 특히 전시작전통제권(전작권) 환수 과정에서 그 활약상을 드러낸 바 있다.

**주요 보수 단체들 비교표**

| | 자유주의연대 | 선진화국민회의 | 뉴라이트전국연합 | 구보수 단체 |
|---|---|---|---|---|
| 주요 인물, 단체 | 신지호, 홍진표 등 '전향 386' | 박세일, 이명현, 서경석 | 김진홍, 이석연, 제성호 | 재향군인회, 성우회, 한기총 등 |
| 이념 성향 | 세계화, 자유화 극좌·극우 극복 | 공동체 자유주의 선진국 진입 중요 | 자유주의 시장경제 | 수구 반공주의 친미 성향 |
| 한나라당 인식 | 대안 정당 아님 참여에 부정적 | 개혁적 보수로 바뀌어야 | 정권 재창출 위해 적극 지지 | 비판적 지지 참여는 부정적 |
| 대북 인식 | 북한 인권 개선 민주화 추구 | 북한 민주화 햇볕정책 폐기 | 북한 인권 개선 금강산 관광 중단 | 김정일 정권 타도 대북 사업 전면 중단 |

전작권 환수 논란이나 북핵 실험 등 보수 세력이 스스로에게 유리한 의제라고 여기는 굵직한 안보 문제가 등장하면서 과거 재야 운동 단체가 그랬듯이 작은 단체들을 묶은 연대 움직임이 활발하다. 우익 논객인 조갑제닷컴의 조갑제 대표와 예비역대령연합회 등으로 결성된 국민행동본부가 대표적이다. 국민행동본부는 점차 안보 쟁점 외에 호주제 문제 등 사회적 의제로 투쟁 대상을 넓혀 가고 있다. 2005년 10월 경기 부천 지부를 시작으로 부산·경남, 대전·충남, 강원, 충남 아산 지부 등을 결성, 전국 조직으로 발돋움하고 있다.

이들 구보수 단체의 규모는 2006년 10월 9일 '한·미연합사 해체 반대 1,000만 명 서명운동본부'에 서명·가입한 227개 정도로 추정한다. 회원 수가 수십~수백 명에 명맥만 유지하는 단체도 적지 않다. 하지만 "두 차례 대선 실패 후 패배주의로 흩어져 있던 보수 세력들이 조직화에 나서고 자신감을 얻었다는 것만으로도 의미가 있다"(이정현 전 한나라당 부대변인)는 평가다.

간헐적으로 서울역 광장 등지에서 수천 명씩 모이던 보수 세력은 어느덧 서울시청 앞 광장을 차지했다. 이전까지만 해도 대규모 시위는 진보·민주화 세력의 전유물이었다. 이제는 보수 세력이 대집회를 통해 세를 과시

이전까지만 해도 대규모 시위는 진보·민주화 세력의 전유물이었다. 이제는 보수 세력이 대집회를 통해 세를 과시하게 된 것이다.

하게 된 것이다. 2006년 9월 2일 서울시청 앞 광장에는 재향군인회를 비롯한 200여 개 보수 단체 소속 회원 약 5만 명이 모여 '전시작전통제권 환수 반대 집회'를 열었다. 앞서 국가보안법 폐지안으로 몸살을 앓은 2004년 10월, 한기총과 반핵반김국민협의회가 진행한 '나라와 민족을 위한 구국 기도회' '국가보안법 수호 국민대회'에도 신도와 회원 등 수만 명이 운집했다.

## 새로운 부상, 신보수

구보수와 달리 대학생, 학부모, 종교인에 이르기까지 부문별로 뭉치는 새로운 보수의 조직화가 최근 급속히 진행되고 있다. 새로운 보수의 조직화는 뉴라이트 계열이 주도하고 있다. 2004년 7월 신지호 자유주의연대 대표가 주도한 초기의 뉴라이트 운동은 독재와 부패로 얼룩진 구보수 세력을 비판하고 좌파 진보주의에 대항한 '개혁적 보수주의' 지식인 운동 성격이 강했다. 그러나 2006년 11월 9일 서울 장충체육관에서 열린 뉴라이트전국연합 창립 1주년 기념식은 신보수의 광범위한 조직화라는 점에서 다르다.

1천여 명으로 시작한 뉴라이트전국연합은 1년 만에 11만여 명 회원에 15개 광역시·도 연합 및 183개 시·군·구 조직과 교사·청년 등 99개 부문별 조직 5만 3천 명, 뉴욕·로스엔젤레스 등 해외 조직 2천 명을 둘 만큼 성장했다고 밝혔다. 2006년 11월 2일 광주전남 뉴라이트연합을 창립, 보수 단체의 불모지 호남에 깃발을 꽂기도 했다. 향후 대학·여성·천주교연합도 창립할 방침이다. 여기에 6일 '불자 애국 운동'을 표방한 뉴라이트불교연합까지 출범하면서 기독교에 이어 불교까지 아우르게 됐다. 국민의 정부 이래 의약 분업 등에 불만을 표출해 온 의사들도 4일 뉴라이트의사연합을 꾸려 "개혁 우파 정권 탄생을 위해 노력하겠다"고 밝혔다. 뉴라이트신노동연합과 교사연합, 학부모연합은 각각 진보 진영의 민주노총과 전교조 대항 조직이다.

2006년 9월 출범한 신노동연합(신노련)에는 권용목 민주노총 초대 사무

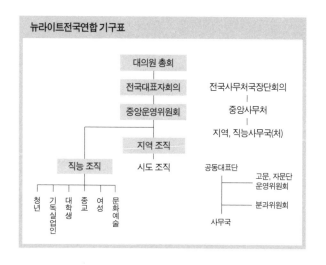

**뉴라이트전국연합 기구표**

```
대의원 총회
   │
전국대표자회의          전국사무처국장단회의
   │                        │
중앙운영위원회             중앙사무처
   │                        │
        지역 조직        지역, 직능사무국(처)
   직능 조직      시도 조직
                          공동대표단
                             │        고문, 자문단
                             │        운영위원회
   청 기 대 종 여 문              │        분과위원회
   년 독 학 교 성 화              사무국
      실 생       예
      업       술
      인
```

총장이 대표를 맡는 등 민주노총과 한국노총 출신 전 노조 위원장 급이 포진했다. 권용목 대표는 1987년 현대 그룹 노조협의회 의장 출신으로 울산 현대 노조를 일으켰던 인물이다. 신노련은 서울, 부산, 대구, 울산 등 6대 광역시와 경남 거제, 마산 등 23개 시·군에 지역 조직을 확보했다고 밝혔다. 하지만 아직 신노련을 뒷받침할 노동자, 현장 노조 조직은 미미한 상태다.

2006년 1월 창립한 뉴라이트교사연합은 교육 현장에서 자유민주주의와 시장경제에 입각한 가치관 운동을 전개키로 했다. 이명준 대변인(중경고 교사)은 "교육의 총체적 위기는 획일적 교육 정책과 전교조의 전횡 및 이념 편향성 때문"이라며 "전교조를 대체하는 것이 목표"라고 밝혔다. 뉴라이트학부모연합은 교육 수요자인 학생과 학부모 중심의 '교육 주도권 쟁취 운동'을 주장한다. 이들은 학교 선택권과 교육 선택권, 학교 전통과 개성 회복, 학생 선발권 보장, 사립 학교법 재개정, 교원 평가제 적극 도입 등 전교조와 정반대의 정책을 제시하고 있다.

### '관변' 벗어나 '서울광장'에 나섰다

보수 단체 중 가장 중도 성향인 자유주의연대는 극좌파는 물론 극우파를 배격하고 '균형감 있는 중도 우파'를 추구하고 있다. 신지호 대표와 홍진표 집행위원장 등 전향한 386 운동권 10여 명과 자유주의 전문가들로 구성되어 있다. 이지수 명지대 교수(북한학)와 이동호 한반도정책연구원 연구위원, 김광동 나라정책연구원 대표, 한기홍 북한민주화네트워크 대표,

도희윤 피랍탈북인권연대 사무총장, 하현준 북한인권정보센터 연구위원 등 북한 전문가가 많은 것이 특징이다.

박세일 서울대 교수, 이석연 변호사, 이명현 전 교육부 장관이 주도하는 선진화국민회의는 '개혁적 보수'를 표방한다. 김영삼 정부 시절 세계화의 기수였던 박세일 교수는 2005년 한나라당 정책위의장 당시 '공동체적 자유주의'에 기반을 둔 한반도 선진화 전략을 마련한 주역이다. 뉴라이트 전국연합과 달리 선진화국민회의는 기성 정치권과 일정한 거리를 두고 있다. 몸집 불리기를 통한 운동보다는 '10년 내 선진국 진입' 같은 전략 마련에 치중하고 있다. 박세일 교수는 "반(反)대한민국 세력만 빼고는 다 같이 하자는 것"이라며 "옛날에 안주하는 보수가 아니라 몸으로 실천하는 개혁적 보수와 합리적 진보도 다 같이 선진화 세력으로 본다"고 말했다. 곧 "산업화, 민주화 그룹이 힘을 합쳐 선진화를 만들어야 한다"는 입장으로 "한국 사회가 건강한 좌우 양 날개로 날아야 한다"는 인식은 자유주의연대와 일맥상통한다.

> 보수 세력의 영토 확장은 최고 취약지이던 20·30대 젊은층에도 뻗치고 있다. 특히 진보의 요람으로 통하던 대학에 뉴라이트가 속속 파고드는 추세다.

이 밖에도 최근 2~3년 사이 각종 신생 보수 단체들이 생겨났다. 경실련 사무총장을 지낸 이석연 변호사의 헌법포럼이나 이동복 전 자민련 의원의 북한민주화포럼, 박효종 서울대 교수(국민윤리) 등의 교과서포럼, 국민통합포럼, 세계평화포럼 등이다.

보수 세력의 영토 확장은 최고 취약지이던 20·30대 젊은층에도 뻗치고 있다. 특히 진보의 요람으로 통하던 대학에 뉴라이트가 속속 파고드는 추세다. 2만여 명 회원의 뉴라이트청년연합과 뉴라이트대학생연합, 자유개척청년단, 무한전진, 청년아카데미 등이다. 대학생연합의 진성 회원은 500~800명으로 아직 수적으로는 미약하다. 그러나 뉴라이트 계열 후보가 2005년 경희대·경북대 등에서 총학생회장에 당선되었고, 2006년 부산대 등 8개 대학 총학 선거 과정에 뉴라이트전국연합이 개입했다는 의혹도 제기될 만큼 대학가 진출이 매우 빠르게 진행되고 있다.

보수 단체 소속 인사들이 최근 북한 핵실험으로 긴장이 고조되자 핵폐기를 요구하는 집회를 하고 있다.

뉴라이트 단체들은 보수의 이론 무장을 위한 싱크탱크 설립에도 박차를 가하고 있다. 뉴라이트전국연합은 브레인 격인 '바른정책포럼'과 200여 명의 교수로 이루어진 '뉴라이트 싱크탱크'를 만들었다. 우파 지도자 양성을 위한 '목민정치학교'도 운영, 사상 무장과 인재 육성을 통한 보수 이념 확산을 목표로 하고 있다. 2006년 4월에는 안병직 서울대 명예교수와 제자 전문가 그룹인 '낙성대 경제연구소' 사단이 '전향 386' 세력을 규합해 뉴라이트재단을 출범시켰다. 뉴라이트재단에는 성균관대 이대근 교수(경제학), 서울대 이영훈 교수 등 20여 명의 학자가 참여했다. 이 재단은 기관지인 계간 『시대정신』을 발행하고 일반인을 대상으로 한 강좌도 개최할 계획이다. 1980년대 『강철 서신』으로 활약한 전향한 주사파 운동권 김영환 씨가 편집위원이다.

2006년 9월에는 박세일 교수를 이사장으로 한 중도 보수 성향의 싱크탱크인 한반도선진화재단이 창립됐다. 나성린 안민정책포럼 회장(한양대 교수·경제학)과 이석연 헌법포럼 공동대표가 이사직을 맡고 조순 전 서울시장이 고문으로 위촉됐다.

보수 단체의 자금력은 어디서 나올까. 출처는 알 수 없지만, 재향군인회(향군)의 사례는 시사하는 바가 크다. 향군의 3백억여 원 예산은 회원 회비보다는 대부분 보훈 기금 보조금 등에 의존한다. 2004년 예·결산 결과 제대군인 복지사업에는 예산의 10퍼센트만 쓰고, 상당수는 각 지회 운영비로 나갔다. 2004년 운영 보조비로 57억 원, 운영비 지원에 36억 원 이상을 썼다. 민주노동당 이영순 의원의 2006년 9월 국감 자료를 보면, 향군이 100퍼센트 지분을 가진 중앙고속의 경우 연평균 10억 원 정도 손실을 보면서도 2000~2005년 6년 동안 '보훈 성금'을 2백 78억 원이나 지출한 것으로 드러났다. 그 밖에 재향군인회 산하 7개 출자 회사와 향군회관 등 6개 직영 업체에서 매년 1백 80억~2백억 원 정도의 보훈 기금을 기탁했다. 향군이 대규모 서울 집회 때 각 지부 회원 동원용 버스를 대절하고 참석자에게 식대를 지급할 수 있는 토대인 셈이다.

그러나 뉴라이트 계열은 회비나 외부 후원에 의존하고 있다. 11만여 명의 회원을 자랑하는 뉴라이트전국연합은 서울 광화문의 40여 평 사무실에 10명의 상근자가 있으며, 대부분 회원 후원금으로 운영한다는 설명이다. 충무로에 있는 20여 평 규모의 사무실에 약 10명의 상근자가 있는 한반도선진화재단은 외부 후원이나 스폰서를 받는 것으로 알려졌다. 자유주의연대는 가입비 10만 원에 매달 3만 원씩 내는 회원 200여 명의 회비로 살림을 꾸려 나간다.

> "광범위한 조직을 꾸리는 형식적, 양적 확산에만 주력한 나머지 정책 제시 등 콘텐츠 확보에 심혈을 기울이지 못하는 한계가 드러나고 있다."
> _ 신지호 자유주의연대 대표

뉴라이트 운동의 이런 양적 팽창에 비해 질적 발전이 이루어졌는지에 대해서는 평가가 엇갈린다. 신지호 대표는 최근 "광범위한 조직을 꾸리는 형식적, 양적 확산에만 주력한 나머지 정책 제시 등 콘텐츠 확보에 심혈을 기울이지 못하는 한계가 드러나고 있다"고 지적했다. 이처럼 보수 세력들이 충실한 내부 보수에 앞서 급하게 덩치를 키워 가고 있는 이유는 2007년 대선을 겨냥하고 있기 때문으로 풀이된다. 이미 김진홍 뉴라이트전국연합 상임의장은 "한나라당 단일 후보를 전력을 다해 밀겠다"고 공개 선언한 바 있다. 그러나 자유주의연대, 구보수 단체는 한나라당에 직접 참여하는 활동에는 부정적이다.

## 보수 담론, 어떻게 형성되고 소비되나

"1인당 국민소득 2만 달러 시대로 가자." 출범 초기 참여정부가 외친 중요한 구호 중 하나다. 노무현 대통령은 집권 4개월 후인 2003년 6월 30일 '참여정부 경제 비전 국제회의' 개막 연설을 통해 "2만 달러 시대로 가자"고 제안했다. 그 후 노무현 대통령은 틈만 나면 '2만 달러 시대' 얘기를 꺼냈다. 노조 지도부를 비판할 때도 "2만 달러 시대의 선결 조건은 노사 화합"이라고 말했고, "2만 달러 시대를 위해서는 시장과 기술 모두 혁신을 일상화해야 한다"고도 했다. 정부 각료들은 "2만 불 시대로의 항해"와 같은 기고문을 언론에 싣고 적극 홍보에 나섰다.

이 '2만 달러 운동'은 선진국 반열에 들기 위해 분배보다는 성장과 개발에, 노조 활동보다는 기업 활동에 좀 더 힘을 몰아줘야 한다는 뜻을 담고 있었다. 출범 전만 해도 최소한 '성장과 분배의 조화'를 외쳤던 참여정부가 왜 갑자기 이런 구호를 내세웠을까.

'2만 달러 시대론'은 당시 청와대 국정상황실장이었던 이광재 열린우리당 의원이 주도적으로 기획한 것으로 알려져 있지만 그 아이디어는 삼성경제연구소와 전국경제인연합회(전경련)에서 나왔다는 것이 정설이다. 전경련은 노무현 대통령이 취임하던 2003년 2월 25일 "새 정부와 함께 2만 달러 시대를 열어 갑시다"라는 현수막을 서울 여의도 전경련 회관 건물에 내걸었다. 그에 앞서 인수위 시절인 그해 2월 7일에는 전경련 총회에서 새 정부에 대통령 직속 기구로 민관 합동 '2만 달러 추진 위원회' 신설을 제안하기도 했다.

> '2만 달러 시대론'은 당시 청와대 국정상황실장이었던 이광재 열린우리당 의원이 주도적으로 기획한 것으로 알려져 있지만 그 아이디어는 삼성경제연구소와 전국경제인연합회에서 나왔다는 것이 정설이다.

'2만 달러 시대'의 원조는 삼성경제연구소라는 이야기도 있다. 삼성경제연구소는 인수위 시절부터 참여정부에 많은 정책 아이디어를 비공식적으로 제공해 왔다. 삼성경제연구소의 윤순봉 부사장은 "인수위 시절 우리가 만든 대외비 보고서가 대통령 당선자에게 건네졌다는 항간의 추측은 확인해 줄 수 없다"면서 "그러나 우리가 참여정부에 많은 정책적 아이디어를 준 것은 사실"이라고 말했다.

삼성 이건희 회장도 노무현 대통령이 2만 달러 시대를 이야기하기 한 달쯤 전인 2003년

| 보수 담론과 생산 주체 | |
| --- | --- |
| '2만 달러 시대' | 삼성경제연구소, 전경련 |
| '매력 있는 한국', '강소국' | 삼성경제연구소 |
| '대학 경쟁력' | 삼성경제연구소 |
| '선진화' | 박세일 |
| '개인 경쟁력이 국가 경쟁력' | 공병호 |

6월 5일 2기 신경영 선언을 통해 "이 고비를 어떻게 넘기느냐에 따라 선진국이 될 수도, 후진국으로 전락할 수도 있기 때문에 파이를 빨리 키워 '국민소득 2만 달러 시대'에 돌입할 수 있도록 노력해야 한다"고 강조했다.

김창엽 서울대 보건대학원 교수는 "난데없이 등장한 구태의연한 구호가 내용적 충실성 없이도 국가 발전의 핵심 비전이 되어 버린 사회 분위기에 아연해 한 적이 있다. 뭔가 의도가 있는 것 아닌가 싶을 정도로 온 사회가 그 방향으로만 흘러갔다"고 회고했다. 참여정부를 포함, 한국 전체가 이렇게 갑자기 '2만 달러 시대론'의 포로가 되면서 반론을 허용치 않는 분위기에 빠져 들었다.

삼성경제연구소는 인수위 시절부터 참여정부에 많은 정책 아이디어를 비공식적으로 제공해 왔다.

'2만 달러 시대'는 갓 출범한 참여정부의 보수화가 예상보다 빨리 왔다는 정도로 받아들여졌다. 하지만 그것은 한국 사회에서 보수 담론이 어떻게 형성되고 이 사회에 뿌리를 내리는지, 보수 담론의 재생산 구조는 어떠한지를 보여 주는 계기였다.

"매력 있는 한국" "개인 경쟁력이 곧 국가 경쟁력" "15년 안에 못하면 영영 선진국 못 될 수도……"

'2만 달러 시대'와 비슷한 함의인 이 말들 역시 누군가에 의해 만들어져 의제로 발전된 것들이다. 그러나 의제의 그런 출처는 잊혀진 채 사람들은 그 말들을 그저 물, 공기처럼 당연하게 받아들인다. 그러면 시민들이 의식하지 못하는 사이 한국 사회의 의제로 자연스럽게 굳어지게 되는 것이

다. 이렇게 자리 잡은 말들은 우리를 한시도 그냥 내버려 두지 않는다. 끊임없이 자신을 계발하고 타인과의 경쟁에 대비하지 않는 것을 일종의 '죄악'인 양 몰아간다.

그러면 이 이야기들은 누가 만들어 냈고, 어떤 과정을 통해 확산되어 우리 머릿속에 튼튼히 뿌리내리게 됐을까. 이 물음은 곧 한국 사회의 보수 담론이 어떻게 생산되어 어떻게 소비되는가라는 물음으로 바꿔 볼 수 있다.

## 보수 담론의 생산

보수 담론의 생산은 주로 재계 관련 연구소와 이른바 신보수 지식인들에 의해 이뤄진다. 신광영 중앙대 교수(사회학)는 "구시대적 냉전 논리 등으로 무장한 구보수, 이른바 수구 세력들은 담론 생산 능력까지 갖고 있지는 못하다"며 "대신 삼성경제연구소와 전경련 산하 자유기업원처럼 재계에 밀착된 민간 싱크탱크들이 연구를 통해 보수 담론을 생산해 정치권과 언론을 통해 사회 전반에 제공한다"고 말했다.

기업들이 낸 돈으로 설립된 전경련 산하 자유기업원은 막대한 자본력을 바탕으로 심포지엄, 출판, 자본주의 경제 교육 등을 통해 시장 가치의 확산과 반기업 정서 없애기, 기업하기 좋은 국가 분위기 조성 등에 주력하고 있다. 최근 유석춘 연세대 교수(사회학·현 한나라당 참정치 운동본부장)가 대기업들이 지원한 자유기업원 연구 자금으로 "참여연대는 교수와 시민운동가들이 정권 내부로 들어가는 통로"라는 『참여연대 보고서』를 펴내며 참여연대의 삼성 비판에 역공을 편 것이 대표적인 예이다. 전경련은 또 해마다 '중국 산업 시찰'이라는 이름으로 서울 주요 대학의 학보사 기자들을 데리고 중국에 진출한 한국 기업 견학을 간다. "대학생이 매주 접하는 학보에 중국에서 활약하는 우리 기업의 노력을 게재함으로써 (대학생들의) 반기업 정서 완화

> "삼성경제연구소와 전경련 산하 자유기업원처럼 재계에 밀착된 민간 싱크탱크들이 연구를 통해 보수 담론을 생산해 정치권과 언론을 통해 사회 전반에 제공한다." _신광영 중앙대 교수

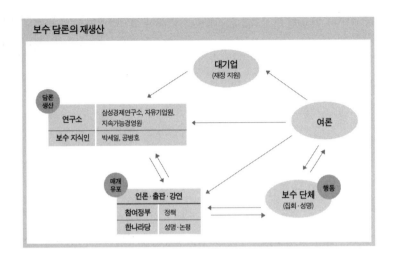

보수 담론의 재생산

대기업
(재정 지원)

담론 생산

| 연구소 | 삼성경제연구소, 자유기업원, 지속가능경영원 |
| 보수 지식인 | 박세일, 공병호 |

여론

매개 유포

| 언론·출판·강연 | |
| 참여정부 | 정책 |
| 한나라당 | 성명·논평 |

보수 단체
(집회·성명)

행동

에 기여할 수 있다"는 것이 전경련이 표방하는 사업 추진 이유다.

삼성경제연구소는 좀 더 '객관성'과 '전문성'으로 무장한 재계 싱크탱크로 분류된다. 재계 논리를 체계적으로 국익과 연결시키는 보고서로 정부 정책에 큰 영향력을 행사해 왔다는 점에서 보수 담론 생산의 핵심 공장이라고 할 수 있다. 연구소의 웹사이트 회원은 2006년 2월 1백 12만 명을 넘어 단일 연구소로는 세계에서 최다 회원을 갖고 있다. 보고서가 나오기 무섭게 웹사이트에는 "기다리던 논문이 드디어 올라 왔네요" "좋은 내용 감사합니다"라는 답 글이 수십 건 달릴 정도로 호응이 높다. 삼성경제연구소의 힘은 어디에 있을까.
박사급 연구원 100여 명 등 120명의 고학력 연구 인력이 쏟아 내는 연구 보고서들은 경제에만 국한되지 않고 저출산, 연구 윤리, e-스포츠, 황사 피해 대응 방안 등 일반인들의 최근 관심사를 망라한다. 일반에 공개되는 대외 발표용 보고서만 한 해 평균 300건에 이른다.

이들이 발표하는 보고서는 여과 없이 대부분 언론에 상당한 비중으로 소개된다. '삼성'이라는 공신력과, 그것이 담고 있는 많은 정보 때문이다.

이들이 발표하는 보고서는 여과 없이 대부분 언론에 상당한 비중으로 소개된다. '삼성'이라는 공신력과, 그것이 담고 있는 많은 정보 때문이다.

이렇게 소개된 보고서들은 정부 부처나 정치인, 교육기관, 연구자 등에 의해 반복적으로 활용된다. 삼성경제연구소의 의제는 자연스럽게 대한민국의 의제로 재생산된다.

삼성경제연구소가 2006년 1월에 낸 "대학 혁신과 경쟁력"이라는 보고서는 대학 사회 내에 효율과 경쟁이라는 담론이 뿌리내리게 하는 데 결정적인 역할을 했다. 이 보고서는 ●대학 사회 내 시장 원리 및 경쟁 원리 작동을 위한 규제 개혁 ●국립대 법인화, 시·도립 대학 전환 등을 통한 대학 경쟁 체제 도입 ●엄격한 교수 평가 및 보상 시스템 ●총장의 임기 보장 등의 내용을 담고 있다. 이는 경제 신문 등을 통해 꾸준히 소개되어 온 '대학 경영도 삼성을 배워라'라는 담론을 체계적으로 명확히 정리한다. 효과는 바로 나타났다. 서울대 자연과학대는 한 달 뒤 전체 교수 회의에서 교수 승급 심사 시 일정 비율의 탈락을 의무화하는 방안을 통과시켰다. 당시 자연대 교수들은 "이번 결정에는 프린스턴, 하버드 등 미국 유수 대학을 벤치마킹해 내놓은 삼성경제연구소의 대학 경쟁력 확보 방안 보고서가 많은 참조가 됐다"고 밝혔다.

이제 누가 들어도 익숙한 문구인 '매력 있는 한국' 역시 삼성경제연구소의 작품이다. 프랑스 출신 방송인 이다도시의 '매력 있는 한국론', 강운태 전 내무부 장관이 강연에서 자주 쓰는 '매력 있는 한국'도 모두 여기서 나온 말이다. 39명의 연구원을 대거 동원해 만든 이 보고서는 2005년 6월 국회 심포지엄에서 발표됐다. 보고서는 잘사는 나라의 객관적 기준을 '국민소득 3만 달러'로 명시, 아직 달성하지도 못한 '2만 달러 시대' 목표를 은근슬쩍 '3만 달러'로 상향 조정했다.

"이제는 양보다 질이 중요합니다. '강소국'이라는 말도 제가 2001년에 처음 쓰기 시작해서 유행한 겁니다." 삼성경제연구소 윤순봉 부사장의 말이다. 그러나 삼성경제연구소 보고서가 완전한 것인가에 대해 의문을 제기하는 이도 있다.

"그들의 보고서를 꼼꼼히 읽다 보면 학문적으로 함량 미달인 것이 많습니다. 데이터나 논리의 오류 때문에 학술지에 지원할 경우 상당수 거절당할 겁니다. 가령 2006년 9월에 나온 "설비 투자에 관한 3대 논란과 평가" 보고서는 과잉 투자 소지가 있는 1990년대에 비교 기준을 두고 '투자 부진론'을 펴는 오류를 범했습니다. 8대 재벌이 이미 외환위기 이전 수준의 투자를 회복했음에도 여전히 재벌의 선도적 투자 확대론을 주장하는 것은 논리에도 맞지 않습니다. '과학성'과 '객관성'으로 포장하고 있지만 이들은 기본적으로 '국가 대표로서 재벌을 키우자'는 이야기를 하고 싶은 재계 이데올로그들입니다. 문제는 이런 보고서들이 여과 없이 한국 사회의 의제로 상정되는 현실입니다. 언론은 삼성경제연구소에서 나온 보고서라면 비판적 검토 없이 그대로 소개하고, 정부 관료들도 이것을 그냥 받아들입니다." 시민 단체인 경제개혁연대 소장을 맡고 있는 김상조 한성대 교수(경제학)의 말이다. 이에 대한 윤순봉 부사장의 의견은 다르다.

> "'과학성'과 '객관성'으로 포장하고 있지만 이들은 기본적으로 '국가 대표로서 재벌을 키우자'는 이야기를 하고 싶은 재계 이데올로그들입니다."
> _김상조 한성대 교수

　"우리는 스스로를 보수라고 여기지 않습니다. 우리만큼 진보적인 조직이 대한민국에 어디 있습니까. 연 7퍼센트 성장과 4만 달러, 5만 달러 소득 시대를 얘기하는 것만큼 진보적일 수 있습니까. 대한민국에서 돈 되는 것을 우리만큼 고민하는 곳은 없을 것입니다."

### 보수 담론, 어떻게 유포되나

　이런 '위기론' '성장론' 같은 보수 담론이 일반 국민 사이에 자리 잡는 과정에서 중요한 역할을 한 것은 전통적 보수 세력뿐이 아니다. 보수 정당 한나라당보다 참여정부가 더 큰 역할을 했고, 이른바 보수 언론을 포함한 대부분의 언론이 이 과정에 동원됐다. 진보 지식인들이 이 보수 담론의 유포에 결과적으로 이용되기도 했다. 김상조 교수는 "우리 사회의 진보적 기반이 갖춰지지 않은 상태에서는 토종 자본론 같은 이야기와 섣부른 사회적

2006년 11월 14일 서울 광화문 교보문고를 찾은 시민들이 자기계발서를 보고 있다. '성공학 서적'이라고도 하는 이러한 책들은 대부분 외국 필자들이 쓴 것이지만 최근 들어 공병호 경영연구소 소장 같은 한국 필자의 책도 널리 읽히고 있다.

대타협론이 보수, 진보의 경계를 희석하고, 재벌 체제를 통한 성장 모델에 대해 진보 학자들도 동의하는 듯한 여론을 만들어 냈다"고 말했다.

그러나 보수 담론의 재생산을 논할 때 '한나라당—보수 언론—보수 지식인'이라는 강력한 연결 고리를 빼놓을 수는 없다. 보수 언론은 '뉴라이트', 『해방 전후사의 재인식』 열풍과 같이 최근 한국 사회의 보수화 분위기 형성에 큰 역할을 하고 있다.

보수 지식인의 역할도 적지 않다. 대표적인 인물은 박세일 서울대 교수. 박세일 교수는 2006년 초 펴낸 『대한민국 선진화 전략』이라는 책을 바탕으로 언론에 칼럼을 쓰며 보수 담론을 전파하고 있다. 그의 '선진화'라는 말은 노무현 대통령도, 박근혜 전 한나라당 대표도 자주 입에 올릴 만큼 정치권과 지식사회에 광범위하게 퍼져 있다.

보수 담론의 대중화에는 공병호 박사가 큰 기여를 했다. 1997년 외환위기 직후 대기업들의 돈을 갹출해 전경련 산하에 자유기업센터(자유기업원의 전신)를 세우며 자유주의 소개에 열중했던 그는 요즘 개인 연구소를 바탕으로 왕성한 강연과 저술 활동을 하고 있다.

환경 의제에서 보수 담론이 부상하는 모습 역시 한국 사회의 보수 연결 고리가 작동하는 방식을 잘 보여 준다. 2005년 4월 대한상공회의소가 낸 "주요 국책 사업 중단 사례 분석 및 시사점" 보고서는 "새만금, 천성산 터널 공사 등이 환경 단체의 문제 제기로 중단됨으로써 이미 4조 원의 손실이 났으며 앞으로 35조 원의 손실이 발생할 것"으로 추정했다. 당시 환경 운동 진영은 "이 같은 계산의 근거가 된 자료는 건설사와 시공사의 주장을 여과 없이 단순 합산한 것에 불과하다"고 반박했다. 그러나 이 일로 환경 운동 진영은 많은 국민에게 국고 낭비의 주범으로 인식되기 시작했다.

환경 의제에서도 보수 담론을 생산하는 주체는 재계다. 대한상공회의소 산하 지속가능경영원과 전경련 산하 지속가능발전기업협의회가 주도하고 있다. 1992년 리우 환경회의에서 처음 사용된 '지속 가능한 발전'이라는 말은 이제 기업들이 '지속 가능한 성장'이라는 뜻으로 더 많이 쓰는 말이 되어 버렸다.

대기업을 배경으로 한 단단한 물적 토대, 그 토대 위에서 연구소와 보수 지식인들의 정력적인 의제 생산, 언론·출판 미디어 및 정당을 통한 의제의 대중적 확산, 그리고 여론의 지배. 한국 사회는 아직 이 재생산 구조에서 벗어나지 못하고 있다.

대기업을 배경으로 한 단단한 물적 토대, 그 토대 위에서 연구소와 보수 지식인들의 정력적인 의제 생산, 언론·출판 미디어 및 정당을 통한 의제의 대중적 확산, 그리고 여론의 지배. 한국 사회는 아직 이 재생산 구조에서 벗어나지 못하고 있다.

## 보수 담론의 '전도사' 공병호, "우리도 잘살 수 있다"

"좀 전에 삼성생명에 새로 들어온 보험 설계사들에게 강연을 하고 왔어요. 저녁에는 내일 오후에 예정된 KT 강연 원고도 준비해야 합니다. 『한국경제신문』에 "나폴레옹 리더십"이라는 제목의 글을 내일 오전 9시까지 넘겨야 하고요. 내일까지 11월, 12월에 나올 두 권의 책 원고도 손봐야 합니다."

2006년 11월 9일 오후 5시 서울 가양동 자택에서 만난 공병호 박사(46)는 인터뷰 시간을 빼앗는 것이 미안할 정도로 바빴다. 그는 1년에 300회에 달하는 외부 강연을 한다. 지난 5년간 쓴 저서만 50여 권이고, 매달 30회 가까이 신문과 잡지에 기고를 한다. 강연에 오는 청중이 평균 100명이고, 그의 책이 연간 1만 권 정도 팔린다고 가정하면 그는 1년에 적어도 13만 명의 사람들을 만나서 사상을 전파하는 셈이다. 그는 분, 초를 쪼개 살면서 세상 사람들에게 무엇을 말하고 싶은 것일까. 왜 그렇게 많은 사람은 그를 원할까.

살인적인 일정을 소화하면서도 여유를 잃지 않을 수 있다는 그는 "내 스스로 인간 가능성의 무한함을 증명해 보이고 싶다"고 말했다. 그는 "멸치 어장을 하는 아버지 밑에서 태어나 자본주의가 작동하는 모습을 보고 자랐다"면서 "이러한 경험에 책에서 얻은 지식이 더해져 비로소 확고한 신념으로 자리 잡게 됐다"고 말했다.

"기업체 강연이 가장 많아요. 기업 내에는 비즈니스에 유능한 분들은 많지만 강의를 할 수 있는 사람은 별로 없죠. 국가기관, 병원, 교육기관, 학원, 지자체 등에서도 강연 요청이 와요. 특히 시골 지자체에 가서 강연할 때에는 우리가 정말 잘 살아야겠다는 느낌을 많이 받아요. 어린 학생에서부터 촌로들에 이르기까지 '어떻게 하면 잘 살 수 있을까' 물어 와요. 내 책과 강연이 대중들에게 설득력을 갖는 것은 바로 내가 자기 사업을 해 오며 체득한 신념을 말하고 있기 때문입니다."

물론 그의 강연을 못마땅해 하는 사람도 있다. "나에 대한 '안티'도 강하게 존재합니다. 하지만 예전보다 안티 세력들은 많이 없어지는 것 같아요. 자신과 생각이 다르더라도 공병호가 정말 열심히 산다고 인정하기 때문인 것 같아요."

그가 전하고자 하는 메시지는 쉽게 얘기하면 '우리도 잘 살 수 있다'는 것이다. 그는 강연회와 저서에서 일관되게 '개인 경쟁력이 곧 국가 경쟁력' '개인의 숨겨진 능력에 대한 자각'을 강조한다.

1997년 외환위기 직후 대기업 돈으로 자유기업센터(자유기업원의 전신)를 세운 37세의 경제학자. 당시만 해도 대중들에게 낯설기만 한 오스트리아 출신 경제학자 하이에크의 자유주의와 시장 경제론을 본격 도입하며 한국의 보수 사상 정립에 주력했던 그가 2000년 이후 어느 순간 '성공학' '자기 계발서'의 저자로 변신해 대중들 앞에 나타난 것에는 이유가 있다.

"자유기업센터에서 번역한 자유주의 시리즈가 40여 권입니다. 요즘 '뉴라이트'가 나서서 뭔가 새로운 흐름인 것처럼 얘기하지만 제가 세상의 흐름을 10년쯤 먼저 본 것이죠."

## 박세일 교수의 '따뜻한 보수론'

박세일 서울대 교수가 2006년 2월 내놓은 저서 『대한민국 선진화 전략』은 신보수 담론의 교과서로 통한다.

책은 "시간이 15년 정도밖에 안 남았다"는 '위기론'으로 시작된다. 그러면서 한국 현대사를 건국, 산업화, 민주화, 선진화로 구분하고 "지금은 민주화에서 선진화로 넘어가야 할 단계"라고 규정한다. 선진화를 위해서는 작은 정부가 시장의 양적 성장을 도와야 하고, 약자를 보듬는 '공동체 자유주의'로 가야 한다고 주장한다. 개혁적 보수와 합리적 진보가 뭉쳐야 한다고도 한다.

책은 나오기가 무섭게 정가의 화제가 됐으며 정치 관련 서적으로는 드물게 일반인들에게도 많이 팔렸다. 박근혜 전 한나라당 대표가 최근 들어 "'선진화'는 법치주의와 시장 자유주의" "나라 '선진화'"를 자주 언급하는 것이나, 남경필 의원이 '선진화' 세력 대통합론을 제기하는 것도 모두 이 책의 영향이다.

박재완 한나라당 의원은 "개인의 자유를 진작하는 것이 진정한 보수인데 한나라당은 거기에 대해 제대로 목소리를 못 냈다"며 "올 초 정강·정책을 바꿀 때 '공동체 자유주의'를 포함, 박세일 교수 개념을 당의 이념으로 채택했다"고 말했다. 나경원 의원은 "사각지대에 계신 분들을 보호할 수 있어야 한다는 '따뜻한 보수론'은 지금도 회자된다"고 말했다. 한나라당 초선 의원의 한 보좌관은 "초·재선의 '생각 있는 의원들'은 대부분 이 책을 읽은 것으로 안다"고 말했다.

책이 나온 지 9개월이 채 안 된 시점에서 판매 부수가 이미 1만부 (6쇄)를 넘어선 것은 일반인들의 관심을 반영한다. 출판사 '21세기 북스' 관계자는 "경제·경영서에 비해 정치 서적은 거의 팔리지 않는 현실을 감안하면 벌써 1만부가 팔린 것은 기록적"이라고 말했다. "책은 요즘도 매달 1,000부가량 꾸준히 나가며, 주 독자층은 서울·경기 지역의 중년 남성들"이라고 덧붙였다.

박세일 교수는 또 자신이 조직한 '선진화국민회의'를 통해 전시 작전통제권 환수 반대 시위를 조직하며 뉴라이트, 올드라이트를 통합하는 구심점 역할도 했다.

# 보수가 보는 보수의 강점과 약점

일 시 : 2006년 11월 14일    장 소 : 경향신문사 회의실
사 회 : 이대근 『경향신문』 정치·국제 에디터
참 석 : 신지호 자유주의연대 대표, 원희룡 한나라당 의원,
유석춘 연세대 교수(한나라당 참정치운동본부 공동본부장)

아직 '보수'라고 하면 부정적인 이미지가 있다. 보수에 대한 절실함이 국민 사이에서 많은지 의심스럽다. 보수가 왜 필요한가.

유석춘ㅣ요즘 보수가 주목받고 있는 가장 큰 이유는 진보의 실패와 무능 때문이라고 본다. 우리 사회에서 과거 보수적 시각이 자리 잡고 있다가 최근 정권이 두 번 진보에 넘어갔지만 이들은 무능했다. 무능에 대한 사람들의 반성이랄까, 성장은 성장대로 안 되고 사회는 '개판'이 되고 있다는 평가가 나오면서 보수가 주목받고 있는 것 아닌가. 보수건 진보건 공통적으로 선진화를 내세우는데 아무리 봐도 역시 보수적, 우파적 성장을 해야 나눌 것도 있다는 말이 맞다는 생각이 들면서 앞으로 현 수준을 유지할 것이냐, 아래로 내려갈 것이냐, 선진화할 것이냐를 생각하게 된 거라고 본다.

신지호ㅣ경제학자 하이에크가 "내가 보수주의자가 아닌 이유"라는 에세이를 썼는데 똑같은 심정이다. 난 보수주의자와 일정하게 일치하는 부분이 있지만 자유주의자이지 보수주의자는 아니다. 역사적, 사상적으로 자유주의와 보수주의는 뿌리가 다르다. 난 굉장히 변화 지향적이다. 산업화와 민

신지호 자유주의연대 대표,
유석춘 연세대 교수, 원희룡
한나라당 의원(왼쪽부터).

주화를 넘어 선진화를 이루기 위해서는 자유주의 개혁을 해야 한다. 노무현 정부가 하는 개혁은 평등주의 개혁이 많다. 그런 잘못된 개혁으로는 선진화는커녕 더 나락으로 떨어질 수 있다.

**원희룡** | 지속적인 경제성장을 통해 선진국에 진입하는 것이 우리 시대의 과제다. 그 방법이 무엇이냐. 시장의 경쟁과 민간의 창의력을 우선시하고 시장의 실패에 대해 국가가 보완해 주는 시스템을 가동해야 한다. 그러려면 좌·우파를 가르는 낡은 대립보다는 생산성 혁명을 이룰 수 있는 혁신, 그리고 민주화 시대에 높아진 국민 삶의 질에 대한 요구에 실용적이고 진취적인 방법을 제시하는 의미에서의 새로운 보수가 필요하다. 자유와 인권, 시장 경제, 현대사의 성취, 산업화와 민주화, 독립과 안보를 지켜 왔던 현대사 50년 전통에 대해, 부정적인 부분은 극복하더라도 큰 줄기에서 연속선으로 이어간다는 긍정적 의미에서, 굳이 붙이자면 보수다.

20~30대에도 보수화 바람이 불고 있고 보수의 조직화도 활발하다. 왜 보수가 부상하고 있다고 보나.

**유석춘** ㅣ 보수가 두 번 정권을 잃고 자각을 많이 했다. 보수가 아무리 열심히 하겠다고 해 봐야 김대중·노무현 정권이 잘했으면 별로 관심을 못 받았을 것이다. 노무현 정부가 처음부터 못한 게 주택·부동산 정책이다. 공급을 얼마나 늘리고 수요가 어느 정도 되는지 예측하고 대비했어야 하는데 그렇지 못했다. 국민은 이제 더 이상 이들에게 맡겨서는 안 되겠다고 자각한 것이다. 이제 '터닝 포인트'를 넘었다. 앞으로 흥행은 우파의 것이다.

**원희룡** ㅣ 보수는 구시대의 유물처럼 보이고 부패에다, 소수 특권층의 것으로 여겨진다. 인권 탄압과 권위주의에 이르기까지 벗어나야 할 구시대의 유물이라는 것이 정확한 표현이다. 그러나 진보의 실패는 무능함에서 왔다. 게다가 노무현 정부는 국민을 가르치고 훈계하는 듯한 태도를 보인다. 그래서 보수 세력이 자각하게 된 것이다. 게다가 '신보수'라는 깃발 때문에 도덕성, 합리성, 대안적 책임성을 자각하기에 이르렀다. 물론 충분히 만족스러운 상황까지 온 것은 아니다. 국민은 보수·진보니, 좌·우니 갈라져서 싸우는 것을 자기들끼리의 싸움으로밖에 안 본다. '흑묘백묘'라 하지 않나. 누가 생활의 문제를 책임감 있게 풀어 줄 것이냐 하는 실용적 태도에서 심판하겠다는 것이다.

**신지호** ㅣ 보수의 부상 원인에는 두 가지가 겹쳐 있다. 현 정부의 실패로 인한 반사 이익과, 자체 혁신을 통한 경쟁력 강화란 부분이다. 어느 요인이 더 강력하게 작용할 것인지, 답은 이미 여론조사에서 나왔다. 언젠가부터 이념 분포가 3분법으로 나오고 있다. 노무현 정부 초기와 달리 최근 중도파가 두 배나 늘었다. 스스로 진보다, 보수다 하는 일관성을 가진 층은 늘지 않았다는 말이다. 보수의 부상이 아직은 반사 이익적 효과가 크다는 의미이다. 그동안 기득

> "보수의 부상 원인에는 두 가지가 겹쳐 있다. 현 정부의 실패로 인한 반사 이익과, 자체 혁신을 통한 경쟁력 강화란 부분이다." _ 신지호 자유주의연대 대표

권으로서의 보수는 있었지만 철학과 신념으로서의 보수는 없었다. 뉴라이트라는 새로운 흐름이 바람직한 것이지만, 아직까지는 미약하다. 한나라당이 잘해서 지지도가 높은 거라고 자만한다면 지지층은 언제든 이탈할 수 있다. 착시 현상에 빠지면 안 된다.

뉴라이트 운동이 시작됐지만, 아직 보수는 무엇을 할 것인가라는 점보다는 노무현 정부 반대라는 네거티브 운동에 집중되어 있다. 그렇게 반노로 결집하게 되니 구보수와 신보수가 똘똘 뭉치게 되고, 결국 둘 간의 차이가 모호해진다.

신지호 | 자유주의연대는 구우파 사람들로부터 맹공을 받으면서도 새로운 우파의 목소리를 냈다. 구보수는 반공주의이다. 자유가 목표이고 반공은 수단이어야 하는데 반공이 목적이 되었다. 그러나 뉴라이트는 반공주의가 아니라 자유주의다. 국가보안법 개폐 논쟁 때 구보수는 한 글자도 못 고친다는 거였고 우리는 사상의 자유를 침해할 수 있는 요소, 즉 7조 찬양 고무죄 조항은 없애자고 했다. 그것 때문에 '아직도 빨갛다'고 욕먹는다. 일심회 사건도 마찬가지다. 마치 386 전체, 민주화운동 전체를 주사파인 것처럼 보면 안 된다. 민주화운동 내에서 주사파적 요소와 긍정적인 부분은 분리해서 봐야 한다.

유석춘 | 약간 생각이 다르다.

신지호 | 유 교수님은 정체를 분명히 밝히셔야 한다. 여전히 올드라이트인데, 자꾸 뉴라이트를 표방하시면 좀 곤란하다. 불과 1년쯤 전 MBC "100분 토론"에 유 교수랑 같이 나갔던 적이 있는데, 그때 유 교수는 올드라이트 자리에 있었지 않나.

유 교수님은 올드라이트와 뉴라이트를 어떻게 정의하고 있나.

유석춘 | 대한민국의 성공 스토리를 만든 사람들이 '올드라이트'로 불리

는 분들인데 이 분들을 제대로 평가해야 한다.

**신지호** | 잠깐! 이승만·박정희 전 대통령에 대한 재평가를 주도적으로 이뤄 낸 것은 뉴라이트다. 내가 문제 삼는 것은 아직도 과거 반공주의적 접근을 하는 올드라이트다.

**유석춘** | 이승만·박정희 전 대통령 시절, 같이 일했던 사람들이 성공 스토리를 만드는 과정에서 그들이 있었다. 그걸 개선하자는 것이 내 입장인데 이를 자꾸 올드라이트라 하면 안 된다. 박정희 시절의 개발 모델이 있었는데 이를 업데이트, 리모델링해서 대한민국의 성공 스토리를 이어가자는 것이다. 그런 점에서 생각이 비슷하니까 같이 가는 것이다. 그런데 자꾸 신 대표 같은 사람들이 우리를 올드라이트라고 밀쳐 낸다.

> "박정희 시절의 개발 모델이 있었는데 이를 업데이트, 리모델링해서 대한민국의 성공 스토리를 이어가자는 것이다." _유석춘 연세대 교수

**신지호** | 유 교수님은 (올드라이트라고) 아예 커밍아웃을 하는 게 낫겠다.

**유석춘** | 내가 생각하는 바른 길은 미국식 시장주의로 가는 것도 아니고 노무현식의 평등주의로 가는 것도 아니다. FTA, WTO에 맞는 개혁을 하자는 것이다.

**신지호** | 얼마 전 오세훈 서울시장이 최열 씨를 인수위 공동위원장으로 한다니까 뉴라이트전국연합에서 "최열이는 뻘거죽죽한데, 오세훈 너도 그런 거 아니냐"고 지적해서 충격받았다. 뉴라이트가 뭔지 알고나 하는 말이냐. 빨갱이 타령하는 반공주의와 다를 것이 없다.

**유석춘** | 최열 씨는 좌파 아니냐. 우파가 좌파보고 좌파라고 하는데 왜 문제가 된다는 거냐. 한나라당 간판 걸고 당선된 서울시장은 우파인데 왜 좌파를 데려다 쓰냐고 말할 수 있지 않나.

**원희룡** | 뉴라이트라는 깃발이 올라왔는데 과연 뭐가 '뉴(New)인가'에 궁금한 부분이 있다. 세력이나 깃발과 무관하게 보수가 대한민국의 한 기둥으로서 제대로 역할을 하는 방향이 무엇인지를 이야기해야 한다. 기존 보수는 도덕성에서 치명적 얼룩이 져 있다. 조금 더 들어가서, 이념적 틀에 따

라 적대적인 논쟁과 세력 규정을 하는 부분을 생각해 볼 필요가 있다. 신 대표처럼 자유주의를 일관되게 적용해 이념이나 반공주의와 거리를 둬야 한다는 쪽, 유 교수처럼 그래도 좌우는 있다는 쪽이 있다. 친북 좌파라고 하는데 이는 광장한 정치적 딱지다. 예를 들어 김용갑 의원이 광주 6·15 축전에 대해 광주는 친북 좌파가 장악한 해방구였다고 했고, 이규택 의원이 이재오 의원한테 남민전 전력 갖고 있다고 지적하는 것 말이다.

특히, 경제성장의 틀에 있어 정말 민영화와 자유주의로 가야 하는지, 아니면 새로운 국가의 역할이 필요한 건지 이런 정책적 노선에 대해서도 보수 사이에 서로 다른 얘기를 하고 있는 것 아닌가. 그래서 바라보는 사람들은 '과연 뭐가 '뉴'인데?'라는 생각을 한다. 과거 보수는 기득권과 권력을 갖고 있었다. 그 권력에 대한 향수가 이제 분노로 이어져 사회적 에너지가 됐다. 여기에 지역주의, 엘리트주의, 반공 세력이 붙어 그냥 대한민국을 끌어간다면 이게 과연 신보수인가. 기득권을 지키기 위한 권력 탈환의 차원을 넘어 생산성 혁명과 삶의 질 향상이라는 실질적 과제에 대한 대안과

"과거 보수는 기득권과 권력을 갖고 있었다. 그 권력에 대한 향수가 이제 분노로 이어져 사회적 에너지가 됐다. 여기에 지역주의, 엘리트주의, 반공 세력이 붙어 그냥 대한민국을 끌어간다면 이게 과연 신보수인가."
_ 원희룡 한나라당 국회의원

틀에 대해서 대답할 수 있어야 하는데 자유주의만 갖고는 부족하지 않나.

**신지호** ㅣ 뉴라이트는 좌파를 인정한다. 20세기적 좌파, 수구 좌파가 아니라 서구형 좌파를 인정한다. 영국 노동당 같은 좌파라면 적대시하지 않고 국정을 함께 풀어 갈 파트너로 인정하겠다는 것이다.

**유석춘** ㅣ 나도 인정한다. 여기까지는 아무런 차이가 없다.

**신지호** ㅣ 최열 씨는 주사파가 아니다. '최열이 친북 좌파니까 오세훈 너도?' 이런 식의 접근은 뉴라이트에 맞지 않다.

**유석춘** ㅣ 최열 씨가 왜 친북 좌파가 아니냐. 최열 씨가 부안 사태를 일으켰다. 부안에 환경운동연합이 들어가 무법천지로 만들지 않았나. 이 사건과 북한 핵을 연결시켜 생각해 보자. 최열 씨와 환경운동연합은 남한이 평화적으로 사용한 핵에 대한 방사능 처리 시설도 못 짓게 하는 사람들인데, 그렇다면 북한 핵실험에 대해 더 심각하게 대응해야 하지 않나. 38선 넘어 화염병이라도 던져야 하지 않나. 나도 반공주의자는 아니다. 유럽의 좌파 같은 게 나와 경쟁했으면 좋겠는데 왜 우리나라엔 북한 펀드는 좌파밖에 없나. 좌파, 진보가 우리보고 극우, 수구라고 하던데 극우는 테러하는 안중근 같은 사람이지, 난 연필 하나도 못 던진다.

**한나라당을 대하는 자세가 신보수 사이에서도 차이가 있는 것 같다.**

**유석춘** ㅣ 한나라당이 잘해서 정권 교체를 하는 것이 우파가 사는 지름길이다. 시기의 문제인데, 신 대표도 지금은 아니라 하지만 결국은 내년 대선에서 한나라당을 지지할 것 아니냐. 기존 정당 중 우파가 비빌 언덕이 한나라당 말고 어디 있나.

**신지호** ㅣ 지금 같은 정권이 재탄생한다면 재앙이다. 그렇다고 현재의 한나라당이 집권하면 국민에게 행복을 가져다줄 것이냐에 대해서도 물음표다. 전시작전

"전시작전통제권 얘기하면서 나라가 절단 날 것처럼 하다가 국감 준비한다고 평일에 골프 치는 게 제정신이냐. 이번에 유 교수나 몇몇 사람을 끌어들이면서 마치 한나라당이 대안 정당이 된 것처럼 폼을 잡는데, 그건 오히려 한나라당의 개혁을 더디게 한다."

_ 신지호 자유주의연대 대표

통제권 얘기하면서 나라가 절단 날 것처럼 하다가 국감 준비한다고 평일에 골프 치는 게 제정신이냐. 새로운 세력은 한나라당에 마음을 줄 때가 아니다. 이번에 유 교수나 몇몇 사람을 끌어들이면서 마치 한나라당이 대안 정당이 된 것처럼 폼을 잡는데, 그건 오히려 한나라당의 개혁을 더디게 한다.

**원희룡** | 한나라당 내에서 나름대로는 정말로 국민이 추구하는 가치가 담긴 정당이 되어야 한다고 몸부림치는 사람으로서, 내부에서 좌절도 많이 하고 호의적이지 않은 환경에 많이 부닥친다. 때문에 외부에서의 수혈을 통해 한나라당을 개혁할 수 있다면 양탄자 깔고 엎드려 도와드릴 생각이 있다. 얽히고 설킨 정치적 속박과 집단 논리에 묻혀 있던 목소리를 과감하게 대변해 주고 밖의 올바른 목소리들을 당에

불어넣어 줄 수 있지 않을까 하는 기대에서다. 그러나 '한나라당의 변화가 이 정도면 됐다'라고 해서 융합되기 시작하는 순간, '결국 자신들도 정치적 활동의 입지를 확보했으니까 볼 일 봤다는 얘기구나' '저렇게 정치권에 진입하는구나'라는 실망을 줄 수가 있다. 치열하고 건강한 긴장을 유지하면서 한나라당의 체질을 바꾸겠다고 할 때 가치가 인정되는 것이지, 흡수되어 버리면 신보수의 깃발까지도 사리사욕을 위해 이용했다고 두 배로 욕을 먹을 수 있다. 한나라당도 선거 때마다 새 피를 받아들이는데 지금 현주소가 어떤가. 눈물 찔끔 흘리고는 다시 원래 체질로 돌아갔다.


**진보 쪽에서는 보수가 옛날 모델만 추구하기 때문에 대안이 될 수 없다고 한다. 보수에게 어떤 대안과 비전이 있나.**

**원희룡** | 우리 국민도 보수 쪽 정치 세력을 가질 권리가 있다. 합리적 진보와 보수가 경쟁하며 타협해 나가는 식이 되는 것이다. 아파트값 치솟고 불평등 때문에 사람들이 죽어 나가도 보수 편을 들지 않을 국민이 절반이지만, 기업들 보따리 싸 들고 나가지 않길 바라는 국민도 절반은 된다. 보수

가 과거를 답습한다고 비판하는데 이것도 이데올로기다. 과거의 연속선상에서 점진적으로 문제를 해결해 나갈 뿐이다. 사실 국민은 차선, 차악이라도 선택해야 한다. '그래도 보수가 낫겠지'라는 생각이 현실 정치에서는 중요하다.

신지호 | 뉴라이트에는 대안도 없고, 또다시 박정희 모델 아니냐고 하는데 그건 잘못 본 것이다. 고교 평준화가 박정희 때 됐다. 뉴라이트는 이제 평준화의 틀을 바꿔야 한다고 생각한다. 교육 자율화가 필요하다. 학교에는 학생 선발권을 주고, 학생에게는 학교 선택권을 주자는 것이다. 또 박정희 때는 정부 주도형이었지만 우리는 큰 시장, 작은 정부로 가자는 것이다.

유석춘 | 보수가 지향하는 가치는 큰 시장, 작은 정부, 가족의 소중함이라는 전통적 가치 부활, 강력한 국방 등 네 가지로 압축된다. 이를 잘 추진하는 정권이 보수 정권이고, 그것을 뉴라이트라 할 수도 있다. 신 대표와 나는 알맹이 면에서 별 차이가 없다. 나 역시 좌파가 필요하다고 하는데, 그걸 반공주의로만 얘기하는 것은 좀 그렇다.


**신보수의 목표와 전략은 무엇인가. 정권 교체인가, 아니면 보수가 다수가 되는 사회를 만들겠다는 것인가.**

유석춘 | 단기적 목표는 2007년 정권 교체이고, 장기적으로는 보수가 진보를 파트너로 인정해도 상대적으로 우위에 설 수 있도록 만드는 것이다.

신지호 | 단순하게 정권 교체로 접근하지 않는다. 2007년 대선의 의미가 좌파 정권의 종식, 우파 정권의 탄생은 아니다. 건국 48년 체제, 산업화 63년 체제, 민주화 87년 체제를 거쳐 2007년 대선은 선진화 체제가 개막되는 것이어야만 의미가 있다. 국가 선진화를 위한 우리의 비전과 전략에 부합한다면 꼭 한나라당이 아니라, 열린우리당이라도 지지할 것이다. 목표와 수단을 분명히 구별해야 한다. 한나라당 집권은 수단이지 그것 자체가 목표는 아니다.

**원희룡** | 한나라당 집권보다 더 근본적인 문제는 한나라당이 왜 집권해야 하느냐, 집권할 때 우리 사회의 무엇이 좋아지느냐, 어떤 과정을 통해 집권해야 하느냐 이런 것이다. 하지만 이렇게 보수의 혁명, 집권 이야기를 하면서도 당장 양도소득세 문제가 나오면 1가구 2주택을 가진 사람들의 양도세를 낮추겠다, 종부세 부과 기준을 9억 원으로 올리겠다 이런다. 부동산 때문에 국민이 힘들어하는 이 상황에서 한나라당이 이런 정책을 들이대는 걸 어떻게 생각하는지……. 우리가 만약 과거 퇴행적, 수구적이라는 혐의를 가진 채로 집권한다면 거기에서 벌어지는 지역 갈등, 이념 갈등, 상류층 내 인맥을 둘러싼 갈등 등으로 나라가 더 엉망이 될 수도 있다. 좀 더 통합적, 안정적이고 국민적 신뢰가 있는 집권 블록을 만들어야 한다.

**보수의 최대 약점·과제는 무엇이라고 보는가.**

**유석춘** | 좌파와 비교했을 때 조직화가 덜 되어 있다. 민주노총이 집회에 수천 명 동원하는 것은 일도 아닌데 보수 단체는 몇천 명 동원하려면 사력을 다해야 한다. 또 도덕적으로 문제가 있는 부분이 아직 많다. 정책적 쟁점에 대해 큰 노선은 있지만 각론이 없는 경우가 많다.

> "보수는 좌파와 비교했을 때 조직화가 덜 되어 있다. 또 도덕적으로 문제가 있는 부분이 아직 많다. 정책적 쟁점에 대해 큰 노선은 있지만 각론이 없는 경우가 많다."_유석춘 연세대 교수

**원희룡** | 집회 장소에 수만 명 모이는 것이 중요한 게 아니다. 집에 있는 수백만 명의 국민 머릿속에 아직 보수에 대한 피해 의식이 가득하다. 과거에 잘못했다는 혐의가 있기 때문에 국민은 의심의 고삐를 늦추지 않고 있다. 이 의심을 어떻게 녹일 것인가, 과거와의 단절과 전향이 보수에게 더 필요하다. 기득권과 단절했는지 안 했는지도 모른 채 슬그머니 뉴라이트에 묻어가려는 이들이 너무 많다. 자꾸 이념 잣대로 편 가르기를 하지 말고, 우리가 더 실력이 있으니 우리를 믿고 따라오라고 할 수 있어야 한다. 그러기 위해서는 콘텐츠를 많이 내놔야 한다. 인기 없는 정책이라도 솔직하게 제시할 부분은 제시하고 양보할

것은 해야 한다.

신지호 | 결정적 약점은 '지력(知力)'이다. 앨빈 토플러는 권력의 세 요소로 완력, 금력, 지력을 꼽았다. 21세기 권력 이동에서는 지력이 가장 중요하다. 정당에서 지력이란 비전과 정책, 전략이다. 한나라당도, 구우파도 이게 취약하다. 한나라당은 행정 수도, 국보법, 사학법 모든 문제에서 '하지 말자'고만 했지 먼저 아젠다를 선점해 본 적이 없다. 두 번째는 헌신성이다. 기 싸움에서 밀린다. 가진 것 중 버릴 것은 버리는 헌신성이 있어야 한다.

# 4부

# 진보의 10대 의제

조세 개혁 _ 진보의 10대 의제 ①

부동산 _ 진보의 10대 의제 ②

교육 정상화 _ 진보의 10대 의제 ③

재벌 개혁 _ 진보의 10대 의제 ④

고령화·저출산 _ 진보의 10대 의제 ⑤

소외된 소수 _ 진보의 10대 의제 ⑥

건강 불평등 _ 진보의 10대 의제 ⑦

생태주의 _ 진보의 10대 의제 ⑧

빈곤 문제 해소 _ 진보의 10대 의제 ⑨

비정규직 _ 진보의 10대 의제 ⑩

# 조세 개혁 _ 진보의 10대 의제 ①

"우리보고 제대로 세금 내라고 하기 전에 경기가 어떤지 직접 와서 장사나 해 보라 그래." 서울이 2006년 들어 처음으로 영하권으로 떨어지며 입동 추위가 몰아닥친 11월 6일. 청계천 공구상 거리에서 20년 가까이 장사를 했다는 박 모 씨(50)는 기자가 세금 문제에 대해 취재를 하고 싶다고 하자 대번에 손사래부터 쳤다. 그는 "이 정권 들어와서 자영업자들한테 세금 거두려고 별짓 다하지만 경기가 바닥인데 누가 제대로 세금을 내려 하겠느냐"며 말을 잘랐다.

박 씨는 2005년에 매출 6억 2천만 원, 연소득 1억 2천만 원으로 신고했다며, 그는 "청계천 복개 공사 이후 매출이 20퍼센트 줄었지만 그래도 여기서 장사하는 사람들은 이명박 씨를 지지"한다고 말한다. 경기 활성화에 대한 기대감도 있지만 적어도 장사하는 사람을 세금 갖고 피곤하게 하지 않을 것이라는 믿음 때문이다.

그는 비닐 커버로 씌워 놓은 현금 영수증 단말기를 가리키며 말했다. "(세무서에서) 하도 닦달해서 들여놨지만 지금까지 딱 한 번 사용했을 거야. 이 바닥에서는 아무도 저런 거 안 써."

강원도 춘천의 한 중소 업체에 근무하는 강형구 씨(32). 그는 2006년 5월 결혼해 월평균 1백 50만 원의 급여로 생활하고 있다. "아파트 관리비나 1년에 두 번씩(각 20만 원) 나오는 자동차세는 신경을 조금 써도 솔직히 내가 근로소득세를 얼마나 내는지는 몰라요. 하지만 요즘 경기가 워낙 죽어 있잖아요. 내년 대선에서 세금을 적게 걷겠다는 사람에게 귀가 기울여질 것 같습니다." 세금을 내기 싫어하는 것은 그도 마찬가지다. 연소득이 1억 원이 넘는 박 씨나 연봉 2천만 원이 안 되는 강 씨나 세금 문제에 대한 인식에는 아무런 차이가 없다. 이것이 바로 우리 사회에서 세금을 더 거둔다는 정책이 정치적으로 얼마나 위험한 선택인지 증명해 준다.

이런 분위기의 한국에서도 증세론이 나온 적이 있다. 2006년 1월 18일 노무현 대통령 신년 연설[1] 때다. 노무현 대통령은 일자리 마련, 사회 안전망 구축을 위해 '근본적인 해결책'이 필요함을 역설했다. 그러나 그것이 끝이었다. 노무현 대통령은 세금 인상을 제안하지 못했다.

왜 그랬는지는 2월, 증세를 포함한 조세 개혁 중장기 방안[2]을 담은 한국조세연구원의 용역안 일부가 외부에 공개되었을 때의 반응을 보면 알 수 있다. 대부분의 언론과 국민의 반응은 격렬했다. '조세 개혁을 한다면서 국민만 쥐어짜나.' '조세 개혁 명목의 가렴주구(苛斂誅求)나 다름없다.' '약탈적 증세다.' 특히 세금 문제에 관한 한 자영업자에 비해 피해 의식이 많은 근로소득자, 이 중에서도 면세점(세금을 면제하는 기준이 되는 한도)에 가까운 서민일수록 세금 증가에 민감한 반응을 보였다. 이는 제대로 된 시민 권력을 경험해 보지 못한 한국 사회에서 시민들이 세금을 사회적 연대와 통합, 공동체를 유지하기 위한 비용으로 인식하기보다는 자신의 부를 폭력적으로 빼앗아 가는 통치 비용으로 생각하고 있기 때문이다.

과연 '약탈적 증세'라고 할 만큼 한국 사회 일반의 조세 저항은 정당한 것일까. 통계청 가계 수지 조사에 따르면 2005년 도시 근로자 가구 연평균 근로소득은 3천 3백 62만 원, 세금은 1백 28만 원으로 근로소득 대비 세 부

---

1 노무현 대통령의 1·18연설 : "일자리 대책, 사회 안전망 구축, 그리고 미래 대책을 제대로 해 나가기 위해서는 많은 재원이 필요합니다. 2030년까지 장기 재정계획을 세워 보면 아무리 재정의 효율성을 높이고 지출 구조를 바꾸더라도 재원이 절대적으로 부족합니다. 미래를 위해서 해결하지 않을 수 없는 일이라면, 어디선가 이 재원을 조달하지 않으면 안 됩니다. 그럼에도 오히려 감세를 주장하는 사람들이 있습니다. 여론조사를 해 보아도 세금을 올리자는 사람은 없습니다. 정부는 이미 톱다운 예산(예산 총액 배분 자율 편성 제도)을 도입해서 예산 절약과 구조조정을 강력히 추진하고 있습니다. 그리고 탈세를 막기 위해 거래의 투명성을 높여 가고 있습니다. 그러나 이러한 정책으로는 한계가 있습니다. 근본적인 해결책을 찾지 않으면 안 됩니다."

2 조세개혁 중장기 방안 : 2006년 2월 공개된 정부의 중장기 조세 개혁 용역안은 근로소득 공제를 대폭 삭감하고 면세점(4인 가족 기준 1천 5백 80만 원)을 고정해 근로소득자의 50퍼센트 수준에 불과한 과세자 비율을 70퍼센트까지 끌어올리는 것이다. 학원 등 부가가치세 면세 대상도 축소하고 간이 과세 대상 기준(연간 매출액 4천 8백만 원)과 납부 면제자(2천 4백만 원) 기준을 고정시켜 납세자 비율을 점차 늘릴 것을 요구했다. 상장주식 양도 차익 및 금융 종합 소득 과세 대상(연간 4천만 원)의 확대도 포함됐다. 경기 진작을 이유로 인하했던 소득세율의 경우 1퍼센트 재인상을 주장했으나 법인세 인상은 국가 간 조세 경쟁을 이유로 반대했다.

담률은 3.8퍼센트에 불과하다. 소득의 20~30퍼센트를 세금으로 내는 선진국에 비해 한국의 소득세 부담은 턱없이 낮은 수준이다. 전체 근로자의 50.7퍼센트가 각종 소득공제 적용을 받아 세금을 한 푼도 안 내고 있다.

조세연구원 박기백 연구위원은 "근로소득자들이 실제보다 세 부담을 과도하게 느끼는 것은 월 급여에서 국민연금과 의료보험이 세금과 함께 빠져나가기 때문"이라고 설명했다. 그는 "세 부담만 놓고 보면 한국 근로자보다 적게 세금을 내는 나라를 지구상에서 찾기가 쉽지 않다"고 말했다. 그런데도 한국인은 무조건 세금을 내면 안 된다는 고정관념에 빠져 있다.

정부가 80명의 조세 학자들을 동원해 1년 동안 공들여 온 조세 개혁안이 유야무야되고 있는 것도 그런 인식 때문이다. 2006년 2월로 예정됐던 공청회 일정이 5월 지방선거를 이유로, 다시 7월 재·보선을 이유로 연기를 거듭하다 이제는 다음 정권의 과제로 넘어갈 운명에 처하게 됐다. 양극화 해소와 경기 활성화 양쪽 모두에서 신뢰를 잃어버린 참여정부가 세금에 관한 고정관념을 깨기에는 역부족일 수밖에 없다. 게다가 참여정부 스스로 조세 개혁에서 일관성을 유지하지도 못했다. 정부는 2003년과 2004년에 법인세와 소득세를 각각 2퍼센트와 1퍼센트 포인트 인하[3]한 바 있다. 세금 인하에도 불구하고 경기가 살아나지 않으면서 4조 원이 넘는 세수 부족 사태가 발생하자 결국은 2005년부터 '소주세율 인상' '담뱃값 인상' 등이 시도됐다. 하지만 술이나 담배에 붙는 간접세에는 서민이나 부자나 할 것 없이 동일한 세율이 적용된다. 소득 분배 구조의 왜곡을 가져올 수밖에 없다. 참여정부가 입으로는 양극화 해

양극화 해소와 경기 활성화 양쪽 모두에서 신뢰를 잃어버린 참여정부가 세금에 관한 고정관념을 깨기에는 역부족일 수밖에 없다.

---

3 정부의 법인세 인하과정 : 참여정부는 2003년 말 법인세율을 2퍼센트 포인트 인하했다. 이는 참여정부의 만성적인 세수 부족의 최대 원인으로 지목된다. 2003년 9월 정부가 국회에 세제 개편안을 제출할 때만 해도 법인세 인하는 고려하지 않았다. 하지만 외환위기 이후 처음으로 그해 2·4분기와 3·4분기 연속해서 기업 투자 감소세가 나타나자 전경련을 중심으로 법인세 인하 요구가 거세졌다. 국회 과반 의석을 보유한 한나라당은 '10·29 부동산 대책'에 따른 보유세 강화에 반대하면서 법인세 인하 카드를 들고 나왔고, 여당(통합신당)은 내부 논란 끝에 예산안 처리 등 '빅딜'을 위해 수용했다.

소를 외치면서 실제 조세 개혁에서는 정반대의 길로 간 것이다. 민주노동당 심상정 의원은 "양극화 해소를 위해서는 직접세를 강화해 복지세수를 늘려야 하는데도 임기 동안 두 차례나 세율 인하를 단행한 노무현 대통령은 양극화 해소를 위한 조세 개혁을 얘기할 자격이 없다"고 공박했다.

하지만 민주노동당도 한국 사회 전반에 깔린 왜곡된 세금 인식에 정면으로 부딪쳐 보려는 노력이 부족하기는 마찬가지다. 민주노동당은 심상정 의원 대표 발의로 2005년 말 소득세법 개정안을 제출하면서, 2004년 소득세 인하로 왜곡된 소득 분배 구조를 바로잡기 위해 과표 구간별로 1~3퍼센트 포인트씩 세율을 차등 인상할 필요가 있다고 주장했다. 과표 구간 1천만 원 이하는 4인 가족 기준으로 대략 연봉 2천만~3천만 원, 과표 구간 1천만 원 초과~4천만 원은 연봉 3천만~6천만 원 이상 중상위 근로소득 계층들로, '사회적 연대 개념'에서 볼 때 저소득 근로자의 복지를 위해 세금을 더 내야 하는 계층이다. 그럼에도 민주노동당의 소득세법은 이들에게는 2004년 이전 수준이나 그 이하의 세금 부담만 지도록 하고 있다. '증세'의 공론화가 얼마나 힘든 일인지를 잘 보여 주고 있는 사례라 할 수 있다. 민주노총 김태현 정책실장은 "OECD국가와 비교할 때 턱없이 낮은 소득세율과 복지 지출 비중을 고려하면 노동자부터 세금을 더 걷자는 주장을 내놓아야 하는데 머리로 생각한 것을 입으로 옮기기가 쉽지 않다"고 토로했다.

> "양극화 해소를 위해서는 직접세를 강화해 복지세수를 늘려야 하는데도 임기 동안 두 차례나 세율 인하를 단행한 노무현 대통령은 양극화 해소를 위한 조세 개혁을 얘기할 자격이 없다."
> _ 심상정 민주노동당 국회의원

이처럼 보수나 진보 가릴 것 없이 '고양이 목에 방울 달기' 식으로 '증세'를 금기시하는 사회적 분위기 속에 1997년 60조 원에 불과하던 국가 채무가 2007년에는 3백조 원(3백 2조 9천억 원)이 넘을 것으로 보인다. 흔히 우리 사회의 재정 적자 문제는 '폭탄 돌리기'에 비유된다. 전문가들은 65세 이상의 인구 비중이 20퍼센트가 넘어 우리 사회가 초고령 사회로 접어드는 2020년쯤을 재정이 버틸 수 있는 한계점으로 보고 있다. 급속한 고령화로 자연스럽게 증가하는 의료, 연금 등 복지 지출 수요조차 재정으로 감당할 수 없는 사태가 임박했다는 것이다.

한국개발연구원(KDI) 문형표 연구위원은 "프랑스의 경우 고령화 사회에서 초고령 사회로 접어드는 데 155년이 걸렸지만 우리나라는 불과 25년밖에 안 걸린다"며 "선진국은 서서히 제도를 변화시킬 시간적 여유가 있었지만 우리는 지금 준비하지 않으면 고령화 폭탄을 맞을 것"이라고 말했다. 이태수 현도사회복지대 교수는 "현재처럼 국채를 발행하거나 경제 개발 예산을 줄여 복지 지출에 필요한 예산을 메우는 방법으로는 2020년이 아니라 향후 4~5년 안에 근본적인 한계에 봉착할 것"이라고 말했다.

> 국민이 증세보다 감세에 쉽게 동의하는 것은 국민 혈세가 제대로 쓰이기보다 상당수 비효율적인 사업에 낭비되고 있고, 피부로 느낄 수 있는 복지 혜택이 별로 없다는 데도 원인이 있다.

하지만 재정 적자가 이처럼 심각한 상황인데도 한나라당은 소득세율·법인세율 2퍼센트, 3퍼센트 포인트 인하 카드[4]를 내놓고 있다. 더 큰 문제는 이런 접근이 커다란 사회적 호응을 얻고 있다는 점이다. 동대문 시장에서 의류 도매상을 하는 정 모 씨(45)는 "요즘 상인들의 70퍼센트는 적자 상태에서 가격경쟁이 점점 심해지면서 마진율이 5퍼센트도 채 안 되는데 단 1퍼센트라도 세금을 깎아 준다고 하면 누가 싫어 하겠냐"고 말했다. 국민이 증세보다 감세에 쉽게 동의하는 것은 국민 혈세가 제대로 쓰이기보다 상당수 비효율적인 사업에 낭비되고 있고, 피부로 느낄 수 있는 복지 혜택이 별로 없다는 데도 원인이 있다.

한국신용평가정보에 근무하는 정종규 씨(40)는 "국가적으로 봐서 증세가 필요하다는 데 동의하는 편이지만 솔직히 공무원들이 내가 내는 세금을 제대로 쓰고 있다는 믿음이 없다"고 말했다.

CJ홈쇼핑 이창형 과장(36)은 "대출이자에 아이 두 명 앞으로 들어가는

---

**4 검증되지 않은 감세론** : 세금을 인하해 고소득층이 지갑을 열게 하고 기업의 투자 욕구를 자극함으로써 경기가 활성화되어야 저소득층에 도움이 된다는 주장은, 재정 지출과 복지를 늘리는 분배 위주의 정책보다 성장을 촉진함으로써 사회 전체의 파이를 키우자는 견해다. 경제위기를 '시장'을 통해 해결하자는 것으로 '작은 정부론'과 연결된다. 미국의 '레이거노믹스'가 대표적인 감세론에 기초한 정책이다. 그러나 이는 검증되지 않은 이론이다.

사교육비(1백 50만 원) 등을 빼고 나면 빠듯하게 사는 형편인데 한해에 상여금까지 포함해 소득의 7~8퍼센트인 5백만 원 정도가 세금으로 빠져 나간다"며 "돌아오는 혜택은 별로 없는 것 같고 세금 내는 게 아깝다는 생각이 든다"고 말했다.

결국, 국민의 조세 저항을 누그러뜨리고 장기적인 균형 재정을 달성하기 위해서는 주 납세자인 중산층이 체감할 수 있는 보육, 교육, 의료 측면에서 복지 전달 체계를 획기적으로 개선할 필요가 있다.

최영태 참여연대 조세개혁센터 소장(회계사)은 "증세에 대해 동의를 얻으려면 세금 덕분에 누리는 복지 혜택을 확실히 보여 주어야 한다"고 말했다. 그는 "근로소득자로부터 세금을 더 거두려면 고소득 전문직 세금이 두 배 이상 늘었다든지, 특정 계층의 비과세·감면 규모를 3분의 1로 축소했다는 구체적인 데이터를 제시할 필요가 있다"고 강조했다

세금을 더 거둬서 사회복지 예산을 확대하면 경제성장을 저해한다는 편향된 사고에서도 벗어날 필요가 있다. 2006년 초 조세개혁특위 위원장을 사임한 곽태원 서강대 교수(경제학)는 "지금은 성장이 중요한데 정부가 세금을 걷어 양극화 해소용으로만 쓰려는 것이 문제다"라며 복지를 강조하는 조세 개혁안에 정면으로 문제를 제기한 바 있다. 이는 기본적으로 사회복지 예산은 비생산적 지출이며, 이것이 적을수록 성장에 도움이 된다는 판단을 바탕에 깔고 있다. 하지만 김연명 중앙대 교수(사회복지학)는 "지금은 복지 정책이 경제성장의 발목을 잡는 것이 아니라, 오히려 복지가 부족해서 경제성장의 발목을 잡고 있다"고 주장한다. 개발 독재 시기 이래 성장 위주의 정책을 펴 온 결과 주거, 교육, 의료, 아동 보육 등의 부담을 가정에 전가했기 때문에 여성의 경제활동이 제약을 받고 출산율도 하락해 성장 잠재력을 훼손하는 요인으로 작용하고 있다는 것이다.

> 복지의 문제는 단순히 장애인, 저소득층에 대한 시혜의 차원이 아니라 성장 동력의 공급 확대와도 직결된 문제다.

독일과의 국경도시인 프랑스 스트라스부르에서 딸을 데리고 남편과 함

께 유학 생활을 하다 2004년 귀국한 조의행 씨(38)는 독어와 프랑스어를 동시에 구사할 줄 아는 보기 드문 어학 특기자다. 그럼에도 조 씨는 최근 다니던 벤처 의료기기 회사를 계속 다닐지를 심각하게 고민하고 있다. 조 씨는 "최근 회사에서 어학 특기를 살려 해외 영업부에 배치하겠다는 제의가 들어왔지만 초등학교에 다니는 딸아이가 너무 오랫동안 혼자 방치되어 있는 게 마음에 걸린다"며 "귀국할 때 각오는 했지만 프랑스에 있을 때와 너무 다른 사회복지 시스템에 적응하기가 쉽지 않다"고 말했다. 복지의 문제는 단순히 장애인, 저소득층에 대한 시혜의 차원이 아니라 성장 동력의 공급 확대와도 직결된 문제인 것이다.

> "복지 정책이 너무 부실해 노동시장에서 퇴출되는 즉시 가계의 생존이 위협받는 상황에서는 합리적 수준의 산업 구조조정조차 노동자들의 극단적 저항을 불러올 수밖에 없다." _김연명 중앙대 교수

대기업이 항상 투자의 걸림돌로 거론하는 '노동 경직성'도 주거, 의료, 교육 등 공공 부문이 담당해야 할 일을 개인에게 지나치게 짐을 지워 놓은 데 원인이 있다. 김연명 교수는 "복지 정책이 너무 부실해 노동시장에서 퇴출되는 즉시 가계의 생존이 위협받는 상황에서는 합리적 수준의 산업 구조조정조차 노동자들의 극단적 저항을 불러올 수밖에 없다"고 지적했다.

한국은 OECD 국가 중 최하위의 사회 지출비를 기록하고 있다. 2001년 기준으로 복지 후진국으로 일컬어지는 미국(14.8퍼센트)과 일본(16.9퍼센트)의 절반, OECD 평균(22.5퍼센트)의 3분의 1에 불과하다. 한국 경제발전 정도에 비춰 복지 예산이 결코 적지 않다는 반론도 나온다. 하지만 한국의 사회복지는 서구의 1950년대 수준이다. OECD 국가들이 1인당 1만 달러를 기록할 당시의 사회복지 지출 규모를 보면 일본 10.4퍼센트(1984년), 미국 13.6퍼센트(1978년), 영국 20.5퍼센트(1987년), 스웨덴 24.5퍼센트(1977년) 등 국민소득 2만 달러를 눈앞에 둔 한국의 2005년 사회복지 지출 비중(9.8퍼센트)을 이미 넘어섰다. GDP 대비 조세 부담률(19.5퍼센트)이나 사회보험금을 포함한 국민 부담률(25.3퍼센트)도 OECD 회원국 평균치인 26.5퍼센트와 35.9퍼센트를 크게 밑돌고 있다. 조세 부담률, 국민 부담

률을 따지기에 앞서, 2005년 2월 11평 임대주택에서 딸 두 명과 함께 월 67만 원의 생계 보조금으로 살다가 목을 매 자살한 1급 장애인의 비극이 대한민국 복지의 현주소다.

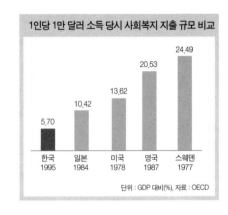

1인당 1만 달러 소득 당시 사회복지 지출 규모 비교

| 한국 1995 | 일본 1984 | 미국 1978 | 영국 1987 | 스웨덴 1977 |
|---|---|---|---|---|
| 5.70 | 10.42 | 13.62 | 20.53 | 24.49 |

단위 : GDP 대비(%), 자료 : OECD

정부는 '비전 2030'을 통해 복지 지출 수준을 2020년에는 미·일의 2001년 수준, 2030년에는 선진국의 2001년 평균 수준으로 끌어올리겠다고 제시했다. 하지만 이를 위해 필요한 1천 1백조 원의 재원을 마련할 방법에 대해서는 '국민적 합의'라는 말로 얼버무리고 있다. 1천 1백조 원이 천문학적인 금액으로 느껴지지만 물가 상승분을 제거한 현재 가치로 환산하면 연간 16조 원의 세금을 더 거두면 된다. 방법은 사회적 연대와 통합을 위해 세금에 대한 인식을 바꾸는 것이다. 우선 전체 세수의 15퍼센트에 불과한 개인소득세를 점차 선진국 평균 수준(20~40퍼센트)으로 높여 나가는 한편 고소득층뿐 아니라 중산층이나 서민 근로 계층도 세금 인상에 공동으로 노력할 필요가 있다. 특히 특정 계층에게만 이익이 돌아가는 연간 20조 원대의 비과세·감면에 대한 과감한 수술이 필요하다. 의사, 변호사 등 고소득 자영업자에 대한 소득을 더 정확히 파악하기 위해 차명계좌를 금지하고 과징금을 부과하는 방안도 검토해야 한다. 물가 상승에도 불구하고 1996년부터 10년째 연간 4천만 원으로 고정된 금융 종합 소득 과세 기준을 현실화하는 방안과 소득세 포괄주의의 도입, 상장 주식 양도 차익 과세도 적극적으로 검토할 필요가 있다.

최영태 참여연대 조세개혁센터 소장은 "현 정권 내에서 세율 인상은 힘들더라도 특정 이익집단과 연결된 비과세·감면이 더 늘어나는 것은 막아야 한다"고 말했다. 씨티 그룹 오석태 이코노미스트는 "한국의 재정 여건은 세금을 올릴 수밖에 없는 상황"이라며 "반대한다면 반대하는 쪽에서 20년 플랜을 짜 와야 할 것"이라고 말했다.

## 맞벌이 여교사의 양육비 차이, 원인은?

경기도 과천에 사는 허경칠 씨(38·안양 범계중), 용인 수지에 살고 있는 최하연 씨(34·용인 서원고)는 함께 공부하다 2002년에 나란히 교원 임용시험에 합격한 맞벌이 여교사다.

각각 초등학교 3학년 아들과 다섯 살 난 딸을 한 명씩 두고 있다. 월평균 급여는 실수령액 기준으로 2백만 원(상여금 제외)을 조금 넘는다. 하지만 아이 앞으로 들어가는 기본 양육비를 제외하고 나면 가처분소득에서 두 배 정도 차이가 발생한다. 용인 수지에 사는 최하연 교사는 아이를 오전 9시부터 오후 5시 30분까지 종일반 유치원에 보내는데, 기본 보육료로 50만 원, 영어·미술 등 두 과목 특강 형식으로 18만 원 등 도합 68만 원이 든다.

여기에 오전 7시부터 유치원이 문을 여는 9시까지 아이를 맡아줄 사람을 쓰는 데 20만 원이 추가로 든다. 최 씨는 "용인 수지에는 구립 유치원이 없어서 버스로 10분이나 떨어진 사립에 맡길 수밖에 없는데 이것저것 자질구레한 비용까지 포함하면 월급의 절반(1백만 원)가량이 아이 한 명의 양육비로 나가는 것 같다"고 말했다. 과천에 사는 허경칠 교사의 사정은 다르다. 이 지역 초등학교가 전부 무료 급식을 하는데다, 방과 후에는 시민 회관으로 아이를 보내 퇴근 전까지 시간을 보내게 하고 있다. 아이는 여기에서 태권도(2만 8천 원), 동양화(무료), 국악(5,000원), 천자문(1만 원) 등 네 개 강좌를 월 4만 3천 원의 수강료만 내고 배우고 있다. 거의 선진국형 복지를 누리고 있는 것이다.

허경칠 교사는 둘째 아이를 낳더라도 걸어서 5~10분 거리에 시립 어린이집이 여섯 곳이나 있어 큰 걱정이 안 된다. 최하연 교사가 과천의 시립 어린이집을 이용한다면 월 15만 8천 원에 오전 7시 30분부터 저녁 7시 30분까지 추가 비용 없이, 밤 9시까지는 시간당

## 맞벌이 여교사 양육비 비교

| | 허경칠 씨(과천 거주) | 최하연 씨(용인 거주) |
|---|---|---|
| 월평균 급여(상여 제외) | 2백여만 원 | 2백여만 원 |
| 자녀 | 9살(초등 3년) | 5살(유치원생) |
| 기본 양육비 | 초등 급식 : 무료, 태권도 : 2만 8천 원 | 종일반 유치원 보육료 : 50만 원 |
| | 천자문 : 1만 원, 국악 : 5천 원 | 영어·미술 특강 : 18만 원 |
| | 동양화 : 무료 | 오전7~9시 보모 비용 : 20만 원 |
| 소계 | 4만 3천 원 | 88만 원 |

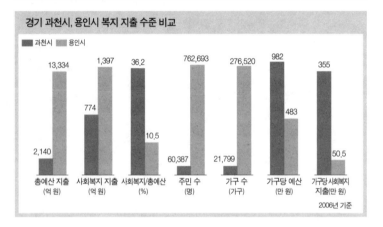

경기 과천시, 용인시 복지 지출 수준 비교

■ 과천시　■ 용인시

2006년 기준

1,700원에 다섯 살 난 딸아이를 맡길 수 있다.

　두 사람의 보육 환경에서 이처럼 큰 격차가 나는 것은, 과천시는 한해 6백 79억 원(2006년)의 마권세 수입을 주민 복지에 지출할 수 있는 여력이 있기 때문이다. 실제로 가구당 사회복지 지출비에서 과천(2만 2천 가구)은 3백 55만 원, 용인(27만 7천 가구)은 51만 원으로 일곱 배나 차이가 난다. 용인시가 과천 수준의 복지를 제공하기 위해서는 가구당 연간 3백 4만 원씩(월 25만 4천 원)을 추가로 세금으로 내야 한다. 적지 않은 부담이지만 최하연 교사가 아이 앞으로 연간 1천 2백만 원(월 1백만 원)의 양육비를 지불하는 것을 감안하면 결코 많은 액수는 아니다.

# 부동산 _ 진보의 10대 의제 ②

국내 유명 건설 회사에 10년 이상을 함께 근무했던 박 모 씨(52)와 김 모 씨(49). 두 사람은 집 하나 때문에 전혀 다른 인생을 살고 있다. 1992년 결혼한 김 씨는 1993년 서울 도곡동에 25평 아파트를 장만했다. 이후 아이가 생겨 좀 더 큰 집으로 이사 가기 위해 1995년 수서동에 32평 아파트를 1억 7천만 원에 분양받았다. 그러나 외환위기가 터지면서 분양받은 집은 시세가 1억 2천만 원까지 떨어졌다. 도곡동 아파트를 담보로 맡겨 빌린 돈은 금리가 살인적으로 올랐다. 월급의 거의 대부분을 이자 갚는 데 써야 했다.

빚에 신물이 난 김 씨는 2000년 두 집을 다 팔고 빚을 갚았다. 그리고 서초동 삼풍 아파트에 전세로 들어갔다. 전세를 살았지만, 빚을 다 갚았다는 홀가분함이 너무 좋았다. 그러나 다음해 그는 구조조정을 당했다. 40대 초반의 나이. 재취업은 어려웠다. 학원 강사라도 해야겠다고 마음먹고 경기 군포시 산본의 5천만 원 전셋집으로 옮겼다. 이후 집값이 오르기 시작했다. 집을 살까 고민을 했다. 그러나 빚을 내 집을 샀다가 당한 고통이 떠올랐다. 그리고 집값을 잡겠다는 정부를 믿기로 하고, 집을 사지 않기로 했다.

그런데 집값을 잡을 것이라고 확신했던 노무현 대통령이 탄핵을 당할 위기에 처했다. 그는 광화문으로 달려갔다. 촛불 시위에 동참했다. "만약 그때 집을 샀으면 어떻게 됐을까요. 아마 15억 원대의 자산가가 되어 있을 겁니다. 그때 집값이 너무 비정상적이라고 생각했어요. 저렇게 오르다 또 떨어지면 어떻게 하나 겁도 났고요. 그래서인지 정부를 너무 믿었어요. 그러나 집 한 칸 장만하지 못한 내가 바보지, 누굴 원망하겠어요."

반면 박 씨는 다르다. 그는 대치동 주공 아파트 18평을 1994년에 구입했다. 그런데 이 아파트가 재건축으로 대치동 동부센트레빌로 탈바꿈했다. 박 씨는 건설 회사 현장 소장이라는 이유 때문에 재건축 조합장이 됐다. 재건축을 하면서 집값도 오르고 조합장이라며 활동비도 생기자 그는 2001년 사표를 던지고 공인중개사 공부를 했다. 2002년 압구정동에 중개업소를 차린 박 씨는 재건축 공사 때문에 이사 간 청실 아파트 35평형이 투자가치가 있다고 보고 이를 4억 원에 샀다. 또 중개업소 근처에 있는 한양 아파트 39평형도 7억 원을 주고 구입했다. 집을 사는 데 자기 돈은 거의 필요 없었다. 집을 담보로 내세우면 은행에서 돈을 빌리기는 너무 쉬웠다. 현재 그가 사 놓은 아파트 가격만 동부센트레빌 32억 원, 청실 아파트 12억 원, 한양 아파트 15억 원으로 60억 원에 가깝다.

'정부 덕'에 부자가 된 박 씨는 정부에 고마워할까. 그는 김 씨만큼 정부에 불만이 많다. "이 정부는 강남 사람들을 적으로 봐요. 세금 꼬박꼬박 내고 사는데 모두 투기꾼으로 몰고 있지 않습니까. 우리가 뭐 집값 올리라고 부채질했나요."

결혼 6년차로 맞벌이를 하고 있는 정금희 씨(36·경기 부천)는 초등학교 교사이다. 연구원인 남편의 수입과 합치면 연봉이 7천만 원에 이르는 중산층이다. 재작년 급한 마음에 과천 재건축 아파트를 사 놓았지만 이자 부담을 이기지 못하고 2005년 집을 팔았다. 그런데 과천 집값은 최근 한 달 새 1억 원이나 올랐다.

신광영 중앙대 교수의 연구에 따르면 서울을 다섯 개 권역으로 나눴을 때 강남 지역(강남, 서초, 송파, 강동구)의 가구당 소득(월 2백 98만 원)은 평균(월 2백 85만 원)보다 크게 높지 않았다. 그러나 강남 지역의 가구당 부동산 재산 규모는 3억 1천 4백 12만 원으로 타 지역보다 70퍼센트까지 많았다. 신광영 교수는 "2002년 서울시정개발연구원의 표본 자료로 분석했기 때문에 현재는 그 차이가 훨씬 클 것"이라고 내다봤다.

경기도 성남시 중원구에 사는 최현진 씨(37). 그는 판교에 모든 희망을 걸었다. 그러나 분양가가 올라가고 분양 일정이 늦춰졌다. 그 사이 자신이 사는 성남뿐 아니라 직장이 있는 분당, 인근 용인 집값이 천정부지로 뛰었

> '정부 덕'에 부자가 된 박 씨는 정부에 고마워할까. 그는 김 씨만큼 정부에 불만이 많다. "이 정부는 강남 사람들을 적으로 봐요. 세금 꼬박꼬박 내고 사는데 모두 투기꾼으로 몰고 있지 않습니까. 우리가 뭐 집값 올리라고 부채질했나요."

2006년 8월 판교신도시 2차 청약 접수 장소인 탄천종합운동장 접수처가 몰려든 청약 신청자들로 붐비고 있다.

다. 아내는 판교 경쟁률이 높을 테니 판교 청약 대신 조그만 집이라도 사놓아야 되는 것 아니냐고 했다. 귀 기울이지 않았다. 그 판교에서 떨어졌다. 그리고 지금이라도 집을 사야겠다고 성남, 용인, 광주, 하남 등을 임신한 아내와 함께 돌아다녔다. "집값이 뛴다기에 조그만 아파트라도 마련하려고 돌아다녀 봤지만 내 소득으로는 강북의 다 쓰러져 가는 아파트도 살 수 없었어요. 그동안 한눈팔지 않고 회사 일만 열심히 한 결과가 이렇게 세입자 신세입니다."

중소기업에서 직장 생활 13년차인 허승범 씨(38·서울 염창동). "월급 2백 50만 원 중 1백 50만 원을 저축해요. 그중 2004년부터 2년 동안 월 불입액 25만 원씩 넣은 적금 통장이 만기가 됐다기에 은행에 갔더니 손에 쥔 돈은 5백 25만 원 정도였죠. 차라리 이 돈을 저금하지 않고 2년 전 용인에 집을 산 친구처럼 은행돈을 굴려 집을 샀다면 최소한 5천만 원을 벌었을 거예요. 열심히 아끼고 저축해도 집 한 칸 장만하지 못하는 세상이 정상입니까." 허승범 씨는 세상으로부터 배신을 당했다고 생각한다. 그래서 그도 전략을 바꾸었다. 저금을 모두 해약하고 은행 융자금을 더해 집을 장만할 생각이다.

대한주택공사 산하 주택도시연구원 지규현 박사의 분석에 따르면 근로자 가구의 월 평균 소득(3백 22만 원)을 기준으로 대출받아 구입할 수 있는 적정 주택 구입 가격은 3억 3천 6백 61만 원이다. 시세의 60~80퍼센트에 불과한 정부의 공시 가격으로도 6억 원이 넘는 강남의 30평형대 아파트를 사려면 월 7백만 원 정도를 벌어야 가능하다. 시세대로 집을 사려면 월 소득이 1천만 원이라도 부족할 판이다. 이 때문에 '로또 당첨'이나 부모에게서 받은 재산이 없는 한 '자수성가'는 불가능하다. 부동산뱅크가 2005년, 월평균 소득과 금리, 아파트값 등을 기초로 분석한 결과, 서울에서 대출을 받지 않고 32평형을 마련하는 데 27년 5개월이 걸리는 것으로 나왔다.

서울 강남구 개포동 우성 2차 45평형은 2006년 초 17억 원에서 11월 초 현재 27억 원을 넘었다. 목동 5단지 35평형은 같은 기간 7억 9천만 원에서 13억 2천만 원으로 올랐다. 그동안 집값 상승이 이뤄지지 않던 강북과 수도권 외곽도 마찬가지다. 노원구 중계동 청구 3차 32평형은 2006년 초 3억 6천만 원에서 11월 4억 7천만 원으로, 구리시 교문동 토평동양 45평형은 4억 5천만 원에서 7억 2천만 원으로 올랐다. 또 상위 5퍼센트가 토지의 82퍼센트를 소유하고 있다. 이것이 "하늘이 두 쪽 나도 집값만은 잡겠다"는 참여정부의 성적표다.

> "집값이 뛴다기에 조그만 아파트라도 마련하려고 돌아다녀 봤지만 내 소득으로는 강북의 다 쓰러져 가는 아파트도 살 수 없었어요. 그동안 한눈팔지 않고 회사 일만 열심히 한 결과가 이렇게 세입자 신세입니다." _성남시 최현진 씨

이렇게 열심히 해도 서민들이 나락으로 떨어지고 있는데 삶의 질 개선 운운하던 진보·개혁 세력들은 이 지경이 되도록 어디서 무엇을 한 것일까.

"부동산 자본이 기득권 세력에 의해 독점되고 총자본이 건설과 토지에 집중되고 있지만 오히려 신도시 용적률 상향 조정 등 퇴보적 개발 방식으로 부동산의 소유 독점을 심화시키고 있어요. 그러나 보수 세력은 '공급을 늘리자, 신도시를 건설하자' 하면서 이를 시장의 논리로 둔갑시키고 있습니다. 반면 진보 세력은 부동산이나 토지에 대한 심층적인 연구가 없어요.

**부동산 문제 대안**

| | 내용 | 효과 | 반론 |
|---|---|---|---|
| 분양 원가 공개 | 분양가 항목의 상세 공개와 철저한 검증 | 고분양가 억제, 집값 안정 | 시장 원리 역행, 사회적 논란 가중 |
| 환매 조건부 주택 분양 | 낮은 분양가로 공급 뒤 공공에만 되팔게 함 | 서민 주거 안정, 전매 차익 차단 | 주택 소유욕 강해 효과 없음 |
| 후분양제 | 지어진 건물을 보고 분양 신청 | 소비자 선택권 강화, 공급 시장 투명화 | 공급 위축, 중소업체 자금난 |
| 보유세 강화 | 재산세, 종합부동산세, 양도소득세 강화 | 투기 이익 환수 | 가격 안정과 무관 |

그러다 보니 심각성을 모르고 제대로 된 대안도 내놓지 못하고 있습니다" (김용창 세종사이버대 교수·부동산자산경영학).

정부와 열린우리당은 여전히 부동산 문제에 대해 갈팡질팡하고 있다. 총선 공약인 원가 공개를 실현시키지 못했다. 5·31 지방선거 패배 이후 종합부동산세(종부세) 완화로 비난을 받고도 최근에 또다시 종부세 기준을 9억 원 이상으로 상향 조정한다고 하다가 취소하는 등 우왕좌왕이다. 유일한 진보 정당이라는 민주노동당의 사정도 마찬가지다. 온 나라가 부동산 문제로 들썩거릴 때도 "투기 무관심당"이라는 혹평을 들었다. 민주노동당이 부동산 문제를 해결하기 위해 한 것은 거의 없다. 있다면 2005년 8·31 대책을 전후로 '부동산 문제 태스크포스'를 임시로 운영한 것이 전부다. 2006년 현재 부동산 문제를 전담하는 기구도 없다. 당의 경제민주화본부가 내는 논평이 부동산 관련 활동의 대부분이다. 그 내용이라는 것도 1년 전이나 지금이나 비슷하다. 관심과 연구가 부족했다는 얘기다. 원가 공개를 내세우고 있지만 입법 활동은 찾기 어렵다.

민주노총 대변인 출신인 손낙구, 심상정 의원 보좌관의 말이다. "집값이 오르면 얼마나 열불 납니까. 그런데 명색이 서민 정당인 민주노동당이 당 지도부부터 당원까지 관심은 딴 데 있어요. 부동산 문제에 대해서는 그냥 멍한 상태죠. '무관심당'이 아니라 '무심당'이에요. 전대협·한총련 출신 그룹은 통일 운동, 민주노총 출신 그룹은 기업별 노사 활동에 주력하지 부동산은 관심 밖입니다. 한국의 진보는 아직도 추억 속에서 벗어나지 못하고 있어요."

시민 단체도 마찬가지다. 그나마 경실련의 활동이 눈에 띈다. 경실련은 2004년부터 '다시 경제 정의를 세우자'는 목표로 부동산 문제에 집중했다. 최근에는 10만 서포터즈 운동을 통해, 직접 거리로 나서는 등 부동산 대란 와중에서 이슈를 생산하며 정부를 끊임없이 압박하고 있다. 그러나 후분양제나 전면적인 원

> "집값이 오르면 얼마나 열불 납니까. 그런데 명색이 서민 정당인 민주노동당이 당 지도부부터 당원까지 관심은 딴 데 있어요. 부동산 문제에 대해서는 그냥 멍한 상태죠. '무관심당'이 아니라 '무심당'이에요." _ 손낙구 국회의원 보좌관

가 공개, 신도시 내 완전 임대주택 공급 등의 대안은 아직 완전한 공감대를 얻어 내지 못하고 있다.

최대 시민 단체인 참여연대의 부동산 분야 활동은 '백화점식 운동의 구색 맞추기'라는 지적을 받고 있다. 참여연대 안에는 부동산 문제를 전담하는 기구도 없다. '분양가 태스크포스팀'이라는 회의체를 통해 원가 공개와 철저한 검증 등을 대안으로 제시했지만 '재벌 개혁'만큼 이슈화하지 못하고 있다. 오히려 경실련과의 경쟁을 의식, 경실련의 제안에 물타기를 했다는 비판을 받기도 했다. 2004년 분양 원가 공개 요구가 뜨겁자 정부는 학계와 업계, 시민 단체 등으로 구성된 주택공급제도검토위원회를 만들어 이를 논의한 바 있다. 여기에 참여연대도 참여했는데, 이 위원회는 분양 원가 공개가 사회적 혼란을 유발할 가능성이 높다며 분양가 상한제 적용에 손을 들어 줬다. 참여연대는 지금 원가 공개를 주장하고 있다.

토지정의시민연대가 뒤늦게 조직됐지만 경실련이나 참여연대의 그늘에 가려 큰 주목을 받지 못하고 있다. 토지보유세 강화란 명제에만 집중해 활동 영역이 너무 제한적이라는 평가를 받고 있다. 민주노총은 조합원의 근로조건이 조금만 위협받아도 파업을 운운하지만 정작 집값 상승으로 노동자의 삶이 나락에 빠져드는데도 그 흔한 성명 하나 낸 적이 없다. "몇 번 민주노총 고위 간부들을 만나 부동산 문제에 대해 설명한 적이 있어요. 그

런데 다들 '너무 어렵다'는 표정만 짓더군요. 정말 어려워서 침묵하는 건지, 보수 언론이 말하듯 가난한 노동자들의 실상을 모르고 이념적 구호만 외치는 '귀족 노동자'여서 입을 닫는 것인지 알 길이 없었습니다"(김헌동 본부장).

고영근 토지정의시민연대 정책부장은 "민중연대 등 소위 진보 단체에서는 FTA, 재벌 문제 등 정치적 이슈에만 매달리고 있다"면서 "부동산 문제에 대한 외면은 그들이 대변해야 할 사람들의 삶을 외면하는 것이나 다름없다"고 말했다. 홍종학 경원대 교수(경제학)는 "진보·개혁 세력은 박정희식 개발에서 정치적인 대안만을 강구하면 시장을 통제할 수 있다고 봤다"면서 "그러나 자본주의의 힘은 몰랐다"고 지적했다.


## '개발 5적', 집값 거품 먹고 산다

호주의 동북아 전문가 개번 매코맥은 1996년 현대 일본을 '토건 국가'로 정의했다. 경제성장을 명목으로 대형 건설 사업을 하고, 여기서 생기는 눈먼 돈을 관료, 지방 토호, 토건 업체들이 나눠 먹으며 개발에 필요한 여론을 조성하고 자본을 동원하는 구조를 말한다. 최근 이 개념이 한국에도 적용되고 있다. 많은 전문가들은 한국에 대해 일본을 능가하는 토건 국가로 간주한다. 참여정부 역시 신도시 건설, 혁신 도시, 기업 도시, 행정 도시, 경제 자유 구역 등 박정희식 개발에 못지않은 건축·토목 공사를 경제 정책의 근간으로 삼고 있다는 점이 그 근거다. 군사 정권의 개발이 국가 주도였다면, 민주 정부들의 개발은 신자유주의에 근거한 신개발주의라는 분석도 있다.

김헌동 경실련 아파트값거품빼기운동본부장도 저서 『대한민국은 부동산 공화국이다』에서 부동산 문제는 '개발 5적'이 이끄는 토건 국

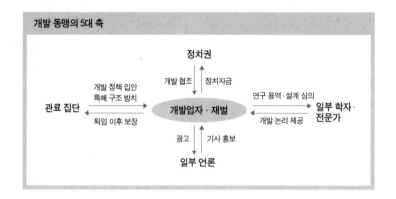

**개발 동맹의 5대 축**

정치권

개발 협조 · 정치자금

개발 정책 입안
특혜 구조 방치

관료 집단 ← → 개발업자 · 재벌 ← 연구 용역 · 설계 심의 → 일부 학자 ·
전문가

퇴임 이후 보장

개발 논리 제공

광고 · 기사 홍보

일부 언론

가 때문이라고 진단했다. 토건 국가에서는 집값 하락을 원하지 않는
강한 기득권 구조가 있는데 그것이 바로 '개발 5적'이란 것이다.

실제로 정부는 집값 상승이 공급 부족 때문이라면서 수천만 평의
땅을 아파트 공사장으로 바꾼다. 건설업계 연구 기관과 많은 대학
교수들은 집값에 거품이 끼었다고 단정하기 어렵다면서 강남에 대
한 수요를 만족시킬 만한 고급 주거 단지가 필요하다고 역설한다.
언론은 이를 받아 정부 규제가 오히려 집값 상승을 부추긴다면서
투기 수요를 잡기 위한 세제 및 규제의 완화를 요구한다. 정치권은
이를 근거로 정책 방향을 바꾸라고 정부를 압박한다.

청와대도 상당 부분 이런 개발 동맹이 집값을 부추긴다는 점을
인정한다. '청와대 브리핑'이 부동산 정책의 실패를 일부 건설 업
체 · 금융기관 · 부동산 중개업부자 · 부동산 언론 등 정부 정책에 대
항하는 '세력' 때문이라고 강조한 것이 좋은 예이다. 다만 정부 자
신이 가장 핵심적인 '부동산 세력'이란 점은 인정하지 않고 있다.
사실 관료와 기업 간의 유착은 이미 '공공연한 비밀'이다.

건설 관련 협회의 한 간부는 "아무리 '낙하산 시비'가 붙어도 관
료들이 퇴직 이후 대부분 협회나 산하 기관의 자리를 차지하는 것
은 관료 조직의 숨통을 열어 두려는 정부, 이들의 인맥과 영향력을

이용하여 자신들의 요구를 관철시키려는 업계의 이해관계가 맞아떨어지기 때문"이라고 말했다. 건교부의 경우 최재덕 전 차관은 건설 협회 산하 건설산업연구원장이 됐고, 최종수 전 부산지방국도관리청장은 건설협회 부회장, 김일중 전 차관보는 전문건설협회 이사장, 박성표 기획관리실장은 주택보증 사장이 됐다.

홍종학 경원대 교수는 "공급 확대책을 내세운 정부의 11·15 대책은 건설 업체의 논리를 대변하는 건설산업연구원이 한 달 전에 펴낸 '민간 아파트 분양 원가 공개의 타당성 검토 및 분양가 인하를 위한 정책 대안'이란 보고서의 핵심 내용을 그대로 옮겨 놓고 있다"면서 "정책이 민간의 이익에 따라 입안되고 있음을 적나라하게 보여 주는 사례"라고 말했다.

## 교육 정상화 _ 진보의 10대 의제③

"차라리 5공 전두환 시절이 좋았어요. 그때는 과외를 하다 걸리면 세무 조사를 하고 감옥에 보냈잖아요. 과외를 없애야 해요. 애들 과외비 버느라 집안이 파탄 날 지경입니다." 서울에서 택시 운전을 하는 김동현 씨(41·경기 안양시)는 교육 이야기가 나오자 목소리를 높였다. 그는 이틀에 한 번 야근을 하고, 일요일도 쉬지 못한다. 그렇게 해서 버는 돈이 한 달에 1백 60만 원. 그의 아내는 60만 원을 벌기 위해 시간제로 식당에서 주방 보조 일을 한다. "식당에 접시 닦으러 나가는 아내를 볼 때마다 면목이 없습니다. 하지만 어떻게 합니까. 그래도 애들 과외는 시켜 줘야 나중에 원망이라도 덜 들을 것 아닙니까."

부부가 맞벌이를 하며 모은 '피 같은 돈'은 아이들 과외비로 너무 쉽게

나간다. 중학교 1학년인 큰아이의 국어·영어·수학 학원비(각각 15만 원)
와 방과 후 보충 수업비가 8만 원. 초등학교 4학년인
둘째의 영어 학습지와 방과 후 학교 논술 과외, 태권도
학원비가 매달 25만 원이다. 의식주를 위한 최소한의
경비와 전기요금, 경조사 비용 등을 내고 나면 통장에
남는 돈은 한 달에 20만 원도 채 안 된다. 김동현 씨는
손님이 타면 사교육 문제를 놓고 자주 토론을 한다. 한
번은 교육청 직원이 그의 택시를 탔다. 김동현 씨는 그

> "차라리 5공 전두환 시절이 좋았어요.
> 그때는 과외를 하다 걸리면 세무 조
> 사를 하고 감옥에 보냈잖아요. 과외
> 를 없애야 해요. 애들 과외비 버느라
> 집안이 파탄 날 지경입니다."
> _택시를 운전하는 김동현 씨

와 주먹질을 했고, 결국 경찰서까지 갔다. '그렇게 불평하지 말고 아이들
과외 안 시키면 될 것 아니냐'는 말에 격분한 것이다.

"내가 누구 때문에 고생을 합니까. 바로 교육부·교육청 직원들과 교사
들 때문 아닙니까. 그 사람들이 일을 똑바로 했더라면 학교가 이렇게 망가
지지는 않았을 것 아니에요."

대한민국 헌법 31조는 교육의 평등권을 명시하고 있다. '모든 국민은
능력에 따라 균등하게 교육받을 권리를 가진다.' 하지만 현실은 어떤가.

서울 강남의 한 초등학교 3학년 교실. 아버지가 치과의사인 이 모 군(9)
은 2006년에만 외국 여행을 두 번이나 다녀왔다. 초등학교 1학년 때부터 재
미 교포 유학생으로부터 일주일에 세 번씩 한 달에 50만 원하는 영어 과외
를 받고, 서울대 음대생으로부터 바이올린도 배운다. 최근에는 논술 학원
에 등록했다. 학교에 가지 않는 토요일은 엄마와 함께 도서관에서 책을 읽
거나 서울 근교 유적지 탐방을 나간다. 일요일에는 유명 축구 선수가 운영
하는 축구 클럽에서 운동을 한다. 이 군의 담임교사는 "공부면 공부, 운동
이면 운동, 모든 면에서 완벽한 아이"라고 말했다.

같은 반의 최 모 군(9). 방 한 칸짜리 반지하 연립주택에서 할머니(61)
와 함께 지낸다. 지방의 공업고를 졸업한 최 군의 아버지는 절도죄로 수감
중이다. 어머니는 1년 전 집을 나갔다. 최 군은 학교 수업이 끝나면 지하철
역 부근에서 좌판을 벌이고 야채를 파는 할머니에게 가서 함께 시간을 보

낸다. 이 군이 축구 클럽에서 멋진 유니폼을 입고 운동을 하는 일요일 날 최 군은 할머니와 주택가를 돌며 재활용품을 수집한다.

이런 기본적인 사실만으로도 이 군과 최 군의 미래가 어떻게 될지 쉽게 점칠 수 있다. 부모의 소득과 자녀의 성적은 정비례한다. 한국교육개발원 류방란 박사의 분석에 따르면 부모의 소득이 5단계 중 최하인 가정의 학생 이 학교에서 성적 하위 25퍼센트에 포함될 확률은 소득이 5단계 중 최상인 가정에 비해 2.6배 높다. 반면 소득이 최하인 가정의 학생이 성적 상위 25퍼 센트에 들 확률은 소득이 최상인 학생에 비해 4.6배 낮았다. 아버지의 교육 수준이 높으면 자녀가 공부를 잘할 확률도 높다. 아버지가 대졸인 고교생 은 성적 상위 25퍼센트에 포함될 확률이 중졸의 자녀보다 4.4배 높았다.

한때 교육은 희망이었다. 가난의 대물림을 끊을 수 있는 좋은 방법이었 다. 가난해도 판·검사, 의사, 대학 교수를 할 수 있었다. 그러나 지금은 아 니다. 부잣집 자녀와 가난한 집 자녀는 인생의 출발점과 종착점 모두 다르 다. 교육이 희망이기는커녕 서민들의 고단한 삶을 더욱 궁핍하게 하는 고 통일 뿐이다. 사회 통합과 계층 이동의 통로라는 순기능이 아니라 계층을 고착화하고 사회 양극화를 심화시키는 작용을 하고 있다. 고형일 한국교육개발원장은 "공교육이 제 기능 을 못하면서 '개천'에서 '용'이 나오기 어려운 구조" 라고 강조했다.

교육 당국은 대학 입시 제도를 바꿀 때마다 '공교 육 강화 및 사교육비 축소'를 위해서라고 한다. 하지 만 제도가 바뀌면 바뀔수록 사교육 혜택을 누리는 부

> 한때 교육은 희망이었다. 가난의 대물 림을 끊을 수 있는 좋은 방법이었다. 가난해도 판·검사, 의사, 대학 교수를 할 수 있었다. 그러나 지금은 아니다. 부잣집 자녀와 가난한 집 자녀는 인생 의 출발점과 종착점 모두 다르다.

유층 자녀가 더욱 유리해진다. 학생부 성적 반영 비율을 높인 2008학년도 입시 개혁안도 마찬가지다. 교육부 기대와는 달리 대학들이 변별력 확보를 이유로 일선 학교에서 가르치기 어려운 논술 시험을 도입하면서 사교육 업 체들의 배만 불려 주고 있다.

'없는 사람들'보다는 덜 하지만 '가진 사람들'에게도 교육은 고통이다.

양극화가 심해지면서 중산층의 입지도 불안하다. 조금만 한눈팔면 하층으로 전락할 위기 상황에서 살고 있다. 자녀 교육에 사활을 걸 수밖에 없는 이유다. 중견 기업 임원인 서 모 씨(45·서울 잠실동)는 아내와 아이를 미국에 보내고 혼자 생활한다. '기러기 아빠' 생활이 벌써 2년이 넘었다. 서 씨의 연봉은 세금을 제하고 7천만 원 수준. 그는 매달 5,000~5,500달러(약 5백만 원)를 미국에 보낸다.

"어느 날 주위 친구들을 보니 모두 아이들을 외국에 보냈더군요. 안 되겠다 싶어 저도 아이와 애 엄마를 미국에 보냈습니다. 큰아이가 내년이면 고2입니다. 아이가 최소한 서울 지역 사립대학에 들어가 줘야 하는데 실력이 안 되어 걱정입니다. 지금까지는 잘 버텼지만 회사에서 언제 잘릴지도 모르는 상황이라⋯⋯."

막대한 교육비도 부담스럽지만 기러기 아빠들의 삶도 삶이 아니다. 외국에 있는 가족들의 유학비와 생활비를 송금하고, 정작 자신은 불규칙한 생활 습관과 부실한 식사로 건강을 망치기 일쑤다. 외로움과 직장에서 받는 스트레스 등으로 정신 건강까지 해친다. 2006년 초 돌연사로 사망한 개그맨 김형곤 씨도 기러기 아빠였다. 최근에는 경제적 부담 때문에 오지도 가지도 못한 채 생이별을 하는 '펭귄 아빠'라는 신조어도 등장했다. 경제적 여유가 없어 정작 비행기는 타지 못하고 공항에서 손만 흔드는 모습을 '뒤뚱뒤뚱 날갯짓해 봐야 날 수 없는 펭귄'에 빗댄 것이다.

경찰관 이 모 씨(38)는 2006년 10월 9일 스스로 머리에 권총을 겨눠 목숨을 끊었다. 그는 평소 자녀의 교육비 때문에 마음고생을 많이 했다고 한다. 함께 근무한 경찰에 따르면 중국에 유학을 보낸 딸과 각각 초등학생, 유치원생인 자녀의 교육 및 양육에 매달 1백만 원이 넘는 돈이 필요했고, 이 문제로 이 씨는 많은 스트레스를 받았다. 이 씨의 동료는 "사교육비가 멀쩡한 사람을 잡았다"면서 "아이들은 성적 비관으로 자살하고 아버지는 과외

> '없는 사람들'보다는 덜 하지만 '가진 사람들'에게도 교육은 고통이다. 양극화가 심해지면서 중산층의 입지도 불안하다. 조금만 한눈팔면 하층으로 전락할 위기 상황에서 살고 있다. 자녀 교육에 사활을 걸 수밖에 없는 이유다.

| 부모 직업 | 미진학 | 전문대 | 지방4년제 | 서울4년제 |
|---|---|---|---|---|
| 공무원·고위임원·전문직 | 9.4 | 13.2 | 44.3 | 33.1 |
| 준전문가·사무직 | 18.7 | 27.1 | 36.1 | 18.1 |
| 서비스·판매 노동자 | 30.0 | 29.7 | 29.8 | 10.5 |
| 농·어업 숙련 기술자 | 34.9 | 35.8 | 22.0 | 7.3 |
| 단순 노동자 | 42.0 | 32.0 | 17.3 | 8.7 |

단위 : %, 자료 : 한국교육개발원(2006.8)

**부모 학력에 따른 자녀의 대학 진학 유형**

| 부모 학력 | 미진학 | 전문대 | 지방4년제 | 서울4년제 |
|---|---|---|---|---|
| 초등졸 | 45.9 | 34.1 | 16.5 | 3.5 |
| 중졸 | 39.9 | 33.6 | 21.8 | 4.7 |
| 고졸 | 21.9 | 32.6 | 33.0 | 12.5 |
| 전문대졸 | 16.7 | 27.8 | 38.9 | 16.6 |
| 대졸 | 12.0 | 16.0 | 44.0 | 28.0 |
| 대학원졸 | 10.3 | 10.3 | 37.9 | 41.5 |

단위 : %, 자료 : 한국교육개발원(2006.8)

비 때문에 스트레스로 자살하는 게 한국 사회"라고 말했다.

부모들이 자녀 뒷바라지에 적극 나서면서 학생들의 입시 경쟁은 더욱 격화되고 있다. 교육은 사회 구성원 전체가 공유해야 할 사회적 재화로 인식되기보다는 개인 또는 가족의 기득권 유지나 신분 상승의 수단으로 변질됐다.

2006년만 해도 성적 비관이나 학업에 대한 부담 때문에 자살한 학생이 10여 명이나 된다. 9월 부산 금정구에 사는 고등학교 3학년 박 모 군이 성적을 비관해 자살했다. 6월 대구에서는 성적이 상위권이었던 고교 1년생 김 모 군이 학력 평가를 하루 앞두고 아파트 옥상에서 뛰어내려 스스로 목숨을 끊었다. 김 군은 중학교 때까지 학교에서 최상위권의 성적을 유지하다가 고교 입학 후 중상위권으로 떨어지자 시험에 큰 부담을 느꼈던 것으로 알려졌다. 2월 인천에서는 과도한 학원 수강으로 힘들어 하던 초등학교 6학년 어린이가 스스로 목숨을 끊었다.

"아이들은 성적 비관으로 자살하고 아버지는 과외비 때문에 스트레스로 자살하는 한국 사회" _자살한 기러기 아빠 이모 씨의 동료

전교조가 2006년 5~6월 전국 고교생 3,166명을 상대로 설문조사한 결과 응답자의 20.2퍼센트가 입시 스트레스와 성적 때문에 자살을 생각했으며 이 가운데 5퍼센트는 실제 자살을 기도한 경험이 있다고 응답했다.

학생들의 생활은 지난 30년간 조금도 달라지지 않았다. 대학 입시가 끝

날 때까지 '인권'은 없다. 서울 모 외국어고 2학년에 재학 중인 김 모 군(16)은 지방의 명문 공립고를 나온 아버지처럼 고교에 올라온 이후 하루 6시간 이상 자본 적이 없다.

특히 2학년에 올라오면서부터는 공부 시간을 조금이라도 더 내기 위해 수면 시간을 30분 더 줄였다. 집에서 5시간 자고 학교에서 점심 먹고 30분을 잔다. 아침·점심·저녁 식사 시간 30분, 학교 등·하교에 1시간. 학원 오가는 데 1시간을 제외한 나머지 시간은 모두 공부 시간이다. "왜 사는지 모르겠어요. 힘들지만 참고 버텨야 한다는 생각뿐이에요. 입시 지옥이 우리 세대에만 있는 것도 아니고. 대학에 가면 그때 실컷 놀아야죠. 영화도 보고."

특목고에 재학 중인 학생이나 성적이 상위권인 학생들은 그래도 꿈이 있지만 '대포자'(대학 포기자)는 이미 꿈꿀 기회마저 박탈당했다. 이들에게 입시는 남의 나라 이야기다. 이미 경쟁에서 탈락했기 때문이다. 수업 시간에 잠을 자고 라디오를 듣고 만화책을 봐도 교사들은 내버려 둔다. 입시 지도에 바쁜 교사들은 이들을 배려할 만한 정신적·물리적 여유가 없다.

서울 ㅅ여고 모 학급의 급훈은 '공장가서 미싱할래, 대학가서 미팅할래'이다. 1년 내내 칠판 상단에 걸린 이 문구를 보면서 학생들은 과연 무슨 생각을 하게 될까. 서울 이화여고 이형빈 교사는 "학교가 대포자들에게 낙오자라고 낙인을 찍는 것이 가장 큰 문제라며 대학에 못 가는 사람들은 천한 일을 하면서 고생하는 것이 당연한 것으로 아이들 스스로 내면화하고 있다"고 말했다.

> "왜 사는지 모르겠어요. 힘들지만 참고 버텨야 한다는 생각뿐이에요. 입시 지옥이 우리 세대에만 있는 것도 아니고. 대학에 가면 그때 실컷 놀아야죠. 영화도 보고." _외국어고 2학년 김 모 군

그러나 경쟁은 대학 입시로 끝이 아니다. 2005년 연세대 사회 계열에 입학한 김 모 씨는 2006년도 수능 시험을 다시 치렀다. 이유는 단 하나, 서울대에 가기 위해서다. 다른 사람들이 모두 부러워하는 명문대에 입학했지만 그는 지난 1년간 단 한 번도 행복하지 않았다. 김 씨는 고교 재학 시절 전교 1~2등을 했다. 그러나 서울대 수시 모집과 정시 모집에서 거푸 고배를 마셨다. 2005년에도 서울대를 지원하려 했으나 수능 점수가 낮아 지원을

포기했다.

"연세대도 훌륭하죠. 하지만 서울대에 꼭 가고 싶습니다. 그래도 우리 나라 최고 대학이잖아요. 연세대 친구들을 보면 열에 두 명은 '서울대 콤플렉스'를 벗지 못하는 것 같아요."

이 같은 교육 구조에서는 교사도 피해자다. 지방 중소도시의 고등학교에서 국어를 가르치고 있는 서 모 씨는 "교사의 수업권은 교육방송(EBS)에 빼앗긴 것이나 다름없다"고 말했다. 3학년 진학반을 맡고 있는 서 교사의 2006년 수업은 교육방송의 수능 언어 영역 교재로 시작해서 교육방송이 수능 막바지에 펴낸 수능 파이널 모의고사로 끝났다.

서울 ㅅ여고 모 학급의 급훈은 '공장 가서 미싱할래, 대학가서 미팅할래' 이다. 1년 내내 칠판 상단에 걸린 이 문구를 보면서 학생들은 과연 무슨 생각을 하게 될까.

"학기 초에 학생과 학부모를 대상으로 설문조사를 했습니다. 절반 이상이 교육방송 교재로 수업해 주기를 바라더군요. 다른 학교도 마찬가지입니다. 고교 교육과정이 EBS 교재로 완전히 획일화되고 있다고 봐도 과언이 아닙니다."

대학 역시 교육과 학문은 붕괴된 채 권력 획득을 위한 연고주의와 취업 준비 기관으로서만 구실하고 있다. 청년 실업으로 인한 치열한 취업 경쟁이 대학 교육을 규정하면서 기초 학문의 몰락은 물론이고 취업을 위한 사교육까지 확대되고 있다.

사교육비 마련을 위해 풍비박산이 난 가정, 가족을 이역만리에 떠나보낸 기러기 아빠, 하루 15시간 이상 책상에 앉아 공부만 하는 청소년, 대학에 입학하고 나서도 다시 대학 입시와 고시를 준비하는 대학생, 절망을 견디지 못해 스스로 목숨을 끊는 어린 학생들……. 우리 교육은 사회 구성원들에게 절망과 고통을 가르쳐 주고 있다.

교육 주체 간 갈등과 반목도 심각하다. 학부모는 교사들의 나태와 교육부의 무능을 탓하고, 교사들은 학부모의 이기심과 교육부의 일방적인 정책이 현재의 교육 위기를 초래한 원인이라고 주장한다. 교육부는 대학들이 고교 교육 정상화에 협조하고, 일선 시·도 교육감들이 좀 더 분발해야 한다고 책임을 돌린다.

진보 진영은 이런 교육의 문제점을 잘 인식하고 있다. 참여정부 초기 진보 진영은 교육 난맥을 해결할 수 있는 대안을 제시하면서 교육 개혁에 적극성을 보였다. 2004년 봄 전국교직원노동조합(전교조)을 비롯해 전국교수노동조합, 한국대학총학생회연합, 학벌없는사회, 함께하는교육시민모임 등 교육·시민·학생운동 등 30여 개 단체가 망라되어 있는 'WTO 교육 개방 저지와 교육 공공성 실현을 위한 범국민교육연대'는 교육 분야의 개혁 청사진을 제시했다.

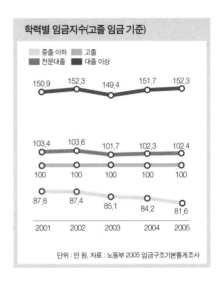

학력별 임금지수(고졸 임금 기준)

단위 : 만 원, 자료 : 노동부 2005 임금구조기본통계조사

개혁안은 현재의 공교육 시스템이 '대다수를 패배자로 모는 실패 구조' '사회적 불평등을 대물림하는 불평등 구조' '자원과 노력을 헛되이 흘려버리는 낭비 구조'라고 진단했다. 대안은 공공성에 입각한 공교육 체제 확립, 초·중등 교육을 정상화해 사교육으로 인한 교육 불평등을 해소해야 한다는 것이다. 구체적으로 서울대 학부 폐지, 국·공립대학 입시 통합 전형, 수능시험의 자격 고사화, 중·고교 통합 학교 설치, 만 3~5세 아동을 위한 통합 유아 교육법 제정, 노동자·장애인·이주 노동자 교육권 보장 등이 총망라됐다.

이 개혁안에 대해 손호철 서강대 교수(민교협 상임 공동의장)는 "공교육을 살릴 비상 대책"이라고 평가했다. 정진상 경상대 교수(사회학)는 "그동안 독재 정권에 대항해 수세적으로 투쟁해 온 전교조를 비롯한 민중 진영이 교육 모순의 근본적 해결을 위해 공세적으로 방향을 전환한 신호탄"이라고 개혁안을 높이 샀다.

하지만 그것으로 끝이었다. 사회 이슈로 부각시키지도 못했고, 실천으로 연결시키지도 못했다. 참여정부 출범 직전 대통령직인수위원회에 참가하고, 범국민교육연대에서 개혁안 마련 작업에 참여한 한 대학교수는 "참여정부와 노무현 대통령을 믿었던 것이 실수"라고 말했다.

**진보 진영이 마련한 공교육 개편 방안**

| 대학 서열 체제·학벌 타파 | 대학 입시 제도 개혁 | 학벌 타파를 위한 사회 제도 개혁 | 초·중등교육 개혁 |
|---|---|---|---|
| • 서울대 학부 폐지, 대학원 체제로<br>• 사립대학 국·공립 전환 유도<br>• 전문대학원제도 도입<br>• 교수회, 직원회 법제화<br>• 시간강사의 준정규직화 | • 대학수학능력시험을 자격고사로 전환<br>• 국·공립대 통합 전형 및 공동학위제 실시<br>• 교사 평가권 보장하고 책무성 강화 | • 인재 지역 할당제<br>• 특정 대학 공직 독점 금지<br>• 고시 제도 폐지<br>• 학력·학벌차별금지법 제정<br>• 입사원서 학력 기재 폐지 | • 자립형 사립고·외국어고 폐지<br>• 실업계와 일반계 구분을 없애고 중·고교 통합<br>• 7차 교육 과정 폐기<br>• 만 3~5세 교육 복지형 학교 체제 마련<br>• 사립학교법 개정 |

자료 : 범국민교육연대

그는 "참여정부는 교육에 대한 철학이 없었다"며 "교육 양극화 해소를 위해 교육의 공공성을 강조하면서도 막상 내놓는 정책은 경쟁과 평가를 중시하는 시장주의적 성격의 정책뿐이었다"고 비판했다. 교원 평가, 교원 차등 성과급제, 국립대 법인화, 시·도 교육청 평가, 국제중 설립, 조기 영어 교육, 산학 협력 강화 등이 대표적인 예다. 특수 목적고·자립형 사립고 완화와 개방형 자율 학교 정책도 고교 평준화의 기반을 약화시키고 초·중학생들의 특목고 입학 경쟁만 심화시켰다.

청와대와 여당이 교육부 장악에 실패한 것도 한 원인이라는 분석이다. 국회 교육위 최순영 의원(민주노동당)은 "대학 입시의 3불 정책(고교 등급제·본고사·기여입학제 금지)을 제외하면 각종 교육 현안에 대한 교육부의 입장은 한나라당에 더 가깝다"며 "청와대의 입장이 교육부에 잘 전달되지도 않고 있다"고 말했다. 최순영 의원은 개정 사립학교법을 예로 들었다. 열린우리당이 날치기 논란까지 벌이며 2006년 7월 1일 이 법을 통과 시켰지만 교육부는 학교 법인의 정관 개정 작업 등 후속 조치를 제대로 하고 있지 않다는 것이다. 최순영 의원은 "연가 투쟁에 참여한 전교조 교사들을 처벌하는 자세로 이 문제에 접근했다면, 진작 해결됐을 것"이라고 말했다.

> "교육 양극화 해소를 위해 교육의 공공성을 강조하면서도 막상 내놓는 정책은 경쟁과 평가를 중시하는 시장주의적 성격의 정책뿐이었다."
>
> _ 전 대통령직인수위원이었던 대학교수

교육 개혁을 위해서는 우선 교육 주체 간 신뢰 회복과 연대가 급선무다. 전교조 간부 출신인 한만중 남서울중 교사는 "교육 양극화 해소를 가장 큰 목표로 삼고 서민의 자녀가 학교와 가정에서 교육을 받을 수 있는 기회와 환경을 마련하는 데 모든 힘을 집중해야 한다"고 말했다. 다음으로는 교육재정 확충이다. 이수호 전 민주노총 위원장은 "참여정부가 남은 기간 동안 가시적인 성과를 내려고 하기보다는 교육재정 확충 등을 통해 다음 정권이 공교육을 살리고 교육 양극화를 완화할 수 있도록 물적 기반이라도 조성해 주어야 한다"고 강조했다.

## 재벌 개혁 _ 진보의 10대 의제④

열린우리당 김현미 의원은 요즘 '삼성의 힘'을 체감하고 있다. "삼성 직원 한 명이 정기적으로 사무실을 방문합니다. 나를 전담하는 '마크맨'인 것 같아요. 이 사람은 이것저것 정보를 캔다기보다는 자신이 알고 있는 정보를 많이 내놓습니다. 나로서는 금시초문인 것들이 많은데, 나중에 보니 그게 사실로 드러나더라고요." 김현미 의원은 "삼성이 국가정보원보다 더 정확한 것 같다"며 쓴 웃음을 지었다.

"이 사람들이 맨손으로 찾아오지는 않습니다. 출자총액제한제도(출총제)의 개편이나 금융산업구조개선법과 같이 삼성과 직접 관련된 법안이 걸려 있으면, 매우 논리적이고 설득력이 강한 자료를 들고 옵니다. 사안을 잘 모르면 혹하게 되어 있습니다. 그런데 삼성 직원이 자료를 전달한 지 얼마 되지 않아 국회 정무위가 열렸는데, 동료 의원이 삼성 자료와 똑같은 용어, 똑같은 논리로 발언을 하더군요. 깜짝 놀랐습니다. 그걸 보니 '삼성 장학생'이 왜 생겨나는지 알겠더군요."

여당의 한 초선 의원도 비슷한 경험을 하고 있다. "2006년 정기국회가 시작되기 전인 8, 9월에 아는 사람이 찾아왔어요. 이 사람 하는 말이 '삼성 생명 상장에 반대하지 말라'는 거였어요. 그뿐만 아니라 내가 알고 있는 많은 사람이 찾아오거나 전화를 해 같은 얘기를 했어요. 모두 예전에 나를 도와주고 아꼈던 사람들이었습니다. 그래서 부탁을 들어주지 않으면 도저히 안 될 것 같은 부담감을 크게 느끼고 있어요."

그는 "삼성은 직원들에게 정부, 국회, 검찰, 언론 등 소위 힘 있는 곳에 있는 아는 사람을 '밤 10시에도 만날 수 있는 사람' '전화하면 약속이 가능한 사람' '그냥 아는 사람'으로 분류해 적어 내라고 하는데, 큰 문제가 생기면 '밤 10시에도 만날 수 있는 사람'이 동원되는 것 같다"고 말했다.

이런 재벌의 힘은 '높은 곳'으로만 향하지 않는다. '낮은 곳'으로도 뻗치고 있다. 일반 시민에게도 재벌의 논리를 심는 데 적극적이다. 서울 강북구 미아동 SK 아파트 지하상가의 식품 매장에서 카트를 끌고 있는 김미옥 씨(35)에게 물어보았다. "재벌이 좋은 것입니까, 나쁜 것입니까. 그 이유는 뭡니까."

그의 대답은 이랬다. "사람들이 재벌 욕을 많이 하는데, 돈 많은 게 죄는 아니잖아요. 또 재벌 기업이 국가 경제에 기여도 많이 하고, 젊은 사람들은 거기 취업하려고 안달이고……. 이제는 '사촌이 논 사면 배 아프다'는 식의 옹졸한 마음은 버려야 하지 않나요."

김미옥 씨의 카트 속에는 밀가루가 있었다. 그것을 가리키며 다시 물었다. "이게 대부분 재벌 회사들이 만드는 것인데, 오랫동안 담합으로 소비자 가격을 올렸다고 보도됐습니다. 저기 진열대에 있는 설탕이나 세탁 세제도 마찬가지고……. 쇼핑하러 자동차를 몰고 오셨다면 그 차에 들어간 휘발유도 담합 의혹이 있어 조사가 벌어지고 있다는 걸 아십니까." 김 씨는 겸연쩍게 웃기만 했다.

재벌 문제는 한국의 고질병이었다. 외환위기 직후에는 위기의 주범으로 몰리기도 했다. 그러나 위기 이후 외국자본이 물밀듯 들어오고 전 지구적 경

쟁 체제가 강화되면서 재벌 비판이 많이 사라졌다. 토종 재벌 기업을 키우고
도와줘야 한다는 주장이 고개를 들기 시작했다. 최근에는 경제가 어려워지
면서 재벌 비판론을 '성장에 어깃장 놓기'로 간주하고, 재벌 개혁론자를 '평
등주의에 사로잡힌 사람'으로 삐딱하게 여기는 기류까지 생겨났다.

서울 강남의 한 중소기업에 근무하는 최상열 씨(39). 그에게 재벌 문제
는 '문제'가 아니다.

"재벌 체제는 아직도 우리나라에 필요하다고 봐요. 대기업 하나로는
글로벌 경쟁에서 살아남을 수 없으니까 여럿이 뭉치는 체제가 필요하죠.
물론 하도급 업체를 가혹하게 대한다든지 경쟁을 제한한다든지 하는 부작
용이 있는 것은 사실입니다. 그런데 이 모든 게 평범한 회사원인 저와 무슨
상관입니까."

이렇게 '재벌은 좋은 것'이라는 논리가 광범위하게 퍼져 나가고 있다.
김진방 인하대 교수(경제학)는 "우리 국민과 국가, 국가 경제는 이미 재벌
의 인질이 됐다"고 단언한다. 그는 서양의 우화를 들어 '인질극'을 설명한
다. '공주가 용에게 잡혀갔다. 용감한 기사가 나서서 공주를 구출하러 떠났
다. 그런데 막상 용이 공주를 입에 문 채 하늘을 나는 모습을 보자 고민이
생겼다. 창을 날려 용을 죽이면 공주도 함께 떨어져 죽을 것이고, 그냥 내버
려 두자니 공주를 구출할 수 없고……'

김진방 교수는 "정책 입안자들도 재벌 기업이 넘어지면 국가 경제도 같이 휘청거리는 상황에서 '미우나 고우나 재벌이 잘 되어야 국가가 잘 된다'는 생각을 하는 것 같다"고 말했다. 그는 "출총제의 적용을 받는 재벌 기업이 크게 줄어드는 등 재벌 총수의 지배권이 더욱 강화된 것이 단적인 예"라고 설명했다. "규제가 많아서 투자를 못하겠다. 우리가 투자를 못하면 경제가 잘 굴러가지 않을 것"이라는 재벌들의 투정 섞인 위협에 볼모로 잡힌 국민경제는 규제 완화, 즉 재벌 총수 지배권 강화라는 '몸값'을 지불했다는 해석이다. 김진방 교수는 "값비싼 몸값을 줬지만 나라 경제는 더욱 가혹한 인질 신세로 떨어질 것"이라고 말했다.

해방 이후 정치권력의 비호 아래 귀속 재산 불하와 외국 원조를 독식하다시피 해 자본을 축적한 재벌은 특혜 금융, 국내 산업 보호 등의 지원을 통해 세력을 불려 나갔다. 1987년 민주화 이후에는 정치권력을 사실상 압도했고, 이는 1997년 외환위기의 근원이 되기도 했다.

그로 인해 재벌 개혁에 관한 사회적 요구가 높아져 결국 정부는 재벌 개혁을 시작했다. 외환위기 직후 등장한 김대중 정부는 과잉 투자된 중화학 부문에 대한 인위적인 구조조정, 즉 '빅딜'을 추진했다. 동시에 재벌 총수들과 만나 '재벌 개혁 5+3원칙'에 합의해 경영 투명성 제고, 상호 보증 채무 해소, 업종 전문화, 변칙 상속 차단, 순환 출자 및 부당 내부 거래 억제 등의 약속을 이끌어 냈다. 출총제를 다시 도입해 재벌 총수의 무분별한 영향력 확대에 제동을 걸기도 했다. 그러나 권력 누수가 한창이던 임기 말 재벌이 반격에 나섰다. 2002년 재벌 소속 금융 계열사가 보유한 계열사 주식에 대해 30퍼센트까지 의결권을 행사할 수 있도록 공정거래법을 개정했다. 이는 재벌이 고객의 돈을 활용해 경영권 방어 수단으로 삼을 수 있도록 허용한 것이다. 김대중 정부에서 재벌 개혁은 이렇게 좌절되었다.

그러나 노무현 정부 출범으로 다시 재벌 개혁론이 등장했다. 노무현 대통령은 2002년 대선 캠페인 당시 "재벌을 개혁한 최초의 대통령으로 남고 싶다"고 말했고, 대통령직 인수위 등을 통해서도 누차 '재벌 개혁'을 강조했다. 그러나 경제가 죽을 쑤게 되면서 '우선 경제를 살려야 한다'는 재벌의 논리가 압도하는 상황으로 반전되었다. 출총제라는 게임의 룰은 점차 완화되어 갔고, 최근에는 대상 기업이 대폭 축소됐다. 다시 재벌이 승리한 것이다.

열린우리당도 2004년 총선에서 대승했지만, 민주화운동가 출신의 '개혁론자'와 관료, 기업인 출신 의원들이 주축이 된 '실용파' 간 힘겨루기로 방향을 잃은 지 오래다. 열린우리당은 선거에서 질 때마다 '현실론'을 들어 번번이 재벌 개혁 후퇴의 길로 갔다. 특히 2006년 5·31 지방선거 이후에는 통합 신당 등 당의 진로를 놓고 내홍을 겪는 사이 재계와 정부의 '경기 부양' 압박을 버티지 못하고 출총제 폐지 카드를 만지작거리는 등 재벌 개혁 의지는 실종된 상태이다. 민주노동당은 출총제 강화, 자본 이득세 도입을 통한 상장 주식 양도 차익 과세 등을 주장하며 등원했으나 '경제가 안 좋다'는 현실론에 밀려 제 목소리를 내지 못하고 있다.

> 민주노동당은 출총제 강화, 자본 이득세 도입을 통한 상장 주식 양도 차익 과세 등을 주장하며 등원했으나 '경제가 안 좋다'는 현실론에 밀려 제 목소리를 내지 못하고 있다.

최근 참여연대에서 독립한 경제개혁연대의 김상조 소장은 "노무현 대통령은 재벌 규제를 사실상 포기함으로써 재벌 공화국의 완성을 추인한 대통령으로 역사에 기록될 것"이라고 말했다. 재벌 정책 개편안 마련을 위한 태스크포스팀에서 활동한 김진방 교수는 "출총제는 사실상 폐지됐고, 순환 출자는 전면 허용됐다"며 "이는 우리나라 재벌 정책의 일대 전환점이 될 것"이라고 우려했다.

재벌에 대해 체계적인 비판을 해 온 세력은 참여연대이다. 장하성 고려대 교수(경영학)가 이끄는 참여연대 경제민주화위원회는 삼성전자, 현대중공업 등 국내 재벌 기업의 주주총회장에 나타나 '총수 경영'을 매섭게 몰아붙였다.

## 재벌의 역사와 주요 사건

### 귀속재산과 원조의 배분으로 원시적 축적　　　　1950년대 재벌 태동기

- 거의 무상으로 귀속재산 배분 받음　• 미국 잉여 농산물 원조 등으로 농민의 탈농촌, 이로 인한 값싼 노동력 확보
- 장기 저리 융자 혜택　• 주요 산업에서 독점과 카르텔
- 중석불 사건 : 1952년. 주력 수출 상품인 텅스텐의 수출 대금(重石弗) 4백 70만 달러를 삼호 재벌에 배분. 삼호는 이
　　　　　돈으로 비료·곡물을 수입해 5배의 폭리를 취함. 이익금의 일부가 정치권으로 들어감. 정경유착의 초
　　　　　기 모형
- 은행 민영화 : 1954년. 이승만 정부 소유의 5개 일반은행 민영화. 삼호재벌, 저축은행·흥업·조흥·상업은행 등 인수

### 외자 및 금융 특혜로 자본축적 가속화　　　　1960년대 재벌 성장기

- 정부 허가 받아 차관 도입, 저리 융자 지원 받음(실질금리 마이너스)
- 공기업 불하(신진의 새나라자동차·한국기계 인수, 동아의 대한통운, 한진의 대한항공, 극동의 한국조선 인수 등)
- 삼분(三粉) 사건 : 1963년. 물자 부족 시기에 밀가루·설탕·시멘트 등을 생산하던 독과점 대기업들(제일제당, 동양
　　　　　시멘트 등)이 고시가격의 3~4배로 폭리를 취하고 이를 묵인한 공화당에 정치자금 제공. 공정거래
　　　　　법 제정에 대한 논의가 시작됐으나 재벌의 반발로 좌절
- 사카린 밀수 사건 : 1966년. 삼성 계열사인 한국비료가 사카린 원료를 건설 자재로 위장해 밀수한 뒤 국내에서 고
　　　　　가에 팔아 폭리. 이를 묵인한 공화당에 정치자금 제공

### 국가권력 우위 속 재벌에 대한 특혜　　　　1970년대~1987년(민주화) 재벌 정착기

- 중화학공업 육성 시책에 부응한 기업들이 오늘날의 재벌로 성장하는 발판 마련
- 장영자 사건, 명성 사건 등 대형 정경유착의 상시화　• 상호 출자 및 부동산 투기에 의한 문어발식 확장 보편화
- 정부 주도하에 부실기업을 인수하면서 천문학적 금융 특혜 받음
- 8·3조치 : 1972년. 사채(社債) 동결, 금리 인하로 기업의 고리 사채를 저리의 은행 차입으로 대환. 한은특융 2천억 원 지원.
- 부실기업 정리 : 1985~88년. 57개 부실기업을 정리하면서 대부분 재벌에 불하. 기업 인수 자금(시드머니) 제공하고
　　　　　원금 상환 면제 또는 유예, 이자 유예 등 특혜. 삼성·현대보다 정치 기부금을 더 많이 낸 동국제강
　　　　　이 일신제강을 인수

### 재벌과 국가권력의 힘겨루기 속 재벌 체제의 위기　　　　1987년~1997년(외환위기) 재벌 고착기

- 3저 호황으로 재벌의 자본축적 가속화　• 대외 개방 가속화로 재벌 체제 허약성 노정
- 중화학 부문 중복·과잉투자에 따른 문제점 노출
- 노태우 대통령 비자금 사건: 수서비리 등 6공 내내 이뤄진 정경유착 속 수천억 원대의 비자금 수수
- 외환위기: 외환 부족 사태로 국제통화기금에 구제금융 요청. 총수 1인 지배 등 후진적 기업 지배 구조의 취약성 노
　　　　　출. 재벌 체제가 외환위기의 주범으로 지목됨

### 국가권력과의 쟁투 끝에 우위에 선 재벌　　　　1998년~현재 재벌 전성기

- 외환위기 속 재벌 개혁 여론 강화　• 외국자본의 범람으로 재벌보호론 대두
- 경제 살리기 위해 재벌 규제 장치 속속 폐기
- 기업 구조조정: 1998년. 정부의 주도 아래 5대 재벌 간 주요 사업 분야를 주고받은 '빅딜' 진행. 퇴출, 워크아웃 등
　　　　　을 통한 재벌 구조조정으로 계열사 대폭 축소. 재벌 총수 견제 위해 사외이사제 도입
- 출총제 대폭 축소: 2006년. 외환위기 이후 재도입된 출자총액제한제의 대폭 완화로 대상 기업 24개로 축소. 출자
　　　　　한도 완화(순자산의 25%에서 40%로), 순환 출자의 전면 허용

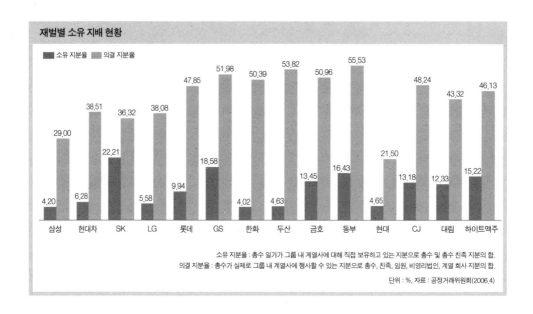

**재벌별 소유 지배 현황**

■ 소유 지분율　■ 의결 지분율

| 재벌 | 소유 지분율 | 의결 지분율 |
|------|-----------|-----------|
| 삼성 | 4.20 | 29.00 |
| 현대차 | 6.28 | 38.51 |
| SK | 22.21 | 36.32 |
| LG | 5.58 | 38.08 |
| 롯데 | 9.94 | 47.85 |
| GS | 18.58 | 51.98 |
| 한화 | 4.02 | 50.39 |
| 두산 | 4.63 | 53.82 |
| 금호 | 13.45 | 50.96 |
| 동부 | 16.43 | 55.53 |
| 현대 | 4.65 | 21.50 |
| CJ | 13.18 | 48.24 |
| 대림 | 12.33 | 43.32 |
| 하이트맥주 | 15.22 | 46.13 |

소유 지분율 : 총수 일가가 그룹 내 계열사에 대해 직접 보유하고 있는 지분으로 총수 및 총수 친족 지분의 합.
의결 지분율 : 총수가 실제로 그룹 내 계열사에 행사할 수 있는 지분으로 총수, 친족, 임원, 비영리법인, 계열 회사 지분의 합.

단위 : %, 자료 : 공정거래위원회(2006.4)

　　비판의 골자는 재벌 총수 일가가 쥐꼬리만 한 지분으로 그룹 전체를 지배하면서 자신의 이익을 챙기고 소액주주의 권익은 무시한다는 것이다. 2006년 4월 현재 삼성 그룹에 대한 이건희 회장 일가의 실제 지분은 4.20퍼센트에 불과하지만 얽히고설킨 출자 구조와 금융 계열사 등을 통해 의결권을 행사할 수 있는 지분율은 29.00퍼센트에 달한다. 실제 보유한 지분보다 6.91배에 달하는 의결권을 행사하면서 그룹 전체를 지배하는 것이다. 현대차 그룹도 총수 일가의 소유 지분율은 6.28퍼센트에 불과하지만 의결 지분율은 38.51퍼센트에 달한다.

　　이같이 왜곡된 기업 지배 구조는 재벌 총수들의 전횡을 가능케 하는 토양이 된다. 삼성 그룹의 에버랜드를 이용한 편법 증여, 정몽구 현대차 그룹 회장의 회사 이익 빼돌리기, 두산의 분식 회계 등 헤아리기 힘들 정도다.

　　그러나 참여연대의 활동은 소액주주 운동이라는 한계를 안고 있다. 기업의 이해관계자는 주주 이외에도 노동자, 소비자 등 다양한데 주주의 권익만 대변한다는 지적이 그것이다. 이에 대해 김상조 경제개혁연대 소장은 지배 구조가 개선되면 노동자 등 다른 이해관계자도 권익을 보호받을 수 있다고 강조하고 있다. 그러나 정승일 대안연대회의 정책위원은 참여연대를 "주주의 권익만을 생각하는 신자유주의의 첨병"으로 규정한다. 정승일 위원은 "이들은 주주 가치 경영을 최고선으로 하는 월가의 이론을 그대로 받아들여 국내 기업을 공격하고 있다"고 비판했다. 소액주주 운동을 통한 재벌 개혁이 시민사회 내부로부터도 도전을 받고 있는 것이다. 정승일 위원을 비롯한 대안연대회의의 일부 논객들은 외환위기 이후 밀려들어 오기 시작한 외국 투기 자본에 맞서기 위해 재벌을 보호해야 한다고 주장하고 있다. 재벌에게는 경영권 보호 장치를 선물한 뒤 재벌로부터 투자 활성화, 일자리 창출, 세금 많이 내기 등 사회적 기여를 이끌어 내야 한다는 것이다. 재벌 활용론인 셈이다.

정승일 위원은 스웨덴의 발렌베리 가(家)를 모범적 사례로 들고 있다. 세계적 통신 업체 에릭슨을 보유한 발렌베리 가는 스웨덴 국내총생산(GDP)의 30퍼센트 이상을 차지하는 가족 경영 기업 집단이다. 정승일 위원은 "발렌베리 가의 영향력이 지나치게 커지자 스웨덴 정부의 중재로 노동자 단체는 1938년 발렌베리 가로 대표되는 재계와 살트셰바덴 협약을 맺었다"면서 "이에 따라 발렌베리 가는 경영권을 인정받았고, 그 반대급부로 노동조합을 인정하고 법인세 인상에 동의했으며, 사회적 기여도 많이 하고 있다"고 밝혔다. 이건희 삼성 그룹 회장은 발렌베리 가를 벤치마킹하고 있는 것으로 알려져 있다.

"이건희 회장이 삼성을 세계적 기업으로 키우도록 도와주고, 경영권을 보호해 줘야 합니다. 그래서 삼성이 일자리를 많이 만들어 내도록 하고, 국민경제에 기여토록 해야죠. 대신 법인세를 올려 세금을 더 많이 내도록 하고 이 재원으로 재분배를 해 복지를 개선해야 합니다."

정승일 위원은 "신자유주의에 입각해 국제 금융 세력과 결탁한 참여연대는 꼴 보수 집단"이라고 비판했다. 좋은정책포럼의 김형기 공동대표(경북대 교수·경제학)도 "재벌의 경영권을 인정해 주는 대신 이들이 사회적

책임을 다하도록 하고, 노동자가 경영에 참여하는 이해관계자 자본주의를
실현해야 한다"고 강조했다. 수년전 등장한 이들의 논리는 지식인 사회에
상당한 영향을 미쳤다. 장하준 영국 케임브리지대 교수(경제학)가 쓴 『개
혁의 덫』, 장하준 교수와 정승일 위원이 함께 쓴 『쾌도난마 한국 경제』는
이 같은 주장에 이론적 근거를 제공하고 있다.

　　그러나 재벌 개혁을 주장하는 참여연대의 입장은 다르다. 김기원 방송
통신대 교수(경제학)는 이렇게 주장했다. "그 사람들은 이미 삼성에 포섭됐
습니다. 말로는 '사회민주주의'를 이야기하지만 그것은 양념에 불과하고,
본질은 재벌 보호, 박정희 체제로의 회귀입니다." 그에 따르면 발렌베리 가
는 '경영권 보호'가 아니라 '노조의 임금 인상 요구 자제'를 선물로 받고 대
신 세금 인상, 복지 기여 등을 반대급부로 내놓았다고 한다. 이 협약이 경영
권 보호와는 전혀 상관이 없다는 얘기다.

　　김진방 교수는 "외부의 위협에 대항하기 위한 최선의 방법은 우리 내부
의 재벌 체제를 개혁하는 것이지, 재벌 체제를 강화하는 것은 아니다"라고
말했다. 사실 재벌 체제는 노동의 타락도 초래한다. 김기원 교수는 "기아차
노조의 '입사 비리'에서 보듯이 재벌 체제는 노동계마저 타락시켰다"며
"재벌 소유의 대기업 노조는 자신들의 이익만 추구한 채 진보 이념을 이미
상실했다"고 지적했다.

　　민주노동당은 재벌 개혁이란 면에서는 참여연대에 가깝지만 자본의 이
익 분배에서는 다소 차이가 있다. 민주노동당 산하 진보정치연구소의 조진
한 상임연구위원은 "재벌들이 빼돌리는 회사 이익을 주주뿐만 아니라 노동
자, 협력 업체 등 이해관계자들에게 적절히 배분하고 일자리를 창출하는
등 사회 환원을 해야 한다"고 주장했다. 그러나 소수파의 한계 때문에 민주
노동당의 재벌 개혁 동력은 힘이 달릴 수밖에 없다.

　　김진방 교수는 재벌 개혁을 위해 진보 세력 사이의 사소한 차이를 극복
하고 연대해야 한다는 제안을 했다. "시장경제를 지향한다면 영미식이든,
유럽식이든 책임성, 투명성이 담보되는 기업 지배 구조가 있어야 합니다.

유럽식 자본주의를 지향한다면서 유럽에는 존재하지 않는 재벌 체제를 옹호하는 것은 안 되겠죠. 재벌 구조가 어떻게 깨지느냐에 따라 우리 경제가 영미식, 유럽식, 아니면 제3의 길 등 다양한 모습으로 변할 수 있을 것으로 생각됩니다. 무엇보다도 재벌과 사회적 타협을 할 것이 아니라 재벌로는 안 된다는 사회적 합의를 만들어 내는 것이 중요합니다."

## 고령화·저출산 _ 진보의 10대 의제⑤

겨울비가 내렸다. 기온이 떨어져 제법 쌀쌀했다. 경로당 문틈 사이로 차가운 바람이 흘러나온다. 방 안 공기는 냉랭하다. 방바닥은 미지근하다. 그 흔한 전기스토브조차 없다. 노인들은 가스를 아껴 쓴다고 했다. 실내에서도 외투를 벗지 않는다. 2006년 11월 28일 서울 서대문구 구립 홍연경로당. 말만 경로당이지 수십 년 된 2층짜리 단독주택이다. 노인을 위해 편리하게 고친 곳은 눈에 띄지 않는다. 일반 주택에 경로당 간판만 달았다. 다른 주택과 다른 점이라면 할아버지는 1층, 할머니는 2층을 사용한다는 점이다. 6평이나 될까. 철 지난 장판과 빛바랜 벽지가 둘러싼 방안은 여느 집 큰 안방 같다. 텔레비전 한 대, 책상과 의자, 탁자. 장기판 위에 바둑판이, 그 위엔 장기알과 바둑알 통이 있다. 화장실 옆에는 겉면이 누렇게 뜬 정수기가 한대. 이런 풍경이라 최근 들여놓은 에어컨이 유별나게 반짝인다.

노인들은 낡은 경로당과 함께 늙어 가고 있었다. 이런 경로당은 크고 작은 사설 경로당까지 포함해 전국에 5만여 개가 있는 것으로 추정된다. 노인은 다섯 명. 동그랗게 둘러앉았다. 누구는 벽에 등을 기대고 다리를 쭉 펴고 앉아 있다. 다른 이는 목침을 베고 누워 대화를 듣는 등 마는 등 하릴없는 잠을 청한다. 윤 모 씨(78). "뭐 일이 있어. 그냥 이렇게 얘기하고 있는 거지"하면서 담배에 불을 붙인다. 담배를 맛나게 피우고는 방바닥에 도로 눕는다. 정 모 씨(69). "뭐 텔레비전도 보고 얘기도 하고, 그러는 거지. 교통 수당이 1만 2천 원 나오는데, 그것 가지고는 아무것도 못해." 하루 일과를 물었다. "일과는 무슨, 그냥 이렇게 있는 거지." 퉁명스러운 답이 돌아온다. 노인들은 이렇게 경로당에서 특별히 할 일이 없다. 그래도 경로당에 나온다. 경로당에 나오는 것, 그것이 바로 특별한 일이다.

그나마 경로당에 가는 노인들은 여유가 있는 축에 속한다. 일부 경로당은 회비가 있을뿐더러, 술 먹고 화투 치면서 어울리려면 돈이 필요하기 때문이다.

서울 노량진에 사는 권 모 씨(70)는 일주일에 서너 번 종묘공원을 찾는다. 점심 먹고 집을 나선다. 지하철을 무료로 타고 오기 때문에 교통비는 따로 안 든다. 오후 1시쯤 도착해 대개 해가 뉘엿뉘엿해질 때까지 있다. 별달리 할 일은 없다. 안면 있는 노인들과 장기를 두거나, 얘기를 나누는 정도다. 그래도 집 나와 바람 쐬면 그나마 답답한 마음은 덜하다. 권 씨는 건설 현장에서 미장일을 하면서 자식을 키웠다. 덜 먹고 덜 입고, 노후 대비용으로 3천만 원 정도 마련했다. 그러나 보름 전 당뇨병으로 세상을 먼저 등진 부인의 5년 병수발에 다 날렸다. 아들 내외와 함께 살지만 편치 않다. 맞벌이하느라, 애들 키우느라 바쁘다. 자식들 벌이가 변변치 않아 권 씨는 용돈 받기도 어렵다. 권 씨는 "이렇게 오래 사는 세상이 올 줄 몰랐다"고 말했다.

경기도 시흥시에 사는 김 모 씨(75). 부인을 꼭 10년 전에 잃었다. 당뇨병과 신부전증 등 때문이었다. 김 씨 나이 그때 65세. 김 씨는 마누라도 죽었는데 혼자 살면 더 얼마나 사나 생각했다. 하지만 이래저래 벌써 10년이 흘렀다. 자식들은 모두 지방에 있고, 게다가 손 벌릴 수 있을 만큼 넉넉한 살림살이도 아니다. 기초생활보장수급자인 김 씨의 수입은 매달 구청에서 30만 원 남짓 받는 것이 전부다. 별다른 기술도 없고, 몸도 아프다. 그렇지

노인들은 이렇게 경로당에서 특별히 할 일이 없다. 그래도 경로당에 나온다. 경로당에 나오는 것, 그것이 바로 특별한 일이다. 그나마 경로당에 가는 노인들은 여유가 있는 축에 속한다. 일부 경로당은 회비가 있을뿐더러, 술 먹고 화투 치면서 어울리려면 돈이 필요하기 때문이다.

서울 탑골공원 뒷담길에 모여 앉아 있는 노인들

만, 일하고 싶은 마음이 굴뚝같다. 새벽 인력 시장에 나가봤지만 한창 젊은 이들 일감도 없단다. 김 씨 몫은 돌아오지 않는다. 김 씨의 유일한 낙은 하루 한두 잔 하는 막걸리가 전부다. 그나마 겨울이면 연탄을 사야 하기 때문에 하루 걸러서 먹는다. 김 씨는 "요즘엔 오래 사는 것이 마냥 좋은 일만은 아니라는 생각이 든다"고 말한다.

농촌 지역은 어떤가. 전북 임실군 지사면 계산리에 사는 강인구 이장(68)은 해마다 힘이 빠진다. 갈수록 횡해지고 있는 마을을 묵묵히 지켜볼 수밖에 없기 때문이다. 수년째 마을로 들어오는 사람은 없고, 나가는 사람만 있다. 수백 명이 살던 마을엔 190여 명만 남았다. "빈집이

> "빈집이 솔찬히 많이 있어 마을 전체가 황폐해졌다. 혼자 사는 노인들, 어르신들 다 가면(사망하면) 마을이 없어지지 않겠나. 가슴이 탁 막히지만, 어쩔 수 없다." _ 강인구 임실군 계산리 이장

솔찬히 많이 있어 마을 전체가 황폐해졌다"면서 "혼자 사는 노인들, 어르신들 다 가면(사망하면) 마을이 없어지지 않겠나. 가슴이 탁 막히지만, 어쩔 수 없다"고 말했다. 고령화는 임실군청에도 위기다. 2005년 임실군의 예산은 1천 6백 20여억 원이었지만, 임실군이 지방세 등으로 자체 마련한 돈은 1백 95억여 원에 불과했다. 재정 자립도는 12퍼센트에 그쳤다. 임실군청의 한 계장은 "지역 경제의 활성화가 관건"이라면서 "기본적으로 농촌에 먹고살 만한 일거리가 생겨

인구가 유입되어야 하는데 그런 산업을 개발하기가 쉽지 않다"고 말했다.

서울 종로구는 높아지는 노인 비율로 고민이 많다. 치솟는 노인복지 수요를 미처 따라가지 못하고 있기 때문이다. 종로구는 2005년 12월 말 기준으로 전체 거주 인구 16만 9천여 명 중 1만 7천여 명이 65세 이상이다. 노인 비율 10.1퍼센트로 서울에서 가장 고령화 수치가 높은 곳이다. 하지만 종로구에는 2006년 5월 현재 경로당 53개, 양로원 1개 등 노인복지 관

련 시설이 56개가 있을 뿐이다. 종로구 충신동에 사는 이 모 씨(77)는 "경로당에 가도 오는 노인들이 많아 비좁다"면서 "널찍한 곳(경로당)이 생기고 좀 재미있는 것들도 있었으면 좋겠다"고 말했다. 종로구 노인복지과 관계자는 "경로당처럼 소규모 복지시설이 아닌 노인복지센터 건설을 추진 중이지만 부지 매입도 쉽지 않고 예산도 많이 들어가 아직 구체적인 확충 계획은 없다"고 말했다.

한국은 고령화 속도가 매우 빠르다. 지난 2000년 고령 인구 비율이 7퍼센트를 넘어 고령화 사회에 진입했다. 2005년에는 9.3퍼센트까지 올랐다. 통계청은 2018년에는 고령 사회(14퍼센트), 2026년에는 초고령 사회(20퍼센트)에 진입할 것으로 전망한다. 고령화 사회에서 고령 사회로 가는 데 18년, 다시 초고령 사회로 가는 데 8년밖에 안 걸리는 셈이다. 반면 일본은 각각 24년, 12년 걸리고, 미국은 115년, 40년이 걸리는 것으로 분석됐다.

고령화 비율이 급격히 높아지고 있는 주요 원인은 평균수명은 늘고 있는 반면, 출산율은 급격하게 떨어지고 있기 때문이다. 1970년만 해도 남자의 평균수명은 60세, 여자는 67세였다. 하지만 2003년에 와서는 평균수명이 남성 73.9세, 여성 80.8세로 늘어났다. 남녀 모두 평균 13년가량 늘어난 것이다. 반대로 출산율은 곤두박질하고 있다. 한국 여성 한 명이 평균적으로 낳는 아이 수(합계 출산율)는 1970년에는 4.53명에 달했지만 2005년에

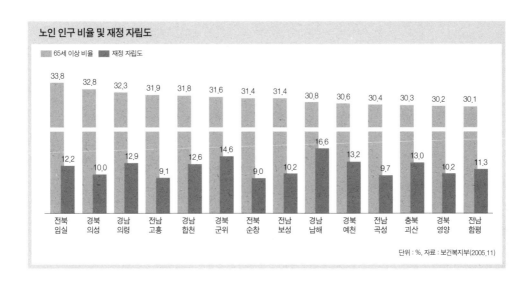

## 노인 인구 비율 및 재정 자립도

■ 65세 이상 비율   ■ 재정 자립도

| | 전북 임실 | 경북 의성 | 경남 의령 | 전남 고흥 | 경남 합천 | 경북 군위 | 전북 순창 | 전남 보성 | 경남 남해 | 경북 예천 | 전남 곡성 | 충북 괴산 | 경북 영양 | 전남 함평 |
|---|---|---|---|---|---|---|---|---|---|---|---|---|---|---|
| 65세 이상 비율 | 33.8 | 32.8 | 32.3 | 31.9 | 31.8 | 31.6 | 31.4 | 31.4 | 30.8 | 30.6 | 30.4 | 30.3 | 30.2 | 30.1 |
| 재정 자립도 | 12.2 | 10.0 | 12.9 | 9.1 | 12.6 | 14.6 | 9.0 | 10.2 | 16.6 | 13.2 | 9.7 | 13.0 | 10.2 | 11.3 |

단위 : %, 자료 : 보건복지부(2005.11)

는 1.08명 수준으로 떨어졌다. 이것은 이탈리아(1.33명), 독일(1.37명), 영국(1.74명) 등 유럽연합(EU) 국가들보다도 낮은 수치다.

요즘 여성들은 자아실현 욕구가 높고, 개인주의적 성향이 높아 결혼과 출산을 미룬다는 지적이 있다. 하지만 주위 환경이 여의치 않아 결혼과 출산을 기피하는 여성이 많다. 회사원 최 모 씨(31)는 4년째 사귀는 동갑내기 남자 친구가 있지만 아직 결혼 날짜를 잡지 못하고 있다. 한마디로 먹고살 일이 불안하기 때문이다. 남자 친구는 취업하기가 어려워 30살이 넘어선 2005년에 간신히 직장을 잡았다. 남자 친구의 연봉은 3천만 원이 채 못 된다. 자신도 남자 친구

> "맞벌이를 해도 집을 구하기도, 아이를 하나 키우기도 어려운 게 현실……나이가 더 차면 결혼이야 하겠지만 아이 낳는 문제는 또 다를 것 같다."
> _ 회사원 최 모 씨

못지않게 벌지만, 목돈이 없는 탓에 신혼 집 잡기도 어렵다. 최 씨는 "맞벌이를 해도 집을 구하기도, 아이를 하나 키우기도 어려운 게 현실"이라면서 "나이가 더 차면 결혼이야 하겠지만 아이 낳는 문제는 또 다를 것 같다"고 말했다.

여섯 살 난 딸을 키우고 있는 정윤주 씨(36)는 "아이를 하나 낳고 너무

키우기가 힘들어 둘째 갖는 것을 포기하는 경우가 많다"고 말한다. 정 씨는 회원 수가 27만여 명에 달하는 '임신과 출산 그리고 육아'라는 육아 관련 인터넷 카페를 4년째 운영하고 있는 '육아 전문가'다. 정 씨는 "아기의 분유, 기저귀, 예방 접종비, 장난감, 옷 등에 지출하는 돈이 보통 한 달에 50만~1백만 원 들어가 경제적 부담이 크다"고 말했다.

합계 출산율 추이

합계 출산율 : 여성 1명이 가임 기간 (15~49세) 동안 낳을 것으로 예상되는 평균 출생아 수

1.65 (1995)
1.47 (2000)
1.19 (2003)
1.16 (2004)
1.08 (2005)

단위 : 명, 자료 : 통계청

정부는 2006년 6월 관계 부처 합동으로 '제1차 저출산 고령 사회 기본 계획'을 마련해 발표했다. 기본적으로 가정의 출산·양육 부담을 줄이고, 고령자들에게 직업 기회 등을 확충한다는 것이다. 정부는 이를 통해 2020년까지 출산율을 OECD 평균인 1.6명까지 끌어올리기로 했다. 일차적으로 2010년까지 필요한 32조 원의 재원 마련은 둘째 문제. 문제의 원인이 불투명하고 다양한 만큼 정부 정책이 효과를 거둘 수 있을지 의문이다. 유시민 복건복지부 장관도 기본 계획을 발표한 후 "정부가 (저출산·고령화 문제에 대해) 손을 놓고 있을 수는 없고 일단 가능한 것은 해 봐야 하지 않겠냐"며 답답해했다. 저출산·고령화 문제의 원인이 뚜렷하지 못한 만큼, 정당과 시민 단체들은 각자의 '시각'으로 해법을 내고 있다.

참여연대 사회복지위 김다혜 팀장은 "사교육비가 급증하기 시작하는 초등학교 교육 단계에서 학부모들의 부담을 줄여 줄 수 있는 방안을 고민 중이다"라고 말했다. 또 그는 "현 40만 원인 육아 휴직금이 너무 적어 쉬려고 해도 쉴 수 없는 부분이 많다"면서 "육아 휴직금을 늘리고, 여성뿐 아니라 남성의 육아 휴직 기간도 늘리고 활성화하는 운동이 필요하다고 본다"고 말했다.

민주노동당 정책위원회 김원정 연구원은 "정부가 어떤 정책을 세워서 언제까지 출산율을 몇 퍼센트로 올리겠다는 것 자체가 하나의 강박관념이고 '보여 주기'에 지나지 않는다"고 말했다. 또한 "저출산·고령화 정책은 단기간의 정책 집행으로 해결될 문제는 아니다"라면서 "결국 국민의 삶 자체가 불안감에서 벗어나 여유 있게 변하지 않으면 풀기 어려운 문제"라고 말했다. 김원정 연구원은 "저출산·고령화 문제의 해법은 노동과 근로 환경, 남녀 불평등 등 기존 사회문제를 개선함으로써 점진적으로 해결하는 것이 바람직하다"고 말했다.

서울여성노동자회 황현숙 소장은 "직장 여성의 경우 아이를 낳으려 해도 직장에서 그런 분위기를 만들어 주지 않는 것이 문제"라면서 "대놓고 '나가라'는 말은 예전보다 덜 하지만 산모 앞에서 담배를 피운다든가, 다른 직원을 통해서 '힘든데 알아서 (퇴직)해야 하지 않겠냐'고 말하는 직장도 있다"고 말했다. 서울여성노동자회는 고용 불안정이 여성의 결혼과 출산을 가로막는 걸림돌이라고 보고, 이를 개선하기 위한 홍보 활동 등을 벌여 왔다. 황현숙 소장은 "여성의 결혼과 출산 기피 현상은 결국 직장이나 사회가 강요하고 있다"면서 "직장에서 어떤 차별과 부당함이 있는지 꾸준히 살필 것이며, 정부도 이에 대해 강한 지도·단속을 펼쳐야 한다"고 말했다.

> "저출산·고령화 문제의 해법은 노동과 근로 환경, 남녀 불평등 등 기존 사회문제를 개선함으로써 점진적으로 해결하는 것이 바람직하다."
> _ 김원정 민주노동당 연구원

열린우리당 정책위원회 정춘생 여성전문위원은 "정부가 보육료를 주면서 그 기준을 소득으로만 따지는데, 막상 도시 맞벌이 부부는 이 기준을 넘어서 혜택을 보지 못하는 경우가 있다"고 지적했다. 정춘생 위원은 "기업이 저출산 정책에 대해 나 몰라라 하는 것도 문제"라고 비판했다. 그는 "남성도 출산과 육아 등에 책임을 공유하는, 인식의 전환이 필요하다"고 말했다. 김경신 전남대 교수(생활환경복지학)는 "정부가 적극 나서서 기업이 고령 산업에 투자하기 좋은 환경을 만들어야 한다"면서 "노인복지시설 등에 기부하는 기업에 대해 세금 감면 등 여러 혜택을 주는 것도 고려해야 한다"고 말했다. 보건사회연구원 정경희 박사는 "결국 고령 지역이 자족할 수 있는 기반을 마련하는 것이 문제 해결의 핵심"이라고 강조했다.

## 75세 할머니의 하루

김 모 씨(75)에게 오래 산다는 것은 더 이상 복이 아니다. 김 씨의 하루하루는 외로움과 고통 그 자체다. 김 씨는 서울 서대문구의 수십 년 된 5층짜리 15평 아파트에서 혼자 산다. 원래 없는 살림이었지만, 10년 전 위암으로 돌아간 남편 병원비로 그나마 있던 돈도 날렸다. 딸은 세 명인데 다 결혼했다. 그러나 다들 사정이 여의치 않아 같이 살기는커녕 용돈 받기도 어렵다. 큰딸의 남편은 교통사고로 숨졌다. 그 보험금을 둘째 딸이 가져 가 사업을 했는데, 외환위기 때 부도가 나 빌렸던 보험금을 다 잃었다. 돈 문제로 자식들이 싸우기 시작했다. 직장에 다니는 막내딸은 16년째 중풍을 앓고 있는 시어머니를 모시고 있다.

모아 놓은 돈은 없고 자식에게 손 벌릴 처지도 못 되는 김 씨는 일흔을 넘겼지만 일을 한다. 산에 다니면서 쓰레기를 줍는 일이다. 구청이 운영하는 이 녹지 사업에 참가하면 월 15만 원을 받는다. 산을 타는 것이 여간 힘들지 않다. 그나마 한여름과 한겨울에는 일거리가 없다. 연 7개월만 일해 번 1백여만 원으로 1년을 버티며 살아가고 있는 것이다. 그래서 어쩔 수 없이 가끔 자식에게 아쉬운 소리를 해야 한다. 김 씨는 신문 읽기를 좋아하지만 신문을 사 볼 엄두도 못 낸다. 무료 생활정보지에 실린 수필을 읽는 것으로 위안을 삼는다. 그리고 라디오가 있다. 김 씨의 일과는 단순하다. 집에서 혼자 무료하게 시간을 보내다 답답하면 경로당에 들른다. 그러나 자주 가지는 않는다. "노인복지관에 가고 싶지. 그러나 마음뿐이야. 월 1만 원이라도 써야 되잖아."

"하루하루 사는 게 참 힘들어요. 우울증이 올 것 같아." 김 씨는 인근 사찰에서 운영하는 무료 급식소에서 점심을 먹어야 한다며 자리를 떴다.

## 31세 맞벌이 여성의 하루

세무사 지하정 씨(31)는 출산 전까지만 해도 '아이 키우는 게 힘들다'는 말을 남의 얘기로만 여겼다. 자기 사무실을 갖고 있어 출퇴근 시간이 비교적 자유로울뿐더러, 남편(공무원)과 맞벌이를 해서 경제적 부담도 크지 않을 거라고 생각했다.

그러나 첫째 아이를 낳은 지 22개월째를 맞은 지 씨는 "파김치가 됐다"고 말했다. 그는 "시간도, 경제적 여유도 없다"고 호소했다.

"아이에게만 한 달에 족히 1백만 원이 들어가요. 그나마 친정어머니가 아이를 돌봐 주시고, 모유 수유를 하기 때문에 그 정도죠. 1백만 원이 넘는다는 엄마도 있더라고요."

지하정 씨 가정의 월수입은 남편 봉급을 합쳐, 대략 4백만~5백만 원 선. 세무사 사무실은 차린 지 얼마 되지 않아 아직 수입이 많지 않다. 가계 수입의 약 25퍼센트인 1백만 원은 두 살도 안 된 아이에게 그대로 들어간다. 낮 시간 동안 아이를 돌봐 주시는 친정어머니께 50만 원, 옷과 책 등 구입(40만 원)이 주요 지출이다. 지 씨와 남편의 용돈, 사무실 운영비, 생활비 등을 빼면 지 씨 가족이 저금하는 돈은 한 달 50여만 원에 그치고 있다.

지하정 씨는 "앞으로가 더 문제"라면서 "아이가 크면 사교육을 시킬 수밖에 없는데, 그러면 여행이나 외식 등은 꿈도 못 꿀 것 같다"고 말했다. 모유 수유를 계속하게 될지도 걱정이다. 그는 "사업상 외부에 돌아다닐 때가 많았는데 변변한 수유 시설을 발견하지 못했다"면서 "화장실에서 착유기를 사용했지만 너무 불편하다"고 말했다.

개인 사업을 하는 그에게는 아이 키우기가 사업에 적지 않은 부담을 준다. 사무실을 개소한 지 1년밖에 되지 않아 한창 사람들을 만나고, 학회 등에 참가해 인맥을 넓혀야 할 때지만 마음뿐이다. 오

| 지 씨의 가계 지출 | | 지 씨의 평일 일과 | |
| --- | --- | --- | --- |
| 아이 봐 주는 친정 어머니 용돈 | 50 | 오전 6시 30분 | 기상 |
| 상해 등 어린이 보험 | 5 | ~오전 7시 40분 | 아침 식사 등 출근 준비 |
| 옷과 장난감, 책 구입비 | 40 | ~오전 8시 | 승용차로 남편 지하철역에 내려 줌 |
| 일회용 기저귀 구입비 | 6 | ~오전 8시 40분 | 친정 집으로 이동, 아이 맡김 |
| 지 씨 부부 용돈 | 60 | ~오전 9시 30분 | 출근 |
| 남편 개인연금 | 20 | ~오후 5시 | 업무 시간 |
| 생활비 | 100 | ~오후 5시 30분 | 친정 집으로 이동 |
| 저축 | 50 | ~오후 7시 | 친정 집에서 저녁 식사 |
| 보험과 이자 | 50 | ~오후 7시 20분 | 아이와 함께 집으로 돌아옴 |
| 전기, 가스, 전화 등 공과금 | 30 | ~오후 8시 30분 | 저녁 식사 준비와 식사 |
| 합계 | 411 | ~오후 9시 | 설거지 등 뒷정리 |
| | | ~오후 10시 | 아이 목욕, 빨래 |
| 단위 : 만 원 | | ~오후 11시 | 아이와 놀아 주며, 재운 뒤 취침 |

후 5시가 되면 모든 것을 포기하고 사무실에서 나와, 아이를 찾으러 친정에 가야 한다.

# 소외된 소수_진보의 10대 의제⑥

## 여전히 노예 다루듯, 이주 노동자

몽골 청년 뭉크 씨(가명)는 우연히 찾아온 한국행 기회를 놓치지 않았다. 한국행에는 많은 돈이 들어갔다. 열심히 일하면 대학 진학의 꿈도 이룰 수 있을 것 같아 투자했다. 하지만 한국에서 이주 노동자라는 딱지는 스물세 살 청년이 버텨 내기에 너무도 가혹했다. 경기도 화성의 한 금속 가공 공장에서 뭉크 씨는 하루 12시간이 넘도록 철근을 잘라야 했다.

프레스기(절단기)는 안전장치도 없었다. 월 급여는 최저임금에도 못 미치는 60여만 원. 한국인 사장과 공장장은 툭하면 뭉크 씨를 때렸다. 이유도 없었다. 술만 마시면 기숙사로 찾아와 행패를 부렸다. 한 번은 공장장이 구둣발로 얼굴을 차서 부상을 입고 병원에 실려 갔다. 사장은 공장에서 기르는 개에 '뭉크'라는 이름을 붙였다. 시도 때도 없이 그를 학대했다. 한국인 직원들과는 같이 밥을 먹을 수 없었다. 한겨울에도 혼자서 공장 밖 하수도 근처에서 수돗물로 몸을 씻어야 했다. 그가 꿈꿨던 '코리아'는 현실과 너무 멀리 떨어져 있었다. '코리안드림'은 아예 없는 것이 아닌가 하는 생각이 들기 시작했다.

결국, 사고가 났다. 2006년 2월 프레스기에 손가락이 빨려 들어갔다. 회사는 모른 척했다. 수차례에 걸쳐 노동부에 고발했다. 그러나 회사와 사장은 처벌받지 않았다. 합의했다는 것이 이유였다.

경기도 양주에 있는 섬유 공장에서 일하는 러시아인 마리아나 씨(가명·48). 고된 노동에 임금도 체불됐지만 열심히 일했다. 어느 날 회사가 갑자기 문을 닫았다. 오갈 데가 없었다. 간신히 인근 공장에서 잡역부로 일하기 시작했다. 이어진 사고. 무릎을 심하게 다쳤다. 체불임금 때문에 당장 먹고 입을 것도 없었지만 회사는 '나 몰라라'로 일관했다. 다행히 그녀는 지역 이주노동자센터의 도움을 받아 수술을 받을 수 있었다.

마리아나 씨는 아직도 다리를 제대로 쓰지 못한다. 항공료가 없어 고국으로 돌아갈 수도 없다. 그녀는 지금 한 교회에서 마련한 기숙사에서 생활하고 있다. 한국에 오는 과정에서 진 빚은 눈덩이처럼 불어났지만, 회사는 경영난을 이유로 밀린 봉급 2백 50만 원을 아직도 주지 않고 있다. 다리가 불편한 그녀를 흔쾌히 고용해 줄 마음씨 고운 회사가 있을 리도 없다. 그전 회사가 어서 밀린 임금을 지불해 주기만을 기약 없이 기다리는 마리아나 씨에게 한국은 '어서 떠나고 싶은 나라'가 됐다. '가고 싶은 나라'가 단 몇 개월 만에 이렇게 바뀐 것이다.

> 그전 회사가 어서 밀린 임금을 지불해 주기만을 기약 없이 기다리는 마리아나 씨에게 한국은 '어서 떠나고 싶은 나라'가 됐다. '가고 싶은 나라'가 단 몇 개월 만에 이렇게 바뀐 것이다.

이 땅에 이주 노동자가 들어온 지 13년이 지났다. 그동안 수없이 많은 이주 노동자가 한국 땅을 밟았고, 지금도 38만여 명이 대한민국 사람들과 함께 생활하고 숨 쉬며 일하고 있다. 그러나 '코리안드림'으로 불린 한국 땅은 '약속의 땅'이 아니었다. 이들은 자신들이 한국 사회의 '신종 노예'가 되었다고 생각한다. 이 말을 들으면 한국인들은 반발할지 모른다.

정부는 2004년 8월 '외국인 고용허가제'를 도입했다. 산업연수생제도와 병행하기는 했지만 외국인 고용허가제는 산업연수생제도 때의 심각한 인권침해 문제들을 개선하는 전향적인 제도로 평가받았다. 제도적 보호를 받지 못했던 연수생들은 노동법의 보호를 받는 노동자의 신분을 얻게 됐다. 송출 비리 문제도 외국의 국가 기관이나 공공 기관이 직접 인력을 뽑게 해 비리 가능성을 상당 부분 해소했다. 2년이 지난 지금 이주 노동자들이 몸으로 느끼는 삶의 질은 나아졌는가?

| 이주 노동자 월평균 급여 수준 | | |
| --- | --- | --- |
| 구분 | 빈도 | 백분율 |
| 70만 원 이하 | 43 | 14.6% |
| 71~80만 원 | 125 | 42.5% |
| 81~90만 원 | 44 | 15.0% |
| 91~100만 원 | 57 | 19.4% |
| 101~110만 원 | 7 | 2.4% |
| 111만 원 이상 | 18 | 6.1% |
| 전체 | 294 | 100.0% |

자료 : 이주노동자인권연대 고용허가제 실태조사보고서(2006)

| 이주 노동자 직장 내 인권침해 경험 | | |
| --- | --- | --- |
| 구분 | 빈도 | 백분율 |
| 관리자 폭력 | 51 | 31.1% |
| 신분증 압류 | 88 | 53.7% |
| 통장 압류 | 26 | 15.9% |
| 외출 제한 | 19 | 11.6% |
| 강제 근로 | 47 | 28.7% |
| 한국 동료와 차별 | 91 | 55.5% |
| 기타 | 7 | 2.1% |

자료 : 이주노동자인권연대 고용허가제 실태조사보고서(2006, 복수응답)

류지호 포천나눔의집 상담팀장은 부정적 답변을 내놓았다. 류지호 팀장은 "변화가 있었던 것은 분명하지만 산업연수생제도 때 자행됐던 비상식적인 일들이 여전히 반복되고 있다"고 말했다. 그는 "무엇보다 이주 노동자들을 바라보는 사회적 시선이 여전히 차별적이고 차갑다는 것이 가장 큰 문제"라고 지적한다. 이런 사회적 편견이 이주 노동자들에게는 엄청난 차별을 낳는다.

서울의 한 염색 공장에서 일하는 카니 씨(가명·26). 한국에 온 지 반년 조금 넘었다. 한국에서 번듯한 기술이라도 배워서 돌아가겠다는 것이 당초의 꿈이었다. 하지만 그에게 주어진 일은 긴 장대를 들고 기계 안의 오물을 건져 내는 단순 작업이었다. 그럭저럭 한국 음식도 입에 맞아 가고 동료들

**국내 체류 외국인 취업자 현황**

| 구분 | 취업자 수(백분율) |
|---|---|
| **합법 체류자** | 229,930(55.4) |
| 취업사증 소지 근로자 | |
| 비전문 취업자 | 107,564(26.0) |
| 전문 기술 인력 | 27,188(6.4) |
| 연수 취업자 | 49,133(11.9) |
| 산업 연수생 | 39,777(9.6) |
| 해외 투자 기업 연수생 | 6,268(1.5) |
| **불법 체류자** | 185,211(44.6) |
| **전체** | 415,141(100) |

단위 : 명, %, 자료 : 법무부(2006.9)

과도 잘 지내고 있지만 한국 사람들이 자신을 바라보는 이상한 시선만은 아무래도 익숙해지지 않는다고 그는 말한다.

그는 얼마 전부터 혼자 지하철을 타지 않는 버릇이 생겼다. 지하철을 탈 때마다 자신을 뚫어져라 바라보는 사람들의 시선을 느꼈기 때문이다. 어쩌다 눈이 마주치면 노골적으로 적대감을 표시하는 한국인들도 있다. 그럴 땐 고개를 숙이고 다른 곳을 바라보는 것이 상책이란 걸 그는 알게 되었다. "어쩔 수 없이 혼자 지하철을 탈 때가 있어요. 자리에 앉아 있으면 사람들이 전부 저만 쳐다보는 것 같아서 자리가 있어도 그냥 서서 갑니다. 그게 편해요."

카니 씨만의 문제가 아니다. 40만 명의 이주 노동자들은 소속감이나 동질감을 느낄 수 없다. 사회적으로 만연한 이질감을 극복하는 데도 상당한 어려움을 겪는다. 외국인이주노동자대책협의회 우삼열 사무국장은 "한국인들이 이주 노동자들을 인간이 아닌 도구로서 바라보는 이상 이주 노동자 문제는 결코 해결되지 않을 것"이라고 단언했다. 우삼열 국장은 "한국인들에게 이들은 여전히 3D업종에서 부품처럼 소모되는 노동력에 불과하다"고 말했다.

> "어쩔 수 없이 혼자 지하철을 탈 때가 있어요. 자리에 앉아 있으면 사람들이 전부 저만 쳐다보는 것 같아서 자리가 있어도 그냥 서서 갑니다. 그게 편해요." _이주 노동자 카니 씨(가명)

한국 이주 노동자들의 삶의 궤적은 유사하다. 산업연수생제도나 고용허가제로 들어온 이주 노동자들은 가장 낮은 수준의 '보호'를 받는다. 몇 년 동안 '품을 팔다' 기한이 되면 고향으로 돌아간다. 아니면 불법 체류자 딱지를 달고 고행을 할 수밖에 없다. 2년, 3년의 '시한부 노동자'를 위한 사회적 배려는 찾아보기 어렵다. 이주노동자인권연대 최현모 연대 국장은 "전 세계 1억 9천만 명, 우리나라에만 40만 명의 이주 노동자들이 살고 있는데 우리 사회는 아직도 우리 민족만의 국가라는 인식 틀에서 벗어나지 못하고 있다"고 지적했다.

이주 노동자를 포함한 한국 거주 외국인은 2006년 9월 현재 89만여 명. 웬만한 중소도시 인구에 버금가는 숫자다. 2020년이면 1백 52만 명의 노동력 부족 현상이 나타나게 될 것이라는 연구 결과에 비춰 보면 우리 사회는 앞으로도 훨씬 더 많은 이주 노동자들을 받아들여야 한다. 이주 노동자 문제는 우리 사회가 슬기롭게 극복해야 할 중대 과제인 것이다.

이주노동자인권연대 최현모 연대국장은 "우리의 미래에 대한 고민을 조금이라도 한다면 이주 노동자 문제에 대한 진지하고 심각한 논의를 시작해야 한다"고 강조했다. 그는 "이주 노동자가 우리 사회에 등장한 지 이미 13년이 지났고 다문화 공동체 사회로의 진입을 눈앞에 두고 있는 상황"이라며 "이들을 우리 사회 안에서 포용하려는 노력을 해 왔는지는 우리 스스로가 더 잘 알 것"이라고 말했다. 그는 "함께 살아가야 하는 사람들을 노동력과 관리의 대상으로만 바라보는 우리 사회에서 과연 어떤 '세계화'와 미래가 가능할 것인지 의문"이라고 말했다.

이주 노동자를 포함한 한국 거주 외국인은 2006년 9월 현재 89만여 명. 웬만한 중소도시 인구에 버금가는 숫자다. 2020년이면 1백 52만 명의 노동력 부족 현상이 나타나게 될 것이라는 연구 결과에 비춰 보면 우리 사회는 앞으로도 훨씬 더 많은 이주 노동자들을 받아들여야 한다.

설동훈 전북대 교수(사회학)는 '새로운 시민' 개념으로 접근할 것을 제안한다. 설동훈 교수는 "세계적인 추세나 저출산·고령화 등의 현상과 조건을 고려해 보면 외국인과 함께 살아가야 할 시점이 멀지 않았다"면서 "시민 개념을 이들에게도 확대 적용해 소속감을 주는 것이 필요하다"고 주장했다. 그는 "이주 노동자를 '노동력'이 아닌 '사람'으로 바라보는 사회적 인식의 전환이 출발점"이라고 말했다.

## 인권 개선을 기대한 장애인의 '절망'

2006년 11월 29일 '성람재단 비리 척결과 사회복지사업법 전면 개정을 위한 공동 투쟁단' 회원들은 광화문에서 시작한 2박 3일의 삼보일배를 마치고 여의도에 도착했다. 이들은 장애인 인권을 유린한 성람재단에 대한 특별 감사와 '공익 이사제 도입'을 골자로 하는 사회복지사업법 개정안의 조속한 국회 통과를 촉구했다. 장애인이동권연대 박경석 대표는 "정부의 침묵 속에 10년 동안 반복된 장애인 시설 인권유린을 이제는 끝내야 한다"고 비장하게 말했다.

일주일 뒤인 12월 6일 장애인차별금지법제정추진연대 회원 1천여 명이 서울 여의도 전경련회관 앞에 모여 '실효성 있는 장애인차별금지법 연내 제정'을 주장했다. 이들은 "재계가 기업 부담을 이유로 장애인차별금지법을 반대하고 있고 정부도 부화뇌동하고 있다"고 비판했다. 장애인들의 시위가 빈발하고 있다. 장애인교육지원법, 활동보조인서비스 제도화, 장애인차별금지법, 시각 장애인 안마사 생존권 확보 등 이슈도 다양하다. 이들이 거리에 나선 이유는 그들의 삶이 그만큼 절박하다는 것을 말해 준다. 2007년 3월 이후 대선 정국에 들어가면 자신들의 요구가 관철될 가능성이 적어진다는 생각도 있는 듯하다.

서울장애인부모회 회장 김경애 씨는 마음이 급하다. 장애인교육지원법이 2006년 안에 통과되지 않으면 5년을 더 기다려야 할지도 몰라서다. 그때쯤이면 둘째 아들 현종 군(12)은 학교를 졸업할 나이다. 현종이는 일반 초등학교에 다닌다. 물론 특수학급이다. 문제는 현종이를 위한 교육이 없다는 점이다. 특수학급에는 성적이 떨어지는 학생도 있다. 그리고 보면 현종이는 수업의 들러리일 뿐이다. 수련회에 갈 때면 학교에서는 어머니 김 씨에게 '어떤 사고가 발생해도 학교에 책임을 묻지 않겠다'는 각서를 요구한다. 개선책을 호소했지만 소용이 없었다. 결국, 김경애 씨는 2006년 거리 투쟁에 나섰다. 싸우는 길밖에 없다는 점을 깨달은 것이다.

2006년 현재 일반 학교에 설치된 특수학급은 3,645개다. 중학교에는 986개, 고등학교에는 422개가 있다. 고등학교는 초등학교의 10분의 1밖에

수련회에 갈 때면 학교에서는 어머니 김경애 씨에게 '어떤 사고가 발생해도 학교에 책임을 묻지 않겠다'는 각서를 요구한다. 개선책을 호소했지만 소용이 없었다. 결국, 김경애 씨는 2006년 거리 투쟁에 나섰다.

안 된다. 장애인 학생 수는 초등학생이 2만 1,700명, 중학생 6,598명, 고등학생 3,670명이다. 장애인에게는 중·고교 진학도 '전쟁'이다. 김경애 씨는 "2003년 교육부 집계에 따르면 특수교육 대상자는 5만 8천 명 정도지만 실제 장애인 학생은 25만 명 정도"라고 말했다. 그러면서 "정부는 학교에 다니지 않는 장애아들이 어떻게 지내고 있는지 파악조차 못하고 있다"고 덧붙였다.

1급 시각 장애인 강윤택 씨(28)는 2006년 10월 서울시 공무원 임용시험에 응시했지만 시험을 치르지 못했다. 점자 시험지가 제공되지 않았기 때문이다. 서울시에서는 시험 도중 퇴실도 허락하지 않았다. 100분간 우두커니 앉아서 시험이 끝나기만 기다렸다. 강 씨의 지원 분야는 사회복지직. 장애인끼리 경쟁하는 자리였다. 장애인 의무 고용 정책만 믿고 수년을 공부했지만 돌아온 것은 이런 '절망'이었다. 강 씨는 공주대 사범대에서 특수교육과 사회복지를 전공했다. 현재 직업훈련 교사로 일하고 있다. 관련 자격증도 가지고 있다. 강 씨는 자신이 충분히 공무원으로서 일할 능력이 있다고 생각한다. 그런데 능력을 평가받을 기회조차 봉쇄되어 있다. 원서 접수때 서울시 인사과 관계자는 "시각·청각 능력이 없는 장애인은 행정 능력이 없어 시험을 볼 수 없다"고 일방 통보했다. 시험을 볼 수 있도록 하는 어떤 배려도 없었다. 강윤택 씨는 "시험 날 감독관이 와서 '안 된다고 했는데 왜 고집을 부리느냐'며 비아냥거렸다"고 폭로했다.

2006년 9월, 아홉 개 부처는 장애인 지원 종합 대책을 발표했다. 그러면서 정부는 '획기적'이라고 자평했다. 이를 위해 1조 5천억 원의 예산을 확보했고, 2007년부터 장애 수당 지급 대상을 기초생활보장수급권자에서 차상위 계층으로 확대하고 지급 금액도 두 배가량 늘릴 방침이라고 한다. 하지만 장애인들은 이것으로 문제가 해결되지 않는다고 생각한다. 장애인들은 장애인차별금지법, 활동보조인서비스, 장애인교육지원법, 사회복지사업법 재개정을 바라고 있다. 이 네 가지 법안 모두 지지부진한 상태다. 장애인차별금지법제정추진연대 박옥순 사무국장은 "재계의 전면적인 압박

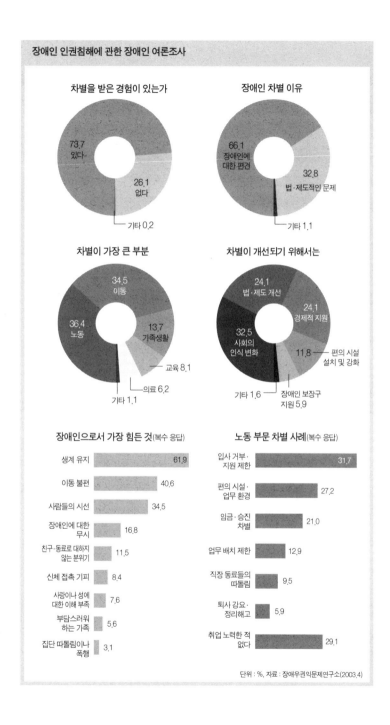

## 장애인 인권침해에 관한 장애인 여론조사

### 차별을 받은 경험이 있는가
73.7 있다
26.1 없다
기타 0.2

### 장애인 차별 이유
66.1 장애인에 대한 편견
32.8 법·제도적인 문제
기타 1.1

### 차별이 가장 큰 부분
34.5 이동
36.4 노동
13.7 가족생활
교육 8.1
의료 6.2
기타 1.1

### 차별이 개선되기 위해서는
24.1 법·제도 개선
24.1 경제적 지원
32.5 사회의 인식 변화
11.8 편의 시설 설치 및 강화
장애인 보장구 지원 5.9
기타 1.6

### 장애인으로서 가장 힘든 것(복수 응답)
| | |
|---|---|
| 생계 유지 | 61.9 |
| 이동 불편 | 40.6 |
| 사람들의 시선 | 34.5 |
| 장애인에 대한 무시 | 16.8 |
| 친구·동료로 대하지 않는 분위기 | 11.5 |
| 신체 접촉 기피 | 8.4 |
| 사랑이나 성에 대한 이해 부족 | 7.6 |
| 부담스러워 하는 가족 | 5.6 |
| 집단 따돌림이나 폭행 | 3.1 |

### 노동 부문 차별 사례(복수 응답)
| | |
|---|---|
| 입사 거부·지원 제한 | 31.7 |
| 편의 시설·업무 환경 | 27.2 |
| 임금·승진 차별 | 21.0 |
| 업무 배치 제한 | 12.9 |
| 직장 동료들의 따돌림 | 9.5 |
| 퇴사 강요·정리해고 | 5.9 |
| 취업 노력한 적 없다 | 29.1 |

단위 : %, 자료 : 장애우권익문제연구소(2003.4)

에 정부가 이러지도 저러지도 못하는 상황"이라고 전했다.

사회복지사업법 재개정과 장애인교육지원법 제정도 마찬가지다. 정부안을 만들겠다고 한 지 몇 달이 지났지만 진척은 없다. 활동보조인서비스 역시 정부가 '시늉'만 했다는 평가를 받고 있다. 중증 장애인 한 명당 월 40시간의 활동보조인서비스가 배정됐기 때문이다. 하루 두 시간도 안 된다. 장애인들에게 생존이 달린 문제인 것을 정부는 모른 체하고 있다.

우리나라 장애인은 2백 14만 명이다. 100명 가운데 4명꼴로 장애인인 셈이다. 하지만 길거리에서는 이렇게 많은 장애인들을 좀처럼 찾아보기 힘들다. 장애인들이 거리로 나올 수 없는 환경 때문이다.

장애인과 함께 사는 사회가 되려면 우선 장애인 편의 시설이 있어야 한다. 편의 시설이 없으면 장애인은 이동할 수 없고, 이는 장애인들의 생존에 치명적 위협이 된다. 지하철 엘리베이터, 각종 시설의 장애인용 통로 개설, 지하철역의 스크린 도어, 대중교통수단의 장애인용 출입 장치 마련 등이 그것이다. 그러나 관공서 건물조차도 장애인용 편의 시설은 태부족하다.

장애인 의무 고용 역시 제대로 지키는 관공서가 드물다. 민간 기업의 장애인 의무 고용 비율은 관공서보다 훨씬 떨어진다.

이러니 장애인 가구의 월평균 소득은 낮을 수밖에 없다. 도시 근로자 가구 소득 3백 1만 9천 원의 절반에 불과한 1백 57만 2천 원이다. 또 전체 장애인 가구 가운데 기초생활보장수급 가구는 13.1퍼센트이다. 비장애인 가구의 6.82퍼센트에 비해 두 배이다. 낮은 소득은 장애인들의 활동 공간을 위축시키고, 그것이 다시 소득 감소로 이어지는 악순환이 계속된다.

우리나라 장애인은 2백 14만 명이다. 100명 가운데 4명꼴로 장애인인 셈이다. 하지만 길거리에서는 이렇게 많은 장애인들을 좀처럼 찾아보기 힘들다. 장애인들이 거리로 나올 수 없는 환경 때문이다.

돈을 주는 것보다 훨씬 더 중요한 것은 장애인이 일할 수 있는 인프라를 구축하는 것이다. 시설인권연대 활동가인 김정하 씨는 최우선적 고려 요소로 사회복지사업법 재개정과 장애인교육지원법 제정을 강조한다. 김정하 씨는 "몇 달 후에 정부안이 나오더라도 기존 발의안과 병합 논의를 하면서 다시 몇 개월을 허비할 가능성이 높다"고 우려했다.

전국장애인차별철폐연대 김도현 국장은 "정부나 정치권이 선심 쓰듯 정책을 발표하는 것이 문제"라며 "장애인 문제는 인식의 전환이 필요하다. 시혜나 배려가 아니라 생존권 차원에서 접근해야 한다"고 주장했다. 장애인차별금지법제정추진연대 박옥순 국장은 "진보 세력들의 요구 사항에서조차 장애인 문제는 항상 후순위로 밀리고 있다"고 지적했다.

# 건강 불평등 _ 진보의 10대 의제⑦

서울 강서구 가양동에 사는 정 모 씨(71)는 허리 디스크 수술을 받아야 한다는 진단을 받았다. 그러나 그는 수술을 받을 수가 없다. 정부에서 주는 월 30만 원의 지원금으로 사는 기초생활보장수급자이자 의료보호 대상자인 그는 자기 부담 비용 6백만 원을 마련할 수 없기 때문이다.

구청이 긴박한 상황에 놓인 저소득층에 의료비와 생활비를 지급하는 긴급지원제도를 이용하도록 알선해 주기도 했다. 그러나 지원 금액은 최대 3백만 원. 정 씨에게는 여전히 3백만 원이 필요하다. 가양동 사회복지사 이 모 씨는 "의료보호 대상자더라도 건강보험 적용이 안 되는 치료는 자신이 부담해야 한다"고 말했다. 그는 "저소득층은 수술을 받을 경우 생활비를 벌 수 없고 아이들을 돌봐 줄 사람도 없다"면서 "이런 추가 비용을 감당할 길이 없어 치료받을 엄두도 못 낸다"고 설명했다.

치료비 부담은 저소득층만의 문제가 아니다. 박 모 씨(43)는 연봉 4천 5백만 원인 남편의 수입으로 살아온 중산층이었다. 그러나 하나뿐인 아들(10)이 소아암의 일종인 신경모세포종에 걸리면서 생활 기반이 통째로 무너졌다. 세 번째 골수이식수술과 치료를 받은 2006년 8월부터 11월까지 3개월 동안 이들이 낸 치료비는 9천 3백만 원. 발병한 2002년 1월부터 2006년 11월까지 2억 원을 썼다. 이들이 치료받을 당시 두 번째 이식수술부터 건강보험 적용이 안 됐기 때문이다. 종합병원에서 치료를 받아야 하는 중병이어서 무균실·중환자실 입원비, 선택 진료비 등이 만만치 않았다. 집을 담보로 대출받고 친척들에게 돈을 빌려 치료비와 생활비를 대고 있다. 그러나 아이의 상태가 좋지 않아 추가 비용이 불가피한 상황이다. 박 씨는 "남편이 20년 넘게 직장 생활을 하면서 건강보험료를 내 왔지만 막상 큰일을

> 의료비는 가난한 자와 여유 있는 자를 차별하지 않고, 생계를 위협한다는 점에서 특정 계층의 문제가 아니었다. 그러나 최근 심화되는 '건강 불평등' 현상은 의료 문제 역시 계층의 문제임을 다시 부각시키고 있다.

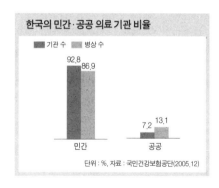

**한국의 민간·공공 의료 기관 비율**

■ 기관 수  ■ 병상 수

민간: 92.8, 86.9
공공: 7.2, 13.1

단위 : %, 자료 : 국민건강보험공단(2005.12)

당하고 보니 도움이 안 된다"며 "의료보호 혜택이라도 받을 수 있도록 차라리 직장을 그만두는 것이 나은 건 아닌가 하는 생각이 들 때도 있다"고 전했다.

의료비는 이렇게 가난한 자와 여유 있는 자를 차별하지 않고, 생계를 위협한다는 점에서 특정 계층의 문제가 아니었다. 그러나 최근 심화되는 '건강 불평등' 현상은 의료 문제 역시 계층의 문제임을 다시 부각시키고 있다. 소득수준, 생활·노동환경 등에 따라 건강에 큰 차이가 나타나고, 이것이 대물림되고 있는 것이다. 건강세상네트워크 김창보 사무국장은 "건강의 대물림은 부, 학력의 대물림에 이어 사회 불평등 구조를 고착화하고 서민층 삶의 질을 떨어뜨리는 근본적인 문제가 되고 있다"고 지적했다. 그러나 최근의 사회 흐름은 의료 공공성 강화를 통해 건강 불평등을 해소하는 쪽보다는 의료 산업화로 역행하고 있다. 그는 "정부가 의료 서비스를 산업화해 시장 원리에 맡기겠다는 것은 '삶의 질' 문제를 포기하는 것"이라고 비판했다.

노무현 대통령의 공약에는 의료 보장성 확대가 포함되어 있었다. 40~50퍼센트대인 건강보험 보장률을 70퍼센트까지 높이고 공공 의료 기관을 확충하겠다고 약속했다. 취임 2주년 국정 연설에서는 "사회 안전망을 더욱 확충해서 최소한 돈이 없어 병원에 못 가는 일은 없도록 하겠다"고 말했다. 그런 참여정부가 최근 의료시장 개방과 산업화 등 신자유주의적인 의료 정책으로 전

"정부는 의료 보장성을 강화하면서 산업화도 같이 추진하겠다지만 지금처럼 공공 의료 시스템이 약한 상황에서 산업화하면 보장성 기반 자체가 무너진다." _변혜진 보건의료연합 기획국장

환했다. 건강권 실현을 위한 보건의료단체연합(보건의료연합) 변혜진 기획국장은 "정부는 의료 보장성을 강화하면서 산업화도 같이 추진하겠다지만 지금처럼 공공 의료 시스템이 약한 상황에서 산업화하면 보장성 기반 자체가 무너진다"고 주장했다. 변혜진 국장은 "의료 공공성을 확보하는 두 축은 건강보험 보장성 강화와 공공 의료 기관 확충"이라며 "시장화가 아닌

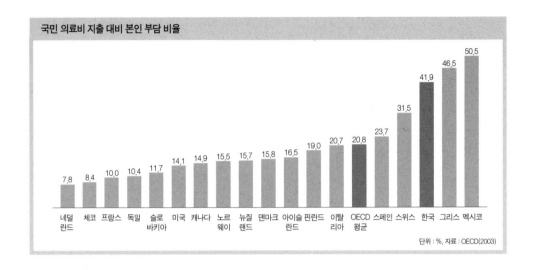

国民 의료비 지출 대비 본인 부담 비율

네덜란드 7.8 / 체코 8.4 / 프랑스 10.0 / 독일 10.4 / 슬로바키아 11.7 / 미국 14.1 / 캐나다 14.9 / 노르웨이 15.5 / 뉴질랜드 15.7 / 덴마크 15.8 / 아이슬란드 16.5 / 핀란드 19.0 / 이탈리아 20.7 / OECD 평균 20.8 / 스페인 23.7 / 스위스 31.5 / 한국 41.9 / 그리스 46.5 / 멕시코 50.5

단위 : %, 자료 : OECD(2003)

보장성 강화가 우선되어야 한다"고 주장했다. 한국의 건강보험 보장률은 60퍼센트 수준으로 OECD 국가 평균치인 70퍼센트보다 낮다. 또 OECD 국가들의 공공 의료 기관 비율은 평균 30퍼센트지만 한국은 10퍼센트에 머물러 있고, 국립대 병원을 제외하면 실제로는 8퍼센트에 불과하다.

특히 한·미 FTA 협상은 그나마 허약한 공공성 기반마저도 위협하고 있다. 보건의료연합 우석균 정책실장(가정·예방의학 전문의)은 "공공성이 확대되면 이익이 줄어드는 대형 병원 자본, 민간보험사, 다국적 제약회사 등이 정부에 영향력을 행사하며 의료 서비스 산업화를 부추긴다"고 강조했다. 그는 "가만히 두면 '시장'이 이기게 되어 있는 것이 현실"이라면서 "이를 막기 위해 시민·사회단체 전체가 달려들어야 한다"고 말했다. 그는 "보장성 강화와 산업화 추진 사이에서 우왕좌왕하고 있는 정부가 보장성을 정책의 우선순위에 두도록 영향력을 미치는 것이 진보 세력의 역할"이라고 설명했다.

그러나 이들의 활동은 그다지 성공적이지 못하다. 우석균 정책실장은 "김화중 보건복지부 장관 재임 때(2003~2004년) 수가 제도를 바꾸고 공공 의료 기관을 확대할 수 있는 계기가 있었지만, 병원계의 압력으로 유야무

야되는 상황을 막지 못했다"고 회고했다. 이후 병원·제약 등 의료 자본의 힘은 참여정부를 좌우하는 정도로 발전했다. 의료 자본이 대통령자문 의료산업선진화위원회를 통해 의료 산업화에 적극 개입한 것이다. 그 결과 정부는 이제 의료 기관의 영리 법인화, 민간보험 활성화 등 의료 산업화 정책을 밀어붙이고 있다. 의료 개혁 단체들은 "정부가 특정 대형 병원장의 주장을 정책 근거로 삼는 등 병원 자본의 논리에 휘둘리고 있다"고 주장하고 있다.

진보 세력은 이같이 시급한 의료 산업화와 FTA 등 예상치 못한 현안에 대응하느라, 보장성 강화라는 근본적인 과제에는 힘을 집중하지 못하고 있다. 민주노동당 홍춘택 의료정책연구원의 말이다. "무상 의료 1단계 실현을 위한 8개 법안을 2005년 제출했는데, 만 6세 미만 아동의 예방접종 무료화 법안만 통과되고 나머지는 현재까지 계류 중입니다. 공공 의료 기관 확대를 위한 도시형 보건지소 확충 사업도 실질적 성과는 미미합니다. 운동 단체 사이의 협력이 잘 되지 않았고 민주노동당도 문제를 해결하려는 의지나 능력이 부족하지요." 김창보 건강세상네트워크 사무국장은 "민주노동당이 시민 단체의 입장을 조율해 원내에서 풀어내는 능력이 부족했다"고 지적했다. 그는 "민주노동당이 내세우는 '무상 의료'의 경우 구체적 접근 방법이 없어서 현실적인 긴장감이 떨어진다"면서 "상징적인 구호로만 느껴지지 달성해야 할 목표라는 생각이 들지 않는다"고 비판했다.

의료 문제의 공론화를 위한 시민 단체 사이의 발 빠른 협력이 부족한 것도 문제로 지적된다. 김창보 사무국장은 "의료 시민운동이 보건 운동에 머무르는 것이 아니라 건강이라는 본질적인 문제로 이동해야 하는데 시민사회 안에서 공감대를 이루는 것 자체가 어렵다"고 인정했다. 홍춘택 연구원은 "수가 제도, 급여·비급여 등 전문적인 내용 때문에 시민들이 의료 문제를 어렵게 생각하는 것 같다"고 말했다.

그러나 한·미 FTA 협상 반대 운동이 시민들 사이에 의료 공공성에 관한 관심을 부각시키는 효과가 있다는 점에서 하나의 계기가 될 수는 있다. 변혜진 국장은 "의료 시장 개방 반대 운동의 호응이 별로였지만, FTA를 계기로 문제점이 부각되기 시작했다"고 설명했다. 홍춘택 연구원은 "진보의 핵심이 공존 사회라고 한다면 의료 문제야말로 사람들에게 연대 정신을 강조하는 핵심 과제"라고 강조했다.

## 생태주의_ 진보의 10대 의제⑧

최근 너도나도 '친환경' '생태' 가치를 강조하는 것이 유행이다. 그러나 이런 유행이 결코 생태를 위해 좋은 것만은 아니다. '친환경' '생태'로 포장된 개발주의가 더욱 기승을 부릴 수 있는 공간이 형성되고 있기 때문이다. 서울 청계천·양재천 등 하천 복원 사업은 그런 분위기를 더욱 확산시키고 있다. 지방자치단체가 이른바 '친환경 개발 사업'에 경쟁적으로 나서고 있는 것이다. 이런 바람을 타고 시민들은 시민들대로 "조깅 길이 불편하고 조명이 어둡다"며 시설 개선을 요구한다. 자전거 도로가 비좁다거나 우레탄을 깔아 달라는 요구도 한다.

> 최근 너도나도 '친환경' '생태' 가치를 강조하는 것이 유행이다. 그러나 이런 유행이 결코 생태를 위해 좋은 것만은 아니다. '친환경' '생태'로 포장된 개발주의가 더욱 기승을 부릴 수 있는 공간이 형성되고 있기 때문이다.

그러나 이런 모습을 '친환경'으로 표현하는 것은 적절하지 않다. 환경정의 오성규 사무처장은 이런 현상 역시 개발주의의 한 양태일 뿐이라고 규정한다.

| 한국의 환경지속가능성지수(ESI) 순위 | | |
| --- | --- | --- |
| 구성 요소 | 2005년 순위 (146개국 중) | 2002년 순위 (142개국 중) |
| 환경의 질 | 137 | 136 |
| 환경 부하 | 146 | 138 |
| 취약 인구 집단 보호 | 67 | 21 |
| 사회제도적 역량 | 18 | 30 |
| 지구적 책무 수행 | 78 | 123 |
| 종합 평가 | 122 | 135 |

자료 : 세계경제포럼(2005)

많은 경우 친환경을 내세우는 이면에는 여전히 개발주의의 그림자가 드리워져 있다. 2006년 2월 서울 롯데백화점 본점 앞에는 9시 5분을 가리키는 시계탑이 세워졌다. 12시를 가리키면 지구가 멸망한다는 경각심을 일깨워 주기 위한 환경 위기 시계다. 환경재단(최열 대표)의 '만분클럽'에 가입하면서 설치한 것이다. 만분클럽은 매출액의 1만분의 1을 환경 기금으로 사용하겠다고 약속한 기업체 등이 참여한다.

그러나 이런 친환경 이미지는 인천으로 옮겨가면 다른 모습을 보인다. 인천의 마지막 숲이라는 계양산에는 인천녹색연합의 신정은 활동가에 이어 윤인중 목사(한국기독교장로회 총회)가 10미터 소나무 위에 천막을 친 채 고공 시위를 벌이고 있다. 영하를 오르내리는 추위 속에 2007년 2월 2일로 100일을 넘어섰다.

롯데건설은 신격호 롯데 그룹 회장 소유의 계양산 북쪽 목상동, 다남동 일대에 27홀 크기의 골프장과 테마파크형 근린공원을 조성한다는 계획을 세웠다. 인천시 지역 주민들과 시민 단체들은 이곳을 개발하기보다 자연공원으로 둘 것으로 요구하고 있지만 인천시는 골프장 건설을 허가할 태세다. 롯데 그룹에 있어서 친환경은 기업 이미지 부각을 위한 것에 불과하다는 것을 알 수 있다.

이렇게 친환경을 내세운 개발주의는 '개발은 곧 선(善)'이라는, 한국인에게 여전히 깊이 뿌리박힌 인식을 변화시키지 않는 한 계속될 수밖에 없다.

전북 무주군은 2006년으로 10회째인 반딧불이 축제로 관광객 70만 명에 약 90억 원의 경제 파급효과를 기록한 모범적인 친환경 지방 정부로 인식되어 있다. 보잘 것 없던 농촌 지역이 '생태'를 내세워 나비 축제의 함평군처럼 친환경 정책으로 농촌 살리기의 가능성을 보여 주었기 때문이다.

그러나 무주군은 '골프장 기업 도시'라는 다른 얼굴도 갖고 있다. 무주군 안성면 등지에 총 2백 45만 평, 2조 원 가까운 돈을 들여 2015년까지 총 45홀의 골프장을 지을 예정이다. 이같이 친환경, 생태는 아직까지 개발주의를 포장하기 위한 당의정 역할에 머물러 있다.

이렇게 친환경을 내세운 개발주의는 '개발은 곧 선(善)'이라는, 한국인에게 여전히 깊이 뿌리박힌 인식을 변화시키지 않는 한 계속될 수밖에 없다. 이런 인식에는 시민이나, 지방 정부, 중앙 정부, 기업의 차이가 없다. 국민의 정부는 2000년대 '새천년 환경 비전', 참여정부는 2005년 '국가 지속 가능 발전 비전'을 발표하며 친환경적인 정책을 약속했다.

그러나 실제로는 '신개발주의'로 나아갔다. 대통령 직속 지속가능발전위원회 위원을 지낸 조명래 단국대 교수(도시지역계획학)는 "정부는 환경 영향평가나 환경 친화적 공법을 내세워 겉으로는 환경 보전을 강조"하지만 "친환경적이라는 이유로 개발을 더 부추긴다"면서 이를 '신개발주의'라고 규정했다.

좋은 예가 새만금간척사업을 하면서 친환경적 개발을 주장하는 것이다. 실제로 그 내용은 갯벌 파괴를 최소화해서 생태 관광 사업을 하는 그런 것이 아니다. 간척지에 108~144홀짜리 골프장과 카지노·수상 레포츠 단지를 건설하는 것이 바로 새만금 친환경 개발의 실체이다. 작가 황대권 씨는 최근 『민들레는 장미를 부러워하지 않는다』는 작품에서 새만금 사업을 이렇게 묘사했다. "말 못하는 작은 생명을 짓밟고 평화로운 작은 마을들을 없애는 것을 진보라고 생각하는 한 이 땅의 미래는 없다."

과거 개발 우선의 권위주의 정권들이 추진해 온 수해 대비용 댐 건설 같은 정책도 여전히 답습되고 있다. 2006년 여름 논란이 되었던 한탄강댐 건설 문제가 대표적인 사례다. 따라서 지속가능발전위원회는 정부가 개발주의를 추구한다는 사실을 희석시키는 가림막 역할을 하고 있는 것 아니냐는 지적이 나오고 있다. 참여정부의 지역 균형 발전 사업은 개발주의의 전형에 해당한다. 환경 운동가들은 "참여정부가 사회의 지배적인 토건 세력인 관료·건설업자·보수 언론·학자 등 '건설 마피아'의 공고한 집단적 덫에 걸렸다"고 비판했다.

2002년 국내 총 공사액은 1백 18조 원으로 GDP 5백 96조 원의 19.8퍼센트나 된다. "토건 국가"로 불리는 일본의 GDP 대비 건설업 비중 약 20퍼센트와 맞먹는다.

2001년 4월부터 5월까지 17일간 진행된 대지산 나무 위 시위 모습.

2002년 국내 총 공사액은 1백 18조 원으로 GDP 5백 96조 원의 19.8퍼센트나 된다. "토건 국가"로 불리는 일본의 GDP 대비 건설업 비중 약 20퍼센트와 맞먹는다.

개발이 시민의 복지를 위한다고 하지만, 사실은 삶의 질을 떨어뜨린다. 도시의 80퍼센트 이상이 그린벨트인 경기도 하남시의 경험은 한국 사회에 만연한 개발 욕구가 어떻게 비뚤어져 표출되는지 잘 보여 준다. 하남시는 2005년 7월, 64개 그린벨트 해제 예정지 가운데 20곳의 취락 지구를 우선 풀어 줬다. 약국, 미용실 등 기본적인 근린생활시설이 턱없이 부족한 주민들의 불편을 감안한 것이었다. 4층까지 건축이 가능토록 1종 주거지역으로 바꿔 전원주택의 길을 터 줬다. 그러자 그린벨트에 억눌렸던 하남 시민들의 개발 욕구가 분출했다. 근린생활시설은 들어서지 않았다.

대신 축사나 창고 등이 우후죽순처럼 들어섰다. 초이동 동사무소 근처 등 1만여 평을 채운 것도 근린 시설이 아니라, 40여 개에 달하는 대형 활어 회 판매장이다. 자연이 훼손되고 주거 환경은 나빠졌다. 하남 YMCA 안창도 사무총장은 "녹지를 최대한 살려 쾌적한 생태 도시를 만들 수 있었는데, 땅주인이나 자영업자들은 대단위 개발로 인구가 늘어나기만 바라고 있다"고 말했다. 환경사회연구소 구도완 소장은 "노무현 정부에서도 '위로부터의 변화'는 기대할 수 없다"며 "아래로부터 녹색화를 모색하지 않을 수 없는 상황"이라고 평가했다.

생태주의적 삶은 결코 경제적 이익을 포기한 완고한 사람들의 삶이 아니다. 오히려 풍요로운 삶의 길을 제시해 주고 있다. 2000년 7월 용인 대지산에서 어떤 일이 일어났는지 살펴보자. 경주 김 씨 종친회가 자신의 땅을 그린벨트로 지정해 달라는 청원을 했다. 종친회가 "조상에게 물려받은 땅이 죽전 지구 택지개발로 난도질당하는 모습을 도저히 볼 수 없다"며 수백억 원의 보상금 대신 땅을 지키기로 한 것이다. 토지 신탁 운동인 내셔널 트러스트 운동을 벌인 환경정의도 여기에 힘입어 '대지산 땅 한 평 사기 운동'을 벌였고, 주민과 회원256명이 2천만 원을 모아 정상 부근의 100평을 매입했다. 그렇게 총 8만 5천여 평을 지킨 대지산은 2006년 5월 생태 공원으로 주민 품에 돌아왔다. 아파트 숲이 될 뻔한 대지산에는 지금 야생화 단지, 곤충 서식지가 들어서고, 생태 교육 시설, 태양열 가로등이 설치되었다.

생태적 오리 농법 덕에 20년 만에 제비가 돌아온 경기 여주군 삼교리 사례는 환경 보존이 윤택한 삶을 향한 지름길임을 일러 준다. 토박이 농민 손부남 씨(65)는 "100여 가구 중 약 30가구에 제비가 둥지를 틀고 있으며, 줄어들었던 개구리, 메뚜기도 늘어났다. 농약 피해도 없으니 좋다"고 말했다. 손 씨는 "앞으로 농약을 친 농산물은 소비자가 외면할 때가 올 것이라는 생각에 친환경 농법을 시작했다"며 "수확량은 떨어지지만, 가격을 30퍼센트 정도 더 받을 수 있다"고 말한다.

> 총 8만 5천여 평을 지킨 대지산은 2006년 5월 생태 공원으로 주민 품에 돌아왔다. 아파트 숲이 될 뻔한 대지산에는 지금 야생화 단지, 곤충 서식지가 들어서고, 생태 교육 시설, 태양열 가로등이 설치되었다

1986년 6가구로 시작했으나 현재 50여 가구에서 오리 농법을 한다. 40킬로그램 한 포대 수매가가 일반 벼는 6만 원 선인데, 무농약 벼는 8~9만 원씩 한다. 가구당 200~300마리씩 키우는 오리도 내다 팔 수 있다.

『녹색평론』의 김종철 발행인을 비롯한 일단의 생태주의자들은 아예 동아시아의 전통적인 소농업 체제로 가고, 농업 비중을 대폭 늘려야 한다고 주장한다. 일부에서는 농어촌 생태 관광을 하나의 방안으로 내놓고 있다. 생태적 소농업 위주의 동아시아 연대가 WTO 중심의 세계화를 대체할 모델일 수 있다는 주장도 나온다. 생태 경제학을 전공한 우석훈 성공회대 외래 교수는 농업과 관련해 스위스와 영국이 시도하는 '유기농 전면화'를 검토해 볼 만하다고 한다.

| 특징 | 개발 동맹 | 녹색 연대 |
|------|----------|-----------|
| 패러다임 | 개발 중심 지배적 사회 패러다임 | 새로운 환경·생태 패러다임 |
| 이데올로기 | 인간 중심주의, 생산력 중심주의 | 비인간 중심주의, 생태 중심주의 |
| 핵심 세력 | 개발주의, 정치인·관료·자본 | 환경·생명 운동 조직, 풀뿌리 공동체 |
| 이해관심 | 경제적 이해 | 생태적, 호혜적 이해 |
| 유형 | 개발독재(개발·반공 동맹 : 박정희, 전두환), 신자유주의(김영삼, 김대중), 신개발주의(노무현) | 좌파환경주의(공해추방운동), 지속가능발전, 생명운동·생태주의 |

**개발 동맹과 녹색 연대의 특징**

농업 문제 못지않게 중요한 생태적 과제가 지구 온난화나 화석연료 고갈에 대비한 재생 가능한 대체에너지 분야다. 환경운동연합은 옥수수나 유채 기름 등으로 만든 바이오 디젤을 석유 대체에너지로 추진하고 있다. 풀뿌리 시민 단체인 에너지전환(옛 대안에너지센터)은 생태적인 전환의 핵심을 에너지 전환에 두고 있다.

2005년 4월 교사, 농민, 주부, 건축가 등 37명은 시민 기업 '시민발전'을 출범시켰다. 학교 등 공공 기관 지붕에 태양광 발전기를 다는 것이 목표다. 2005년 방사성 폐기물 처리장 건설 문제로 첨예한 대립을 보인 부안에는 태양열발전을 하는 '부안시민발전소'를 세 군데 세웠다. 방폐장 반대를 외친 문규현 신부, 김인경 원불교 교무 등 종교 지도자와 환경운동연합 생태도시센터 등이 돈을 보탰다. 부안 성당의 1호기는 최대 3킬로와트, 한 달에 4인 가구 평균 전력 사용량과 비슷한 약 300킬로와트시 전기를 생산한다. 세 곳에서 약 900킬로와트시를 생산해 한국전력에 팔아 수입을 올린다.

그러나 이런 생태주의적 삶은 아직 우리 사회에 뿌리내리지 못하고 있다. 무엇이 문제일까. 우석훈 교수는 한 토론회에서 "70퍼센트의 대외 경제 의존과 98퍼센트의 에너지 해외 의존이라는 한국 경제의 기형적 모습을 해소하는 것이 출발점"이라고 강조했다. 한 행정 단위에서 생태주의를 시범적으로 실천하는 것도 효과적일 수 있다.

최승국 사무처장은 "성미산 마을이 있는 마포구, 문당리 생태 공동체가 있는 충남 홍성군 전체를 시범 녹색 모델로 만드는 작업이 필요하다"고 지적했다. 그는 "성미산, 함평군(나비) 등 모범 사례를 발굴, 확산하기 위해 진보·민주 세력 사이의 녹색 연대가 절실하다"고 말했다. 나아가 계급 이익 우선의 진보 운동의 한계를 넘을 녹색 정치 세력화도 요구되고 있다.

구도완 소장은 "87년 민주화 이후 위로부터의 민주화에는 힘을 기울여 왔는데, 시민들 스스로 생태주의적으로 생각하거나 노력하는 것은 아직 부족하다"며 "이제는 시민사회가 생태적 자각과 성찰을 해야 할 때"라고 강조했다. 그는 "국가, 경제, 시민사회를 녹색으로 바꾸는 일은 구불구불 돌아가는 먼 길이 될 것"이라고 내다봤다.

오성규 사무처장은 "사회민주주의도 거치지 않은 채 급격한 생태주의를 한국 사회에 적용하기는 쉽지 않다"고 평했다. 그는 "기존의 강력한 개발주의를 극복할 '디딤돌'이 필요하다"며 "개발보다 복지를 강조하고 인간과 자연이 함께 공존하는 방안을 찾는 가운데 사람들 사이에 환경 의식이 자리 잡게 해야 한다"고 강조했다.

> "87년 민주화 이후 위로부터의 민주화에는 힘을 기울여 왔는데, 시민들 스스로 생태주의적으로 생각하거나 노력하는 것은 아직 부족하다." _구도완 환경정의 소장

조명래 교수는 진보는 녹색임을 주장했다. "진정한 진보는 인간과 자연이 조화되는 녹색을 띠지 않으면 안 됩니다. 국책 사업에서도 생명의 가치를 우선으로 하고, 환경용량에 걸맞은 지방분권적 발전을 모색해야 합니다. 그런 점에서 참여정부는 녹색 색맹에 가깝다고 할 수 있지요. 한국 사회의 위기는 탐욕스러운 개발을 끊임없이 추구하는 과도한 인간중심주의 이념의 위기입니다."

## 성미산 생태 공동체, "서로 믿고 사는 게 생태적인 삶"

풀뿌리 시민운동의 대표 사례인 마포 성미산 마을은 도시 속에서 생태 공동체를 실천하는 곳이다. 1994년 공동 육아를 위한 협동조합 형태로 공동출자한 '우리 어린이집'이 모태였다. 성미산 배수지 건설을 반대하며 2년간 전개된 성미산 지키기 운동을 통해 공동체가 형성되는 계기를 마련했다.

성미산 마을 주민들에게 생태 공동체는 미래나 이상이 아니라 일상생활에서 겪는 현실이 되어 있다.

주민 유창복 씨(45)는 1996년 일곱 살이던 아들을 위해 경기 안산에서 마포로 이사를 왔다. "당시 유치원에서 너무 인지 교육만 하는 게 싫었습니다. 놀면서 클 곳이 없을까 고민했지요. 흙도 만지며 사람 냄새 나는 자연친화적인 어린이집을 찾다가 여기까지 왔어요."

아이들은 해만 뜨면 성미산에 올라가 놀았다. 마을 시장 작은 점포의 할머니가 주는 사탕도 받아먹으며 마을이 하나의 공동체임을 배운다. 어린이집에서 아이들이 먹는 것은 유기농 재료이다. 유창복 씨는 "가장 좋은 것은 교사와 부모가 소통할 수 있다는 점"이라고 말했다. 부모님들이 출자해 만든 조합형 유치원이었던 까닭에 부모 참여가 전제조건이었다. 그는 "사실 아이 때문에 갔다가 어른들이 좋아져 살게 됐다"며 웃었다.

아이들은 '동네 꿈터'로 이름 지어진 공간에서 택견을 배운다. 아빠들은 아이들을 위해 수학 공부방을 운영한다. 유 씨는 "일반 학원은 아이들을 돈으로 보는데 이곳은 사람으로 봅니다"라고 말했다. 내년에는 과도한 사교육을 협동 방식으로 푸는 방안을 모색할 예정이다. 유 씨는 먹거리를 생협에서 다 해결한다. 반찬은 '동네 부엌'이라는 생협 반찬 가게에서 산다. 여름철 아이들의 아이스크림도 '그늘나무'라는 녹색 가게에서 사 먹는다. 자동차가 고장 나면 믿

음이 가는 협동 조합형 카센터 '차병원'에 맡긴다.

　마포 두레 생협의 구교선 사무총장도 1997년 공동 육아로 아들 둘을 성미산에서 키우면서 마포 공동체에 매료됐다. 한 아이는 여전히 12년제 대안 학교인 성미산학교에 다닌다. 그는 뜻있는 회원들과 음식물 쓰레기를 친환경적으로 처리해 주는 지렁이가 든 화분도 함께 장만했다. 구 씨는 집에서 마포 FM(100.7메가헤르츠)을 들으며 하루를 연다. 1와트의 소출력 공동체 라디오다. 수신이 반경 1~2킬로미터에 그쳐 자주 끊기지만 일반 방송에서 듣지 못한 지역의 현안 등 피부에 와 닿는 내용을 접한다.

　구교선 씨는 "이곳은 의사소통이 가능한 친밀한 이웃이 있어 좋다"며 "만약 여기를 떠난다면 사람들과의 관계 문제로 불안감을 느낄 것 같다"고 말했다. 그는 "마포 공동체는 무엇보다 자발적으로 참여하고 자주적으로 통제하는 것이 특징"이라며 "각자가 사는 동네를 이렇게 조직화하면 그것이 곧 다른 세상을 꿈꿀 수 있는 토대

생태 공동체인 서울 마포 성미산 마을 주민들이 성미산에 나무를 심고 있다.

가 되는 것"이라고 말했다. 유창복 씨는 "사람 사이의 신뢰 관계를 복원하고 사는 것이야말로 생태적인 삶"이라고 말했다.

## ■ 빈곤 문제 해소 _ 진보의 10대 의제⑨

잔뜩 흐린 날. 바람마저 매섭다. 서울 지하철 교대역 11번 출구 앞. 깨끗하게 정리된 강남 거리가 펼쳐져 있다. 오가는 사람들에게서 연말 분위기가 난다. 하지만 어떤 사람들에게 이곳은 '절망의 길'이다. 100미터쯤 되는 길을 따라 올라가다 보면, 서울 중앙지방법원 별관이 나온다. 그리고 별관 1층. 개인 파산 신청을 받는 곳이다. 이곳을 찾는 사람들은 서울에 사는 극빈자들이 대부분이다. 돈도 희망도 없으니 끝 간 데 없는 채무 독촉에서 해방시켜 달라고 법원에 호소하는 것이다.

2006년 12월 6일 서울 중앙지법 별관 남관 1층. 종합 접수실 왼편에 개인 회생과 파산 등을 신청하는 창구가 있다. 대기표를 뽑아 든 뒤 자기 순서를 기다리는 사람들이 10여 명 남짓. 손에는 각종 서류를 들고 있다. 눈빛은 초조하다. '딩동'하고 차임벨이 울릴 때마다 사람들이 창구로 다가간다. 다들 표정이 무겁다. 웃거나 밝은 모습은 없다.

개인 회생 81건, 파산·법인 회생 399건, 각종 문건 안내 723건. 접수 순서를 알리는 전광판에는 다녀간 사람들의 숫자가 적혀 있다. 오전 11시 50분. 이날 오전에만 1천 명이 넘는 사람들이 찾아왔다. 법원 파산과 직원은 "파산 신청을 하는 사람들이 늘었다. 개인 파산 신청자만 하루 200~250명에 달한다"고 전했다. 사람들이 몰리는 오후 3~4시쯤에는 업무를 처리하느라 정신이 없을 정도라고 설명했다.

이 모 씨(42). 화장기가 없는 얼굴에 기미가 잔뜩 끼어 있다. 파마가 풀려 푸석푸석한 머리를 검은색 머리끈으로 질끈 동여맨 모습이다. 역시 파산 신청을 하러 온 사람이다. 기자가 곁에 다가가 질문을 하자 대뜸 지갑을 열고 사진 한 장을 보여 준다. 가족사진이다. 자신과 세 아들이 사진 속에서 환하게 웃고 있다. 아들들이 착하고 공부도 잘한단다. 한동안 아들 자랑을 하던 이 씨의 표정이 굳어졌다. 그는 사연 많은 이야기보따리를 풀어 놓았다. 남편이 자신의 인감을 가져가 대출도 받고, 사업도 했단다. 이혼한 다음에야 이 사실을 알았다. 남편 사업은 뜻대로 되지 않았다. 빚은 1억 원이 넘는다. 정상적인 직장은 잡을 수 없다. 월급에 압류가 들어가 있어서다. 낮밤 가리지 않고 일용직으로 뛰었다. 기초생활보장수급자로 나라 도움도 받고, 일도 억척같이 했다. 하지만 중학교, 고등학교를 다니는 아이들 때문에 어렵게 번 돈이 스

> "신용 불량자여서 기록이 남을까 봐 돈을 은행 계좌로 부치지도 못 한다. 돈을 봉투에 넣어서 직접 갖다 주는 기분은 겪어 본 사람만 안다." _신용 불량자 이모 씨

편지에 물 스며들듯 눈 깜짝할 사이 빠져나갔다. 신용 불량자가 됐다. 이 씨는 "신용 불량자여서 기록이 남을까 봐 돈을 은행 계좌로 부치지도 못 한다"고 말했다. 그러면서 "돈을 봉투에 넣어서 직접 갖다 주는 기분은 겪어 본 사람만 안다"고 토로했다. 파산 신청을 한 뒤 이 씨는 종종걸음으로 법원을 빠져나갔다. 법원이 알선한 변호사 무료 상담을 받기 위해서다.

이 씨와 같은 개인 파산 신청자 수는 빠르게 증가하고 있다. 파산 신청자는 2006년 11월 말 기준으로 8만 5천 4백여 명이다. 시행 초기인 지난 2001년에는 신청자가 672명이었다. 5년 새 13배 이상으로 늘었다. 앞으로도 계속 증가할 것이란 게 일반적 전망이다. 그만큼 삶이 갈수록 팍팍해질 것이라는 의미이다.

서울 강동구청 관계자들은 최근 개인 파산·회생 설명회를 열었다가 깜짝 놀랐다. 설명회가 열린 구청 5층 강당에 앉을 자리가 없을 정도로 300여 명이 몰린 것이다. 강의 시간도 1시간이나 연장됐다. 구청 기획공보과 김현정 씨는 "설명회 참석자는 관내 주민뿐 아니라 인근 경기도 하남시 주민도 적지 않았다"고 전했다. 심지어 대구와 강원도에서 찾아온 사람들도 있었

**개인 파산 신청자 수 변화 추이**

85,455 (2006년 9월)
38,773 (2005)
12,317 (2004)
3,856 (2003)
1,335 (2002)
672 (2001)

단위 : 명, 자료 : 대법원

**기초생활보장수급자 수 변화 추이**

1,488 (2000)
1,419 (2001)
1,351 (2002)
1,374 (2003)
1,425 (2004)
1,515 (2005)

단위 : 천 명, 자료 : 보건복지부

다고 했다. 김 씨는 "어렵게 사시는 분들이 생각보다 너무 많은 것 같다"고 말했다.

개인 파산자의 급증은 정부가 지난 2003년부터 신용 회복 지원에 본격적으로 나선 데서 기인한다. 하지만 근본적 원인은 장기간 이어진 경기침체와 안정적인 일자리 부족, 소득재분배 실패 등이다. 한국빈곤문제연구소 류정순 소장은 2003~2004년 카드 대란을 오늘날 한국 사회 빈곤 문제의 원인으로 꼽았다. "외환위기 때 한 번 크게 술렁거렸는데 그래도 그때 사람들은 벌어 놓은 것이라도 있었다. 까먹을 재산이라도 있었던 것이다. 퇴직금이나 전세금이라도 있지 않았느냐. 하지만 지금의 신용 대란은 모아 둔 돈을 다 까먹은 사람들이 카드 쓰다 빚더미에 올라 선 것이다. 탈출구 없는 빈곤이다."

개인 파산자 증가를 도덕적 해이 문제로 접근하는 사람들도 있다. 열심히 노력하면 빚을 갚을 수 있는데도 그렇게 하지 않고 파산 신청을 해 버리는 파산자 개개인의 무책임이 문제라는 것이다. 전성인 홍익대 교수(경제학)의 입장은 다르다. 전성인 교수는 2006년 10월 열린 경제정의포럼에서 이런 시각을 반박했다.

"가계 부채 문제는 단순히 금융 기관의 건강성 확보, 경제적 불안정 제

> "가계 부채 문제는 단순히 금융 기관의 건강성 확보, 경제적 불안정 제거 등의 관점이 아니라 금융 활동이 정지되면서 개인이 겪게 될 고통과 인격적 모욕을 완화해야 한다는 사회적 보험제의 관점으로 접근할 필요가 있습니다."
> _전성인 홍익대 교수

거 등의 관점이 아니라 금융 활동이 정지되면서 개인
이 겪게 될 고통과 인격적 모욕을 완화해야 한다는 사
회적 보험제의 관점으로 접근할 필요가 있습니다. 또
한 개인 채무자의 도덕적 해이는 기업 채무자의 도덕
적 해이와는 비교도 되지 않을 정도로 적습니다."

이인철 파산 전문 변호사는 "파산 신청 상담자는
대부분 사업 실패나 카드로 생활비를 메우다 채무 곤
경에 빠진 사람들로 사정이 워낙 어렵다 보니 신청이
거의 받아들여지고 있다"고 설명했다.

정부는 노숙자나 기초생활보장수급자 등 빈곤층
의 자활을 돕는 정책을 시행 중이다. 기술과 영업 교육
등을 통해 저소득층의 취업이나 창업을 지원한다는 취
지이다. 이 사업에는 2005년 2천 3백 34억 원, 2006년

지하철 서울역 출입 계단 앞
에서 한 노숙인이 담요를 뒤
집어 쓴 채 누워 있다.

는 2천 6백 55억 원이 지원된다. 그러나 수혜자들이 일자리를 갖는 일은 드
물다. 자활 성공률이 2001년 9.5퍼센트를 기록한 뒤 떨어져 이후로는 해마
다 5~7퍼센트대에 그치고 있다.

서울 용산 '다시 서기 상담보호센터'는 노숙인들의 자활을 돕고 있다.
노숙인들은 여기서 잠자고, 씻고 세탁도 한다. 하루에만 200여 명이 이용한
다. 대부분 센터 관계자들에게 낯이 익은 사람들이다. 한 번 온 사람이 다시
찾는 경우가 많다. 노숙을 하게 되면 그 생활에서 빠져나오기 힘들다는 것
을 웅변한다. 이 센터 김자옥 사회복지사는 이 서비스에 참여한 노숙자들
의 형편을 이렇게 전했다.

"서울시에서 공공 근로 형식의 자활 근로 서비스를 실시하고 있는데 노
숙인들이 관심을 갖고 이 서비스에 참여하지만 실제로 빈곤에서 탈출하는
것은 어려워요. 주로 건설 현장 등지에서 막일을 하는데, 한 달에 15~20일
밖에 일할 수 없을뿐더러 그나마 오전에만 일할 수 있습니다. 그리고 받는
돈은 40~50만 원입니다. 일을 하려면 주거지가 있어야 하는데, 쪽방을 마

련하는 데 월 20만 원 들고, 먹고 입고하면 남는 돈이 없어요. 계속 그 일을 하며 지낼 수는 있지만 노숙자 신세를 벗어날 방법은 안 됩니다."

서울 강서구 등촌자활후견기관 장재승 실장은 "자활 서비스가 효과를 보려면 자활하려는 동기를 부여하는 과정이 보완되어야 한다"면서 "대부분의 사람들은 자활 훈련을 통해 일자리를 갖지만 일부는 후견 기관을 돌아다니며 월 수십 만 원의 지원금만 타는 경우도 있다"고 말했다. 그러나 보건복지부 관계자는 이렇게 해도 자활 사업을 받는 사람들 자체가 대개 고령자나 여성 등이어서 성공률이 낮을 것으로 내다봤다.

빈곤 해결을 위한 사회연대(빈곤사회연대) 유의선 사무국장은 정부의 자활 사업으로는 빈곤 문제를 해결할 수 없다고 단언했다. "정부가 빈곤층에게 주는 일자리는 고용이 불안하고, 저임금에 지나지 않습니다. 저소득층을 일용직 노동자로 전환시키는 정책에 다름 아니죠. 또한 창업 정책도 살벌한 경쟁 시장에서 덜렁 가게 하나 마련해 주고 알아서 자립하라는 수준입니다. 창업 지원 자금도 결국 빚입니다."

빈곤의 또 다른 문제는 대물림이다. 가난한 집 아이들이 양질의 교육을 받을 기회는 적다. 결국, 소위 '명문 대학', 안정된 직장에 들어갈 수 없고, 빈곤층으로 편입되는 악순환을 낳는다.

서울 신림동에 거주하는 중학교 2학년 이 모 군(14)의 예를 보자. 그는 학원 종합반에 다니고 싶어 한다. 주변 친구들은 거의 다 다닌다. 아버지에게 말했지만 답은 없다. 방 두 칸짜리 전세 빌라에 사는 처지에 종합반에 다닐 여유가 없는 것은 자신도 안다. 김 군은 수학이 싫다. 교과서에 있는 문제에도 절절 맨다. 성적은 반에서 하위권이다. 학원에 '못 다니는' 친구들하고만 어울린다. 그럼에도 김 군은 집 근처에 있는 서울대에 가고 싶다. 아버지의 꿈이기도 하다. 하지만 최근 3년 동안 서울대 입학생 중 사회계층의 하위 20퍼센트에 속하는 빈곤층이 입학한 비율은 전체의 2퍼센트에 불과했

> 빈곤의 또 다른 문제는 대물림이다. 가난한 집 아이들이 양질의 교육을 받을 기회는 적다. 결국, 소위 '명문 대학', 안정된 직장에 들어갈 수 없고, 빈곤층으로 편입되는 악순환을 낳는다.

다. 김 군 아버지는 택시 운전사. 2004학년도 서울대 신입생 조사에서 아버지 직업이 화이트칼라인 경우는 67퍼센트에 달했다. 블루칼라는 서울대 학생의 부모에 어울리지 않는 직업이 되어 가고 있는 것이다.

빈곤층에 대한 정의는 명확치 않다. 정부는 최저 생계비 이하 가정을 빈곤층으로 잠정 규정하고 지원을 하고 있다. 하지만 최저 생계비의 몇 배가 되는 돈을 버는 사람들도 자신이 가난하다고 생각한다. 상대적 박탈감 때문이다.

2006년 7월 실시된 통계청의 '2006년 사회통계조사' 결과를 보면, 자신을 상류층이라고 답변한 사람은 1.5퍼센트였다. 중산층은 2003년 조사 때보다 2.8퍼센트 포인트 감소한 53.4퍼센트였다. 대신 하류층은 늘어 45.2퍼센트를 기록했다. 국민 절반가량이 자신이 가난하다고 생각하고 있는 것이다.

서울 종로3가 뒷골목 돈의동에는 이런 쪽방들이 많이 모여있다.

최근 들어 '신빈곤' 이라는 말이 자주 사용된다. 신빈곤층은 노동의 유연화로 인해, 일자리는 불안해졌지만 소비는 늘고, 물가가 오르면서 예전처럼 자신의 소득으로 원하는 만큼의 소비를 할 수 없게 된 계층이다. 한국도시문제연구소는 2006년 9월 『한국 사회의 신빈곤』이란 책을 펴냈다.

이 책은 신빈곤이 상대적 박탈감에서 비롯된다고 규정했다. 신빈곤층의 주류는 외환위기를 겪으면서 하층민으로 내려온 예전의 중산층들이다. 인구 대다수가 빈곤층이던 1960~70년대의 절대적 빈곤과는 다르다. 빈곤사회연대 유의선 사무국장은 "예전에는 실직을 하거나 아파서 일을 못하는 사람들이 빈곤층에 편입됐지만 이젠 '일 하는 빈곤층' 이 늘어나고 있다"며 "이는 2000년대 이후로 새롭게 등장한 빈곤의 형태"라고 지적했다.

정부는 2004년 대통령 직속 빈곤 격차·차별시정위원회를 만들었다. 하지만 빈곤 문제 해결은 요원하다. 유의선 사무국장은 "정부 정책으로 빈

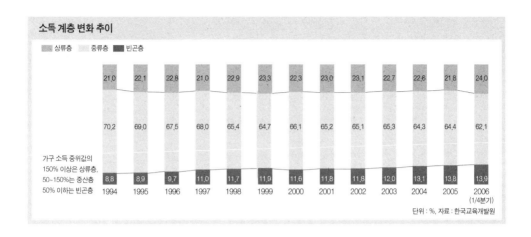

**소득 계층 변화 추이**

■ 상류층  ▨ 중류층  ■ 빈곤층

| | 1994 | 1995 | 1996 | 1997 | 1998 | 1999 | 2000 | 2001 | 2002 | 2003 | 2004 | 2005 | 2006 (1/4분기) |
|---|---|---|---|---|---|---|---|---|---|---|---|---|---|
| 상류층 | 21.0 | 22.1 | 22.8 | 21.0 | 22.9 | 23.3 | 22.3 | 23.0 | 23.1 | 22.7 | 22.6 | 21.8 | 24.0 |
| 중류층 | 70.2 | 69.0 | 67.5 | 68.0 | 65.4 | 64.7 | 66.1 | 65.2 | 65.1 | 65.3 | 64.3 | 64.4 | 62.1 |
| 빈곤층 | 8.8 | 8.9 | 9.7 | 11.0 | 11.7 | 11.9 | 11.6 | 11.8 | 11.8 | 12.0 | 13.1 | 13.8 | 13.9 |

가구 소득 중위값의 150% 이상은 상류층, 50~150%는 중산층 50% 이하는 빈곤층

단위 : %, 자료 : 한국교육개발원

곤층 문제를 푸는 데 한계도 있겠지만 위원회 내에서도 이견이 많아 재정경제부 등의 반대로 사업이 제자리걸음인 경우도 많다"고 말했다.

양승조 열린우리당 의원은 "결국 빈곤은 좋은 일자리 창출로 해결해야 하는데 열린우리당이 이 부분에 소홀했고, 실패했다"면서 "특히 중소 제조 기업의 붕괴 등을 예상해 각종 지원책을 내놓아야 했는데 타이밍을 놓친 감이 있다"고 말했다.

현애자 민주노동당 의원은 "빈곤의 양과 질이 매우 나빠진 상황"이라며 "진보 정당인 민주노동당도 이런 문제에 대한 책임에서 자유롭지 못하다"고 말했다. "국회 보건복지위원회에서 활동하면서 기초생활보장수급자 대상 확대, 건강보험 급여 확대, 국민연금 개혁 등의 문제에 대해 국회 내외에서 수십 차례 토론을 하고, 뛰어다니며 입법을 추진했지만 결국 허사로 돌아가는 경우가 많았다"고 한다. 현애자 의원은 "앞으로는 복지 예산 내에서의 증액이 아니라 예산을 배분할 때 복지를 중심으로 틀을 짤 수 있도록 방안을 강구할 계획"이라고 한다.

참여연대 사회복지위 김다혜 팀장은 논리 개발의 필요성을 역설했다. "복지 문제는 예산처와의 싸움입니다. 정부가 주장하는 성장을 우선시하

> "예전에는 실직을 하거나 아파서 일을 못하는 사람들이 빈곤층에 편입됐지만 이젠 '일 하는 빈곤층'이 늘어나고 있다." —유의선 빈곤사회연대 사무국장

는 경제 논리에 대한 반박 논리를 만들어야 하는데 치밀한 준비를 하지 못했지요. 그러다 보니 밀리곤 했습니다. 결국, 일반 국민도 정부의 경제 논리에 동화되고, 진보 진영의 주장을 단순 비판으로 치부하는 경향까지 생겼습니다. 빈곤 문제는 결국 원인을 따라 올라가면 주택문제 및 사교육비 문제와 연결됩니다. 하지만 이런 부분을 사적인 영역으로 판단하는 바람에 문제의식이 부족했어요."

## "나라 도움 안 받고 홀로서는 게 꿈"

남들은 그렇게 말한다. 나라에서 돈도 주고 일자리도 구해 줘서 편하겠다고. 뭘 걱정이냐고.

기초생활보장수급자로 세 아이를 키우고 있는 전수현 씨(36)는 이런 소리만 들으면 피가 거꾸로 선다. "하루 종일 발바닥이 갈라지도록 뛰어다니고 일했지만 결국 수급자가 될 수밖에 없었어요. 창피하게도 생각했어요. 아파도, 돈이 없어도 동사무소 문턱 넘는 일은 죽기보다 싫었어요. 하지만 아이들을 생각하면 그럴 수밖에 없었어요. 아이들을 생각해서……."

적어도 전수현 씨는 그랬다. 기초생활보장수급자란 딱지가 싫었다. 3년 전 남편은 하루아침에 사라졌다. 집을 나가 연락을 끊은 것이다. 사업이 부도났다. 당시 전 씨는 임신 7개월이었다. 다섯 살, 네 살인 딸 둘도 있었다. 망치로 머리를 맞은 것처럼 멍했다. 하지만 주저앉을 수는 없었다.

친정어머니의 친구가 안산시 초지동 빌라를 보증금 1백만 원, 월 10만 원에 내줬다. 그마저도 보증금은 친정어머니의 쌈짓돈으로 마련했다. 친정식구는 다들 여유가 없었다. 전 씨는 안 그래도 살기 어려운 친정 식구들에게 짐이 되는 것이 두려웠다. 아쉬운 소리 한

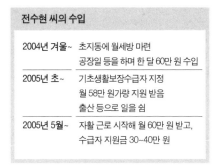

전수현 씨의 수입

| | |
|---|---|
| 2004년 겨울~ | 초지동에 월세방 마련<br>공장일 등을 하며 한 달 60만 원 수입 |
| 2005년 초~ | 기초생활보장수급자 지정<br>월 58만 원가량 지원 받음<br>출산 등으로 일을 쉼 |
| 2005년 5월~ | 자활 근로 시작해 월 60만 원 받고,<br>수급자 지원금 30~40만 원 |

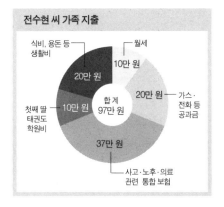

전수현 씨 가족 지출

식비, 용돈 등 생활비 20만 원
월세 10만 원
가스·전화 등 공과금 20만 원
사고·노후·의료 관련 통합 보험 37만 원
첫째 딸 태권도 학원비 10만 원
합계 97만 원

번 못했다. "정말 단돈 100원이 없는 때도 있었어요. 애들은 과자 사 달라고 졸라대는데, 정말 미치겠더라고요. 과자 한 봉지 사줄 수 없는 사람이 무슨 어미인지."

아이들 때문에 일도 제대로 못 했다. 전자 제품 부품 공장에 다녔다. 하지만 전 씨는 아이들 때문에 오후 6시면 퇴근을 해야 했다. 아침에 출근해 한 달 꼬박 일해도 받는 돈은 60만 원. 그나마도 공장 측은 야근을 못하는 전 씨를 해고했다. 이렇게 한두 달 일하다 그만 둔 공장만 여러 곳이다.

10원 한 푼이 아쉽다. 쉴 틈이 없다. 해고됐을 때는 부업을 했다. 자동차 부품에 들어가는 철사를 끼는 작업이었다. 한 개당 1원도 채 안 됐다. "새벽에 일어나 아이들 돌보고, 집안일 하는 시간 빼고는 하루 4시간 자며 부업에 매달렸지만 한 달에 15만 원도 못 벌었다"고 말했다. 그러다 일자리도 부업 일감도 없는 날이 이어졌다. 전수현 씨는 동사무소를 찾았다가 우연히 기초생활보장수급자가 됐다. 전 씨의 얼굴이 몹시 상해 있는 것을 보고 동사무소 직원이 면담을 했다. 우연히 수급자로 선정된 것이다.

수급자로 선정된 전수현 씨는 삶의 희망을 다시 찾기 시작했다. 전 씨는 현재 안산시 초지동 종합 사회복지관에서 단기 노인 보호 센터에서 일한다. 여기서 받는 60만 원과, 수급자 지원금까지 합쳐 한 달 수입은 1백만 원 선. 초등학교 1학년이 된 큰 딸은 방과 후 센터가 운영하는 '무료 학습 교실'에 다닌다. 일곱 살 난 딸과 세 살 된 아들은 안산시가 운영하는 어린이 교실에 다닌다. 끼니를 걱정하던 옛날에 비하면 사정이 나아졌다.

하지만 전수현 씨에게 삶은 여전히 '푸른 빛'은 아니다. 전 씨가 사는 연립 빌라 단지는 요즘 재개발이 추진되고 있다. 자라는 딸들에게 새 옷 하나 사주고 싶지만 그때마다 손이 떨린다. 옷에 신경 쓸 나이가 됐지만 대부분 얻어 입을 수밖에 없다. 아이들이 자기 집이 가난하다는 걸 알게 되는 게 두렵다고 했다.

"부자가 되기를 바라지는 않아요. 사실 정부나 다른 분들에게 더 바라지는 못하겠어요. 아이들도 커 가는데 들어갈 데는 많고. 어쩌면 여기서 주저 앉을 수도 있겠지요. 하지만 이를 악물고 살 겁니다. 내년에는 간호조무사 학원에 다닐 거예요. 받은 만큼 돌려주겠다는 다짐도 생겼습니다."

밥도 안 먹고 점심시간을 쪼개 만난 전수현 씨는 일하러 돌아가기 전 한마디 덧붙였다.

"사실 수급자가 되기를 원치 않는 사람이 많아요. 당장 먹고살 방편은 생길지 모르지만, 남의 도움을 받고 살아간다는 생각에 자존심이 깡그리 사라져요. 아이들이 수급권자라는 말이 뭔지 알기 전에 제 힘으로 서고 싶은 게 소망입니다."

## 비정규직_ 진보의 10대 의제⑩

윤금옥(47) 씨는 9년째 ㄹ호텔 룸 메이드로 일하고 있다. 50개 가까운 비품을 챙기고 45가지 사항을 점검하는 특급 호텔 방 정돈이 호텔의 얼굴을 만든다며 자부심을 가져왔다. 하지만 2001년 이후 달라졌다. "호텔에서 룸 메이드 업무를 외주화한다고 했어요. 2년간 고용도 보장해 주고, 임금도 직접 고용 수준으로 주겠다고 했죠. 100여 명이 동의했어요. 외주화가 정확히 무슨 뜻인지도 모르고 그렇게 했지요."

이후 간접 고용으로 바뀌었고 4년 동안 용역 회사는 네 번이 바뀌었다. 월급은 3년간 동결. 2005년 '일일 네 시간 근무'로 계약한 룸 메이드가 손에 쥔 기본급은 47만 원. 월급은 많아야 1백만 원. 신입은 60~80만 원이다. 정규직이었을 때는 연봉이 3천만 원까지 올라갔었다. 불만의 기미가 보일 때면 회사 측에서는 "아쉬워서 여기 일 하는 거 아니냐"며 고용 문제를 들먹였다. 2005년 가을, 한계에 달한 룸 메이드들은 노동조합을 결성했다. 평범한 아줌마였던 윤금옥 씨는 노조 위원장을 맡았다. 그러나 원청 업체에서 하청 업체를 또 다시 바꾸는 과정에서 그를 포함한 아홉 명은 노조 핵심 인사라며 고용 승계를 하지 않았다. 윤 씨는 뒤늦게 후회했다. "괜히 노조를 만들었나 봐요. 노동청에서는 '우리도 방법이 없다'며 도움을 못 주더군요."

구로 디지털 단지에 있는 기륭전자의 김소연 분회장은 중소·영세 기업의 현실을 이렇게 전한다. "요즘 1년짜리 파견 계약이 어디에 있어요. 3개월, 6개월짜리가 넘쳐 나요. 정규직인데도 아침 조회 시간에 '아르바이트'로 일하라고 일방적으로 회사에서 통보를 하기도 해요. 그래도 울며 겨자 먹기죠. 딱히 일자리가 없으니까요."

구로 단지에서 비교적 규모가 큰 기륭은 노동부로부터 불법 파견 판정을 받고서도 네 군데의 도급 회사에서 인력을 공급받고 있다. 김소연 분회장은 "인건비를 줄이고 노동자들의 단결을 막으려는 위장 도급"이라고 주장했다. "상여금은 꿈도 못 꿔요. 특근 안 하면 생활이 안 돼요. 일주일 내내 일해야 1백만 원쯤 받아요. 회사도 사람들을 함부로 대하고요."

근시안적인 경영이 근로 의욕을 꺾는다고 김소연 분회장은 말했다. "그전에는 문제가 있으면 '불량이다' '고쳐 달라' 말할 수 있었지만, 파견이고 보니 내 회사라는 인식이 없어요. 그런 회사가 장기적으로 발전할 수 있겠어요." 현재 구로 디지털 단지 내에서는 20~30명되는 사업장에서도 파견직

"요즘 1년짜리 파견 계약이 어디에 있어요. 3개월, 6개월짜리가 넘쳐 나요. 정규직인데도 아침 조회 시간에 '아르바이트'로 일하라고 일방적으로 회사에서 통보를 하기도 해요. 그래도 울며 겨자 먹기죠. 딱히 일자리가 없으니까요." _김소연 금속노조 기륭전자 분회장

을 쓰는 경우가 많다. 쉽게 자르고, 다시 쉽게 고용하기 위해서다.

비정규직 문제는 단순한 고용 문제로 그치지 않는다. 경제·사회적 불안 요소로 연결된다. OECD 국가의 비정규직 비율은 평균 15퍼센트지만 한국은 50퍼센트가 넘는다. 윤진호 인하대 교수(경제학)는 비정규직이 결코 '싼 값'이 아니라고 설명했다. "비정규직 증가는 단기적으로 기업의 비용을 절약할 수 있습니다. 그러나 장기적으로는 사회적 비용이 늘어납니다. 실업률, 소득 불평등이 심해지면서 범죄, 질병, 이혼, 자살 등 사회적 문제가 발생하죠. 이는 복지 비용이 늘고 그만큼 세금을 더 걷어야 한다는 의미입니다. 근로 의욕, 기업 의욕도 해칩니다."

그러나 비정규직 문제는 오히려 뒷걸음질치고 있다. 2006년 11월 국회를 통과한 비정규직 3개 법안은 노동계에서 '개악안'으로 평가받는다. 민주노동당 이상훈 정책연구원은 "기간제 근로자의 사용 기한을 2년으로 정한 것은 오히려 비정규직을 증가시킬 뿐"이

> 비정규직 문제는 단순한 고용 문제로 그치지 않는다. 경제·사회적 불안 요소로 연결된다. OECD 국가의 비정규직 비율은 평균 15퍼센트지만 한국은 50퍼센트가 넘는다.

라며 "사용 사유를 제한하지 않는 한 비정규직 문제는 해결될 수 없다"고 말했다. 그런데도 이 법안이 국회에서 쉽게 통과됐다. 그 배경에는 비정규직 문제를 제대로 의제화하지 못한 진보 세력의 잘못된 접근법이 있다. 이상훈 연구원은 "비정규 문제가 사회 양극화에 대한 해법이라는 것을 부각시키지 못하고 단순히 노동권 문제로 협소하게 접근했다"고 반성했다.

취임 초기 '비정규직의 눈물을 닦아 주겠다'며 노동계에 기대를 품게 했던 노무현 대통령과 여당의 정책 방향이 신자유주의 기조로 바뀐 것도 노동계의 입장을 더욱 고립시켰다. 전국비정규연대회의 오민규 사무국장은 "2004년 9월 이번에 통과된 법안이 제출되면서 노동계와 선을 긋고 가겠다는 정부의 의지가 분명히 드러났다"고 평가했다. 한국비정규센터 남우근 사무국장도 "정부는 비정규직 문제를 사회 양극화를 해결하겠다는 것이 아닌 노동시장 유연성 확대 측면으로만 접근했다"고 지적했다.

노동운동의 중심 세력인 민주노총과 민주노동당이 정규직 노동자 중심

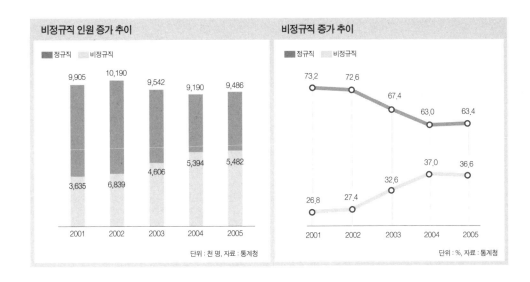

| 비정규직 인원 증가 추이 | 비정규직 증가 추이 |

■ 정규직 ■ 비정규직

9,905 / 10,190 / 9,542 / 9,190 / 9,486

3,635 / 6,839 / 4,606 / 5,394 / 5,482

2001 / 2002 / 2003 / 2004 / 2005

단위 : 천 명, 자료 : 통계청

■ 정규직 ■ 비정규직

73.2 / 72.6 / 67.4 / 63.0 / 63.4

26.8 / 27.4 / 32.6 / 37.0 / 36.6

2001 / 2002 / 2003 / 2004 / 2005

단위 : %, 자료 : 통계청

으로 구성되어 있어 비정규직 문제에 전력을 기울이지 못한 것도 문제다. 민주노총 조합원 중에서 정규직의 비중은 90퍼센트에 이른다. 오민규 사무국장은 바로 이런 점이 "민주노총과 민주노동당의 심각한 위기"라고 주장한다. "강한 노조를 갖고 있는 정규직은 비정규직을 희생하는 조건으로 고용조건과 임금을 보장받는 데 합의합니다. 사용자와 정부도 이 같은 관리 방법을 이미 알고 있습니다."

> "강한 노조를 갖고 있는 정규직은 비정규직을 희생하는 조건으로 고용조건과 임금을 보장받는 데 합의합니다. 사용자와 정부도 이 같은 관리 방법을 이미 알고 있습니다."
> _ 오민규 전국비정규연대회의 사무국장

이러한 사정으로 비정규직은 스스로 문제를 푸는 길을 찾을 수밖에 없다. 전국비정규연대회의 오민규 사무국장은 "비정규직이 노조를 결성, 요구하는 바를 이뤄 내는 수밖에 없다"고 말했다. 비정규직의 조직화는 물론 쉽지 않다. 비정규직이 노조를 결성하면 바로 해고당하고, 아웃 소싱 업체는 계약을 해지당한다. 그래도 비정규직의 조직화가 '더디 가지만 가장 빠른 길'이다.

비정규직 문제를 사회적 의제로 전환하는 것도 중요한 과제이다. 신광영 중앙대 교수는 "비정규직 문제는 사회 전체를 불안하게 만들고 위기로 빠뜨리는 구조적 문제라는 인식을 해야 한다"면서 "기업, 노조, 시민 사이에서 단기 기업 이익이 아닌 사회 전체를 생각하는 합의가 필요하다"고 말했다.

## 비정규직 모범, 네덜란드

네덜란드는 비정규직의 '천국'이다. 시간당 임금으로 볼 때 차별이 없다. 근로시간에 따른 차이만 존재한다. 유럽에서 드물게 근로자 파견제를 수용했지만, 4대 보험 혜택에서는 정규직과 대우가 동일하다. 유연 안정성의 대표적인 모델로 꼽힌다.

네덜란드는 1980년대에 임시직, 파견직, 호출 노동 등이 급속히 증가했다. 그러나 이들에 대한 사회적인 보호는 무척 취약했다. 사회보장을 하려면 재정이 필요했지만 확충할 방법이 없었다. 이에 '경직됐다'는 비판까지 나올 정도로 직업 안정성을 보장받던 정규직 노동자들은 비정규 노동자들과 상생을 모색하며 밥그릇의 일부를 희생했다. 1997년 노동법 개정에서 정규직에 대한 고용보호제도를 완화하는 대신 비정규 노동자 보호를 강화하도록 한 것이다. 이에 따라 회사는 비정규 노동자를 24개월 이상 고용할 경우 의무적으로 정규직으로 전환해야 한다.

차별이 사라지면서 단시간 노동자의 노동시장 비중이 늘어났다. 2004년 현재 전체 노동자의 45.5퍼센트, 특히 여성 노동자의 74.7퍼센트가 하루 중 몇 시간만 선택적으로 일한다. 가사·육아를 노동과 병행할 수 있다는 점에서 만족도가 높다. 전체 노동자 중 91퍼센트가 기업연금의 수혜를 받고 있다. 소외 계층이 없도록 기업이 아닌 '산별' 차원에서 의무적으로 기업연금제를 채택토록 했기 때문이다.

중소기업이 많은 덴마크는 고용 보호 수준이 OECD 국가 중 다섯 번째로 낮다. 하지만 직장 불안정성도 OECD 국가 중 가장 낮다. 비결은 국가가 제공하는 일자리나 직업훈련 기회에 응하고 구직 노력을 계속할 경우 최장 4년간 실업 급여가 주어지는 적극적인 노동 복지 정책 때문이다. 급여 규모는 저소득층의 경우 순소득 대체율이 90퍼센트에 달한다. 기업에는 유연성을 보장하는 동시에, 국가가 노동자의 재취업 및 복지를 적극 지원하는 방식으로 노동자의 실직 불안감을 지운 것이다.

# 5부

# 진보의 전략은 무엇인가

운동의 새로운 주체로 _ 진보의 확장과 심화 ①

'생활 속 진보'가 절실하다 _ 진보의 확장과 심화 ②

사회적 '대타협' 하자 _ 진보의 확장과 심화 ③

연대의 새로운 공간, 동아시아 _ 진보의 확장과 심화 ④

진보적 발전 전략 _ 진보의 확장과 심화 ⑤

전문가 12인의 '6대 과제 해법' _ 진보적 가치는 여전히 유효하다

최장집 교수의 '위기 진단' 3문 3답 _ 민주주의 실천이 진보 출발점

# 운동의 새로운 주체로 _ 진보의 확장과 심화①

'진보의 가치를 확장하고 심화하는 것.' 지칠 대로 지친 진보 운동 진영이 다시 힘을 얻어 한국 사회의 건강한 비전을 제시하기 위해 짜야 할 전략의 핵심이다. 우리 사회에서 가장 소외받고 차별받지만 목소리조차 낼 수 없었던 비정규직이나 이주 노동자와 같은 사회적 약자들이 진보 운동의 중심으로 나와 진보 운동의 새로운 동력이 되어야 한다. 그리고 진보의 가치는 거대 담론으로만 그쳐서는 안 된다. 생활 세계로까지 내려와 우리 안의 보이지 않는 억압, 이중적 행태를 깨고 깊숙이 침투해야 한다. 진보 운동 진영은 투쟁을 위한 투쟁이 아니라, 사회 세력 사이의 대타협을 주도해 진보적 발전의 토대를 준비해야 할 때가 왔다. 미국 따라 하기, 미국 닮기에 골몰했던 한국 사회의 좁은 상상력을 벗어나 우리의 터전인 동아시아 지역의 민중과 연대하며 진보 운동의 외연을 넓히는 것도 진보 진영의 과제다.

## 승무원에서 대학 강사로

"여러분들은 졸업 후에 다들 대기업에 취직할 것 같죠. KTX 승무원의 90퍼센트 이상이 4년제 대학 졸업생인 거 아세요? 저 역시 건국대 98학번이고요. 대학 다닐 땐 돈 없고, 빽 없고, 배우지 못한 사람들만 비정규직이 되는 줄 알았어요. 노동운동의 '노'자도, 여성 문제의 '여'자도 몰랐어요. 스타크래프트나 DDR, 소개팅 그리고 내 앞날에만 관심이 있었을 뿐이죠."

2006년 12월 7일 서강대의 여성학 개론 강의실. 강단에 선 오미선 씨(27)의 말에 다소 심드렁하게 앉아 있던 학생들이 의자를 바짝 당겨 앉는다.

오미선 씨는 불과 2년 반 전 '지상의 스튜어디스' 'KTX의 꽃' 등 화려한 찬사를 받으며 당당하게 사회생활을 시작한 KTX 승무원이었다. 노조를 조직해 해직된 300여 명의 비정규직 승무원들이 차가운 길거리로 나와 파업

을 한 지 300일이 다 된 지금 그는 "당신도 언제든 비정규직이 될 수 있다"는 메시지를 대학 강의실에서 전하고 있었다. 오미선 씨는 2006년 10월 30일 중앙대를 시작으로 한 달 남짓 동안 벌써 20여 차례 대학 강의를 한 베테랑 강사다. 서울대와 성공회대, 이화여대, 전남대 등에서 특강 요청이 하루가 멀다고 들어온다.

오미선 씨는 주로 정치학 또는 여성학 개론 수업 등에서 특강을 한다. KTX 승무원의 예를 들어 '비정규직' 또는 '간접 고용 노동자'(하청 노동자)들이 어떻게 노동시장에 자리 매김되고 있는지, 그 가운데 여성이 얼마나 많은지 등에 대해 설명하는 것이 주된 내용이다. 이른바 '서울 소재 주요 4년제 대학' 학생들에게 비정규직 문제는 아직도 남의 일만 같다. 하지만 오미선 씨의 강의를 들은 학생들의 생각은 조금씩 바뀐다.

"꿈 많은 20대의 여자 승무원들이 아직도 100명이나 남아 추운 날씨 속에 300일 동안 농성을 하는 것은 무엇 때문일까 생각해 보셨어요? 한 인간이 한 인간을 지배하고 노예로 부려먹을 수 있는 것에 대해서……."

오미선 씨는 철도 공사의 자회사(외주 하청)인 KTX 관광레저에 정규직(간접 고용)으로 취업해 승무원 일을 하는 것이 왜 철도 공사 비정규직(직접 고용)보다 못한지를 설명한다.

"KTX 승무원들은 입사 당시 1년간 근무하면 정규직 전환이 보장되는 철도 공사 비정규직인 줄 알았지만 사실은 홍익회라는 자회사의 비정규직이었어요. 성희롱을 당해도, 생리휴가를 못 챙겨도, 정당한 수당을 못 받아도 어느 쪽도 우리를 책임져 줄 수 없었던 거죠. 이번에 통과된 비정규직 법안도 사실 하청 노동자를 늘림으로써 비정규직 수를 줄이는 것처럼 보이게 하는 눈속임이에요."

> "승무원이라는 직업은 한 번 쓰고 버리는 '티슈'와 같은 존재입니다. 안타깝게도 티슈 인생은 앞으로도 계속 늘어날 거예요."_오미선 KTX 해고 승무원

오미선 씨는 "승무원이라는 직업은 한 번 쓰고 버리는 '티슈'와 같은 존재"라며 "안타깝게도 티슈 인생은 앞으로도 계속 늘어날 것"이라고 말했다.

큰 박수와 함께 강의는 끝났다. 강의 도중 오미선 씨가 틀어 준 승무원의 투쟁을 담은 영상물에 눈물을 훔쳤던 몇몇 학생들은 매주 금요일 광화문 사거리에서 열리는 KTX 승무원 문화제 행사에 함께 가자고 약속했다.

서강대 4학년 김이슬 씨(23)는 "지금까지 비정규직 문제라고 하면 나와 무관한 일로 생각했는데 이 강의를 듣고 생각이 바뀌었다"며 "KTX 승무원들의 직접 고용 복직이 갖는 상징성이 크고 그것이 곧 나의 일일 수도 있는 만큼 나도 이 분들께 힘을 보태고 싶다"고 말했다.

## 스펀지 공장 노동자에서 웹마스터로

2006년 12월 13일 저녁 서울 대방동 여성플라자. "와 주셔서 감사합니다. 처음엔 잘 몰랐는데 한국도 알고 보니 좋은 사람들이 참 많은 곳인 것 같아요."

5인조 록그룹 '스탑 크랙다운(그만 좀 탄압해요)'의 멤버로 이날 키보드를 연주한 해리 켄 아흐마드 씨(33)가 무대에서 내려왔다. 그는 인도네시

이주 노동자들로 구성된 5인조 그룹 '스탑 크랙다운'의 멤버들이 2006년 6월 서울 상도동의 청운노인복지센터에서 공연을 하고 있다. 인도네시아 출신 해리 퀜 아흐마드 씨(맨 오른쪽)는 이 그룹에서 키보드를 담당하고 있다.

아 출신 이주 노동자다. 2001년 산업 연수생으로 한국에 처음 와 경기도 파주의 한 스펀지 공장에서 일하다 지금은 한국노동네트워크협의회(노동네트워크)라는 시민 단체에서 한국 노동자들과 인도네시아 출신 이주 노동자들을 위해 일하고 있다. '스탑 크랙다운'은 해리 씨를 비롯해 네팔, 미얀마, 한국 등 혼성 국적의 노동자들이 결성한 이주 노동자 그룹사운드다.

"한국이 내게 가르쳐 준 것 중 가장 소중한 것은 '차별'이에요. 언젠가 아프리카에서 온 흑인 친구랑 지하철을 탔는데, 사람들이 다들 피하는 거예요. '사장님'들은 우리가 아무리 열심히 일해도 '못난 놈들'이라며 욕만 하고, 같은 사람과 사람 사이에 이렇게 차별이 있을 수 있구나 느꼈어요. 인도네시아에서는 느낄 수 없던 기분이었어요. 그래서 다짐했어요. 한국의 차별을 없애는 데 도움이 되어 보겠다고."

인도네시아에서 대학을 졸업한 그는 할 수 있는 일이 많았다. 무슨 일이든 잘 배웠다. 그는 요즘 노동운동 관련 뉴스를 올리는 노동네트워크의 웹마스터 일과 한국에 온 3만 명의 인도네시아 출신 이주 노동자들의 공동체에서 미디어 팀장을 맡고 있다. 한국 노동자들과 인도네시아 노동자들에게 홈페이지를 만드는 법과 동영상 찍는 법도 교육한다.

"한국에 대해 나쁜 인상을 갖고 모국으로 돌아가는 이주 노동자들이 90 퍼센트가 넘는다고 해요. 5년 넘게 한국에 살아 제2의 고향으로 느끼는 저로서는 무척 안타까워요. 저 같은 사람이 그 간격을 줄여 나가는 데 도움이 될 수 있어요. 이제는 내가 가진 것들을 다른 사람들에게 나눠 주고 싶어요."

해리 씨가 만들어 운영 중인 웹사이트 '인도네시아 커뮤니티 : 삶, 사랑 그리고 평화'(http://tkikorea.com)에는 '고용허가제' 등 한국의 이주 노동자 관련 새 법들에 대한 소개와 '한국어 한마디 : 우리들이 쓰는 글'이라는 생활 한국어 코너 등이 있다. 많은 인도네시아 노동자들이 그에게 조언을 구하고, 또 정보를 공유한다.

해리 씨는 이주 노동자들과 한국인들 사이의 문화 차이에 대해서도 주목한다.

"인도네시아에서는 부모님이라도 내 머리를 함부로 만지지 않아요. 그런데 여기 와서는 사장님이 머리를 툭툭 치는 경우가 많았어요. 별안간 화가 났죠. 사장님은 '별 이상한 놈 다 보겠네'라며 저를 더 미워했죠. 다른 문화를 이해하지 못하는 한국인들에게도 잘못이 있지만 한국에 대해 충분히 알지 못한 이주 노동자들도 문제가 있어요."

해리 씨와 함께 일해 온 이용근 노동네트워크 사무국장은 "홈페이지 관리에 큰 도움을 받고 있으며 언어 감각이 뛰어나 국제 연대와 관련된 일에서 많은 역할을 하고 있다"고 그를 평가했다. 해리 씨는 "서로 조금씩만 더 알면 진짜 아름다운 세상을 만들 수 있을 것 같다"며 "내가 하는 작업이 아주 작은 것이지만 한국 사회를 문화적으로 더 풍요롭고 따뜻한 사회로 만들 수 있다고 생각한다"고 말했다.

"내가 하는 작업이 아주 작은 것이지만 한국 사회를 문화적으로 더 풍요롭고 따뜻한 사회로 만들 수 있다고 생각합니다."_'스탑 크랙다운' 멤버인 해리 켄 아흐마드 씨

## 대상에서 주체로

'비정규직'과 '이주 노동자'. 그동안 한국 사회 주변부의 한 끝에 머물러 있으면서도 목소리를 내기조차 힘겨웠던 이들이다. 우리는 지금도 그들을 '보호'받아야 할 대상 또는 '관리'해야 할 대상으로 여기고 있지만, 그들은 한국 사회의 주요 구성원이고 생산자이며 당당한 사회의 일원으로 대접받을 자격이 있다.

하지만 그들은 누구보다 많은 차별과 불이익을 받으며 살아간다. 이 사실은, 그들 스스로가 진보 운동의 주체가 되어야 할 필요성을 말해 준다. 최근 이들을 진보 운동에 활력을 불어넣을 잠재적 에너지로 흡수하자는 움직임이 활발히 일고 있다.

2006년 8월 통계청의 경제활동인구부가조사에 따르면 전체 임금노동자 가운데 54.8퍼센트(8백 41만 4천여 명)가 비정규직(장기 임시 노동자 포함)이다. 지난해보다 2만 명이 늘었다. 이 비율은 OECD 국가 평균의 2.5배에 달하는 수치. 이들이 받는 차별도 OECD 국가들 중 최악이다. 정규직과 비정규직의 월평균 임금 차이는 2000년 73만 원에서 2006년 1백 10만 원(정규직 2백 26만 원, 비정규직 1백 16만 원)으로 크게 늘었다. '동일노동 동일임금' 원칙을 적용해 정규직 임금의 90퍼센트까지 받는 구미 선진국들의 비정규직에 비해 우리 비정규직 노동자들은 51퍼센트의 임금을 받는 열악한 조건에서 일한다. 게다가, 한국의 비정규직이 세계 어느 나라의 비정규직보다 국민연금, 건강보험, 고용보험 등 사회복지 시스템의 사각지대에 있다는 것은 주지의 사실이다.

한국의 경우 2006년 11월 불만족스러운 비정규직법이 통과됐어도 프랑스에서와 같은 불길이 일어나지 않은 이유는 무엇보다 '비정규직'이 바로 '내일'이라는 인식이 부족하기 때문이다.

이렇게 사회 노동력의 다수를 차지하는 이들이지만, 이들의 불만과 요구를 표출할 통로는 없다. 노조를 통한 의사 표현은 불가능에 가깝다. 비정규직은 특성상 노조를 조직해도 금방 와해된다. 한국비정규노동센터는 비정규직의 노조 조직률을 2.8퍼센트(정규직은 21.6퍼센트)로 추정했다.

이들이 가진 잠재적 에너지는 2006년 초 프랑스 전역을 달궜던 최초고용계약법(CPE) 파동에서 읽을 수 있다. '26세 미만 취업자에 관한 한 정당한 설명 없이 2년 내 해고 가능'이라는 조항이 포함된 최초고용계약법이 의회에 상정되자 프랑스 대학생과 젊은이들은 거리로 몰려나왔다. 이들의 '젊은' 물결은 '늙은' 거대 노조 단체들을 각성시켰고 '거리의 정치'가 프랑스를 휩쓸었다. 그 결과 프랑스에 불어 닥친 노동시장 유연화의 상징이던 최초고용계약법은 철회됐다.

한국의 경우 2006년 11월 불만족스러운 비정규직법이 통과됐어도 프랑스에서와 같은 불길이 일어나지 않은 이유는 무엇보다 '비정규직'이 바로 '내 일'이라는 인식이 부족하기 때문이다. 남우근 한국비정규노동센터 사무국장은 "정규직 노조는 비정규직 문제가 자본주의의 구조적인 문제라는 인식을 거의 못하고 있다"고 말했다.

그러나 한국 사회도 느린 속도로나마 변하고 있다. 최근 대부분의 노동 관련 문제가 비정규 사업장에서 발생하고 있는 것이 좋은 예이다. 이는 비정규직 문제가 한국 사회의 모순으로 부상하고 있음을 말해 준다. 한국 사회가 매달려야 할 심각한 사회문제로 서서히 부상하고 있는 것이다. '제2, 제3의 오미선'이 나타나 "당신도 언제든 비정규직이 될 수 있다"는 메시지가 확산되면 사회 인식이 달라질 수 있다. 이는 비정규직이 한국 사회 진보의 새로운 동력이 될 수 있다는 것을 의미한다. 이들이 스스로 조직하고 자기 권리를 찾는 적극적인 노력을 통해 노동운동의 새로운 활력을 불어넣을 수 있는 것이다.

이주 노동자들 역시 차별과 소외 속에 한국 사회의 밑바닥을 이루고 있는 집단이다. 한국에 들어온 이주 노동자가 2006년 12월 9일 현재 41만 5천여 명. 이들이 일손을 놓는다면 한국에는 '3D 업종 대란'이 온다. 2003년 11월 정부의 미등록 이주 노동자에 대한 대대적인 단속 때 건설 현장에서 일할 사람이 40퍼센트나 격감해 인력 대란이 일어났다는 한국건설산업연구원의 분석이 있었다. 이들이 가진 잠재력이 어느 정도인지 가늠할 수 있다.

이들이 이 사회의 가장 소외받고 착취당하는 집단으로서 자기 정체성을 확인하고 사회적 발언을 한다면 한국 사회를 진보적 사회로 이끌어 가는 새로운 힘으로 등장할 수 있다. 또한 이들이 갖고 있는 다양한 문화는, 특히 한국과 같이 문화적 획일주의에 갇힌 사회에 남다른 기여를 할 수도 있다. 실제로 최근 몇 년 사이, 이주 노동자의 급증은 한국적인 법과 제도의 한계를 드러내는 순기능을 했다. 그와 더불어 한국 사회에 만연한 민족주의, 단일 민족의 신화를 비판적으로 인식할 수 있는 계기도 제공했다. 우리 사회에 가득 찬 '다름'에 대한 비뚤어진 시선을 자각하게 만들어 준 것이다.

> 이들이 이 사회의 가장 소외받고 착취당하는 집단으로서 자기 정체성을 확인하고 사회적 발언을 한다면 한국 사회를 진보적 사회로 이끌어 가는 새로운 힘으로 등장할 수 있다.

또 전 세계적인 네트워크를 갖고 있는 이들은 신자유주의 세계화의 광풍을 제어할 수 있는 '사람의 힘'을 갖고 있다. 한국에 온 이주 노동자들이 주축이 되어 만든 웹사이트 '레이버아시아넷'(http://laborasia.net)이 좋은 사례다. 아시아, 태평양 지역 25개국 이주 노동자들이 참여하고 있는 이 웹사이트에는 25개의 다른 언어로 해당 국가와 관련한 소식들이 올라와 있다. 인도네시아인 해리와 같은 각국 출신 이주 노동자들이 자국 관련 소식 또는 한국 소식을 자국어로 이곳에 올리고 있다. WTO, FTA, 해당 국가의 노동 인권 문제 등이 주로 다뤄진다.

2006년 3월 홍콩 WTO 회의장 주변에서 열렸던 반세계화 시위장에서 이들은 처음 만난 사이임에도 그동안 교환하며 쌓아 온 우정을 바탕으로 일사불란하게 반대 시위를 조직했다. 해리 씨는 "각국에서 온 시민운동가들에게 활동 공간을 제공하고 현지 사정을 알려 줌으로써 반세계화 운동의 조직화에 앞장선 것은 필리핀과 인도네시아에서 홍콩에 와 있던 가사 노동자들이었다"고 말했다. '제2, 제3의 해리'가 아시아 곳곳에서 네트워크를 만들며 자본에 대항하는 노동의 힘을 조직하고 있는 것이다.

오산이주노동자센터의 장창원 목사는 "자본은 국경 없이 넘나들고 있지만 노동은 국경에 많은 제약을 받고 있다"면서 "신자유주의 세계화 속에서 이주 노동자들의 역할이 엄청날 것"이라고 전망했다. 그는 "노동자·민중 중심의 현장 교류 방문이 지역 평화와 상호 발전에도 큰 힘이 될 것"이라고 말했다. 우리는 지금, 1세기 반 전에 칼 마르크스가 변혁 주체로 내세운 '노동자'가 오늘날 한국 현실에서는 '비정규직' '이주 노동자'로 재정의되고 있는 현상을 목도하고 있는 것이다.


## '생활 속 진보'가 절실하다 _ 진보의 확장과 심화②

조희연 성공회대 교수(50)는 기르던 콧수염을 1년 전 말끔히 깎았다. 2006년 11월 좌담을 위해 경향신문사를 찾았을 때 그 이유를 물었다.

"아직도 한국 사회에는 수염을 기르면 반사회적이라는 인상이 강한가 봐요. '교수라는 사람이 점잖지 못하게……'라는 눈으로 바라보는 것 같아서 그냥 밀어 버렸어요."

조희연 교수는 가끔 개량 한복을 입기도 하지만 공식적인 자리에서는 잘 입지 않는다. 수염을 깎은 것과 비슷한 이유다. 함께 좌담에 참여한 김혜정 환경운동연합 사무총장(43)이 조희연 교수의 말에 맞장구쳤다.

"시민운동을 하는 사람들이 한때 즐겨 입던 개량 한복을 요즘은 다들 거의 입지 않아요. 고집스럽다는 인상을 준다는 이유죠. 시민운동을 한다고 하면 그렇지 않아도 고집이 세다는 인상을 주는데, 개량 한복까지 입으면 최악이라는 얘기죠. 그래서인지 종로나 인사동 쪽에 있던 개량 한복집이 거의 망했다네요."

이화외고에서 시민들을 대상으로 영어 회화를 가르치는 미국인 영어 강사 파이퍼 칼슨 씨(34)는 어느 날 수강생들과 군대에 대한 대화를 나눴다. 어떤 경우에 병역 면제를 받느냐는 칼슨 씨의 물음에 한 학생이 "문신을 새기면 군대에 안 간다"고 답했다. 칼슨 씨는 도저히 이해할 수 없다는 표정으로 반문했다. "문신이 어때서요? 다른 사람에게 해를 끼치는 것도 아닌데. 그것도 표현의 자유 아닌가요?"

"한국 정서에 안 맞는다" "저 사람 너무 튄다"는 말은 '모난 돌이 정 맞기 쉬운' 한국 사회에서 사람들이 듣기 싫어하는 말들이다. 이 말들은 '우리 안에 보이지 않는 억압'으로 작용한다. 일상생활을 획일적으로 규율하는 무서운 질서이자 규범으로 작용하고 있는 것이다. 조희연 교수는 "일상의 진보라는 관점에서 볼 때 다양성을 제약하는 획일주의를 깰 필요가 있다"며 "한국 사회도 생활

> 남과 조금만 달라도 그 차이를 인정하지 않는 사회적 억압이 존재하는 한, 그런 심리적 억압을 당연시하는 한 결코 진정한 의미의 진보적 삶은 실현될 수 없다.

세계에서의 진보, 미시적 진보로 진보의 범위를 확장하고 심화시킬 때가 왔다"고 말했다. 남과 조금만 달라도 그 차이를 인정하지 않는 사회적 억압이 존재하는 한, 그런 심리적 억압을 당연시하는 한 진정한 의미의 진보적 삶은 실현될 수 없다.

진보는 주장이나 선언이 아니라 체화된 일상적 습관이어야 한다. 특별취재팀이 4개월간의 취재 도중 '진보 진영의 문제가 뭐라고 생각하느냐'는 물음에 일반 시민들로부터 가장 많이 돌아온 대답은 "언행일치가 안 된다"는 것이었다. 진보를 표방하는 사람들에게 '성인군자(聖人君子)'를 기대하는 것은 아니지만 적어도 자신의 생활 속에서 자신이 외치는 가치를 실천하는 모습을 보고 싶다는 것으로 해석됐다.

진보 성향의 계간지를 내는 모 출판사에서 일했던 윤 모 씨(43)는 몇 년 전 그 직장을 그만뒀다. 윤 씨가 진보를 표방하는 그 계간지의 방향이 좋아 옮긴 지 2년 만이었다.

"밖에서 알던 것과 많이 달랐어요. 그곳 역시 가부장적 문화가 지배하는 곳이었죠. 여성이 생리휴가를 갖는다든지, 강한 주장을 하는 모습을 봐주질 못해요. 소위 '진보'라고 하는 사람들에게 환멸을 느꼈어요. 그래서 미련 없이 나왔지요."

시민 단체에서 진보 성향의 교수들과 함께 일했던 서울대 대학원생 오 모 씨(30)는 "진보 운동을 하는 지식인들은 왜 하나같이 둥글둥글한 사람이 없고 모난 성격만 있는지 모르겠다"고 말했다. 오 씨는 "그들이 불의에 항거해 몸을 내던지며 우리 사회를 바꿔 오는 과정에서 형성된 자연스러운 성격으로 이해 못하는 것은 아니다"라며 "그러나 항상 불만에 가득 차서 욕지거리만 해 대는 모습에서 이 분들이 과연 언제 대안이 될 것인가 하는 의구심이 든다"고 말했다.

성공회대 한홍구 교수는 안식년을 맞아 조희연 교수가 포기한 수염을 기르고 있다. 그의 말이다. "전에는 사상과 이념으로 사람을 따졌는데, 그게 다가 아니고 이념과는 전혀 기준이 다른, 사람됨이라는 게 있더군요."

## 사회적 '대타협' 하자 _진보의 확장과 심화③

2006년 11월 27일 울산. 현대자동차 노동조합 상임집행위원들이 모여 있는 자리에서 민주노총 초대 위원장을 지낸 바 있는 민주노동당 권영길 의원단 대표가 마이크를 잡았다. 팽팽한 긴장감이 돌았다. "우리 노동운동에 대해 사회적 책임을 요구하는 목소리가 높아지고 있습니다. 노동 내부에서보다 밖에서 더 그렇습니다. 그런 말을 들으면 일면 분하고 답답하다는 생각이 듭니다. 언제부터인가 민주노총이 사회 발전을 가로막고 있는 것처럼 되어 있기 때문이죠. 가슴이 아픕니다. 하지만 실정과 다르더라도 이를 극복하는 것이 중요합니다. 노동운동이 어려울 때 큰 역할을 했던 현대자동차 노조가 노동운동의 새로운 미래를 위해 나서 주길 바랍니다."

현대차 노조가 사회적 연대를 위해 '국민연금보험료 지원 방안'에 동참할 것을 호소한 것이다. 한마디로 정규직 노동자가 자기 몫을 줄여 저소득

노동자를 도와주자는 제안이다. 국민연금에 가입하지 못한 저소득 노동자
는 4백 23만 명. 이들에게 2008년부터 5년간 보험료를 지원하려면 최소 8
조 5천억 원이 소요된다. 이 가운데 3조 원은 정규직 노동자가 미래 급여를
줄여 마련하고 나머지는 고소득자의 보험료 누진율을 올리고, 국민연금기
금 이자 차익으로 충당한다는 구상이다. 그리고 대형 사업장 중심의 불평
등한 임금 인상 방식을 수정해 임금격차를 완화하고, 노동자들의 세금 기
여 확대를 통해 고소득자들의 의무를 더 크게 요구하는 부유세 도입 등도
추진할 계획이다.

민주노동당의 이 '사회연대전략'은 국가와 자본을 상대로 양보를 요구
하고 투쟁하는 방식이 아니라, 자기희생을 통해 사회적 타협을 유도하고
주도해 나가겠다는 진보 진영의 대담한 시도라는 점에서 주목되고 있다.
노동계의 반응은 미묘하고 복잡하다. 민주노동당이 산별노조 대표자들을
대상으로 설명회를 했을 때는 "우리(노조)가 의사협회나 약사협회와 다르
다는 것을 보여 주어야 한다"는 긍정론이 나왔다. 그러나 "대기업 정규직
노동자에 대한 사회적 비판을 그대로 수용함으로써 보수적인 '노동 때리

기'에 동조하는 꼴" "정부의 반노동 정책이 노골화된 시점에 어울리지 않는 제안"이라는 비판도 많다.

이런 반응에서 보듯이 사회적 타협을 위한 한국 사회의 토대는 매우 취약하다. 노동에 대한 자본의 절대적 우위, 노동과 정부 사이의 불신과 배척, 정부의 노동 배제 정책, 낮은 노조 조직률, 노동계의 대표성 문제, 내부 정파 갈등 등 '숙제'가 산적해 있다. 그리고 "정부는 사회적 대화를 위한 능력도 의지도 철학도 없다"(박태주 한국노동교육원 교수). 자본은 "노동이 사회적으로 고립되면서 사회적 타협의 필요성을 느끼지 못하고 있다"(조진한 진보정치연구소 상임연구위원).

노·사·정 사이의 사회적 타협을 위한 첫 시도는 1998년 1월 외환위기를 계기로 출범한 노사정위원회 활동에서 찾을 수 있다. 경제위기는 고용 불안과 대량 실업, 대외 신인도 추락, 정치·사회적 균열을 유발했다. 그러자 세 사회 세력인 노·사·정이 대화와 타협을 통해 이 위기를 극복해야 한다는 분위기가 조성됐다. 하지만 다음해 2월 민주노총은 '정리 해고 수용'이라는 '아픈 상처'만 간직한 채 노사정위원회를 탈퇴했다.

실패의 가장 큰 원인은 정부의 노동 배제적 정책이다. 노동과 자본을 중재할 만한 '공정한 조정자' 역할을 하지 못하기 때문이다. 참여정부는 노동운동 세력에 대한 인내심 부족 끝에 적대 정책으로 돌아섰다. 초기 '사회 통합적 노동 정책'을 기치로 내걸고, 노동계의 원로인 김금수 씨를 노사정위원장으로 임명하는 등 사회적 타협 의지를 보였던 참여정부였다. 하지만 2003년 6월 철도 노조 파업에 대한 공권력 투입으로 정부는 인내의 한계를 예상보다 빨리 드러냈다. 특히 2004년 노사정위원회 참여를 공약으로 내걸고 당선된 민주노총 이수호 집행부가 출범하기도 전에 정부는 민주노총을 배제한 채 '2·8 일자리 창출을 위한 사회 협약'을 체결했다. 그해 10월에는 양대 노총의 반대에도 불구하고 비정규직보호법안을 국회에 상정, 완전히

> 사회연대전략은 국가와 자본을 상대로 양보를 요구하고 투쟁하는 방식이 아니라, 자기희생을 통해 사회적 타협을 유도하고 주도해 나가겠다는 진보 진영의 대담한 시도라는 점에서 주목되고 있다.

등을 돌렸다. 참여정부 초기 노사개혁 태스크포스팀장을 지낸 박태주 교수는 "이 정권에서 사회적 타협은 불가능하다"고 단언했다. 그 이유는 참여정부가 OECD에 제출한 보고서를 보면 잘 알 수 있다. 보고서는 민주노총을 '암적 존재'로 규정하고 '죽음에 이르는 파업 전략'을 구사한다면서 민주노총에 대한 극도의 적대감을 드러냈다. 민주노총의 참여를 배제한 채 한국노총과 협의를 거쳐 확정된 비정규직보호법을 두고 "충분한 대화와 타협을 통해 공감대를 형성한 명실상부한 사회적 대화의 결과물"이라는 청와대 국정 브리핑의 주장은 현 정부 노사 관계의 현실을 극명하게 보여 주고 있다.

조진한 연구위원은 "정부는 한쪽 팔로는 재벌을 껴안고 한쪽 발로는 노동을 차고 있다"면서 "노 대통령은 취임 이후 재벌들과는 수차례 회동했지만 노동계와 직접 만나 진지한 이야기를 나눈 적은 한 번도 없다"고 말했다.

대화와 타협을 위한 준비가 부족하기는 노동계도 마찬가지다. 내부 정파 갈등, '총파업' 관행에 따른 경직성과 전략적 판단 부재로 대화의 분위기를 조성할 능력이 없는 것이다. 민주노총은 2005년 사회적 대화 체제로 복귀를 선언한 지도부를 당선시킨 이후에도 노사정위원회 참여를 결정하려던 대의원 대회를 연이어 세 번이나 폭력 사태로 무산시켰다. 이는 대중으로부터의 고립을 가속화시켰다. 당시 위원장이던 이수호 씨는 2006년 11월 30일 "정파적 대립 구도 때문에 '사회적 타협'은 훼절이라는 비난을 받고 있으며, 결국 무조건 싸워야 한다는 강경론만 우세해지고 있다"라고 비판했다. 정부의 반(反)노동 정책에 총파업으로 맞서지만, 대중은 지치고 파업의 의미는 사라지면서 노동 세력은 사회적으로 고립되는 악순환이 반복되고 있는 것이다.

> "노 대통령은 취임 이후 재벌들과는 수차례 회동했지만 노동계와 직접 만나 진지한 이야기를 나눈 적은 한 번도 없다." _조진한 진보정치연구소 연구위원

현실이 이렇다고 해서 '사회적 타협'의 필요성이 사라진 것은 아니다. 먼저 신자유주의적 세계화에 대응하기 위해 필요하다. 박태주 교수는 "노·사·정이라는 사회적 주체가 세계화를 어떻게 인식하고 대응하는가, 그 과정에서 어떻게 서로 대화하며 타협하는가에 따라 세계화에 효과적으로 대처할 수 있다"고 강조했다. 그는 "세계화에 대한 사회적 대응이야말로 '1987년 노사 관계 체제'를 '2007년 체제'로 이행시킬 핵심적 연결고리"라고 말했다. 특히 박태주 교수는 "세계화에 대한 노동조합의 지지와 참여를 이끌어 내지 못하면 정부와 사용자 측이 추진하는 세계화 전략은 노사 관계의 덫에 걸릴 수 있다"며 정부의 노동 정책 전환을 조건으로 제시했다.

사회 세력 사이의 타협은 양극화나 비정규직 양산 등으로 상징되는 사회 해체를 막기 위해서도 필요하다. 분열과 대결 구도에서 심화되는 '노동의 고립' 현상을 그대로 두고는 사회문제를 풀 방법이 없다. 그런 조건에서는 노동자의 이익을 실현시킬 수도 없고, 사회적 발전도 이룰 수 없다. 김형기 경북대 교수는 "노·사·정·민 사이의 사회적 대타협 없이는 진보적 사회 발전을 할 수 없다"고 강조했다. 무엇보다 노동문제는 노동자라는 특정 집단만의 문제가 아니라는 것을 인식해야 한다. 노동문제는 사회적 갈등의 축이자 원천으로서 사회 모순이 응축되어 있는 공간이다. 노동문제로 인한 갈등은 사회 평화, 산업 평화를 깨뜨리고, 이념적 대결을 부추기며 적대적 정치의 토양을 제공한다. 그러나 사회적 대타협은 생산, 사회복지, 대화의 정치, 진보적 사회 발전의 원동력이 된다. 고려대 최장집 교수는 "노동문제

가 해결되면 다른 많은 것들을 풀 수가 있다"면서 "그러나 이것을 못 풀고
서는 사회문제를 해결할 수 없다"고 말했다.

그러므로 사회적 타협의 첫 번째 조건인 노동 정책 전환이 이루어지도록 정부에 대해 사회적 압력을 가하는 것이 절실하다. 노동계의 변화도 요구된다. 민주노동당이 제시한 사회연대전략의 성패는 노동계가 전략적 판단이 가능한지를 가늠하는 시금석이 될 것

> 무엇보다 노동문제는 노동자라는 특정 집단만의 문제가 아니라는 것을 인식해야 한다. 노동문제는 사회적 갈등의 축이자 원천으로서 사회 모순이 응축되어 있는 공간이다.

이다. 오건호 민주노동당 정책전문위원은 "(노동계도) 사회적 대화와 조정을 거부하면서 스스로에게 맨 족쇄를 풀고 진취적으로 가야 한다"며 "사회적 연대전략은 총파업 같은 '기동전'에만 집중할 게 아니라 정책적 콘텐츠와 대중의 지지를 바탕으로 한 '진지전'을 병행하자는 것"이라고 강조했다.


# 연대의 새로운 공간, 동아시아 _진보의 확장과 심화④


'동아시아'라고 하면 수출 시장으로만 이해하는 우리 현실에서 '동아시아 연대'라는 말은 아직도 생소한 감이 있다. 하지만 최근 동아시아 연대는 진보 진영의 새로운 전략으로 부상하고 있다. 다양한 영역에서 새로운 방식의 연대 활동이 활발하다.

2006년 12월 서남포럼에서 펴낸 『2006 동아시아연대운동단체 백서』에는 동아시아에서 연대 활동을 하는 단체 73개가 소개되어 있다. 여기에는 참여연대, 민주노총, 환경운동연합 등 기존 시민운동 단체들도 포함되어 있지만, 인권과 평화를 위한 국제민주연대, 베트남을 이해하려는 젊은 작가들의 모임, 한국동남아연구소, 아시아평화와 역사교육연대 등 동아시아를 중점으로 하는 단체들이 많다.

한국의 민중가요 '임을 위한 행진곡'
이 수록된 태국 노동자밴드 파라돈의
음반 표지.

김혜정 환경운동연합 사무총장은 "환경 운동은 문제 자체가 지구적인 문제여서 출발부터 국제 연대가 자유로웠다"면서 "특히 동아시아 국가들은 황사와 사막화 문제 등으로 밀접하게 연관되어 있어 공동의 대안 모색이 불가피하다는 점을 공감하고 있다"고 말했다.

각 나라의 시민사회와 국가의 관계, 시민운동의 특성 등이 달라 국제 연대가 순조로운 것만은 아니지만 환경 운동의 경우 이제 안정적인 대화의 채널을 확보했다. 한·중·일의 환경 단체들은 각국의 대표적인 환경 단체 주도로 만든 다국적 환경 정보 사이트인 '인바이로아시아(EnviroAsia)'를 통해 매주 3개국 언어로 정보를 공유하고 있다. 이 사이트를 통해 '에어컨 설정 온도 높이기' '원자력발전 반대' 등에 대한 아이디어를 주고받고 공동 보조를 취한다.

12월 13일 서울 프란치스코 교육회관에서 열렸던 '2006년 동아시아 연대의 현황과 전망' 포럼의 휴식 시간에 귀에 익은 노래가 연주됐다. '임을 위한 행진곡' 비디오였다. 놀랍게도 한국어 가사가 아니었다. 태국 민중가요 밴드가 부른 태국어 '임을 위한 행진곡'이 태국 노동 박물관에서 연주되는 모습을 담은 것이었다. 이 장면을 담아 온 전제성 전북대 교수는 "태국 노동자 밴드가 부른 이 노래에는 아시아 연대에 대한 희구가 담겨 있다"고 말했다. '운동의 수출'이라는 비판도 존재하지만 한국 노동운동의 경험은 동아시아 다른 국가들에서도 많은 참고가 되는 것이 사실이다.

노동운동의 연대는 해외 진출 한국 기업들의 부당노동행위를 감시하는 것을 중심으로 이뤄진다. 최근 언론을 통해 본격적으로 공론화된 대우인터내셔널의 미얀마 가스전 개발 사업의 문제(『경향신문』 2006년 12월 8일자 1면 보도)를 끈질기게 추적해 온 국제민주연대가 대표적이다. 불과 연간 3천만 원의 예산에 상근자 2명, 약간 명의 비상근자로 이뤄진 이 단체는 한국 또는 다른 아시아 국가에서 활동 중인 미얀마 민주화운동 인사들의 도움을 받아 현지 조사를 수차례 했다. 조사 대상에는 필리핀, 스리랑카, 방글라데시도 포함된다. 그 과정에서 공고해진 네트워크를 활용해 기업의 사회적 책임에 대한 국제 기준을 정리하는 사업도 벌였다. 민주노총 역시 2005년 10월 태국에 현지법인을 둔 '삼성 일렉트로-메카닉스'가 현지 노동자들이 노조를 설립하려 하자 수당과 복지가 떨어지는 하청 업체로 부당 전출시킨 편법 조치 등을 고발하는 보고서를 내기도 했다. 최미경 국제민주연대 사무국장은 "해외 한국 기업의 인권 문제를 우리가 감시하는 이유 중 하나는 한국 본사에 접근하기 쉽다는 장점이 있기 때문"이라고 말했다.

미얀마 출신 이주 노동자로 한국에서 미얀마 민주화운동을 하고 있는 마웅저 씨는 "우리들의 도움으로 '버마'(현 독재 정권을 인정할 수 없다며 이 명칭을 고집한다)에 들어갔다 온 한국의 시민운동가와 학생들이 지난 3년간 100명이 넘는다"며 "한국의 시민사회 덕분에 버마가 더 투명하게 변할 수 있기를 희망한다"고 말했다.

밖으로 나가지 않더라도 이른바 '우리 안의 아시아'에 더욱 관심을 갖는 연대 활동도 활발하다. 40만 명을 넘어선 국내 이주 노동자들의 대다수는 아시아 출신이다. 외국인 이주 여성의 인권 보호와 권익 신장을 위해 일하는 한국이주여성인권센터가 대표적이다. 국제결혼을 한 여성들이 겪는 가정 폭력과 성폭력을 상담하고, 이들의 모성 보호와 무료 진료 등을 한다. 한국염 대표는 "21개 국가에서 온 외국인 여성 노동자 15만 명의 문제에 대해 관심을 갖다 보니 운명적으로 아시아의 21개 국가 여성들과 연대할 수밖에 없었다"고 말했다.

동아시아 연대 활동은 반전 평화, 인권 일반, 노동, 여성과 소수자, 환경, 문화와 학술, 국제 개발 협력, 재외 동포 등 서로 다른 분야에서 다양한 목표를 지향한다. 하지만 진보 운동의 역량이란 한 나라 내에 갇히지 않고 국경을 넘어서 약한 자들이 서로 연대할 때 비로소 힘을 얻고 보편적인 흐름을 만들 수 있다.

## '연대'가 필요하다 _최태욱 한림국제대학원대학 교수

**최태욱**
1997년 '국제압력과 국내구조 사이의 친소비자 개혁-미일무역마찰과 대점법 개정'을 주제로 정치학 박사학위를 받았다. 참여정부 들어 대통령자문 동북아시대위원회의 수석 전문위원으로 활동했다.

한미 FTA 이슈가 온 나라를 시끄럽게 하고 있지만 그것이 우리 사회에 미치는 긍정적이고 건설적인 효과도 있다. 무엇보다 한국 사회의 미래에 대한 심각하고 구체적인 논쟁을 촉발케 했다는 점이다. 미국과의 경제통합은 결국 한국의 사회 및 경제 체제를 미국화로 치닫게 할 것인데, 그것을 과연 우리 사회의 구성원들이 동의할 수 있는 것인지, 아니라면 그 대안은 무엇인지 등에 관한 논의가 활발하다.

자본주의에는 여러 유형이 있다. 예컨대, 영미식이라고 불리는 자유 시장 경제 체제와 유럽식이라 불리는 조정 시장 경제 체제가 있다. 영미식은 시장과 자본의 자유를 최우선시함으로써 경제의 효율성을 강조하는 반면, 유럽식은 국가나 사회에 의한 시장의 조정을 장려함으로써 사회 공동체의 유지를 도모한다. 흥미로운 것은 이들 사이에서 소위 '자본주의 표준 경쟁'이 일고 있다는 점이다. 자신들의 자본주의가 세계 표준으로 설정될 경우 그 표준의 고안자 혹은 선도자로서 얻는 이익이 상당할 것임을 서로 잘 알고 있기 때문이다.

이 경쟁에서 미국이 유럽에 비해 훨씬 공세적이라는 것은 주지의 사실이다. 유일한 경쟁 상대인 유럽조차 수세에 몰리고 있는 상황에서 여타 지역이나 국가들이 미국의 신자유주의적 세계화 압력에 거의 무방비로 노출되어 있는 것은 어쩌면 당연한 일이다. 1980년대의 중남미 그리고 1990년대의 동아시아 국가들이 IMF 관리 체제에 들어가 신자유주의적 구조조정을 강요당한 것은 그 실상을 여실히 보여 주는 예이다. 우리 역시 IMF 구조조정을 뼈아프게 경험했고 이제 다시 FTA 방식에 의한 미국의 압력에 직면해 있다. 만약 우리가 우리에게 가장 합당한 자본주의 유형을 스스로 선택하고 그 성취를 위해 필요한 효과적 기제와 유리한 환경을 만들지 못한다면 우리는 결국 미국식 자본주의 아래에서 살아갈 수밖에 없을지 모른다. 물론 미국화가 이로운 것이라면 문제될 것이 전혀 없다. 그러나 문제는 대부분의 한국인들에게 미국화는 결코 바람직하지 않다는 것이다.

정도의 차이는 있지만, 자본주의는 유형별로 특정한 복지 체제 혹은 민주주의 형태와 친화성을 갖는다. 조정 시장 경제 국가들은 대부분 사회민주주의나 조합주의적 복지 체제를 발전시키고 있다. 약자에 대한 배려가 보편적인 복지 정책으로 제도화되어 있는 것이다. 한편, 자유 시장 경제는 자유주의 복지 체제로 연결되는 경향이 강하다. 복지의 질과 양조차 시장에서 결정되는 것이 원칙이므로 있는 자는 최상의 복지를 누릴 수 있으나 없는 자는 누군가의 시혜만을 바라보아야 하는 굴욕적인 처지에 빠지게 된다. 전자의 민주주의가 좀 더 참여적이고 포괄적이라면 후자의 민주주의는 배타적이거나 제한적이기 마련이다. 노동이나 농민 혹은 중소 상공인들과 같은 약자 집단들의 실질적 정치 참여는 당연히 전자의 민주주의에서 제대로 보장된다. 그들에 대한 사회적 보호가 더 튼실할 것임은 물론이다.

우리가 미국식 자본주의로 갈 경우 우리 민주주의는 사회경제적 약자들을 구조적으로 배제하고 소외하는 절름발이 민주주의로 전락할 가능성이 크다. 사회 안전망이나 복지 체계의 미비로 인해 가뜩이나 심각한 수준에 있는 사회 양극화 현상은 현재의 미국이 그렇듯이 당연한 현실로 고착될 것이다. 게다가, 우리 사회는 미국과 달리 빈부 격차의 용인 정도가 매우 낮은 사회다. 미국이 갖고 있는 다양한 인종, 광활한 영토, 무한의 내수, 최강의 군사력, 그리고 세계 기축 통화의 발행권 등 여러 형태의 격차 용인 기제가 우리에게는 없기 때문이다. 우리는 배고픈 것은 참아도 배 아픈 것은 참지 못한다고 하지 않는가. 양극화와 격차 확대를 당연시하는 미국화를 우리가 수용하기 어려운 까닭이다. 그렇다면 이제 미국화의 압력을 피할 수 있는 길을 심각히 모색해야 한다.

이 지점에서 동아시아 연대의 필요성이 재론된다. 유럽인들이 미국화의 압력에서 자유로울 뿐 아니라 심지어 미국의 대안 세력으로까지 발전할 수 있게 된 데에는 무엇보다 그들 사이의 강력한 연대가 있었다. EU는 그들의 공동체적 연대가 제도화된 결정체이다. 최근에는 중남미 국가들도 과거의 무방비 상태에서 벗어나고자 중남미 연합을 도모하고 있다. 그들은 일국 경제나 일국 민주주의로는 미국의 신자유주의적 세계화 압력을 떨쳐 내기 어렵다는 인식을 공유하고 있다. 동아시아 국가들 역시 1990년대 말의 외환위기를 겪으며 공세적 세계화 압력에 맞서 지역에 기반을 둔 공동 대응의 필요성을 절감한 바 있다. 동남아국가연합(ASEAN)에 한국, 일본, 중국을 포함하는 동아시아공동체(EAC) 형성 논의가 전개된 핵심 배경이었다. 그리고 그 논의 전개의 선두에는 한국의 김대중 정부가 있었다.

그런데 요 몇 년 사이 동아시아 연대론은 그 동력을 상당히 잃고 있다. 한국은 안보 중심 담론인 동북아 시대 구상에 매몰됐고, 일본은 미국과의 일체화 길을 걸으며 중국과의 대립을 심화시켰다. 그렇다고 ASEAN이 자체적인 리더십을 발휘할 수 있는 위치에 있는 것도 아니다. 미국화의 압력에 직면해 있는 우리 스스로는 물론, 동아시아 전체의 미래를 위하여 이제 한국의 국가와 사회가 다시 나서야 할 때다. 한국은 중·일 및 동북아·동남아 사이의 교량 역할을 강화함으로써 역내 국가들의 협력과 연대의 틀을 유지·발전시켜야 하며, 우리 사회는 그 연대의 내용을 구체화하는 작업에 몰두해야 한다. 특히 중요한 것은 후자, 즉 무엇을 위한 연대인지를 분명히 하는 작업이다.

동아시아 연대는 자본주의와 민주주의의 동아시아 표준을 설정해 가기 위함이다. 우리와 마찬가지로 동아시아의 다른 나라들에게도 미국의 표준은 맞지 않는다. 동아시아인들은 대체로 이(利)보다는 의(義), 그리고 효율성보다는 형평성을 중시하기 때문이다. 그렇다면 동아시아의 표준 설정 작업에는 분배와 형평 그리고 약자에 대한 배려의 가치를 중시하는 진보의 특징이 반영되어야 한다. 동아시아의 자본주의와 민주주의는 진보주의적이어야 합당하리라는 것이다. 그런데 진보주의적 표준의 형성과 공유는 한 나라의 노력만으로는 불가능하다. 일국의 진보는 미국이 주도하는 신자유주의 즉 신보수주의 세계화 압력에 구조적으로 취약한 것이 작금의 현실이기 때문이다.

미국의 세계화 압력은 기본적으로 일국에 대하여 개별적으로 가해진다. IMF를 앞세울 경우에도 소위 '창구 일원화' 원칙에 따라 IMF와 해당국이 양자적으로 교섭하게 하며, FTA 협상 역시 양자주의가 원칙이다. 복수나 다자주의 환경에서 가능한 상대국들의 집합적 행동은 미국의 압력 효과를 감소시키기 때문이다. 이는 개별 대응의 취약성과 집단 대응의 유효성을 동시에 반증하는 것이기도 하다. 한국의 진보는 독자적으로는 동아시아의 표준은커녕 스스로의 것도 만들어 내거나 지킬 수 없다. 진보를 표방했던 김대중과 노무현 양 정부가 신자유주의적 세계화를 추진하고 있는 모습은 사실그리 놀랄 일이 아니다. 동아시아의 자본주의와 민주주의는 오직연대를 통할 때만이 스스로에게 가장 적합한 형태와 속도로 발전할수 있다.

# 진보적 발전 전략 _진보의 확장과 심화⑤

진보·개혁의 위기는 진보·개혁에 대한 환멸과 서민·중산층의 '삶의 위기'를 초래했다. 참여정부의 사이비 개혁 세력은 그 '위기'를 심화시켰다. 참여정부의 45개월은 '진보적인 것'을 '새로운 것'이 아닌 '낡은 것'으로 인식하게 만들었다. '분배'와 '복지'에는 '해롭고 나쁜 것', 혹은 '불온한 것'이라는 빨간 딱지가 붙었다. 그로 인해 이 사회에는 과거 어느 때보다 신자유주의, 성장과 경쟁 제일주의가 기승을 부리고 있다. 이런 위기 속에서 탈출구를 찾으려는 진보·개혁 진영의 시도가 활발해지고 있다. 진보가 반대와 투쟁만으로 자기 존재를 확인하는 과거 방식 대신, 실천적 대안을 내놓고 사회를 바꿀 수 있는 실력을 보여 주자는 것이다.

진보가 나서서 '실사구시(實事求是)'의 대안으로 삶의 위기를 구출하자는 '정공법'이 시도되고 있다. 최근 대안 찾기 작업은 싱크탱크 중심으로 진행되고 있는데 두드러진 현상은 싱크탱크들의 연대이다. 2006년 11월 24일 한국의 주요 진보·개혁 진영 싱크탱크들이 대안 모색을 위해 한자리에 모였다. 진보정치연구소, 새로운사회를 여는 연구원(새사연) 등 10개 싱크탱크가 '위기에서 대안으로'라는 기치 아래 '한국 경제의 대안을 찾아서'란 주제로 첫 토론회를 열었다. 새사연 손석춘 원장은 "그동안 진보 진영은 경제나 외교·통상 같은 현실 문제를 어떻게 해결할 것인가에 대한 고민이 약했다. 안티 신자유주의만 있었지 대안을 찾아보자는 계기는 없었다"며 연대 배경을 설명했다. '느슨한 연대', 싱크탱크 사이의 이견 노출, 진보에 대한 인식 차이가 있지만 진보 진영의 주요 싱크탱크들이 한자리에 모여 머리를 맞댔다는 것 자체만으로도 의미가 있는 행사였다.

이들은 2006년 12월 20일 진보정치연구소 주관으로 2차 토론회를 열었

> 진보가 나서서 '실사구시(實事求是)'의 대안으로 삶의 위기를 구출하자는 '정공법'이 시도되고 있다.

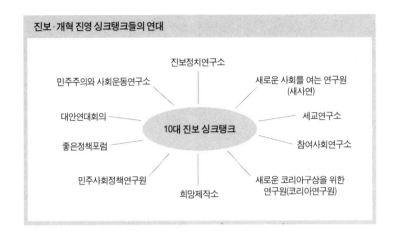

진보·개혁 진영 싱크탱크들의 연대

진보정치연구소

민주주의와 사회운동연구소

새로운 사회를 여는 연구원 (새사연)

대안연대회의

10대 진보 싱크탱크

세교연구소

좋은정책포럼

참여사회연구소

민주사회정책연구원

희망제작소

새로운 코리아구상을 위한 연구원(코리아연구원)

다. 이후에는 새사연 주관으로 '차베스 대통령 집권 후 베네수엘라 국가 모델', 코리아연구원 주관으로 진보적 외교·안보·통상 정책에 대한 토론회 등이 예정되어 있다. 정당·대학 산하 및 부설 연구소, 민간 연구소 등 10개 단체를 중심으로, 이들 진보 싱크탱크는 큰 틀의 경제·사회 체제에 대한 전략은 물론 개별 의제에 대한 정책 구상도 하고 있다.

민주노동당 부설인 진보정치연구소는 진보 진영에서 가장 활발하고 안정적으로 대안 생산 작업을 진행하고 있는 곳이다. 경상대 장상환 교수(경제학)가 소장이며 전문 연구원 10명이 일하고 있다.

연구소 김윤철 정책실장은 "경제, 복지, 정치 등 각 분야에서 사회적 공론 형성을 위한 대안 만들기에 중점을 두고 있다"고 말했다. 연구소는 2차 토론회에서, 그 결과물의 하나로 사회연대적 성장 모델(경제), 사회연대적 복지 모델(복지), 진보 정당 헤게모니 프로젝트(정치)로 구성된 '사회연대 국가전략'을 발표했다.

한겨레 전 논설위원 손석춘 씨가 원장으로 있는 새사연은 교육인, 의료인, 법조인, 언론인, 기업인, 문화 예술인, 종교인, 노동조합 간부, 그리고 일반 직장인에 이르기까지 사회 각계를 아우르는 100여 명의 생활인이 모인 민간 싱크탱크다. 세대로는 386이 주축이라고 한다. 정회원은 원칙적으

'위기에서 대안으로'라는 모
토 아래 10개 싱크탱크가 처
음 머리를 맞댔다. 김대중도
서관에서 2006년 11월 24일
'한국경제의 대안을 찾아서'
라는 주제로 열렸던 첫 토론
회 모습(새로운 사회를 여는
연구원 제공).

로 수입의 10퍼센트를 회비로 내고 회원
10명당 1명의 연구원을 고용해 현장 전
문성과 이론을 결합시키고자 하고 있다.
새사연도 최근 '노동 중심 국민경제론'
을 발표했다.

2005년 2월 창립한 '새로운 코리아
구상을 위한 연구원(코리아연구원)'은
동국대 박순성 교수(북한학)가 연구기
획위원을 맡고 있다. 고려대 김연철(북한학), 한신대 백준기(정치학), 숭실
대 이정철 교수(정치학) 등이 연구위원으로 참여 중이다. 코리아연구원은
최근까지 북핵 위기, 미국 중간선거, 동북아 정세 등에 대한 정치·외교 연
구 결과를 많이 내놓았다. 1월부터는 한·미, 한·일, 남·북, 한·중, 한·러
관계의 전망과 과제 등 외교뿐만 아니라 '한반도 정세 전망과 시민 사회운
동의 과제', '진정한 국가 경쟁력 제고를 위한 경제 정책 방향' '사회 통합을
위한 사회정책 방향' '2007 대선 국면과 진보·개혁 진영의 과제' 등에 관한
특별 기획을 진행하고 있다.

박원순 변호사가 주도해 만든 희망제작소는 '인간·생태·문화'에 중심
을 두고 개발 지상주의에 대한 비판적 대안 찾기 작업을 진행 중이다. 거시
적 담론보다는 미시 담론, 가능성 있는 아이디어를 현실화하는 데 주력하
고 있다. 김창국 전 국가인권위원장이 이사장을 맡고 있다.

국민대 조원희 교수(경제학)가 운영위원장을 맡고 있는 대안연대회의
는 신자유주의를 극복할 수 있는 민주적이고 자주적인 대안 정책을 개발하
고 한국이 처한 현실에서 이를 구체화할 수 있는 방안을 모색하는 활동을
하고 있다. 2006년 12월 5일 민주노동당 심상정 의원실과 함께 '기업의 사
회적 책임'에 관한 연구 발표회를 했고, 8일에는 한국사회과학연구소, 한
국사회경제학회와 함께 '글로벌 체제하의 통합과 갈등'이란 주제로 공동
학술 대회를 열었다.

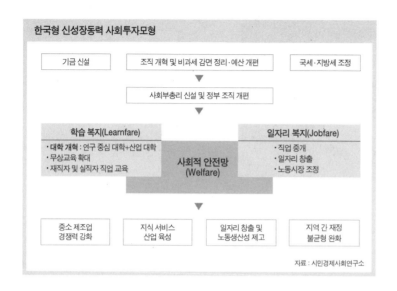

한국형 신성장동력 사회투자모형

| 기금 신설 | 조직 개혁 및 비과세 감면 정리·예산 개편 | 국세·지방세 조정 |

사회부총리 신설 및 정부 조직 개편

**학습 복지(Learnfare)**
· 대학 개혁 : 연구 중심 대학+산업 대학
· 무상교육 확대
· 재직자 및 실직자 직업 교육

**사회적 안전망 (Welfare)**

**일자리 복지(Jobfare)**
· 직업 중개
· 일자리 창출
· 노동시장 조정

| 중소 제조업 경쟁력 강화 | 지식 서비스 산업 육성 | 일자리 창출 및 노동생산성 제고 | 지역 간 재정 불균형 완화 |

자료 : 시민경제사회연구소

민주사회정책연구원은 진보 성향 대학으로 알려진 상지대·성공회대·한신대의 민주 대학 컨소시엄으로 만들어졌다. 성공회대 신정완 교수(경제학), 상지대 홍성태 교수, 한신대 윤상철 교수(사회학) 등 3개 대학 정치·경제·사회학과 교수 25명이 참여하고 있다. 사회운동연구소, 세교연구소, 좋은정책포럼, 참여사회연구소도 10개 싱크탱크에 참여한 단체들이다.

청와대 전 참여혁신 수석비서관 박주현 변호사가 만든 시민경제사회연구소는 '한국형 신성장동력 사회투자모형과 그 실현을 위한 조세 재정 개혁 과제'라는 제목의 664쪽 보고서를 내 주목을 받았다. 연구소는 대안의 유통과 소통을 위해, 1억 원 정도의 비용이 들어간 보고서를 홈페이지에 올려놓았다.

현장 운동가들도 대안 작업을 준비 중이다. 인권·노동·학술·환경 영역 진보 진영 20여 개 운동 단체의 활동가 70여 명이 2007년 초 창립을 목표로 하고 있는 '진보전략포럼'이 대표적이다. 참세상의 홍석만 사무처장은 "정세 분석을 중심으로 하는 사회운동의 싱크탱크로서 한국 사회의 주요 전략에 대한 진보적 정책을 내놓을 것"이라고 말했다. 학자들의 대안 제시도 활발하다.

성공회대 신정완 교수는 최근 '한국형 사회적 시장경제 모델' 구상을 발표했다. 한성대 김상조 교수는 '중소·중견 기업 발전 전략'을 내놓았다. 성공회대 조희연 교수는 "국가가 재벌을 지원하는 것만이 아니라, 사회적 일자리, 공공 부문, 중소기업, 골목 경제에 대한 지원을 통해 지구화 시대의 완충적 선순환 기제를 만들어야 한다"는 주장을 담은 '생태·사회민주주의 국가'를 제시했다.

최근 진보 진영이 내놓은 대안은 사회·경제적 토대를 어떻게 마련할 것인가에 중점을 두고 있다. 보수 진영의 '기업하기 좋은 정부=작은 정부론' '성장 우선·제일주의'를 극복하면서 진보 진영의 아킬레스건으로 지적됐던 '성장 전략의 부재' '이념형'이라는 비판을 벗어나 '성장' 개념을 적극적으로 끌어들인 것이 특징이다.

그러나 몇몇 구체적 작업 결과물을 빼고는 여전히 실현성·구체성이 부족한 '스케치' 수준에 머물러 있다는 지적이 많다. 고려대 박상훈 교수(정치학)는 "지금 나온 전략들은 실현 가능성과 총체적 비전이 약하다"며 "특히 경제 발전 전략은 사회·교육 정책과 정당 체제와 결합할 수 있는 체계적 대안이어야 하는데 아직은 단편적"이라고 평가했다. 박상훈 교수는 "진보는 정치의 방법으로 변화를 모색하는 힘이어야 하는데 대부분 비정치적 접근이 많다"면서 "정치적 조건을 갖추는 문제에 대한 진지한 고려가 없어 진보파도 정책 로드맵만 양산하는 인상"이라고 말했다. 서울산업대 정이환 교수(사회학)는 "어떻게 실천될 수 있는가에 대한 고민은 많이 부족하다"며 "아직도 진보 진영의 대안 논의는 거대 담론 투쟁 수준으로 보인다"고 말했다. 성공회대 조희연 교수는 "보수 담론에 대항하는 현실적인 대안을 만들어야 한다"며 '실현 가능한 정책으로 무장한 진보'를 강조했다.

'한국적 대안의 부재'도 지적되고 있다. 신정완 교수는 "모두 '한국적' 대안을 제시하겠다고 말하지만 대부분 스웨덴과 독일, 덴마크 등 유럽의 경험을 취사선택하는 정도에 머물고 있다"고 말했다.

분단 현실과 세계화 문제를 그냥 지나치고 있다는 지적도 나왔다. 한신대 이해영 교수(국제관계학)는 "현재의 세계화 체제에서 국내 논의만으로는 그것이 무엇이든 '반쪽' 미만의 진실일 뿐"이라며 한·미 FTA를 예로 들었다. 그는 "한·미 FTA의 개혁 없이 또는 이를 포함한 발전 전략 없이 진행되는 국내의 프로그램은 온전히 그 성과를 거둘 수 없다"고 지적했다. 진보 진영은 WTO, IMF의 해체 내지 개혁 의제도 선점해야 한다는 주장이다. 경북대 김형기 교수는 "현재 한국의 정세에 비추어 볼 때 진보적 성장 담론과 진보적 안보 담론이 결여되어 있는 것이 큰 문제"라며 "세계 유일의 분단국가이므로 반드시 통일 문제가 포함되어야 하고 한반도 전체 수준에서 사회 발전 전략이 제시되어야 한다"고 말했다.

진보가 해결해야 할 과제로 '현장과의 연대' '대중과의 소통' '사회적 대화' 문제도 제기됐다. 새사연의 손석춘 원장은 "'어떤 사회가 가능한가'를 보여 주는 치밀한 정책 대안 만들기뿐만 아니라 싱크탱크와 노동·농민운동 영역의 현장 운동가들과의 네트워킹을 통해 함께 문제를 풀어 나가는 것도 과제"라고 말했다. 김형기 교수도 "진보적 사회 발전 전략은 그 자체로 고립된 학술적 논의에 그쳐서는 아무런 쓸모가 없다"며 "진보적 사회 운동과 연계하여 제기하고 다른 한편으로는 다양한 사회 계층과 대화하면서 수립해야 한다"고 말했다. 경북대 이정우 교수는 "사회적 대화 모델의 필요성과 현실적 가능성이 충분히 논의되어야 실현 가능성이 있다고 할 수 있는데, 이에 대한 논의가 생략되고 있어서 자칫 사상누각이 될 수 있다"고 우려했다.

2007년 대선 국면을 적극 활용해야 한다는 주문도 나왔다. 시민경제사회연구소 박주현 소장은 "대선은 발전 전략을 상품으로 내놓고 국민으로부터 판단을 받아 볼 수 있는, 큰 줄기의 변화를 내세울 수 있는 좋은 기회"라며 "진보·개혁 진영은 정교하고 책임감 있게, 국민의 삶과 연관된 전략을 대선 국면에서 분명하게 제시해야 할 것"이라고 말했다.

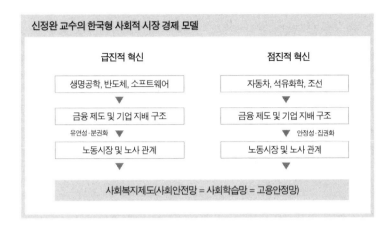

| 급진적 혁신 | 점진적 혁신 |
|---|---|
| 생명공학, 반도체, 소프트웨어 | 자동차, 석유화학, 조선 |
| ▼ | ▼ |
| 금융 제도 및 기업 지배 구조 | 금융 제도 및 기업 지배 구조 |
| 유연성·분권화 ▼ | 안정성·집권화 ▼ |
| 노동시장 및 노사 관계 | 노동시장 및 노사 관계 |
| ▼ | ▼ |
| 사회복지제도(사회안전망 = 사회학습망 = 고용안정망) | |

## 주목할 만한 세 가지 발전 모델

최근 진보·개혁 진영에서 내놓은 국가 및 사회 발전 전략·모델 중 주목할 만한 것은 진보정치연구소의 '사회연대국가전략'과 시민경제사회연구소의 '한국형 신성장동력 사회투자모형'이다.

'사회연대국가전략'의 핵심은, 성장과 분배의 접합이다. 기본 생활 보장·복지 동맹 구성을 기본으로 '사회연대 복지 모델'을 만들고, 이를 기본으로 복지 정책의 '투자적 성격'과 사회 구성원의 '사회적 책임'을 강조하고 있다. '사회연대 성장 모델'로는 비정규 노동을 기본으로 하는 로우로드(Low Load) 전략에 대비되는 하이로드(High Load) 전략을 내세운다. 이 전략은 복지를 통한 성장 잠재력의 증대를 전제로 한다. 저소득층에 대한 교육 및 훈련 지원은 인적 자원에 대한 직접적인 투자인 동시에 기술 혁신 환경을 개선하는 성장 정책이라는 설명이다.

노동의 '참여'도 전략의 주요 개념 가운데 하나다. 시민경제사회연구소는 "세계 경쟁에서 안정된 기업의 수익 구조를 유지하기 위해서는 기술·작업장 혁신과 생산성 강화 등이 이루어져야 하고, 노동

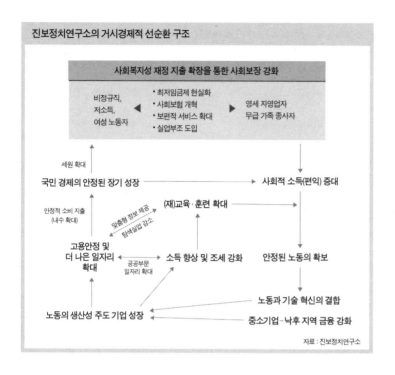

진보정치연구소의 거시경제적 선순환 구조

사회복지성 재정 지출 확장을 통한 사회보장 강화

비정규직,
저소득,
여성 노동자

◀
- 최저임금제 현실화
- 사회보험 개혁
- 보편적 서비스 확대
- 실업부조 도입
▶

영세 자영업자
무급 가족 종사자

세원 확대

국민 경제의 안정된 장기 성장 ──────── → 사회적 소득(편익) 증대

안정적 소비 지출
(내수 확대)

맞춤형 정보 제공
탐색실업 감소

(재)교육·훈련 확대

고용안정 및
더 나은 일자리
확대

공공부문
일자리 확대

소득 향상 및 조세 강화

안정된 노동의 확보

노동과 기술 혁신의 결합

노동의 생산성 주도 기업 성장 ──────── 중소기업 – 낙후 지역 금융 강화

자료 : 진보정치연구소

이 주도적으로 경영에 개입해야 대중의 지지를 얻을 수 있다"고 설명했다. '한국형 신성장동력 사회투자모형'은 '학습 복지(Learnfare)', '일자리 복지(Jobfare)', '사회적 안전망(Welfare)'으로 구성된 '3-fare'다. 노동 시장에서 배제된 노동자가 낭떠러지로 떨어지지 않도록 사회적 안전망을 갖추고, 평생 학습 시스템을 통해 산업 수요에 맞는 지식과 기술을 지속적으로 습득하며, 적극적 노동시장 정책을 통해 이들을 다시 노동시장에 투입하는 구조를 만들자는 것이다. 이를 실현하기 위해 '자본과 건설 중심'의 현 예산 구조를 '사람 중심(투자)' 예산으로 바꾸고, '사회부총리'를 신설, 예산권을 줄 것을 제안했다. 박주현 소장은 "산업 구조가 성숙하고 지식 기반 경제로 진입한 지금은 인적 자본과 지식이 성장을 이끌고 있다. 경제 투자보다는 사람의 역량을 강화하는 사회 투자가 더 큰 성장 동력이 될

수 있다"고 말했다.

　성공회대 신정완 교수의 '한국형 사회적 시장경제 모델'은 사회·경제 발전 모델로는 처음 나온 것으로 대안 구상에 주요 참고 모델로 활용되고 있다. '성장-효율-혁신'과 친화성이 있는 '유연성', '분배-균형-복지(점진적 동반 성장)'와 친화성이 있는 '안정성'을 결합한 '유연 안정성(flexecurity)' 확보가 핵심 주장이다. 미국과 영국은 유연성을 중점을 두었기 때문에 경제적 불평등과 서민 대중의 경제적 불안정성 수준이 높고, 독일·프랑스는 안정성에 초점을 둬 저성장, 고실업 문제를 안고 있다. 신정완 교수는 이런 분석에 따라 "덴마크 등 북유럽 국가는 튼튼한 사회 안전망을 배경으로 노동시장 유연화를 이루고 학습 복지를 강화해 노동력의 질을 높였다"며 "한국의 경제 모델도 북유럽의 사민주의와 가까운 것이어야 한다"고 말했다.


## 진보엔 'SERI'가 없다

　"진보 진영에는 삼성경제연구소(SERI)가 없다." 진보 진영의 빈약한 '싱크탱크' 현주소를 보여 주는 말이다.

　SERI는 박사급 100명을 포함, 상근 연구 인력 120여 명을 보유한 국내 최대의 싱크탱크다. SERI의 2005년 예산은 8백 50억 원을 넘었다. 주식의 100퍼센트는 삼성 계열사가 보유하고 있다. 기업체 경영 자문이나 국가 기관 용역 보고서 등으로 벌어들인 영업 수익도 8백 36억여 원에 달한다.

　진보 진영 내 가장 큰 싱크탱크는 민주노동당 부설 진보정치연구소이다. 진보 진영의 SERI를 목표로 하고 있다. 그러나 현재는 골리앗과 다윗의 싸움에 불과하다. 국고 보조금 등으로 이뤄진 연간 예산은 6억 원이고, 상근 연구원이 10명뿐이다. 진보정치연구소 외에 자립적인 경제 기반을 가진 싱크탱크는 몇 개 안 된다. 박원순 변호사라는 걸출한 스타 활동가가 있는 희망제작소와, '충성도'가 높은 386 직장인 100여 명의 '십일조'로 운영되는 새로운 사회를 여는 연구원, 박주현 전 청와대 참여혁신 수석비서관이 유한킴벌리 등의 지원을 받아 프로젝트를 진행 중인 시민경제사회연구소 정도다. 이들 역시 재계 버팀목이 있는 보수 싱크탱크들에 비하면 '구멍가게' 수준이다.

참여사회연구소, 좋은정책포럼 등은 대부분 상근자가 1명에 불과하거나 상근자 없이 운영되고 있다. 진보 진영의 힘은 결국 네트워크에 있다고 하지만 그것만으로는 약한 물적 기반을 극복하는 데 한계가 있다. 최근 진보 진영 간의 연대와 대안 제시 움직임이 활발해지고 있지만, 열악한 물적·인적 기반의 한계를 벗어나지는 못하고 있다. 대안 논의 수준도 낮다.

김윤철 진보정치연구소 정책실장은 "논의가 지나치게 공허하고 추상적"이라고 지적했다. 김윤철 실장은 "정책 대안을 내놓으려면 정확한 연구 조사에 기반을 두고 최소 1년 이상 지속적으로 토론해야 하는데, 친분이 있는 연구자들끼리 모여서 그나마 새롭게 연구한 것도 아닌 결과물을 세미나 수준에서 공유하는 것이 현실"이라고 말했다.

미국의 경우처럼 새로 들어설 정부의 정책 기조를 잡아 주는 싱크탱크의 역할을 할 곳이 없었던 우리 진보 진영으로서는 SERI가 그 일을 대신하는 것을 지켜봐야만 했다. 김윤철 실장은 "교수 중심의 싱크탱크를 벗어나, '사회운동＋정책＋학술'을 겸비한 정책 활동가들을 양성해야 한다"고 강조했다. 박주현 시민경제사회연구소 소장은 "미국처럼 공익 재단도 없고, 대학이 진보담론의 메카 역할도 못하는 우리 현실에서 진보진영은 노조 이상의 물적 기반이 없다"며 "그나마도 활성화되지 못해 민주노총의 지원을 받는 한국노동사회연구소 외에는 변변한 성과가 없다"고 말했다.

'한 우물을 파는' 꾸준함도 요구된다. 신정완 성공회대 교수는 "홍준표 의원이 '반값 아파트' 이야기를 하니까 약간의 전환이 일어났음을 부인할 수 없다"면서 "진보 쪽에도 교육만 10년 동안 연구한 사람, 부동산만 10년 연구한 사람이 나와야 한다"고 말했다. 그러나 신정완 교수는 "진보 진영의 물적 기반이 취약하지만, 한국개발연구원(KDI), 산업연구원 등 기존 국책 연구 기관의 연구 결과나 통계만 잘 활용해도 얼마든지 진보적 시각에서 해석해 내고 의미 있는 결과를 도출해 낼 수 있다"고 말했다.

# 진보적 가치는 여전히 유효하다

진보적 지식인들은 진보·개혁의 위기가 곧 삶의 위기를 초래했다는 인식에 공감을 표시하며 진보 세력이 삶의 질을 개선하기 위한 실천적 노력을 통해 대안 세력으로 나서야 한다고 지적했다.

이제 문제는 '무엇을 할 것인가'다. 진보 진영은 어떤 가치를 지향할 것인가, 복지 재원은 어떻게 마련할 것인가, 성장과 분배라는 '두 마리 토끼'를 어떻게 잡을 것인가. 진보 진영도 성장을 얘기해야 한다면 산업의 우선순위는 어떻게 돼야 하는가.

사실 어느 것 하나 만만한 문제가 없다. 발로 구르는 현장 기자들로서는 이 많은 난제들에 답할 능력이 없다. 대신 물음을 한국 사회의 진보 진영에 속하는 학자들과 활동가들에게 떠넘겨 봤다. 지식인이라는 직함을 달고 있는 이들이라면 응당 나눠 가져야 할 고민들이기에.

평소 학생들에게 어려운 시험 문제를 출제하고, 장문의 글들로 화려한 논쟁을 벌여온 이들에게도 주관식 시험 문제 형식의 설문은 피하고 싶은 과제였던 것 같다. 설문을 보낸 40여 명의 학자 또는 활동가들 중 서면 답변이나 인터뷰에 응해 온 사람은 12명이었다.

김상조 한성대 교수, 김윤철 진보정치연구소 정책실장, 김형기 경북대 교수, 박상훈 고려대 아세아문제연구소 교수, 박주현 시민경제사회연구소장, 신정완 성공회대 교수, 양재진 연세대 교수, 이정우 경북대 교수, 이해영 한신대 교수, 정이환 서울산업대 교수, 조희연 성공회대 교수, 최장집 고려대 교수의 답변을 여섯 부분으로 나눠 문장으로 이어봤다.

## 진보적 발전과 세금 인상

진보 진영이 구상 중인 사회·경제 발전 전략은 사실상 '증세'를 전제하고 있다. 때문에 보수 진영이 내세운 '세금 폭탄' 조어와 프레임을 어떻게 극복하느냐가 과제이다. 설문에 응한 전문가들은 '세금 폭탄'을 보수 진영의 담론 투쟁으로 규정하며 정면 돌파를 주장했다. 경북대 김형기 교수는 "증세냐 감세냐의 소모적 논쟁에 휘말리지 않고, 보수 진영이 만든 참주 선동적인 '세금 폭탄'이란 프레임의 덫에 걸리지 않기 위해서는 '지속 가능한 진보를 위한 조세 개혁' 담론을 제시해야 한다"고 말했다.

비전과 발전 전략에 대한 국민적 공감대를 확보한 뒤 그 토대 위에서 '국민 부담(조세)'과 '혜택(복지)'의 조합을 제시, 국민이 선택하게끔 하자는 주장이다. 이정우 교수도 "한국의 조세 부담률 20퍼센트는 우리 소득 수준에서 결코 높은 것이 아니다. 빈약하기 짝이 없는 사회 서비스를 개선하기 위해서는 돈이 들며, 세금을 늘릴 필요가 있다"면서 "다만 세금 인상이 내 삶을 개선시킨다는 확신을 주어야 하며, 그런 점에서 사회 서비스 개선을 반드시 패키지로 발표해야 한다"고 말했다. 조희연 교수는 "한국 사회는 세계 10대 무역 대국에 걸맞은 증세가 불가피하다"며 "적극적 증세와 복지를 통해 안정성을 만들어 가는 것이 기업과 시장에 합리적"이라고 말했다.

> "빈약하기 짝이 없는 사회 서비스를 개선하기 위해서는 돈이 들며, 세금을 늘릴 필요가 있다. 다만 세금 인상이 내 삶을 개선시킨다는 확신을 주어야 한다." _이정우 경북대 교수

정이환 교수는 선(先)조세 정의 확립을 주장했다. 그는 "우선 조세의 형평성 문제를 해결하고, 조세 증가가 국민에게 실제 혜택으로 돌아온다는 것을 납득시켜야 한다"면서도 "진보 진영은 모든 것을 조세와 국가를 통해 해결하려는 유혹을 자제하고, 민간 부문이 할 수 있는 역할도 적극 고려해야 한다"고 말했다. 양재진 교수도 "증세는 먼저 신규로 필요한 국가 서비스가 무엇인지를 명확히 제시하고 이 소요를 마련하는 차원에서 다루어져야 한다"며 "OECD 국가보다 예산 규모가 작으니까 하는

식으로 접근해서는 곤란하다"고 말했다.

## 어떤 가치를 추구해야 하나

박상훈 교수는 "평등"이라고 답했다. 그는 "평등의 조건이 위협받으면 자유 역시 숨 쉴 수 없다"며 "지금 한국 사회는 불평등의 과도한 심화가 자유도 위협하는 상황"이라고 말했다. 박상훈 교수는 "불평등 문제의 핵심은 중산층이 하층으로 전락하는 양극화의 문제가 아니라 오로지 노동 소득에 의존해야 하는 기존의 중하층, 사회 저변층이 급격히 빈곤화된 데 있다"고 말했다.

김윤철 실장은 "분배 정의가 절실한 상황인데도 증세를 하자고 하는 현실 정치 세력이 없다"면서 "증세를 통해 복지를 강화하자는 유일한 세력이 진보"라고 강조했다. 그는 "정치의 본분이 사회적 부나 권력을 분배하는 것인데, 이 과정에서 사회적 약자의 입장을 대변할 수 있는 유일한 세력 또한 진보"라고 말했다. 이정우 교수는 "어느 나라든 시장과 국가, 그리고 시민사회의 적절한 조합을 찾아가는데 우리는 유독 불균형이 심하다"며 "세 가지의 조화, 특히 한국에 빈약한 공공 영역을 확대해 나가야 한다"고 말했다.

> "증세를 통해 복지를 강화하고, 사회적 부와 권력을 분배하는 과정에서 약자의 입장을 대변하는 것이 진보의 본분이다." _김윤철 진보정치연구소 정책실장

조희연 교수는 "복지국가의 합리적 핵심을 계승하면서 지구화 시대의 대안적인 사회적 완충 국가 모델을 만들어야 한다"고 말했다. 양재진 교수는 "좌파 혹은 진보라고 자처하는 분들이 신자유주의와 시장을 진보와 대척점으로 설정한다면, 당분간 진보의 미래는 없다"고 말했다.

## 사회적 타협 어떻게

"사회적 타협은 꼭 필요하지만 현재와 같은 노동-자본의 힘 관계에서

는 쉽지 않을 것"이라는 것이 대체적인 대답이었다.

이정우 교수는 "사회적 대화 모델의 현실적 가능성이 충분히 논의되지 않으면 모든 진보적 발전 전략이 허황된 말장난에 그칠 수 있다"고 말했다. 정이환 교수는 "자본주의 체제에서의 개혁이라는 것을 전제로 한다면 사회적 타협은 필수"라며 "타협 자체를 백안시하는 일부 진보 진영의 시각은 바뀌어야 한다"고 말했다. 그러나 어떤 타협인가가 문제다.

> "자본주의 체제에서의 개혁을 전제로 할 때 사회적 타협은 필수다."
> _정이환 서울산업대 교수

박상훈 교수는 "현재 사회적 타협은 주로 기업의 투자와 고용 확대, 재벌의 소유권 보장, 노동의 임금 억제, 생산성 향상 중심이고, 노동의 시민권에 대한 관심은 매우 약했다"고 지적했다. 그는 "사회적 타협을 주관하고 향후 그 협약을 지속시킬 정치적 힘이 취약하다"고 말했다.

신정완 교수는 "스웨덴이 19세기 말 사회적 타협이 가능했던 것은 무시할 수 없는 노조의 힘, 사회주의 물결이 있었기 때문"이라고 "그러나 민주노동당의 사회연대 방안은 정부의 협조를 이끌어 내지 못할 것"이라고 진단했다. 김상조 교수는 "작은 성공 경험의 확립과 규칙 위반에 대한 제재를 전제하지 않고는 성공할 수 없다"고 말했다.

## 성장 동력 우선순위는

중소기업, 지식산업, 여성, 지방, 부품 소재 산업, 서비스 산업 등 개별 부문들 가운데 학자들은 대체로 중소기업과 부품 소재 산업이 가장 중요하다고 생각했다. 김상조 교수는 "진보적 성장 모델은 산업 정책의 대상을 중소기업과 소재 부품 산업으로 명확히 하는 데에서 출발해야 한다"고 말했다. 정이환 교수는 "대기업의 수출이 국민경제에 기여하는 바는 감소 중"이라며 "부품 소재 산업이 대개 중소기업의 몫이니 둘을 하나로 묶어 그것을 성장 동력의 최우선으로 삼아야 한다"고 말했다.

박상훈 교수는 "중소기업과 부품 소재 산업은 한국의 제조업이 강해지기 위해 가장 중요한 분야"라고 말했다. 김형기 교수는 "지방에 있는 부품 소재 산업의 중소기업을 혁신적 지식 기업으로 육성하는 정책 패키지를 추진하는 것이 바람직하다"고 말했다.

지식 기반 산업과 서비스업에 대해서는 의견이 갈렸다. "서비스 산업이 '성장 엔진'으로서의 역할은 크지 않지만 다른 산업의 경쟁력을 좌우하는 '중간재'로서 중요하다"(김상조)는 주장이 있는 반면 "서비스 산업은 대안이 될 수 없다"(박상훈)는 의견이 있었다. "현재 한국 제조업 수준으로는 향후 지식 산업을 통한 상품의 부가가치를 높이는 것이 가장 중요하다"는 주장과 "벤처 산업의 여러 결과들이 입증하듯 지식 기반 산업의 담론은 과장이 많다"는 의견이 맞섰다.

> "진보적 성장 모델은 산업 정책의 대상을 중소기업과 소재 부품 산업으로 명확히 하는 데에서 출발해야 한다."
> _김상조 한성대 교수

## 참여와 연대, 그리고 환경

참여와 연대, 환경이 진보의 소중한 가치라는 점에 대해 많은 학자들이 이의를 달지 않았다. 그러나 그것이 진보의 핵심 가치, 최우선 순위여야 하는가에 대해서는 이의가 존재했다.

조희연 교수는 "개발이라는 이름으로, 또 그것을 하면 잘살 줄 알고 진행한 다양한 프로젝트들을 재검토해야 한다"며 "국가는 거대한 토목 건설 사업으로 경기를 부양하고 개인은 어떻게든지 부동산으로 재산을 불리는 이 구조를 혁신해야 한다"고 말했다.

반면 정이환 교수는 "참여와 연대가 진보의 핵심 가치가 되어야 한다는 점에는 이의가 없다"며 "그러나 한국에서 단기간에 진보가 생태주의를 최우선 가치로 내세우기는 어려워 보인다"고 말했다.

박상훈 교수는 "어느 사회든 물질적 기초의 생산이 기본이고 이를 둘러싼 계급의 문제가 중심이다. 결국, 이를 개선하려는 정치적 갈등과 국가의 문제에 어떻게 접근하느냐가 중요하다"며 "이에 대한 기초 없이 비물질적 가치에 초점을 둔 이른바 신정치학(new politics)을 과도하게 불러들이는 것은 결국 중산층적 비전을 넘어서기 어렵다"고 말했다.

이해영 교수는 "참여, 연대, 환경이라는 주제가 어쩌 참여정부의 슬로건 이상이 아닌 듯하다"며 "국내 차원의 문제에 갇히지 말고 한걸음 더 나아가 세계화 레짐의 개혁도 포함되어야 한다"고 말했다. 양재진 교수는 "이 가치들이 진보 이념에서 중요하긴 하지만, 이 때문에 문제 해결을 위한 실용주의적 처방이 경시 되거나 순수함을 잃지 않기 위해 실용주의가 회피되는 운동적 차원의 접근이 적어도 정치사회 내에서는 사라졌으면 한다"고 말했다.

> "문제 해결을 위한 실용주의적 처방이 경시되거나 순수함을 잃지 않기 위해 실용주의가 회피되는 운동적 차원의 접근이 적어도 정치사회 내에서는 사라졌으면 한다." _양재진 연세대 교수

## 성장과 분배의 관계

성장과 분배의 문제는 증세·감세 문제와 마찬가지로 진보와 보수 사이에 끝없이 되풀이되는 논쟁이다. 많은 진보학자들은 성장과 분배가 서로 모순되는 것을 가정하는 논리를 우선 깰 필요가 있다고 말했다.

이해영 교수는 "성장과 분배를 동일면에 놓는 것부터 신자유주의 세계화의 이데올로기라 본다"며 "성장의 지표로 제시되는 GDP 몇 퍼센트 따위의 지표 자체가 신자유주의 세계화 체제의 도구이므로, 여기에 집착해서는 안 된다"고 말했다. 박상훈 교수는 "현 상황에서는 분배 효과가 큰 정책을 더 많이 선택해야 하지만 그것이 근본적인 대안이 될 수는 없다"며 "성장과 분배의 이분법은 비현실적이고 문제를 자주 이데올로기적인 선택으로 만든다"고 말했다.

조희연 교수도 "지구화 시대에 분배와 성장의 단순 대립은 구(舊)모델일 수 있다"고 말했다. 분배를 희생하지 않는 성장이 가능하다는 뜻이다.

이정우 교수는 "한국처럼 성장 일변도로 국가를 운영해 온 나라는 유례를 찾기 어렵다"며 "그런 불균형과 비대칭을 과감히 제거하기 위해 성장과 분배는 동행하는 것이라는 인식이 필요하다"고 말했다. 그러나 "진보 진영이 분배와 평등을 절대시하지 말고 성장에 더 관심을 가져야 한다"는 학자들도 적지 않았다.

양재진 교수는 "서구 좌파가 성장을 얼마나 중요하게 생각하는지 모른다"면서 "성장에 대한 한국 좌파의 무관심, 성장을 논하면 우파인 양 몰아세우는 듯한 분위기는 없어져야 한다"고 말했다. 김형기 교수는 "그동안 진보의 정책 대안에서 분배와 복지만 강조되고 성장은 소홀히 해 왔다"며 "한국 경제는 앞으로 적어도 20년간은 5퍼센트대의 경제 성장을 유지해야 선진 복지사회에 진입할 수 있다"고 말했다. 정이환 교수는 "진보 진영이 성장에 대한 대안을 제시하기 위해서는 분배나 평등을 절대시하지 않는 것이 필요하다"고 지적했다.

> "성장의 지표로 제시되는 GDP 몇 퍼센트 따위의 지표 자체가 신자유주의 세계화 체제의 도구이므로, 여기에 집착해서는 안 된다." _ 이해영 한신대 교수

# 민주주의 실천이 진보 출발점

최장집 고려대 교수는 '진보 세력의 과제'를 묻는 『경향신문』의 설문에 최근 자신의 '민주주의론' 강의에서 한 학생의 이메일 질문에 답하기 위해 작성했던 글로 답변을 대신했다. ●민주노동당에 기대를 걸 수 있는가 ● 북한 문제를 어떻게 볼 것인가 ●민주화 이후 '운동'은 어디로 갔는가 등의 주제로 자신의 생각을 밝혔다. 최장집 교수의 글을 요약, 정리한다.

## 민주노동당, 기대할 수 있는가

민주주의 발전을 위해서는 보통 사람들의 요구와 참여가 정치 체제에 많이 투입될 수 있어야 하고, 그러려면 정당이 그 중심 역할을 하는 방향으로 변화되는 것 이외에는 다른 대안이 없다는 사실을 늘 강조해 왔다. 그럴 때 민주노동당의 역할과 위상이 어떠하며 이 당에 기대를 걸 수 있는가 질문하는 것은 당연하다. 민주노동당을 생각하면 솔직히 딜레마 같은 걸 느낀다. 민주노동당이 한국 정치와 사회의 민주화를 열망하는 사람들의 기대에 부응하기 위해선, 현재의 당 구조와 성격을 갖고는 어렵다고 본다. 제도적 실천으로서의 민주주의를 더 깊이 이해하고, 신자유주의적 세계화로 사회·경제적 삶에 심각한 충격을 받은 사람들의 이해관계를 대변할 수 있는 방향으로 발전해야 한다. 그게 어렵다면 민주노동당 밖에서 새로운 정당을 만들어야 할 것이다. 현실적으로 이 둘 다 쉽지 않아 보인다.

현재 민주노동당의 경우, 민주화운동 시기에 가졌던 추상적 이념과 도

그마에서 벗어나 현실 정당으로서 투표자들에게 어필하고 지지를 동원하여 선거 경쟁에서 표를 많이 획득할 수 있도록 인물-이념-강령을 만들어야 하는데, 그게 가능할 것인지에 대해 확신이 서지 않는다. 당의 노선은 현실적이면서도 이상적인 것을 통합할 수 있어야 하는데 아직까지는 이를 기대하기 어려워 보인다. 현실로부터 당의 이념과 강령이 괴리되는 것은 일종의 타성-안일함-나르시시즘의 결과라 본다. 이념의 진보성과 급진성에 집착하려는 경향을 자주 드러내는 것은, 스스로가 강한 정당이 될 수 없는 것에 대한 자기 합리화의 심리적 대응이 아닐 수 없다.

민주노동당 지도부가 보통 사람들의 삶과 직접 관련된 정치경제적 이슈는 미뤄둔 채 북한을 방문해 김일성 묘소를 참배한다든가, 통일 문제의 사명을 갖고 무비판적으로 북한 지도부와 회담하는 모습을 보면서, 민주노동당은 해야 할 것을 하는 것이 아니라 현실과 동떨어져 스스로 자기 정당화를 위한 행위에 몰두하고 있다고 느꼈다. 일반 대중들이 당에 무엇을 요구하고 당을 어떻게 생각하는가 하는 측면을 무시하며 당 지도부가 자신의 이념에만 부합하는 행위를 하면서 자족하는 것은 곤란하다.

> 현실로부터 당의 이념과 강령이 괴리되는 것은 일종의 타성-안일함-나르시시즘의 결과라 본다. 이념의 진보성과 급진성에 집착하려는 경향을 자주 드러내는 것은, 스스로가 강한 정당이 될 수 없는 것에 대한 자기 합리화의 심리적 대응이 아닐 수 없다.

그렇다고 민주노동당이 아닌 새로운 당을 만든다는 것은 더 어려울 것이다. 오늘날과 같은 '정치 환멸의 시대'에 그들 아닌 누가 보통 사람들을 대변할 정당을 만드는 일에 뛰어들려 할 것인가. 현실적으로는 민주노동당이 스스로 변화하고 발전하기를 기대할 수밖에 없을 것이다.

정당 발전이 지체되고 있는 것을 사회·경제적 토대나 하부 구조의 문제로 환원해 접근해서는 안 된다. 정당의 형성과 발전은 사회·경제적 구조의 반영이나 표출이 아니라, 보통 사람들 가운데서 각성된 일부 사람들이 비전을 갖고 지도력을 발휘해 헌신한 결과로 이해해야 한다. 하부 구조가 정당을 만드는 것이 아니라, 정당이 하부 구조를 지지표로, 나아가 정치적 힘으로 조직하는 것이다. 선거 경쟁을 핵심으로 하는 민주주의의 제도적 실천이란 이를 두고 하는 말이다. 정당이 제 기능을 하지 못하는 민주주의하에서 하부 구조는 다만 통계 수치에 불과하다.

한미 FTA의 경우, 이를 반대하는 것만으로는 충분치 않다. 문제의 핵심은 한미 FTA를 반대하는 힘이 정치적으로 세력화되고 이를 바탕으로 다른 대안을 조직할 수 있느냐 하는 데 있다. 한미 FTA는 단순히 무역과 관련해 미국과 협정을 하느냐 마느냐의 문제로 좁혀서 볼 수 없다. 기존 신자유주의 세계화의 연장선상에서 나타난 정책적 표현이기 때문이다. 이 거대한 힘을 운동만으로 막아낼 수 있을까? 또 막아냈다고 할 때 그것은 무엇을 의미하는가? 협정을 결렬시켰다 하더라도 그것으로 끝나는 걸까? 온 사회의 가치관, 비전이 온통 그런 방향으로 움직이는데 그 다음엔 또 어떻게 하나? 정치적으로 조직된 다수가 항상적으로 기능하지 않을 때 결국 국가의 힘, 여론의 힘, 정책의 힘은 다른 형태로 자신의 목표를 실현해 갈 것이기 때문이다.

> 하부 구조가 정당을 만드는 것이 아니라, 정당이 하부 구조를 지지표로, 나아가 정치적 힘으로 조직하는 것이다. 선거 경쟁을 핵심으로 하는 민주주의의 제도적 실천이란 이를 두고 하는 말이다.

## 북한 문제 어떻게 풀어야 하는가

한국의 진보파들은 북한 문제에 대해 새로운 인식을 가져야 한다. 그것은 민족주의를 상대화해서 이해하는 것을 말한다. 민족주의와 남북한의 정당성 문제에 대해 진보파들이나 보수파들이나 서로 극단적인 관점을 가지고 있지만, 그것은 거울 이미지일 뿐 본질적으로 같은 문제를 안고 있다.

그동안 한국 현대사는 양분법적으로 이해되어 왔다. 한편에서는 (가) 남한만이 정당성을 갖는다고 주장하면서 김일성을 국제공산주의 세력의 앞잡이라고 말한다. 다른 한편에서는 (나) 남한을 친일 지주 세력과 식민지 부르주아가 주도한 체제로 보는 반면 북한을 민족적 정당성을 대표하는 반제민주투쟁의 기지로 이해한다. 이 두 주장은 극단적인 양자택일의 사관을 가능케 하는 논리가 아닐 수 없다. 이것은 화해 불가능한 현대사 이해 방법이자 어느 한쪽이 폐기되지 않으면 안 되는 역사관이다. 이 문제를 화해 불능으로 만드는 것은 다름 아닌 민족주의 이념이다.

> 민족주의와 남북한의 정당성 문제에 대해 진보파들이나 보수파들이나 서로 극단적인 관점을 가지고 있지만, 그것은 거울 이미지일 뿐 본질적으로 같은 문제를 안고 있다.

한국 사회의 많은 식자들은, (가)를 말할 때 무언가 떳떳치 못한 느낌, 그리고 도덕성에 있어 열등감 비슷한 느낌을 가질 때가 많다. 그러면서도 (나)처럼 북한에 대해 긍정적인 정조를 가지고 말할 때 그는 분명 현실과 동떨어져 있다는 느낌을 지울 수 없을 것이다. 나는 하나의 좋은 체제, 또는 인간 사회란 반드시 그 출발점에서 누가 더 도덕적이었는가 하는 문제로 환원되는 것은 아니라고 생각한다. 민주주의를 지지하는 진보적인 사람들이 이 문제를 극복, 지양하는 것이 중요한 과제이다.

진보파들 중에는 북한이 자주적이고 진보적이며 민중의 이익을 대변하는 반면 남한은 그 반대라고 생각하는 사람이 많다. 일제하 민족 독립운동 과정에서 북한을 만든 그룹들이 여러 정파들 가운데 가장 전투적으로 일제와 싸웠다는 점에서 그렇게 주장할 수 있는 면이 있을지 모른다. 그러나 분단 이후의 북한 체제에 대해서는 긍정적으로 평가하기 어렵다. 오늘의 북한 체제는 통치자가 절대 권력을 갖고 소수의 엘리트들과 더불어 통치하는 동안 모든 주민이 규율된 노동 체제에 결속되어 평등하게 못 사는 체제, 다시 말해 전체주의적이면서 가부장적이고 고도로 규율된 통제 사회라는 생각이 든다. 이런 사회를 진보적이라거나 민중적이라고 말하기 어렵다. 만약 이런 체제를 진보적·민중적이라고 믿는 기초 위에서 실천적 방향과 이념을 발전시킨다면 그러한 진보파는 출발 지점에서부터 파탄을 면하기 어려울 것이다.

보수파 인사들 사이에서는 남북한 사이의 정당성 문제와 관련된 심리적인 불편함을 없애기 위해, 혹은 기존의 보수적 체제를 정당화하기 위해 민족주의를 부정하고 이를 발전주의로 대체하여 역사를 재해석하는 시도가 성행하고 있다. 또 어떤 사람들은 민족주의를 다시 강조하고, 또 다른 사람들은 그와는 정반대로 또는 그와는 달리 탈근대성 이론을 들고 나오기도 한다. 동아시아 공동체 담론을 제기하면서 지역적 공간을 넓혀서 문제에 접근해 보려는 시도도 등장했다. 그런데 이상하게 느껴지는 것은, 아무도 민주주의의 관점에서 현대사를 분석하려 하지 않는다는 것이다. 민족주의가 민주주의를 포괄하는 것이라고 이해하기 때문일까?

나는 민족주의를 부정하지는 않는다. 민족주의는 존재했고 지금도 존재하는 하나의 역사적 현상이며, 근대 초기와 제국주의 시기에 하나의 시대정신으로서 긍정적인 기능을 했다. 냉전 시기에도 민족주의 이념이 긍정적인 역할을 했다. 냉전 시기의 핵심 가치와 내용은 반공주의고, 이를 기초로 권위주의를 정당화하고 자유와 정의, 그리고 인권을 억압했다. 냉전 반공주의 이념을 기초로 한 권위주의 시기 동안 민족주의는 냉전의 대결 구조를 뛰어넘어 밖으로는 한반도의 통일과 평화, 남한 사회 내부에서는 민주주의 사회의 건설이라는 목표를 추구하게 했던 이념적 원동력이기도 했다. 그럼으로써 민족주의는 1980년대 민주화운동의 중요한 이념적 기반이 되었다.

> 그런데 이상하게 느껴지는 것은, 아무도 민주주의의 관점에서 현대사를 분석하려 하지 않는다는 것이다. 민족주의가 민주주의를 포괄하는 것이라고 이해하기 때문일까?

이러한 긍정적 요소에도 불구하고 민족주의는 그것대로 커다란 문제점을 갖는다. 다른 민족, 다른 문화를 배제하는 자국 중심의 폐쇄성, 일국 중심의 공동체 내에서 배타적 집단주의 가치의 강조, 강력한 국가주의를 통한 동원과 시민사회에 대한 억압 등 민족주의가 수반하는 가치나 정향은 분명 부정적인 결과를 가져왔다. 이러한 것들은 개인의 자율성과 시민권과 같은 자유주의의 원리, 다문화 다인종을 포괄하는 개방사회의 가치, 보편적이고 평등한 시민권을 확대시킬 수 있는 시민사회의 발전과 충돌하기 쉬운 효과를 갖는다. 무엇보다도 민중들의 사회·경제적 삶의 현실을 민주주의의 제도적 실천을 통해 해결하는 데 별로 도움이 되지 않거나 그와 배치

될 가능성도 크다.

전통적인 민족주의의 관점에서 생각하면 통일은 의문의 여지없이 한국민이 추구해야 할 최우선의 이상이요, 국가 목표요, 과제라고 믿게 된다. 그러할 때 민족주의와 통일은 거의 종교처럼 되다시피 한다. 내 생각은 다르다. 오늘의 시점에서 한반도의 분단 문제와 관련하여 바람직한 목표는 해방 직후 좌절되었던 민족주의-통일을 다시 추구하는 데 있지 않다. 대안은 민주주의-평화 공존을 지향하는 것이어야 한다. 평화 공존을 통일에 이르는 수단이나 중간 노선으로 이해해서는 안 된다. 평화 공존 그 자체가 목표요 가치가 되는 것이 더 바람직하다. 남북한 각각이 독립된 주권국가로서 발전하면서 평화의 제도화를 이루는 것이 그 핵심 내용이다. 이 방향이 전제될 때 우리는 북한 문제를 합리적으로 다룰 수 있다.

남한은 한반도와 동북아 평화 질서를 위해 북한이 핵무장을 포기토록 하는 것을 대북 정책의 최우선 과제로 삼아야 할 것이다. 북한의 인권 문제는 북한 체제를 붕괴시키기 위한 전술적 의도를 갖는 것이 아니어야 한다. 북한과의 교류·협력 및 경제 지원은 평화 공존의 가치와 양립하고 북한 주민의 경제적 기본권을 신장시키는 데 기여하는 범위에서 적극적으로 추진되어야 할 것이고, 그러할 때 정당화될 수 있다고 생각한다. 민족주의를 바탕으로 한 대북 정책은 여론 동원과 포퓰리즘에 쉽게 좌우되면서 이성적인 정책의 형성과 추진을 어렵게 한다.

나는 사회 갈등과 이익 충돌을 민주적으로 통제하지 못해 강자와 약자 내지 부자와 빈자 사이의 격차가 커지고, 힘을 가진 집단들의 절제되지 않은 자기 이익 추구가 과거보다 더 많이 허용되고 있는 지금의 허약한 민주주의 사회가, 오랫동안 전혀 다른 경로로 정반대의 정치·경제 체제를 만들어 왔던 또 다른 사회를 어떻게 민족의 이름으로 통일할 수 있다고 생각할 수 있는지, 솔직히 이해하기 어렵다. 나는 동서독의 통일 이후를 보면서, 통일되었

> 오늘의 시점에서 한반도의 분단 문제와 관련하여 바람직한 목표는 해방 직후 좌절되었던 민족주의-통일을 다시 추구하는 데 있지 않다. 대안은 민주주의-평화 공존을 지향하는 것이어야 한다.

다는 사실보다는 그 통일을 이뤄 낼 수 있었던 서독 민주주의의 힘, 다시 말해 스스로의 패권적 민족주의를 극복한 민주화된 서독 사회의 힘에 무한한 부러움을 느낀다.

## 민주화운동은 어디로 갔는가

나는 한국 민주화의 궤적을 되돌아보면서 왜 민중주의적 요소가 이렇게 드라마틱하게 사라져 버렸는가 하는 문제에 큰 관심을 갖는다. 온 사회를 혁명에 가깝도록 뒤흔들어 놓은 '운동'은 어디로 사라졌나, 그리고 그것은 무엇을 남겼나? 그 요란함, 영웅주의, 그 많은 민중주의적 담론들, 숱한 변혁을 향한 외침들은 모두 어디로 갔나? 참여적이고 개혁적이며 민족적이고 자주적이며 미국에 대해 큰소리치는 것처럼 자신을 내세우는 민주정부들이 어떻게 해서 빈부 격차와 사회 양극화를 확대시키고 노동자와 농민과 같은 생산자 집단을 소외시키는 것을 성장의 이름으로 정당화할 수 있었는가? 사회 저변층을 감당할 수 없는 빈곤에 처하게 하고 자살-반인륜적 범죄-가정 해체로 내몰리도록 방치할 수 있었으며 과거 권위주의 시절보다 더 '재벌 중심-노동 배제를 축으로 하는 성장 지상주의'를 추구할 수 있었는가? 이 모두 설명되어야 할 문제가 아닐 수 없다. 동시에 운동이 만들어 낸 민주주의의 결과 역시 냉정하게 되돌아봐야 할 것이다. 민주주의를 좀 더 실질화하고 제도적으로 실천 가능하게 만드는 문제를 부정하면서 '다시 운동에 나서자'는 관성화된 주장들을 하는 것에 대해서도, 다시 생각해 봐야 할 것이다.

민주화 이후 경험을 통해 우리는 시민사회에서의 운동이 헤게모니에 대항해 대안적 비전이나 가치를 구체화하고 발전시키는 데 매우 한계가 있었음을 보게 되었다. 지금의 시점에서 볼 때 그간의 시민운동은 헤게모니의 한 주변에서 새로운 형태의 엘리트주의를 실천했던 것에 불과한 것으로 보일 때가 많다. 시민운동은 자신들이 내세우는 논리와는 달리 국가에 매달려 역할을 해 왔으며 언론과의 적대적 혹은 협력적 공생 관계를 통해 영향력을 발휘해 왔다. 그들 중 일부는 국가로 편입되었고 민주화운동의 이름으로 스스로를 '기념'하고 '보상'하면서 자신들의 도덕적 자원을 소진시켰다. 운동권 출신이 정치사회와 시민사회에서 신흥 지배 엘리트로 등장한 이후, 우리는 이들이 행했던 역할에서 헤게모니의 어설픈 전달자 혹은 개혁의 이름으로 기성 헤게모니를 더 빨리 더 유능하게 실천하려고 노력하는 모습들을 보게 되었다. 이렇게 되자 민주화된 한국 사회에서 당연히 개혁되었어야 할 구체제의 기본적 특성들이 순식간에 그 영향력을 복원하게 되었다. 민주화에도 불구하고 체제 내로 통합되거나 대표되지 못한 소외 세력이 권위주의보다 결코 적지 않게 존재하고 있음은 이를 실증한다.

1960년대 말 서구를 뜨겁게 달궜던 운동의 사례는 우리에게 시사하는 바 크다. 서구의 '68혁명'에서 운동이 추구한 목표는 자유와 사회정의 두 가지였다. 그런데 이 두 목표와 가치는 지양(止揚)되고 통일되지 못함으로써 의도하지 않은 효과를 낳았다. 파리, 버클리, 베를린 등에서 학생들이 추구했던 운동의 가치는 더 많은 자유 즉, 가족-교육-기업-관료 체제-국가의 권위주의적 제약으로부터의 자유였다. 그러면서 동시에 이들은 사회정의를 가장 중요한 운동의 목표로 삼았다. 그런데 사회정의의 추구라는 목표를 위해서는 개인적 욕구와 필요를 사회적 평등이나 복지와 같은 일반적 투쟁의 대의에 종속시키고자 하는 용의가 있어야 했다. 불안정하게 결합되었던 이 두 가치 사이의 갈등은 점차 커졌고, 그중 자유의 가치를 지향하는 흐름은 신자유주의의 담론 안으로 교묘하게 통합되었으며, 다른 한편 국가나 정당에 대해 비판적인 자유지상주의, 정체성의 정치, 다문화주의, 소비자주의 등은 집합적 운동으로부터 분리되어 나갔다. 결과적으로 사회정의를 실현하기 위해 필요한 정치적 행동과 이를 위한 집단적 규율을 강화하는 것은 점점 어려워졌다. 신자유주의는 이러한 상황에서 지배적인 대안 이념으로 급성장할 수 있었다.

한국의 민주화운동과 이후 시민운동들이 대학생으로 대표된 도시의 교육받은 중산층 중심 운동이었다는 사실과 이들 대다수가 가졌던 중산층적 비전과 가치가, 그들의 경험 세계와 동떨어진 노동 문제나 사회 저변층 및 소외 계층의 삶의 문제를 절박하게 인식하고 이를 정치와 민주주의의 방법으로 개선해 가려는 관심과 의지를 강하게 하는 데 어떤 역할을 했는가를 비판적으로 생각해 보아야 할 것이다. 그들이 운동의 도덕성을 강조하기 위해 동원했던 반정치-반정당 이데올로기가 미친 부정적 영향 역시 비판적으로 검토해야 할 때다.

그들이 운동의 도덕성을 강조하기 위해 동원했던 반정치-반정당 이데올로기가 미친 부정적 영향 역시 비판적으로 검토해야 할 때다.

갈등의 범위가 큰 사회 균열이 정당의 형태로 조직되고, 그리하여 정당 체제가 이념적으로나 계층적으로 더욱 폭넓은 대표의 체계를 갖게 되어, 사회정의를 실현하는 방법론을 둘러싼 논쟁이 국가 권력을 향한 정치 경쟁의 중심 이슈로 부각될 수 있을 때만이 민주주의는 가난한 보통 사람들의 이익과 관심을 통합해 낼 수 있다. 운동성의 복원을 그 어떤 급진적 언어로 강조한다 해도, 이 문제를 경시한다면 기성 체제의 헤게모니는 더 강해질 수밖에 없다.

# 후기

진보·개혁의 위기는 과연 신문이 다룰 수 있는 주제인가? 하루를 발행 주기로 하는 신문이 거대 담론을 논하기에 합당한 매체일까? 이 딱딱하고 어려운 주제를 누구나 공감할 수 있는 내용과 형식으로 풀어내는 작업이 가능할까?

연재한다는 방침은 정했지만, 막연했다. 민주화 20년간 축적된 모순과 과제들이 얼마나 넓고 깊을 것인가? 그것을 모두 들춰내 진단하고 평가하고 분석하는 일을 감당할 수 있을까? 민주화에 대한 열망과 절망을 넘어 향후 20년의 진보적 발전 전망을 제시하는 일은 또 어떤가. 진보·개혁 세력이 순순히 자신들의 결점과 약점을 고백할까? 모두 자신할 수 없는 벅찬 과제들이었다.

학자 및 전문가의 글을 받거나 토론회를 조직해 그 내용을 중계하는 편리한 방법은 있다. 그러나 그렇게 하면 신문 기사의 생명이나 다름없는 현실감과 생동감을 잃는다. 기자들이 깊이 있게 쓴답시고 학술 논문을 쓸 수도 없는 노릇이었다. 독자가 읽어 주지 않을 것이다. 연재가 결정되는 순간부터 고민은 시작됐다.

그러나 이런 고민들은 이기수, 김광호, 박영환, 전병역, 손제민 등 특별취재팀 5명의 기자들과 기획 회의를 거듭하면서 서서히 해소되기 시작했다. 특히 이기수 차장이 큰 문제 하나를 해결했다. '진보·개혁의 위기는 곧 삶의 위기'로 접근하자는 것이었다. 그래서 진보·개혁의 위기는 민생의 위기이며, 민생의 위기는 곧 민주주의의 위기라는 등식을 얻을 수 있었다.

이렇게 기사 방향이 정해지자 5명의 독수리들은 먹이를 찾아 떠났다. 예상했지만 쉬운 길이 아니었다. 특별취재팀이 가동되는 기간 일부 팀원은 인내의 한계에 도달했다는 느낌이 감지되기도 했다. 그만큼 공정이 까다로 웠다. 우선 취재를 하고, 그 결과를 놓고 토론을 해서 더 필요한 사항을 점검한다. 다시 보강 취재에 나서고, 어느 정도 취재가 되면 기사 계획안을 작성한다. 그 다음 미진한 부분을 수정하고 보완해 계획안을 다시 작성한 뒤 그 계획안에 따라 대강의 기사 구성안을 만든다. 기사 구성안에 OK 신호를 주면 기사를 쓰기 시작한다. 기자들은 스스로 여러 번 고치고 다듬어 원고를 넘긴다. 그러나 이것은 시작일 뿐이다. 기대가 충족되려면 멀었다. 보완하고 수정해야 한다. 두 번 고치는 것으로 끝나는 경우는 없었다. 보통 세 번 고쳐 쓴다. 한 기사의 분량이 최소한 40매이므로 기사가 완성되기까지 120매를 넘게 쓰는 셈이 된다. 이쯤 되면 지치지 않을 기자가 없다. 특별취재팀의 누구도 내놓고 말하지 않았지만, 고단하고 힘든 기색을 감추지는 못했다. '보수 담론의 재생산 구조'라는 주제를 떠맡은 한 팀원은 학계에 관련 논문이 없고, 참고할 만한 자료도 없다고 보고를 해 왔다. 그런 그에게 "오히려 잘됐다. 이 기회에 우리가 최초로 체계적인 정리를 해보자"는 도발을 했다. 물러설 곳은 없다. 무조건 전진이었다. 이렇게 한계선을 넘나든 결과일까? 우리는 이 대장정을 비교적 성공적으로 마쳤다고 자부한다.

일부 팀원과 시민 단체 간부는 진보 세력을 너무 비판하는 것 아니냐는 의견을 냈다. 그러나 진보 언론은 진보 세력을 비판해서는 안 된다는 금기 아닌 금기를 이번에 완전히 깨 버리자고 했다. 언제부터 보수 세력만이 진보 세력을 비판할 수 있는 자격증을 얻었는가? 진보 세력이 강도 높은 비판을 견딘다면 아직 건강하다는 증거가 될 것이요, 쉽게 무너진다면 중병을 앓고 있음이 확인될 것이다. 만일 중병 진단을 받았다면 하루라도 빨리 고쳐야 한다. 그런데도 진보 세력을 온정적 태도로 보호한다면, 그것은 진보에게 독을 처방하는 일이 될 것이다. 진보에 대한 희망을 포기해야 한다면 그럴 수 있다. 그러나 아직 진보의 역할이 남아 있다고 믿는다면 더 늦기 전에 정확한 진단이 필요하다.

취재팀 가운데 일부 기자들은 20년 전 민주주의를 향한 거리의 열정을 재현하는 일이 쉽지 않았다고 한다. 이제 많은 이들에게 6월 항쟁은 기억을 통해서가 아니라, 활자와 다큐멘터리 필름을 통해 배워야 할 역사로 편입되고 있었다. 그러나 역사는 완성되지 않았다. 민주화 20년 동안 힘없고 소외된 자, 가난한 자들을 구원하고 민중을 위한 세상을 열겠다고 나섰던 사람들이 집권하고, 권력과 부와 명예를 얻고, 이 사회의 주류로 부상했다. 그런데 왜 새로운 사회를 향한 그때의 열정은 오히려 싸늘한 절망으로 식었는가? 그토록 목마르게 부른 민주주의가 왔는데 왜 아직도 가진 자는 더욱 더 많이 갖고, 없는 자는 더 가난해지고, 거리는 아직도 비정규직과 농민, 구조조정을 당한 자들로 넘쳐 나는가? 왜 처자식을 살해하고 자살하는 가장이 늘고 있으며, 굶주려 우유와 빵을 훔쳐 먹는 이들이 아직도 많은가?

역사는 미완인 채 지금 이렇게 우리 앞을 흘러가고 있다. 역사는 아직 자기실현을 다하지 못하고 있다.

이 책이 역사의 수레바퀴를 굴리고, 그 수레바퀴에 치인 모든 이들, 사회적 불평등과 맞서 싸우고 있는 수많은 이름 없는 사람들, 더 많은 민주주의를 위해 절망 가운데 희망의 불씨를 다시 살려내려는 이들에게 질책과 위로, 격려와 자극이 되었으면 한다.

이 연재물이 한 권의 책으로 세상에 얼굴을 내밀기까지는 많은 이들이 땀을 흘려야 했다. 한창 바쁠 때 둘째 아들을 낳은 박영환 기자는 아빠, 남편 노릇을 할 수 없었다. 박 기자의 가족에게 이 자리를 빌려 용서를 구한다. 이 책이 변명거리가 될 수 있을지 모르겠다. 초기 기획 단계에서 마지막 회까지 참여한 손제민 기자는 3개월에 걸친 고난의 행군을 뚝심 있게 견뎌냈다. 연재물을 책으로 만들기 위해 자료를 모으고 정리하는 귀찮은 작업도 그의 몫이었지만 묵묵히 해냈다. 그의 재능과 성실성에 경의를 표한다. 농구팀 규모로 시작된 취재팀은 결국 두 개의 야구팀을 구성할 수 있는 18명으로 늘어났다. 오창민, 김종목, 최민영, 임영주, 황인찬, 이주영 기자가 합류하면서 연재물은 질적으로 양적으로 풍부해졌다. 강진구, 박성휴, 최우규, 박재현, 김준일, 장관순, 이호준 기자의 기여도 잊을 수 없다. 편집부의 서의형, 윤성노 차장은 한국 언론 사상 초유의 방대한 기획물을 지면에 멋지게 구현하고 제목을 붙이느라 애를 썼다. 훌륭한 책으로 엮어 낸 후마니타스 가족과 취재에 응해 준 모든 이들에게도 고마운 마음을 전한다.

이대근 『경향신문』 정치·국제 에디터

# 『경향신문』 '진보개혁의 위기-길 잃은 한국' 시리즈 기사 목차

\* 기사 목차는 2006년 9월부터 12월까지 『경향신문』에 실렸던 제목을 기준으로 하였습니다. 책 본문의 내용, 순서는 이와 다를 수 있으며, 일부 실리지 않은 글도 있습니다.

## 1부_진보개혁 '위기'의 현상과 진단

1) 무능한 진보개혁 세력 (9월14일자 1, 4, 5, 6면)

2) 민주세력 집권의 그림자 (9월18일자 3, 4, 5면)

3) 기득권이 된 민주세력 (9월20일자 1, 4, 5, 6면)

4) 민주정부 무능, 이유가 있다 (9월25일자 4, 5, 6면)

5) 좌담 : 진보개혁의 미래는 있는가 (9월27일자 4, 5면)

## 2부_진보개혁 세력의 실상

1) 개혁정치인의 현주소 (10월2일자 4, 5면)

2) 민주노동당 (10월18일자 6, 7, 8면)

3) 민주노총 (10월23일자 6, 7면)

4) 전교조 (10월25일자 6, 7, 8면)

5) 시민운동 단체 (10월30일자 4, 5면)

6) 대학, 비판적 지성의 몰락 (11월3일자 4, 5면)

7) 좌담 : 진보는 왜 전진하지 못하나 (11월6일자 6, 7면)

## 3부_보수의 부상과 혁신

1) 한국사회에 부는 보수바람 (11월8일자 1, 4, 5, 6면)

2) 조직화하는 보수 (11월13일자 6, 7면)

3) 보수담론, 어떻게 형성되고 소비되나 (11월15일자 6, 7면)

4) 좌담 : 보수가 보는 보수의 강점과 약점 (11월20일자 1, 4, 5면)

4부_진보가 우선해야 할 10대 의제

    1) 조세개혁 (11월22일자 4, 5면)

    2) 부동산 (11월27일자 1, 6, 7면)

    3) 교육 정상화 (11월29일자 6, 7면)

    4) 재벌개혁 (12월4일자 6, 7면)

    5) 고령화 · 저출산 (12월6일자 6, 7면)

    6) 소외된 소수 (12월8일자 8, 9면)

    7) 건강 불평등 (12월11일자 3면)

    8) 생태주의 (12월13일자 6, 7면)

    9) 빈곤문제 해소 (12월15일자 6, 7면)

    10) 비정규직 (12월18일자 8면)


5부_진보의 전략은 무엇인가

    1) 진보의 확장과 심화 (12월20일자 4, 5, 6, 7면)

    2) 진보적 발전전략 (12월22일자 1, 4, 5, 6, 7면)


'진보개혁의 위기' 시리즈에 대한 각계반향 (12월26일자 3면)